Zu diesem Buch

Günter Amendts mittlerweile schon klassische Analyse
der Verflechtungen von Kapitalinteressen und Sucht-
mittelabhängigkeit im internationalen Drogenhandel
findet in den aktuellen Entwicklungen eine erschrek-
kende Aktualität. In einem ausführlichen Nachwort zur
Taschenbuchausgabe trägt der Autor den jüngsten dramatischen Ereignissen auf dem weltweiten Drogenmarkt Rechnung.

Dr. Günter Amendt, geboren 1939, lebt als Soziologe
und Publizist in Hamburg und Zürich. Zahlreiche Veröffentlichungen.

Als Rowohlt Taschenbuch ist lieferbar:
«Sexfront» (rororo Sachbuch 8515)

GÜNTER AMENDT

SUCHT
PROFIT
SUCHT

ROWOHLT

Veröffentlicht im Rowohlt Taschenbuch Verlag GmbH,
Reinbek bei Hamburg, Mai 1990
Lizenzausgabe mit freundlicher Genehmigung
von Zweitausendeins
Copyright © 1984 by Zweitausendeins, Frankfurt / Main
Für das Nachwort zur Taschenbuchausgabe:
Copyright © 1990 by Rowohlt Taschenbuch Verlag GmbH,
Reinbek bei Hamburg
Umschlaggestaltung nach einem Entwurf von Hannes Jähn
Satz Bembo (Linotronic 500)
Gesamtherstellung Clausen & Bosse, Leck
Printed in Germany
1480–ISBN 3 499 18777 9

Für Andreas Loebell

Inhalt

Zur Geschichte dieses Buches 11

Vorwort 13

1 Drogen im Kapitalismus 19

Kleiner geschichtlicher Abriß 21
Opium im Kolonialismus 23
Der «Indische Hanfdrogenreport» 29
Alkohol und Industrialisierung 34
Opium in den Industrienationen 39
Der britische «Cannabis-Report» 40

2 Die Drogenindustrie 45

Die Entwicklung der Drogenindustrie von 1945 bis 1970 . . 47
Der Pillen-Trip 50
Trip-Business 67
Die Entwicklung der Drogenindustrie ab 1970 74
Valium 80
Methadon 98
Angeldust (PCP) 110

3 Drogenhandel im Imperialismus 133

Zwei Grundformen der Haschischherstellung 135
Anatomie eines Deals 156
Die Marihuanakrise 163
Opium 172
Kokain 195

4 Handel und Wandel 217

   Drogenpropaganda 219
   Das Erfolgsrezept 222
   Der Mafia-Mythos 228
   Die Connection-Spur 231
   Drogen und Staat 250
   Drogen und Außenpolitik 255

5 Droge Alkohol: Die aktuelle Situation 261

6 Die Drogensituation in der Dritten Welt 271

7 Mexiko-Tagebuch 1981 287

8 Zürich – Eine Stadt als Depressionslandschaft 299

   Leichte Krawallerie 301
   Zins und Zunder 309
   Ein Schuß im Zentrum 313
   «Hau ab, du Fixer!» 319

9 Legalize it! Legalize it? 325

10 Drogen und Moral 349

Nachwort zur Taschenbuchausgabe 357

Anmerkungen 377

Literatur 383

Arbeiter, meidet den Schnaps!

Mit jedem Gläschen, das ihr trinkt, verleiht ihr dem Staat und der herrschenden Gesellschaft Mittel zu eurer Knechtung und, was noch schlimmer ist,

ihr betrügt euch selbst.

Jeder Alkoholgenuss ist eine Steuerzahlung!

Statt ihre eignen Organisationen zu fördern, unterstützen die Arbeiter durch ihren Alkoholverbrauch den Staat, der sie unterdrückt und der Kapitalistenklasse dient. Sie führen einen Kampf gegen den Militarismus und Marinismus und ernähren ihn doch selbst durch ihren Alkoholgenuß. Niemand zwingt sie dazu, kein Gebot und keine Not, aber sie tun es dennoch, schmieden ihre eignen Fesseln, binden sich den Geist und binden sich die Hände,

liefern sich ihrem Klassengegnern aus durch den Alkoholgenuß!

Darum, nicht nur im Interesse des leiblichen Wohles des einzelnen, sondern vor allem

im Interesse der kämpfenden Klasse

fordern wir Einschränkung des Alkoholgenusses. Das ist der Sinn des auf dem Leipz. Parteitag gefaßten Beschlusses.

Publikations-Organ der freien Gewerkschaften

Dortmund, Mittwoch, den 26. April 1911

Zur Geschichte dieses Buches

Die Erstausgabe von *Sucht Profit Sucht* mit dem Untertitel «Zur politischen Ökonomie des Drogenhandels» erschien 1972 beim Märzverlag, Frankfurt / Main. Mit dem Konkurs des Verlages verschwand das Buch aus dem Handel. Ende der 70er Jahre kursierte eine nicht autorisierte Raubkopie in West-Berlin.

Die 1984 von Hannes Jähn gestaltete Neuausgabe bei 2001, Frankfurt / Main, unterscheidet sich von der Erstausgabe vor allem durch die Hinzunahme von journalistischen Arbeiten zum Thema Drogenhandel und Drogenkonsum.

Das Nachwort der nun bei Rowohlt, Reinbek, erscheinenden Taschenbuchausgabe setzt sich mit der aktuellen Lage nach Bushs militärischem Überfall auf Panama auseinander. Die Überführung des «Krieges gegen Drogen» von der Metapher in eine blutige Wirklichkeit markiert eine qualitativ neue Etappe der Drogenbekämpfung, ohne jedoch der Lösung des Problems auch nur einen Schritt näherzukommen.

Vorwort

Sucht – Profit – Sucht: Ich kann mir keinen Titel vorstellen, der besser ausdrücken würde, worum es im folgenden geht.

Auch wenn dieses Buch nur noch zu einem sehr geringen Teil identisch ist mit dem, das ich 1972 mit meinem Freund Ulli veröffentlicht habe – ich halte am alten Titel fest, weil sich meine Sicht des Drogenproblems seitdem nicht geändert hat.

Ich beschreibe keine Drogenwelle; weder eine aktuelle noch eine zurückliegende. Ich analysiere Kapitalinteressen und überprüfe deren Durchsetzung anhand konkreter Ereignisse und realer Entwicklungen. Mein Interesse gilt den Produkten des Drogenkapitals. Die Produkte wechseln, die Drogenwellen lösen einander ab, Interessen und Ursachen bleiben die gleichen. Es gab und gibt keine Drogenwelle. Die Drogenwelle ist eine Dauerwelle.

Der Versuch, das Drogenproblem mit den Mitteln der Politischen Ökonomie theoretisch zu erfassen, erlaubt Prognosen, die es uns bereits 1972 möglich machten, die Entwicklung des Drogenmarktes und die Veränderung der Konsumentenschichten vorzuzeichnen. Daß sich das Drogenproblem zuspitzen, daß der Gebrauch harter Drogen zunehmen würde, daß synthetische Drogen sich ihren Marktanteil erobern würden, haben wir damals ebenso prognostiziert wie die mittlerweile empirisch belegte Tatsache, daß sich die Klassenstruktur der Scene wandeln und sich von Mittelschicht-Aussteigern auf Arbeiterjugendliche ausweiten würde.

Unterschätzt haben wir einen ökonomischen «Nebenaspekt» des sogenannten Antidrogenkampfes. Vorläufer, wenn nicht sogar Auslöser des Psycho-Business-Booms, der heute die ganze kapitalistische Welt erfaßt hat, waren Drogentherapieprogramme. Die kritische Fachwelt bezeichnet dieses Phänomen als Therapismus und meint damit einen Tummelplatz von Scharlatanen, die mit ständig neuen Therapieprogrammen ins Sinngebungsgeschäft einsteigen. Die Übergänge von religiösen Sekten zu therapeutischen Programmen sind fließend wie das Kapital, das beide in ihre Taschen lenken.

Prognosen haben sich also bestätigt, nicht aber die Erwartung, daß sich politische Jugendorganisationen des Drogenthemas ernsthaft annehmen würden. Die wenigen Versuche, den Kampf gegen Drogen von unten zu führen, endeten in der Sackgasse, in der bereits staatliche Anti-Drogen-Kampagnen steckengeblieben waren. Beide sind auf den Konsumenten fixiert, beide sind penetrant pädagogisch und moralistisch und stoßen nicht für einen Augenblick zu den Ursachen des Problems vor.

Drogenexperten wird auffallen, daß ich trotz aller Ausführlichkeit Lücken lasse und bestimmte Drogen, obwohl sie massenhaft verbreitet sind, nur erwähne und oft nicht einmal das.

Ich setze mich nicht mit Tabak auseinander, der Droge, mit der sich wohl die größte Suchtabhängigkeit überhaupt verbindet; ich erwähne nicht exotische Drogen wie Peyote, Qat oder Betel, die in einigen bevölkerungsreichen Regionen der Welt Alltagsdrogen sind.

Ich weiß, wovon ich nicht schreibe, auch wenn ich im Falle chemischer Drogen Schwierigkeiten habe, auf dem laufenden zu bleiben.

Während ich hier noch ausführlich die Entzugsdroge Methadon und den beliebten Heroinersatz Valeron beschreibe, warnt der Arzneimittel-Informationsdienst *arznei-telegramm* im Juli 1983 vor dem Schmerzmittel Temgesic. Das von der Mannheimer Firma Boehringer seit 1980 vertriebene Mittel, das für die Behandlung schwerer Schmerzzustände bestimmt ist, «erzeuge bei Drogenabhängigen morphinartige Wirkungen und löse beim Absetzen schwere Entzugserscheinungen aus». Der Münchner Suchtexperte W. Keup fürchtet gar, daß mit der Einführung von Temgesic «eine Substanz in der Drogen-Scene eingeführt wurde, die für manche oder sogar viele Abhängige beliebter werden kann als Heroin».

Doch ändert das Hinzukommen neuer Drogen im Prinzip nichts an der Interessenlage ihrer Hersteller und Händler. Bei steigenden Profiten und zunehmender Konkurrenz hat sich lediglich deren kriminelle Energie bei Geschäftsanbahnungen und -abwicklungen erhöht.

Das vorliegende Buch ist in mehreren Zeitabschnitten entstanden, seine Kapitel setzen zudem auf unterschiedlichen Niveaus an. Alle sind Variationen des Themas: Sucht – Profit – Sucht.

Besonders in den Reportagen, von denen ich einige bereits in *Konkret* veröffentlicht habe, wird das Drogenproblem aus wechselnder Perspektive dargestellt. Scheinbar am weitesten entfernen sich die Zürcher Reportagen (1981–1983) vom Thema. Ich nenne sie Berichte aus einer «Stadt als Depressionslandschaft». Mich interessiert das psychogene Klima einer Stadt als Ausdruck der sozialen und politischen Strukturen, die ich als Auslöser von Suchtverhalten für mindestens ebenso wichtig halte wie die Gründe, die in der Biographie des einzelnen liegen. Indem ich aber vom Einzelschicksal des Junkies, dem Elend des Alkoholikers und der Einsamkeit einer Medikamentenabhängigen bewußt ablenke, will ich die Drogendiskussion entsentimentalisieren. Deshalb kritisiere ich die Konsumentenfixiertheit und betone die Notwendigkeit, das Drogenproblem zunächst von der Produzentenseite anzugehen und zu verstehen.

Um meine Sicht verständlich und nachvollziehbar zu machen, bin ich gezwungen, «neue» Fakten beizubringen, auf die sich Gegenbeweise stützen können. Jedenfalls unterstelle ich, daß viele Leser das von mir erwarten. Doch die Fakten sind oft dünn und die Quellen trübe. In der Illegalität gibt es keine Produktionsstatistiken, Umsatzzahlen oder Erfolgsbilanzen, aus denen sich Einschlägiges direkt oder indirekt ableiten ließe. Nur wenn Pannen den Warenfluß ins Stocken geraten lassen, was selten genug vorkommt, werden plötzlich Querverbindungen deutlich, werden aus heimlichen Geldtransfers offene Kontenbewegungen, aus den Inhabern von Nummernkonten Personen mit Name und Adresse.

Doch diese Namen und Adressen sind austauschbar. An Enthüllungen bin ich nicht interessiert. Wer darauf spekuliert, wird von diesem Buch enttäuscht sein.

Unlängst erst wurde von einem Journalisten «enthüllt», daß die Darmstädter Chemiefirma Merck eine für die Heroinherstellung unentbehrliche chemische Substanz nach Pakistan liefere, wo sie dann in den illegalen Labors verschwinde. Was ist sensationell an dieser Enthüllung? Was ist illegal an der Lieferung einer chemischen Substanz, die unter anderem auch für die Herstellung von Heroin verwandt werden kann? Seit wann wird einem Unternehmen vorgehalten, was mit seinen Produkten am Auslandsmarkt geschieht? Wer hier intervenieren will, stellt die Gepflogenheiten des Außenhandels auf den Kopf. Solche Enthüllungen appellieren an eine Geschäftsmoral, die es nicht gibt.

Andererseits wird die Geschäftspolitik eines Chemiekonzerns von Imagegesichtspunkten beeinflußt – dafür hat er seine Abteilung Öffentlichkeitsarbeit. Nur wenn sich herausstellt, daß der erwartete Profit in keinem Verhältnis zur möglichen Rufschädigung steht, ist eine

Änderung der Firmenpolitik zu erwarten. Doch was wäre, wenn die Firma Merck ihre Lieferungen einstellte? Noch während sich die westdeutsche Öffentlichkeit über die vermeintlich unsauberen Geschäftspraktiken der Darmstädter Chemiefirma erregt, stellt die UN-Suchtmittelkommission in einem Bericht fest, daß die strittige Substanz vermehrt aus der VR China nach Pakistan geliefert werde.

Wo ich selbst Zahlen nenne, Mengen- oder Preisangaben mache oder Vermutungen über Verbindungen und Querverbindungen anstelle, stütze ich mich hauptsächlich auf Veröffentlichungen der UNO bzw. deren Unterorganisationen. Wie diese Quellen zu gewichten sind, habe ich in dem Kapitel «Die Drogensituation in der Dritten Welt» dargestellt.

Viele meiner Angaben beruhen auf eigenen Recherchen. Marktinformationen sind auf der «scene» leicht zu erhalten. Absichtlich habe ich Preisangaben, die bereits vor Jahren erhoben wurden, nicht der aktuellen Preisentwicklung angepaßt. In «Anatomie eines Deals» (zuerst im *Spiegel*, Nr. 38, 1971) beschreibe ich die Abwicklung eines Haschischgeschäfts. Am Ablauf und dem Verhältnis der einzelnen Handelsstufen zueinander hat sich bis heute nichts geändert. Gestiegen aber sind die Preise über alle Handelsstufen bis zum Endverbraucher, der 1971 noch durchschnittlich 5,– DM für das Gramm Haschisch zahlen mußte, während er 1983 für die gleiche Menge zwischen 12,– und 15,– DM zahlt.

Das «Mexiko-Tagebuch» stellt die Drogensituation in einem Land der Dritten Welt dar und die Bedeutung von Marihuana in einem seiner Anbaugebiete. Schließlich benutze ich Alltagsquellen, wie sie jedem Zeitungsleser zugänglich sind. Ich wäge Zeitungs- und Agenturmeldungen gegeneinander ab. Was danach von diesen Meldungen oft übrigbleibt, habe ich im Kapitel «Handel und Wandel» beschrieben. Die um alle Ungereimtheiten und Widersprüche bereinigten Informationsbruchstücke setze ich dann zu einem zitierfähigen Bild zusammen.

Wenn ich beispielsweise den laotischen Stabschef General Rathikoune im Kapitel «Opium» als einen einflußreichen Drahtzieher der «Südostasien-Connection» darstelle, dann beziehe ich meine Informationen aus Agentur- und Zeitungsmeldungen sowie Reportagen aus der Region. In diesem Fall aus: *Der Spiegel, Neue Zürcher Zeitung, Time, Newsweek, New York Times* und *Washington Post*. Meine Darstellung aber bleibt hier eine aus zweiter und dritter Hand. Denn weder habe ich selbst im «goldenen Dreieck» Nachforschungen anstellen können, noch habe ich folglich mit dem laotischen Bandenchef selbst gesprochen. Nach allem Abwägen und Vergleichen kann ich nicht einmal die richtige Schreibweise seines Namens garantieren.

Fakten benutze ich wie Indizien, und ich scheue mich nicht, Zusammenhänge zu suggerieren, wo sie mir aufgrund historischer Erfahrungen evident zu sein scheinen.

Ich zitiere beispielsweise Statistiken, die belegen, daß sich auf Sizilien die Zahl der Bankgründungen in den vergangenen Jahren versiebenfacht hat, während sie sich in Italien im gleichen Zeitraum nur verdoppelte. Wenn man hinzunimmt, daß auf Sizilien gleichzeitig die Zahl der Arbeitslosen anstieg, daß die allgemeine Wirtschaftstätigkeit zurückging und nur der Schmuggel, das illegale Bau- und Grundstücksgeschäft, der Spielbetrieb und die Prostitution zunahmen, wenn also nur der illegale Wirtschaftssektor, von dem der Drogenhandel ein wichtiger Teil ist, Zuwachsraten zu verzeichnen hat, dann will ich in der Tat einen Zusammenhang zu den Bankgründungen herstellen, den allerdings nur akzeptieren wird, wer meine Sicht des kapitalistischen Systems teilt. Das meine ich, wenn ich von historischen Erfahrungen spreche. Ich gehe also hinter einen bestimmten Erkenntnisstand über das Wesen dieser Gesellschaft nicht zurück, ich unterstelle als gegeben, was dem einen oder anderen Leser, der einen oder anderen Leserin erklärungsbedürftig erscheinen mag.

Die Feststellung etwa, daß sich die «Leistungen» des öffentlichen Sozial- und Gesundheitswesens an übergeordneten ökonomischen Gesichtspunkten und nicht an den sozialen Bedürfnissen des einzelnen orientieren, daß angesichts von Arbeitskräfteüberschuß das Gesundheitssystem nicht daran interessiert ist, jede Arbeitskraft um jeden Preis wiederherzustellen, und daß sich das auf die Mittelvergabe zur Therapie von Drogenabhängigen auswirkt, begründe und belege ich nicht weiter. Wer den Zusammenhang bezweifelt, sollte sich die Mühe machen, Wirtschafts- und Sozialstatistiken – sagen wir der letzten 8 Jahre – nebeneinanderzuhalten und zu vergleichen. Er wird seine Zweifel aufgeben, im Rahmen dieses Buches kann ich sie ihm nicht nehmen.

Seit mehr als 15 Jahren beschäftigte ich mich in verschiedenen Berufsrollen mit der Drogenfrage. Nicht alle Erkenntnisse und Erfahrungen finden sich in diesem Buch wieder, einige tauchen nur andeutungsweise auf. Weder habe ich die Ergebnisse einer empirischen Studie über das «Sexualverhalten von Jugendlichen in der Drogensubkultur» noch meine Erfahrungen im «Therapie Zentrum Altona» (TZA) oder die Arbeit mit Drogenabhängigen im Jugendstrafvollzug berücksichtigt. Sie gehören nicht hierher. Es ist meine Absicht, die Ursachen des Drogenproblems zu untersuchen, und nicht, seine Folgen zu beschreiben. Vielleicht vermissen einige Leserinnen und Leser so etwas wie eine soziologische Perspektive, Faktoren, die ökonomische Abläufe beeinträchtigen oder durchkreuzen. Um zu zeigen, was ich mir zu zeigen vorgenommen habe, sind nicht nur psychologische Erörterungen, sondern auch die Einführung einer soziologischen Perspektive überflüssig.

Egal auf welchen Wegen oder Umwegen, auch im Drogensektor haben sich die Kapitalinteressen noch immer durchgesetzt. Nichts anderes will ich zeigen.

Hamburg, September 1983

1
DROGEN IM KAPITALISMUS

Kleiner geschichtlicher Abriß

Wenn ich hier einen kurzen Abriß zur Geschichte der Rauschdrogen liefere, so hat das vor allem einen Grund: Indem ich den Blick vom Hysterischen aufs Historische lenke, will ich das falsche Bewußtsein von der Einmaligkeit des heutigen Drogenproblems zerstören.

Eine Kultur- und Sittengeschichte der Drogen habe ich nicht im Sinn. Dazu fehlen mir nicht nur die methodischen Voraussetzungen, sondern auch Quellenkenntnisse des Historikers.

Mich interessiert aus europäischer Sicht der Zeitpunkt, an dem Drogen als Hilfsmittel kultischer Bräuche zurückgedrängt wurden und der Warenwert zum wahren Wert einer Droge wurde.

Interessant ist aber nicht nur der Bedeutungswandel bereits bekannter Rauschmittel, sondern auch das Aufkommen neuer Drogen, die aus anderen Kulturkreisen eingeschleppt und in andere Kulturkreise verschleppt werden. Ein solcher kulturüberschreitender Im- und Export setzt ökonomische Strukturen voraus, wie sie sich in Europa erst seit dem 16. und 17. Jahrhundert entwickelt haben: Geldwirtschaft, Märkte, Verkehrsmittel und Verkehrswege, kurz, die Vorboten von Kapitalismus, Kolonialismus und schließlich Imperialismus.

Historiker sprechen von der *Drogenkrise* des 16. und 17. Jahrhunderts. Damals trafen Tabak und Kaffee als neue psychoaktive Substanzen auf die in Europa bereits etablierte Droge Alkohol. (Auf Tabak und Kaffee folgten Tee und Schokolade, deren Auswirkungen auf das Konsumverhalten ich jedoch nicht weiter untersuchen möchte.)

Begleitet wurde diese Drogenkrise von einer Flut von Pamphleten und Dekreten, die zur Mäßigung oder zum Verzicht auf die alten wie die neuen Genußmittel aufriefen – damals so erfolglos wie heute. Aber schon vor dem Aufkommen von Tabak, Kaffee und Tee zeigten sich «kirchliche und höfische Kreise» beunruhigt über die in Europa grassierende Trunksucht. Ob tatsächlich der Alkoholkonsum gestiegen war oder ob die Sorgen von Kirche und Hof nur die veränderte Einstellung gegenüber den traditionellen Trinkgewohnheiten ausdrücken, ist unter Historikern allerdings umstritten. Möglicherweise, so der Historiker Gregory Austin, ist sogar allein die Erfindung beweglicher Drucktypen «verantwortlich» für die Drogenkrise jener Zeit. «Der Umstand, daß so viele Bücher über das Trinken geschrieben wurden, ist möglicherweise nur die Folge der Erfindung beweglicher Drucktypen, die die Veröffentlichung von Büchern einfacher rund preiswerter machte. Wenn dies zutrifft, mag das 16. Jahrhundert als ein Beispiel gelten, wie eine Drogenkrise erzeugt werden kann, ohne daß wesentliche Änderungen in den Mustern des Konsumverhaltens vorliegen.» [1]

Unbestritten ist unter Historikern die Tatsache, daß Alkohol bzw. alkoholhaltige Kaltgetränke im 16. Jahrhundert in geradezu gigantischem Ausmaß konsumiert wurden.

In die Zeit der europäischen Drogenkrise fällt auch ein Datum, das auf die Konsumgewohnheiten jener Epoche erheblichen Einfluß hatte: die Destillation von Branntwein. In neuer Verarbeitungsform bzw. höherer Konzentration kam ein Produkt auf, das sofort in Konkurrenz trat zu den bis dahin dominierenden Verarbeitungsformen Wein und Bier. Es änderten sich nicht nur die Trinksitten, es verschärften sich auch die körperlichen und psychischen Folgen des Alkoholkonsums.

Wie groß der Anteil von Branntwein am Gesamtkonsum alkoholischer Getränke zu jener Zeit auch gewesen sein mag, «offensichtlich wurde zu dieser Zeit die Herstellung aller alkoholischen Getränke in größerem Maße kommerzialisiert. Dies war zum Teil ein Ergebnis des Trends zur Geld- und Marktwirtschaft des späten Mittelalters. Die Möglichkeiten des Gewinns, der mit Alkohol erzielt werden konnte, interessierte besonders den Adel, der dringend neue Einkommensquellen suchte. Allem Anschein nach besteht ein direkter Zusammenhang zwischen dem Grad der Trunksucht, der Entwicklung der Alkoholindustrie und der Beteiligung des Adels und der Inhaber öffentlicher Ämter an Alkoholgeschäften, sei es direkt an der Produktion oder an den Schankbetrieben oder indirekt durch Steuern und Abgaben. Weitere Begünstigung fand diese Kommerzialisierung durch die Entwicklung der städtischen Absatzmärkte und durch Verbesserungen im Transportwesen.» [2]

Erst mit der Herausbildung eines inländischen Marktes sind auch die Voraussetzungen für den Export alkoholischer Produkte gegeben.

Nicht nur Produzenten und Händler haben ein Interesse am Export ihrer Produkte, auch der Staat ist über Zoll- und Steuererhebung am

Geschäft beteiligt. Dieser Interessenpool nimmt auch auf die jeweilige «Drogendiskussion» Einfluß. Die Entscheidung, ob eine bestimmte Droge gefährlich oder harmlos sei, mindert oder steigert deren Exportchancen, vermehrt oder verringert die staatlichen Einnahmen. Ein Genußmittel für schädlich zu erklären und seine Einfuhr zu verbieten oder zu erschweren, ist oft nichts anderes als eine Form des verdeckten Protektionismus. Zum Schutze der eigenen Profit- und Einnahmequellen nimmt die Lobby von Produzenten und Staat offen oder verdeckt Einfluß auf die Drogenpolitik – damals wie heute.

Opium im Kolonialismus

In der Geschichte des Kolonialismus wurden die ökonomischen Interessen des «Mutterlandes» oft überdeckt von abendländischen Kulturideologien. Mit dem Warenstrom verband man die selbstgesetzte Aufgabe, «Zivilisation» hinauszutragen in die Welt der «Primitiven».

So wurden auch Drogen zu einem Mittel, Kapital zu schaffen bzw. zu akkumulieren, Märkte zu öffnen und sozio-kulturelle Traditionen, die den Kolonisatoren «erstarrt» schienen, aufzubrechen. Drogen dienten hierzu als Hebel, und wo die Öffnung von Märkten nur schwer zu erreichen war, da halfen große und kleine Kriege, das gewünschte Ziel zu erreichen.

Mohn, aus dem Opium gewonnen wird, ist eine alte Kulturpflanze. Sie ist ursprünglich im östlichen Mittelmeerraum beheimatet und nahm von dort ihren Weg nach Indien und China, wobei sie den Routen arabischer Eroberer und Händler folgte. Als die holländische Ostindienkompanie nach Sumatra (heute Indonesien) vordrang, fand sie einen bereits entwickelten Tausch von indischem Opium mit einheimischen Gewürzen und Edelsteinen vor. Im Verlaufe zahlreicher Kleinkriege und Bündnisse mit den herrschenden Fürsten bekamen die Holländer 1677 das Ausfuhrmonopol für Opium zugestanden. Hauptexportland war China. Von nun an wurde China – bis ins 20. Jahrhundert – mit Opium verseucht. Städte wie Macao, Hongkong und Shanghai verdanken ihre Gründung und ihre Entwicklung in erster Linie dem Opiumhandel mit China. Mit der zunehmenden kolonialistischen Ausbeutung Vorder- und Hinterindiens durch das englische Kapital erfuhr der Opiumhandel seinen zweiten großen Aufschwung. Hauptkonsumenten waren die malayischen und chinesischen Arbeiter in den Zinnbergwerken und auf den Kautschukplantagen Hinterindiens. Ihre Wehrlosigkeit gegenüber der unmenschlichen Ausbeutung, einem Mord auf Raten, wurde so verewigt.

In der Geschichte des Kapitalismus hatten Rauschmittel (Alkohol und Opium) immer einen doppelten Gebrauchswert. Sie halfen den unterdrückten Massen, ihr Los zu ertragen, und der herrschenden Klasse, die gesellschaftlichen Bedingungen der Ausbeutung zu sichern. Somit hatten Rauschmittel immer auch einen politischen Gebrauchswert.

Das Aufblühen des südostasiatischen Opiumhandels war kein isoliertes Phänomen. «Jeder Schritt dieser Entwicklung war eine Antwort auf Einflüsse von außen.» [3]

Ihre erste ökonomische Hochblüte erlebte die Mohnkapsel mit der Entwicklung des Merkantilismus und der Gründung europäischer Handelsmonopole im 18. und 19. Jahrhundert. Die Mehrung des nationalen Reichtums und die Stärkung der Staatsmacht waren die wirtschaftspolitischen Ziele des Merkantilismus, «der volkswirtschaftlichen Theorie und Praxis in der Periode der ursprünglichen Akkumulation». [4]

Mit der Entdeckung neuer Kontinente und neuer Seewege begann unter den europäischen seefahrenden Nationen ein Wettbewerb um die Schätze Ostasiens und Amerikas. Besonders die britische Krone dehnte ihr Kolonialreich immer mehr aus. Rohstoffe und Nahrungsmittel flossen ins Mutterland. Mit Hilfe ihrer Flotte sicherten sich die Briten das Handelsmonopol in vielen Teilen der Welt.

Um sich die weltwirtschaftlichen Ressourcen anzueignen, traten die europäischen Handelsnationen in einen bedingungslosen Konkurrenzkampf ein – jeder gegen jeden und manchmal zwei gemeinsam gegen einen Dritten. Die Schwächung anderer Nationen gehörte geradezu zum Konzept der merkantilistischen Handelsoffensiven. Einig war man sich nur in der Absicht, aus den Kolonien soviel Rohstoffe und aus den Arbeitern soviel Kraft wie möglich herauszuholen.

Bereits die erste Welle der kolonialistischen Ausbeutung führte in China zu einer derartigen Suchtabhängigkeit, daß 1729 Kaiser Yongtscheng die Einfuhr dieses Giftes durch Erlaß verbot. Praktisch verwies er damit den Opiumhandel von der Legalität in die Illegalität; aus den legalen Handelsorganisationen wurden illegale Schmugglerorganisationen.

Im Jahre 1773 schließlich hatten die Briten ihre Mitbewerber um den Handel mit Mohnsaft niedergerungen. Das Handelsmonopol lag nun bei der englischen Ostindien-Kompanie. Kaiser Lin Tso-siu unternahm 1839 einen erneuten Versuch, die epidemische Drogensucht in China zu stoppen. Das englische Unterhaus, um eine Intervention zugunsten der Chinesen und gegen die Drogenhändler ersucht, lehnte in einem mit absoluter Mehrheit angenommenen Antrag das Ersuchen ab. Begründung: es sei inopportun, eine so bedeutende Einkommensquelle wie das Monopol der Indiengesellschaft aufzugeben.

Gleichzeitig sorgte die Regierung ihrer Majestät für machtpolitische Klarheit. Im Namen der Handelsfreiheit hielt sie nicht nur den uneingeschränkten Opiumhandel aufrecht, sondern sie öffnete mit Hilfe erfolgreicher militärischer Operationen fünf chinesische Häfen für den europäischen Handel.

Zwei Kriege ließ die britische Krone führen, um China zu öffnen und seinen Herrscher zu zwingen, die Einführung von Opium zu legalisieren. Gemeinsam mit Frankreich, das ebenfalls in dieser Region «engagiert» war, setzte sie 1857 Truppen in Marsch. Um die totale Niederlage seiner Dynastie zu verhindern, sicherte der Kaiser in einem Friedensvertrag Briten und Franzosen die Öffnung weiterer fünf Häfen zu und gestattete die freie Schiffahrt auf dem Jangtsekiang. Gleichzeitig wurde in der «Konvention von Shanghai» China das Recht zugestanden, 5 Prozent Zoll auf alle Importe und Exporte zu erheben.[5] Zu den zollträchtigen Waren wurde ausdrücklich auch Opium gezählt. Damit war in einem gewissen Umfang eine Interessenübereinstimmung zwischen der herrschenden Klasse der Kolonialmacht und der herrschenden Klasse in der Kolonie hergestellt. «Nun zügelte nichts mehr die Opiumsucht in China. 1850 schätzte man die Zahl der Süchtigen auf 2 Millionen. 1878 überschritt ihre Zahl 20 Millionen; das bedeutet die phantastische Zunahme von um 1000 Prozent in 28 Jahren.»[6]

Mittlerweile war Opium längst nicht mehr nur Importware auf dem chinesischen Markt, gegen Ende des 19. Jahrhunderts wurde es in beträchtlichen Mengen auch in China selbst angebaut. Ein Dekret der Kaiserin Ts'eu-hi, das die Absicht verfolgte, den Opiumgebrauch in China zu unterdrücken (Ausreißen der Mohnpflanzen, Schließung der Rauchsalons, Zwangskuren zur Entwöhnung), führte in verschiedenen Landesteilen zu Unruhen. Der Handel selbst wurde durch diese angedrohten und teilweise auch durchgeführten Maßnahmen noch attraktiver, weil durch sie die Preise anstiegen.

Bestandteil des britisch-chinesischen Vertrages von 1860 war auch, daß sich China bereit erklärte, das Land ausländischen Missionaren zu öffnen. Aus der Sicht britischer Opiumhändler ein schwerer Fehler, wie sich im Laufe der folgenden Jahrzehnte herausstellen sollte. Denn als sie das Elend der Opiumsucht bemerkten, wurden britische und US-amerikanische Missionare sehr bald zu engagierten Gegnern der britischen Opiumpolitik.

Gegen Ende des 19. Jahrhunderts sahen sich auch die USA mit dem Opiumproblem konfrontiert. Chinesische Arbeiter brachten beim Bau der Eisenbahn quer durch den nordamerikanischen Kontinent nicht nur ihre Arbeitskraft, sondern auch die Gewohnheit, Opium zu rauchen, ins Land. «Um die Schwerarbeiter aus dem Orient zu kontrollieren, wurden Gesetze gegen das Opiumrauchen verabschiedet und von der Polizei durchgesetzt, um die Chinesen fortwährend beaufsichtigen zu können.» [7]

Die Opiumsucht der chinesischen Arbeiter völlig auszurotten war ein unerreichbares und vielleicht auch gar nicht wünschenswertes Ziel. Suchtabhängigkeit unter staatlicher Kontrolle ist auch geeignet, die Arbeitsdisziplin zu erhöhen, den Grad der Ausbeutung zu steigern und sich die Loyalität der Abhängigen zu sichern.

Als die USA nach einem erfolgreichen Krieg gegen Spanien die Kontrolle über die Philippinen erlangten, wurden sie auch mit den Praktiken des dortigen Opiummonopols konfrontiert. «Eine amerikanische Kommission untersuchte die Opiumpolitik für die Philippinen und einige andere Länder des Fernen Ostens. 1905 empfahl sie, daß strenge internationale Maßnahmen eingeleitet werden sollten, um den Opiumhandel zu unterbinden.» [8]

Seitdem haben Regierungen der USA immer wieder versucht, internationale Verträge und Abmachungen zur Kontrolle des Opiumanbaus und des Opiumhandels zu erreichen. Mit wechselndem Erfolg. Um die Jahrhundertwende war Opium Bestandteil verbreiteter Genußmittel. Berühmt und so billig wie Bier oder Branntwein war das Laudanum genannte Opium-Alkohol-Gemisch, dessen Konsum weitgehend toleriert wurde. Solche Genußmittel vom Markt zu entfernen gelang den US-Regierungen im Verein mit den «Regierungen Ihrer Majestät» im Laufe der ersten Jahrzehnte dieses Jahrhunderts. Auch wurden Abkommen erzielt, die den Opiumanbau für ausschließlich medizinische Zwecke vorsehen. Der Anbau für den illegalen Konsum aber ist weniger denn je unter Kontrolle. Einzig in China, das bis in die vierziger Jahre dieses Jahrhunderts unter den Folgen des Opiumanbaus und -schmuggels zu leiden hatte, ist mit der sozialistischen Revolution das Problem gelöst worden. «Als die Kommunisten in den fünfziger Jahren strikte Kontrollen einführten, hatten sie größten Erfolg bei der Eindämmung des Opiumanbaus und -rauchens. Den meisten Berichten zufolge gibt es im Jahre 1980 in China kein Opiumproblem mehr.» [9]

Als man Anfang des 19. Jahrhunderts die medizinische Verwertbarkeit von Opium als Morphium entdeckte, begann die Opiumeinfuhr in die Metropolen. Immer neue Kriege brachten dem Medikament einen immer neuen Boom.

Der US-amerikanische Bürgerkrieg (1861–1865) und der Deutsch-Französische Krieg von 1870/71 endeten für viele Soldaten mit einer Opium- bzw. Morphiumsucht. In den USA nannte man sie die «Soldatenkrankheit».

Die großen Hafenstädte in aller Welt wurden ständig von Suchtwellen überschwemmt; besonders London, Liverpool, Marseille, Kairo sowie die Elendsviertel der US-amerikanischen Küstenstädte. An den Umschlagplätzen der kolonialisierten Satelliten zählte Opium ohnehin zu den «Grundnahrungsmitteln», etwa in Shanghai, Bangkok, Singapur, Kalkutta und Bombay.

Sowohl in Frankreich als auch in England wurde es üblich, Opium zu nehmen; dabei wurde die Art der Einnahme von den Gebräuchen der jeweils kolonialisierten Länder bestimmt. Die Franzosen rauchten, wie es im Nahen Osten üblich war, während die Engländer Opium auch aßen.

Zu den «Opiumessern» gehörten zu ihrer Zeit einflußreiche Persönlichkeiten aus Parlament und Regierung. Von der herrschenden Klasse griff zu Beginn des 19. Jahrhunderts die Opiumsucht auch auf die arbeitende Klasse über. In seinen *Konfessionen eines englischen Opiumessers* berichtet der Schriftsteller Thomas De Quincey: «Drei achtbare Apotheker von London, in verschiedenen Bezirken der Stadt, sagten mir, als sie mir ein Gran Opium verkauften, die Zahl der Opiumesser sei ungeheuer groß... Als ich einige Jahre später nach Manchester kam, versicherten mir mehrere Baumwollfabrikanten, die Gewohnheit, Opium zu nehmen, bürgere sich in der Arbeiterschaft ein; Samstag nachmittags stapelten sich auf den Ladentischen der Apotheken kleine Päckchen mit je einem oder zwei Körnern Opium, die man schon zuvor für den Abend hergerichtet habe.» [10]

De Quinceys Schlußfolgerung sollte alle Anhänger der Theorie von den Einstiegsdrogen nachdenklich stimmen. «Der Grund dafür sei der kümmerliche Lohn, der den Arbeitern nicht erlaube, sich Bier oder Schnaps zu kaufen.» [11]

Demnach beeinflußt nicht nur eine der Droge innewohnende Eigenschaft, sondern auch das Preisniveau die Konsumgewohnheiten. Ist erst einmal das Bedürfnis nach Rauschmitteln geweckt, so hängt die Bedarfsdeckung wesentlich von der Angebots- bzw. Preissituation ab, und nicht selten treffen die Konsumenten ihre Wahl unter rein wirtschaftlichen Gesichtspunkten. Als die Herstellung von Alkoholika auf den Stand der industriellen Produktion gebracht worden war, «stiegen» die englischen Arbeiter wieder auf die Droge Alkohol «um» bzw. zurück. Opium als Einstiegsdroge für Alkohol? Bisher wurde immer das Umgekehrte behauptet.

Die Kolonisierung Indochinas durch Frankreich begünstigte die Verbreitung der Opiumsucht und machte vor allem Beamte und Militärs abhängig, den gleichen Personenkreis, der auch in England einen erheblichen Anteil der Opiumabhängigen stellte.

In Europa spielten bereits Ende des 18. Jahrhunderts Mohnprodukte eigenen Anbaus eine gewisse Rolle. In manchen Gegenden war es üblich, die Körner des weißen Mohns zu essen. So im Tal von Trient, in Tirol und in der Steiermark. Ähnliches wird aus Ungarn und Norditalien berichtet.

Der Opiumhandel – schon damals ein profitables Geschäft – nahm keine globalen Dimensionen an, weil die Droge nur in jenen Industrieländern eine Rolle spielte, die an kolonialen Eroberungen beteiligt waren. Das Auftauchen von Opium auf dem Markt vermochte die traditionelle Trunksucht des Proletariats nicht zu verdrängen. «Daß die Arbeiter stark trinken, ist nicht anders zu erwarten... Ein Beobachter berichtet, daß in Glasgow jeden Sonnabend an die 30000 Arbeiter berauscht sind, und die Zahl ist gewiß nicht zu gering... In allen anderen großen Städten sieht es ebenso aus.» [12]

Gegen Ende des 19. Jahrhunderts begann sich der Raubbau treibende Kolonialismus zu «zivilisieren». Eine wechselseitige Abhängigkeit zwischen den kolonialen «Mutterländern» und den Kolonien zeichnete sich immer deutlicher ab – wechselseitig insofern, als sich das Interesse an den Kolonien nicht länger ausschließlich auf den Raub der Rohstoffe und den Absatz eigener Industrieprodukte richtete, sondern in steigendem Maße das in den Kolonien vorhandene Arbeitskräftepotential für die Erreichung kapitaler Profite interessant wurde.

Der «Indische Hanfdrogenreport»

Unter dem Einfluß dieses «Umdenkens» erteilte im Jahre 1893 «der Minister ihrer Majestät, der Regierung von Indien den Auftrag», den Anbau von Hanf in Bengalen, die Gewinnung von Drogen, den Handel mit Drogen, die Auswirkung auf den Zustand der Bevölkerung und die Frage eines etwaigen Verbotes zu überprüfen.

Bereits im Jahre 1873 waren erstmals Richtlinien hinsichtlich der Hanfdrogenkontrolle ergangen. Seitdem «haben sich lokale Verwaltungsbehörden in Indien ständig mit der Frage der Hanfdrogen beschäftigt und den Konsum so weit als möglich eingeschränkt. Die Regierung von Britisch Indien hat sich seither an folgende Grundsätze gehalten: Erhöhung der Einnahmen aus dem Hanfanbau durch Steuererhebungen, Besteuerung von Anbau, Herstellung und Vertrieb bis an die Grenze des Möglichen, das heißt bis zu einem Grad, daß sich illegale Praktiken finanziell nicht lohnen...»[13]

Die Zielsetzung der Untersuchung bedurfte keiner sozialstaatlichen Überhöhung; das «Interesse an der Erhaltung der Volksgesundheit» wurde offen angesprochen als das, was es ist: das Interesse an gesunden, leistungsfähigen Arbeitskräften. Genaugenommen gab es nicht einmal ein «Drogenproblem als solches», das den Aufwand der Kommissionsarbeit hätte rechtfertigen können: «Es erscheint der Kommission wichtig, erneut darauf hinzuweisen, daß, wie aus allen Unterlagen hervorgeht... das Problem der Hanfdrogen als solches gar nicht aufgefallen war.»[14]

Es ging um ausbeuterische Interessen der englischen Kolonialregierung. Daran ließ der Auftrag keinen Zweifel. «Auch in Fragen der Besteuerung für Anbau und Verkauf sollten Empfehlungen erarbeitet werden... der Import (sollte) das besondere Interesse der Kommission finden. Die unterschiedlichen Kontroll- und Besteuerungsmaßnahmen für Anbau und Hanfdrogenherstellung müssen in ihrer Wirksamkeit gemessen werden.» [15]

Konsequent heißt es dann in der Schlußfolgerung des Kommissionsberichts, der auch feststellte, daß die unterstellten negativen Folgen des Konsums sich nicht bestätigt haben: «Da ein Verbot also nicht in Frage kommt, bleibt über die Kontrollmaßnahmen und die Besteuerung zu entscheiden.» [16]

Die Absicherung staatlicher Interessen über den Steuer- und Zollsektor war aus der Sicht der britischen Kolonialregierung schon deshalb nötig, weil unterdessen der ausbeuterische Raubbau, den die Ostindien-Kompanie die vergangenen Jahrhunderte hindurch in Indien, China und anderen Teilen Asiens getrieben hatte, nicht länger möglich war. Die Ostindien-Kompanie war aufgelöst worden. «Die Ostindische Kompanie verfügte lange Zeit über das Handelsmonopol mit Indien und hatte die wichtigsten Verwaltungsfunktionen in der Hand. Der nationale Befreiungsaufstand in Indien (1857–1859) zwang die Engländer, die Formen ihrer Kolonialherrschaft zu ändern; die Ostindische Kompanie wurde aufgelöst und Indien zum Besitz der britischen Krone erklärt.» [17]

Schon in der Auswahl ihrer Mitarbeiter und Informanten hatte die Kommission sichergestellt, daß ihre spezifischen Interessen gewahrt würden. Wenn man «Steuerbeamte mit langjähriger Diensterfahrung», «Magistratsbeamte», «Polizei- und Medizinalbeamte», «Offiziere mit Erfahrungen in Eingeborenenregimentern und ethnologischen Kenntnissen», aber auch «niedere Beamte» als zuverlässige Informanten nennt und ernennt, so hat man einen ganzen Stall von Böcken zu Gärtnern gemacht. Denn während der Zeit der Ostindien-Kompanie waren es genau jene Beamten, die an vorderster Front und unter Anhäufung beträchtlicher Profite den Handel mit Opium ermöglichten, unterstützten bzw. betreiben ließen. «Die Englisch-Ostindische Kompanie erhielt bekanntlich, außer der politischen Herrschaft in Ostindien, das ausschließliche Monopol des Teehandels wie des chinesischen Handels überhaupt und des Gütertransports von und nach Europa... Die Monopole von Salz, Opium, Betel und anderen Waren waren unerschöpfliche Minen des Reichtums. Die Beamten selbst setzten die Preise fest und schanden nach Belieben den unglücklichen Hindu... Seine Günstlinge erhielten Kontrakte unter Bedingungen, wodurch sie, klüger als die Alchemisten, aus nichts Gold machten. Große Vermögen sprangen wie die Pilze an einem Tage auf, die ursprüngliche Akkumulation ging vonstatten ohne Vorschuß eines Schillings.»[18]

Nachdem also die staatlichen Interessen abgesichert waren, konnte sich die Kommission ihrem eigentlichen Auftrag, der «Auswirkung auf den Zustand der Bevölkerung» zuwenden. Gründe, warum die einheimische Bevölkerung überhaupt Drogen nahm, waren von nur geringem Interesse; es sollte vielmehr untersucht werden, inwieweit Krankheiten, die in den Kolonialgebieten besonders häufig auftraten, in ursächlichem Zusammenhang mit der Tatsache standen, daß die Bevölkerung der betreffenden Gebiete bestimmte Rauschmittel benutzte. Folgende Krankheiten wurden genannt: Ruhr, Asthma, Bronchitis und Geisteskrankheiten. Bei der Ausarbeitung des Berichts zog man deshalb auch «Arbeitgeber, die eine größere Zahl von Eingeborenen beschäftigen»[19] und die folglich über deren Gesundheitszustand und deren Arbeitsfähigkeit Auskunft geben konnten, als Informanten hinzu.

Die Behauptung, daß die genannten Krankheiten in ursächlichem Zusammenhang mit der Einnahme von Drogen und insbesondere Cannabis stünden, war nicht nur falsch, das Gegenteil stellte sich als richtig heraus.

Cannabis-Produkte, in unterschiedlichster Verarbeitung, wurden als Mittel zur Bekämpfung dieser Krankheiten benutzt, und zwar, wie vor allem Medizinalbeamte zu berichten wußten, mit erheblichem Erfolg. «Die Kommission hat festgestellt, daß die medikamentöse Anwendung von Hanfdrogen umfangreich ist und daher ein Verbot unzweckmäßig erscheint.»[20]

In der «Resolution der Kolonialregierung in Indien zum Bericht der Indischen Hanfdrogen-Kommission» wird im gleichen Atemzug sogar die psychopharmakologische Bedeutung von Cannabis anerkannt. «Außerdem würden sich weite Bevölkerungskreise eines wohltuenden Stimulans beraubt fühlen, was vor allem für die ärmeren Schichten zutrifft, die im allgemeinen als mäßige Drogenkonsumenten gelten.»[21]

Sie gelten überhaupt als mäßige Konsumenten, sollte man hinzufügen. Auch auf diesen Einwand war die Kommission vorbereitet. Den Zusammenhang von Cannabis und Volksgesundheit bzw. von Cannabis und Arbeitsfähigkeit sollte sie ja erforschen.

Wenn auch von leichten Zweifeln geplagt, ob man Tierexperimente auf Menschen übertragen könne, berichtete die Kommission von Tierversuchen, die darauf schließen ließen, daß Cannabis nicht die menschliche Gesundheit zerstöre, sondern deren Erhaltung diene. «Aus der Tatsache, daß die Nahrungsaufnahme geringer gewesen war als vor Beginn des Experiments, geht hervor, ... daß bei gewohnheitsmäßigem Inhalieren von Ganja-Rauch der übliche Gewebeabbau verzögert wird, so daß sich Fett ansammelt, selbst wenn die Nahrungsaufnahme insgesamt verringert wird. Es würde sich danach also ein durchaus positiver Effekt der Droge zeigen, die für Menschen mit harter körperlicher Arbeit und entsprechender Gewebeabnutzung besonders vorteilhaft wäre.» [22]

Auch wenn Cannabis nicht imstande ist, das Ernährungsproblem zu lösen, so schafft es doch zumindest keine neuen Probleme, etwa, indem es die Gesundheit gefährdet und Arbeitskraft vernichtet. Im Gegenteil: «Zweifellos steigern die Hanfdrogen die Energie und beseitigen die Müdigkeit, wobei diese Wirkung vor allem Ganja zugeschrieben wird. Daher wird in den unteren Schichten auch viel mehr Ganja genossen als Bhang.» [23]

Vor allem professionelle Ringer nahmen Ganja.* Ferner gehörten Musiker, Lastträger und Laufburschen, Postläufer, Fischer und Bootsleute, Nachtwächter, Pilger und Bettelmönche zu den von der Kommission ermittelten Berufsgruppen. Auch Arbeiter in malariaverseuchten Gebieten, Landarbeiter in sumpfigen Gegenden sowie

---

* Nach Rudolf Walter Leonhardt (Haschisch-Report) handelt es ich bei Bhang um «das minderwertige, also auch schwächste der indischen Hanfprodukte». Es besteht «aus dem ganzen oberen Teil (Blüte, Blätter, kleine Stengel) der wildwachsenden weiblichen Pflanze. Es wird meist als Aufguß getrunken; aber auch geraucht, dann ist es minderwertigem Marihuana vergleichbar.»

Ganja unterscheidet sich nach Leonhardt von Bhang dadurch, «daß es von besonders gezüchteten und ausgewählten Hanfpflanzen geerntet wird». Also (wie in Mexiko Acapulco Gold) so etwas wie feinste Marihuana-Auslese.

Es ist unklar, wie ausgerechnet die unteren Schichten die Mittel für den Genuß des höherwertigen Produktes aufbringen können. Im Widerspruch zu Leonhardts eigener Definition steht auch der von ihm veröffentlichte «Indische Hanfdrogenreport»: «Da Ganja am billigsten ist und vor allem von den ärmeren Teilen der Bevölkerung geraucht wird, gilt Ganja als schlecht, während sich Bhang als Genußmittel der gehobenen Schichten eines besonderen Ansehens erfreut.» Von mir befragte Indien-Experten bestätigen die Version des «Indischen Hanfdrogenreports».

Dschungelbewohner nahmen bevorzugt Hanfdrogen als Prophylaxe gegen allerlei Beschwerden. Hauspersonal, das körperlich schwere Arbeiten zu verrichten hat, wie Stallknechte und Wäscher, zählte zu den Konsumenten von Hanfprodukten. Damit ist wohl alles genannt, was arbeitet. Der Fluch wird zum Segen. Cannabis zerstört nicht die Gesundheit, es erhält sie. Cannabis vernichtet nicht die Arbeitskraft, es stärkt sie.

Gerade weil die Interessen der Kommission so klar eingegrenzt waren, besteht kein Grund, an den Ergebnissen zu zweifeln. Der englische Kolonialismus konnte sich «bei Gefahr des Untergangs» nicht in die Tasche lügen. Also kann die Kommission in ihrer zusammenfassenden Auswertung zu einer liberalen Schlußarie ansetzen: «Die gegenwärtige Regierung Indiens ist nicht aus dem Lande selbst hervorgegangen, sondern ihm von außerhalb aufoktroyiert worden. Das paternalistische Regierungssystem, das im 16. Jahrhundert für England und auch für die anfängliche Verwaltung einiger indischer Provinzen richtig gewesen sein mag, muß zum heutigen Zeitpunkt, da die Bedürfnisse des indischen Volkes von Jahr zu Jahr klarer formuliert werden, als überholt betrachtet werden.» [24]

Schlußfolgerung: Kein Verbot von Cannabis

Durch die von der englischen Kolonialregierung beabsichtigte Kontrolle und das im Indischen Hanfdrogenreport in Erwägung gezogene Verbot des Hanfdrogenanbaus gerieten die Interessen der Kolonialregierung – bzw. das, was sie zu diesem Zeitpunkt noch für ihre Interessen hielt – in Widerspruch zu den auf verschiedenen Stufen am Profit beteiligten indischen Kolonialbeamten. Ihr Hinweis, daß ein Verbot von Hanfdrogen sich auf die Bevölkerung deshalb nachteilig auswirken könne, weil diese dann auf den gefährlicheren Alkohol verfiele, erklärt sich aus dieser Interessenlage. «In einigen Gebieten ist sogar die Meinung geäußert worden, daß der Angriff auf die Hanfdroge nur gestartet wurde, um an ihrer Stelle europäischen Schnaps verkaufen zu können.» [25]

Oder: «Die ganze Agitation gegen die Hanfdrogen wird von Alkoholproduzenten im In- und Ausland betrieben.» [26]

Tatsächlich hat die Kommission eine Wechselwirkung zwischen Hanfdrogen und Alkohol beobachtet. «In Gebieten, in denen Alkohol sehr teuer ist, steigt der Verbrauch an Hanfdrogen und umgekehrt. Da nun in den letzten Jahren in den Nordwestprovinzen die Hanfdrogen im Preis gleichgeblieben sind, der Alkohol aber ständig teurer geworden ist, wird ein gewisser Anstieg des Drogenkonsums verständlich.» [27]

Solche ökonomisch bedingten Umsteigeeffekte waren bereits zu einem früheren Zeitpunkt bei europäischen Industriearbeitern und – wie Marx am Beispiel Englands zeigt – auch im Landproletariat zu beobachten. Auch hier dehnte sich «der Opiumkonsum unter den erwachsenen Arbeitern und Arbeiterinnen täglich aus. Den Verkauf von Opiaten voranzutreiben... ist das große Ziel einiger unternehmender Großhändler. Von Drogisten werden sie als der gangbarste Artikel angesehen. Säuglinge, die Opiate empfingen, verschrumpelten in kleine, alte Männchen oder verschrumpften zu kleinen Affen. Man sieht, wie Indien und China sich an England rächen.» [28]

Alkohol und Industrialisierung

Deutschland bzw. die deutschen Teilstaaten waren an der Kolonialisierung Asiens nicht beteiligt. Opiumimporte aus den Kolonien blieben der arbeitenden Bevölkerung also erspart. Dennoch wurde auch in «deutschen Landen» eine Droge produziert, deren süchtigmachende Wirkung der von Opium vergleichbar ist. Friedrich Engels beschreibt 1876 im *Volksstaat* die Bedeutung der Schnapsbrennerei und ihre Auswirkung auf die arbeitende Klasse. Auch die Ware Alkohol wurde mit der beginnenden kapitalistischen Produktionsweise den neuen Produktionsbedingungen unterworfen. «Als aber die Warenproduktion von den Zünften in die Fabriken... auf die Industrieproletarier überging, änderte sich die Art der Alkoholversorgung auf bezeichnende Weise. Der Industrialismus erzeugte nicht nur den arbeitenden Massen ein stärkeres und allgemeineres Bedürfnis nach dem Genuß berauschender Getränke, er bemächtigte sich auch der Alkoholproduktion, um sie in entfesseltem Maßstab zu betreiben. Im Zusammenhang damit warf er gewaltige Mengen von Bier und Schnaps auf den Markt, schuf er eine Vergnügungsindustrie, die ihm zahllose Gelegenheiten bot, den Alkohol an die Konsumentenschaft zu bringen... Kneipen, Restaurants, Amüsierlokale wurden wie Kaufläden, Basare und Warenhäuser zu großkapitalistischen Unternehmungen.» [29]

Anders als im 16. Jahrhundert, wo die Trunkenheit nicht weniger ausschweifend gewesen sein dürfte, bringt die Industrialisierung der Alkoholproduktion einen Wandel der Konsumentenschichten. Im Bürgertum haben Kaffee und Tee den Platz des mittelalterlichen Universalgetränks Alkohol eingenommen, auch wenn sie den Alkohol nicht gänzlich verdrängten. Im proletarischen Leben aber bleibt der Alkohol nicht nur als wichtigstes Getränk erhalten, er gewinnt als Rauschgetränk zunehmende Bedeutung. Branntwein gehörte schon in der Zeit der Frühindustrialisierung zum gebräuchlichen Getränk. Mit der allgemeinen technischen Entwicklung aber wurde die Technik der Branntweingewinnung perfektioniert und führte dazu, «daß mit immer weniger Arbeitern immer mehr Branntwein in immer kürzerer Zeit produziert wurde».[30]

Schivelbusch vergleicht, wie vor ihm schon Engels, die destruktive Wirkung des Branntweins auf die arbeitende Bevölkerung mit derjenigen, die der Schnaps in den indianischen Kulturen Nordamerikas ausübte: «Der Branntwein schlägt wie ein Blitz in die von Bier geprägte englische Bevölkerung ein... An die Stelle des Alkoholrauschs tritt die Alkoholbetäubung.»[31]

Noch Ende des 18. Jahrhunderts wurde in Deutschland relativ wenig Branntwein destilliert. Grundprodukt der Destillation war Korn. Der Wendepunkt der Brennerei war die Entdeckung, daß man Branntwein auch aus Kartoffeln herstellen kann. «Damit wurde das ganze Gewerbe revolutioniert.»[32] Die Produktion verlagerte sich vom fruchtbaren Kornland auf unfruchtbares Kartoffelland. Geographisch verlagerte sie sich von Nordwestdeutschland nach Nordostdeutschland östlich der Elbe. Diese Verlagerung zog eine enorme Verbilligung der Herstellung und des Endverkaufspreises nach sich. «Die Besoffenheit, die früher das Drei- und Vierfache gekostet hatte, war jetzt den Unbemittelsten tagtäglich zugänglich gemacht, seit der Mann für fünfzehn Silbergroschen die ganze Woche im höchsten Tran bleiben konnte.»[33]

Engels erinnert sich, wie in den zwanziger Jahren des 19. Jahrhunderts die «Schnapswohlfeilheit» über den niederrheinischen Industriebezirk hereinbrach. Der Charakter des Rauschs hatte sich total verändert. Je mehr Fuselöl im Getränk, je ungesünder also der Schnaps, desto wüster und wilder der Rausch: «Bei dem damaligen Bildungsstand der Arbeiter, bei der vollständigen Ausweglosigkeit ihrer Lage war das kein Wunder... Jede Lustbarkeit, die früher mit gemütlicher

Anheiterung und nur selten mit Exzessen endigte... artete nun aus in ein wüstes Gelage und endigte mit unfehlbarer Keilerei, wobei Messerverwundungen nie fehlten und die tödlichen Messerstiche immer häufiger wurden.» [34]

Engels fragt in seiner Artikelserie, ob die Dumpfheit – besonders die der norddeutschen Arbeiter – gegenüber den politischen Ereignissen ihrer Zeit nicht auf den fuselhaltigen Branntwein zurückzuführen sei. «Ernstliche und besonders erfolgreiche Aufstände kamen nur in Weinländern oder solchen deutschen Staaten vor, die sich durch Zölle vor preußischem Schnaps mehr oder weniger geschützt hatten.» [35]

Einigen Historikern fällt es schwer, über Besoffenheit nüchterne Urteile zu fällen, sie neigen dazu, den übermäßigen Alkoholkonsum der Arbeiterklasse als Beweis für deren moralische Verkommenheit zu werten. Engels' Beispiele aber zeigen, daß die negativen Folgen des Alkoholkonsums in unmittelbarem Zusammenhang mit der Qualität alkoholischer Getränke stehen. Auch die Psychologin Irmgard Vogt betont in ihrem Aufsatz «Alkoholkonsum, Industrialisierung und Klassenkonflikte» den von der Qualitätsfrage und folglich auch von der Preisfrage beeinflußten schichtenspezifischen Konsum. In der Mittel- und Oberschicht des 19. Jahrhunderts wurde nicht weniger, sondern anders getrunken: «Bier, Wein und Liköre, zu denen auch der Kognak gezählt wurde, sind die Getränke der Mittel- und Oberschicht, die für die Arbeiter noch bis in die 2. Hälfte des 19. Jahrhunderts unerschwinglich teuer waren und für die sie, wie alle zeitgenössischen Dokumente belegen, für lange Zeit nicht anfällig waren.» [36]

In der Diskussion, auf die ich an anderer Stelle noch einmal eingehen werde, ob man Hanfdrogen der Droge Alkohol nicht gleichstellen und Haschisch bzw. Marihuana konsequenterweise legalisieren solle, wird von den Gegnern der Legalisierung gerne das Argument von der «gewachsenen Tradition» des Alkoholkonsums angeführt. Dieses «Argument», das auch in der Linken populär ist, hat wenig mit einer historisch materialistischen Analyse und viel mit der Rationalisierung der in der Arbeiterklasse herrschenden Trinkgewohnheiten zu tun. Es ist die Rationalisierung eines Problems, mit dem die organisierte Arbeiterbewegung immer wieder in ihrer Geschichte konfrontiert wurde und dem sie nicht selten opportunistisch ausgewichen ist. Einige Arbeiterführer sehen in der Kritik proletarischer Trinkgewohnheiten einen Ausbruch von bürgerlichem Moralismus; andere sehen vor allem die Gefahr, sich von den Arbeitermassen zu isolieren.

Bereits Engels weist nach, indem er von «Vergnügungs*industrie*» spricht, daß auch die Alkoholproduktion, wie sollte es anders sein, der Kapitalverwertung unterworfen ist, was Strategien der Markterschließung zur Folge hatte. Engels hat diesen Aspekt, wohl weil er ihn als gegeben unterstellte, nicht intensiv untersucht und statt dessen die sozialpsychologischen Folgen des Alkoholkonsums um so drastischer beschrieben.

Es existieren jedoch historische Quellen, die belegen, daß Alkohol, und zwar gerade in seiner gefährlichen und gesundheitsschädigenden Verarbeitungsform, bereits vor Friedrich Engels' Zeit von «pushern» unter die Leute gebracht wurde, wie heute Hanfdrogen und mehr noch Heroin und Kokain auf den Markt gedrückt werden.

Ziemlich bald nach seiner Erfindung, Mitte des 16. Jahrhunderts, etablierte sich Branntwein als beliebtestes Getränk der Söldner. Oft wurde der Sold, wie bei Seeleuten die Heuer, in Branntwein ausbezahlt.

Irmgard Vogt belegt, daß die Entwicklung der Alkoholindustrie der Industrialisierung in Deutschland (anders als in England) nicht hinterherhinkte, sondern ihr voraus war. Damit war ein Angebot geschaffen, das sich seine Abnehmer suchen mußte. Um die Klasse der Industrie- und Landarbeiter in den Konsumprozeß einzubeziehen, gingen Fabrikanten und Gutsbesitzer dazu über, Teile des Lohnes in Form von Schnaps auszubezahlen. Am profitabelsten war diese Methode natürlich dort, wo das Trucksystem, wie man in England die Auszahlung des Lohnes in Waren bezeichnete, auf in eigener Produktion bzw. eigenem Anbau hergestellte Alkoholika zurückgreifen konnte. «Diese Methode, einen Teil des Lohnes in Branntwein zu verabreichen, verbreitete sich rasch, bald nahmen sie Transport- und Bauunternehmer, die Besitzer von Kohle- und Eisenbergwerken, wie von Ziegeleien... auch in Deutschland auf... Es ist ein auffälliger Zusammenhang, daß in Deutschland das Branntweintrinken am frühesten sich unter den Bergarbeitern ausbreitete und daß auch hier die ersten Truckverbote vorkommen. Im Jahre 1843 war es in gewissen Teilen des Rheinlandes so schlimm, daß der rheinische Provinziallandtag die Regierung ersuchte, Unternehmern und deren Angestellten das Halten von Schankstätten zu untersagen.» [37]

In vielen Fabriken wurde Arbeitern sogar kostenlos Schnaps ausgeschenkt, damit sie die von ihnen erwartete Arbeitsleistung überhaupt zu bringen imstande waren.

Um ihren Marktanteil zu erweitern, gingen die preußischen Hersteller von Kartoffelschnaps dazu über, ihr Produkt zum Panschen anderer Alkoholika zu benutzen. Indes, das «Monopol der Fälschung» dauerte nicht lange. Französische Händler und Produzenten entdeckten nach der Revolution von 1848 die Bedeutung des preußischen Kartoffelschnapses. Sie vermischten ihn mit französischem Cognac, und es entstand «der einzige Schnaps, der in Frankreich in die Massenkonsumption eingeht».[38] Das Manschprodukt wurde so wesentlich billiger, mit der Folge, «daß dank den Gnadenwirkungen des altpreußischen Schnapses die Trunkenheit, früher dort fast unbekannt, in Frankreich eine bedeutende Ausdehnung erlangt hat».[39]

In der herrschenden Klasse der verschiedenen europäischen Industrienationen galt der «Bordeaux» als Luxuswein. Auch vor diesem Qualitätswein machten die Panscher nicht halt. Sie vermischten billige französische, spanische und italienische Weine zu «feinem Bordeaux». Fast die gesamte brauchbare Weinernte von Nordspanien und auch die ganze Ernte der weinreichen Rioja im Ebrotal gingen nach Bordeaux. Eben dahin schickten Genua, Livorno, Neapel ganze Schiffsladungen von Wein. Bedingt durch diese Nachfrage stiegen die Weinpreise in Spanien und Italien derart, daß der Wein unerschwinglich wurde für die Masse der arbeitenden Bevölkerung, die ihn bis dahin täglich getrunken hatte. «Statt dessen trinkt sie Schnaps, und der Hauptbestandteil dieses Schnapses ist wieder preußischer Kartoffelsprit... Weltumfassend ist der gesegnete Einfluß des preußischen Fuselöls, denn mit dem Kartoffelsprit fließt er in jedes Getränk ein.»[40]

Qualitätsunterschiede gibt es nicht nur bei der Droge Alkohol. Auch die asiatische Volksdroge Hanf kennt Produktdifferenzierungen und einen entsprechend klassenspezifischen Konsum. Auch hier gilt die Faustregel: Je billiger, desto schlechter, je schlechter, desto gesundheitsschädlicher.

An diesen Geschäftspraktiken hat sich bis heute nichts geändert, auch «Qualitätsprodukte» sind von ihnen betroffen. Am erfolgreichsten aber sind sie dort, wo ein Genußmittel nur illegal zu beziehen ist und Reklamationen zwecklos, weil nicht einklagbar sind.

Opium in den Industrienationen

Spätestens seit Mitte des vorigen Jahrhunderts erreichte eine Drogen-«Welle» nach der anderen die sogenannten Mutterländer der Kolonien. Von großer Bedeutung für diese heftigen Wellenschläge war die zunehmende Immigration von Arbeitskräften aus den Kolonien in die Mutterländer selbst.

Eine Morphiumwelle erreichte Europa zwischen 1875 und 1900, wobei, wie bereits erwähnt, der Deutsch-Französische Krieg eine Auslöserrolle spielte. Französische wie deutsche Militärärzte hatten Morphium als schmerzstillendes Mittel vor allem bei Amputationen eingesetzt. So machten der Krieg und seine Folgen auch die Massen mit einer Droge bekannt, die bis dahin in der herrschenden Klasse als Luxusdroge gegolten hatte.

Brau spricht von «Damen der besseren Gesellschaft», die in Frankreich regelrechte Injektionskränzchen veranstalteten. Alexandre Dumas soll gesagt haben: «Morphin ist der Absinth der Frauen.» [41]

Um 1900 gelang es einem deutschen Chemiker in Zusammenarbeit mit der Firma Bayer, Morphium zu synthetisieren und ein Entzugsmittel zu produzieren, das Morphinabhängige von ihrer Sucht befreien sollte. Der Name des neuen Produktes: Heroin.

Ihm wurde – ähnlich wie dem Kokain – die medizinische Eigenschaft zugeschrieben, ebenso wirksam wie Morphium zu sein und gleichzeitig von der Morphiumabhängigkeit zu befreien. Was in der Tat zutraf. Aber an die Stelle einer Morphinabhängigkeit trat nun die von Heroin, einem Produkt, das wesentlich gefährlicher und vor allem teurer war.

Von nun an war die chemische Industrie im Suchtgeschäft. Sie stieg nie mehr aus. In einem ewigen Kreislauf produzierte sie Entzugsmittel für Suchtabhängige, die ihrerseits stets neue Suchtabhängigkeit hervorriefen. Der Versuch, die Wirkstoffe von Cannabis zu isolieren, scheiterte zunächst. Deshalb spielte Cannabis in der Psychopharmakologie keine Rolle. Erst in jüngster Zeit ist die Synthese des entscheidenden Wirkstoffes gelungen. Der Markteinsatz ist eine Frage der Zeit und der jeweils angewandten Gesetze. Alle jene neuen Pharmaprodukte haben eine Eigenschaft gemeinsam. Sie schaffen neue Sucht. Die Industrie produziert ihre Nachfrage.

Die Auf- und Abwärtsbewegungen der jeweiligen Drogen-«Welle» verlaufen parallel zu der Auf- und Abwärtsbewegung kapitalistischer Entwicklung, parallel zu Aufschwung und Krise. Kriege, als Versuch, solche Krisen militärpolitisch zu überwinden, sind, wie auch das jüngste Beispiel des Vietnam-Krieges zeigte, Wegbereiter solcher Suchtwellen. Der imperialistische Krieg der USA in Vietnam erschloß dem Drogenkapital, über die traditionellen *user* in den Ghettos hinaus, eine neue Gruppe Suchtabhängiger: die amerikanischen GIs. Viele von denen, die überlebten, wurden heroin- und/oder methadonsüchtig und damit abhängig vom Drogenkapital – der legalen wie der illegalen Fraktion.

Die Marktstrategien und Produktoffensiven gleichen sich bei allen Produkteinführungen auf dem Drogenmarkt. Noch «gegen 1925 zahlten ägyptische Unternehmer ihren Arbeitern den Wochenlohn in Heroin aus».[42] Dieser unmittelbare Tausch unter Ausschaltung des Zirkulationsmittels Geld fand nach dem Zweiten Weltkrieg seine Entsprechung in der Tabak-Drogen-Währung, wobei die Zigarette allerdings wieder zum Quasi-Geld – also zur Währung – wurde, mit dem man auch andere Waren tauschen konnte.

Der britische «Cannabis-Report»

Fünfundsiebzig Jahre nach dem Indischen Hanfdrogenreport – 1893 – erteilte eine englische Regierung erneut den Auftrag, einen Hanfdrogenreport zu erstellen. Diesmal – 1968 – aber geht der Auftrag nicht mehr an «seine Exzellenz den Generalgouverneur im Staatsrat», sondern an das Innenministerium, das dann eine Kommission einsetzt. Diese spricht sich nicht für ein Verbot, sondern für die Kontrolle der Hanfdroge aus.

Die politisch-ökonomische Ausgangslage hatte sich verändert und mit ihr das Erkenntnisinteresse der Auftraggeber. Der nationale Befreiungskampf der asiatischen und afrikanischen Staaten und das Auseinanderbrechen des Commonwealth hatten das «eingeborene» Proletariat und die Massen der Kleinbauern und Landarbeiter der unmittelbaren Kontrolle ihres kolonialen Mutterlandes entzogen. Deshalb konzentriert sich der britische Report nun auf die Bevölkerung im «eigenen» Land. Die Ende der sechziger Jahre einsetzende Anti-Drogenpropaganda berief sich gerne auf die Ergebnisse wissenschaftlicher Untersuchungen. Auf die Ergebnisse des britischen Regierungsberichts kann sie sich kaum stützen. Dieser wollte sich mit Hilfe sozialwissenschaftlicher Fragestellungen ein nüchternes und realistisches Bild verschaffen und nicht Propagandamaterial liefern. So führt der Report die Wirkung von Drogen nicht auf Drogen an sich zurück, sondern er bezieht zur Erklärung der oft unterschiedlichen Wirkung ein und derselben Droge die unterschiedlichen Persönlichkeitsstrukturen der Konsumenten und deren soziokulturelle Hintergründe in seine Überlegungen ein. «Einige Menschen können sogar Opiate regelmäßig zu sich nehmen und psychisch von ihnen abhängig werden, ohne dadurch gesundheitliche Schäden davonzutragen und in ihrer Arbeitsleistung reduziert zu werden.» [43]

Im Gegensatz zum Indischen Hanfdrogenreport, wo zumindest in der Fragestellung körperlicher Verfall als Folge von Drogenkonsum angenommen wurde, verzichtet der britische Report auf die Konstruktion derartiger Zusammenhänge und fragt umgekehrt, ob nicht Unterernährung für den körperlichen Verfall verantwortlich zu machen sei.

Umfang und Ausmaß des Cannabis-Konsums in Großbritannien wird bei der Erhebung der Kommission weitgehend aus Zoll- und Kriminalstatistiken abgelesen. «In den ersten Jahren wurden vorwiegend grüne Pflanzenspitzen beschlagnahmt, die in aus Indien und Afrika kommenden Schiffen gefunden wurden und mutmaßlich für Gelegenheitskäufer bestimmt waren, die mit farbigen Seeleuten, Unternehmern der Londoner Schiffswerft und bestimmten Clubs in Verbindung standen.» [44]

Erstmals wurde gegen 1950 «entdeckt», daß die farbige Bevölkerung auch außerhalb Londons, in anderen Landesteilen, illegalen Cannabis-Handel betrieb. Die Gewohnheit, Drogen zu nehmen, hatte auf die weiße mittelständische Jugend des Vereinigten Königreichs übergegriffen. Bis dahin war der Cannabis-Konsum der vorwiegend schwarzen Bevölkerung nicht aufgefallen; erst als farbige Dealer in den Handel einstiegen, begannen die Alarmglocken zu läuten. Daß nicht nur von der britischen Unterschicht Drogen konsumiert werden, sondern auch von den Deklassierten der früheren Kolonien, war den Mitgliedern der Kommission bekannt. Sie führen als Beispiel Nigeria an, «wo sich der Verbrauch erst in letzter Zeit verbreitet hat... Die Rauschmittelraucher haben sich zu Scharen in der Stadt angesiedelt und leben dort am Rande der Gesellschaft.»[45]

Hier allerdings sitzen die Verfasser des Cannabis-Reports ihren Vorurteilen auf; bringen sie Ursache und Wirkung durcheinander. In Afrika, Asien und Lateinamerika wiederholt sich ein Vorgang, der seinen Vorläufer in der Entwicklungsgeschichte des europäischen Kapitalismus hat. Der Drogen- und besonders der Alkoholkonsum nahm damals im Zuge der Industrialisierung und Verstädterung in exzessiver Weise zu. Je anarchischer das Wachstum und je schwieriger die Eingliederung der vom Lande in die Städte strömenden Bevölkerung, desto größer die Verelendung und um so intensiver der Rauschdrogenkonsum. Das wiederum bestätigt der Bericht, indem er auf Nordafrika verweist. Dort «ist die Landbevölkerung dem Rauschmittelkonsum sehr viel weniger erlegen als die Schicht der Industriearbeiter und der zumeist unterernährten Arbeitslosen».[46]

Über den wirklichen Umfang des Cannabis-Konsums in den ländlichen Regionen Nordafrikas sagt diese Feststellung wenig. Sie bestätigt nur, daß der Cannabis-Gebrauch nicht weiter auffiel, weil er, ohne den landwirtschaftlichen Produktionsprozeß zu stören, in die kulturellen und religiösen Sitten und Gebräuche der Landbevölkerung eingegliedert war.

Über die Handelswege der Ware macht der britische Bericht nur ungenaue Angaben. Man geht von der Existenz großer Schmugglerorganisationen aus, die Cannabis auf den britischen Markt bringen. Hinzu kommt ein umfangreicher Kleinhandel, der von «aus Übersee zurückkehrenden Urlaubern geführt» oder per Post aus den Heimatländern des Cannabis betrieben wird.

Zum Zeitpunkt der Untersuchung war der Drogenschmuggel noch eine «sehr locker organisierte Gelegenheitstätigkeit, die von professionellen Kriminellen nicht wesentlich genutzt wurde».[47] Heute wird die Organisation des Drogenhandels offiziell anders eingeschätzt und mit Verbrechersyndikaten in Verbindung gebracht. Darauf werde ich an anderer Stelle eingehen.

Von den Ergebnissen des Kommissionsberichtes wollte die Öffentlichkeit wenig wissen. Den Cannabis-Konsum als eine vorübergehende Modeerscheinung einzustufen, war damals die vorherrschende Einschätzung. Andererseits lieferten die angeblichen Gefahren des Cannabis-Konsums ein willkommenes Argument, um Jugendliche vor der Subkultur der Aussteiger und Kiffer zu warnen. Man hätte sich also von einigen Vorurteilen trennen und die Anti-Drogenpropaganda der 60er und 70er Jahre umstellen müssen. Lange wurde beispielsweise so getan, als seien nur Hippies, Gammler und Künstler Cannabis-Konsumenten, während der britische Report bereits deutlich macht, daß die Zahl der «ungelernten Arbeiter, die Cannabis als Wochenendvergnügen zu sich nehmen, ansteigt, sozusagen ein Äquivalent zum Alkoholkonsum der anderen».[48]

Aber auch die schrecklichen Folgen des Cannabis-Konsums, auf die sich die staatliche Abschreckungspropaganda berief, wollte der Bericht nicht bestätigen. So fanden sich keine schlüssigen Beweise für ein Nachlassen der Arbeitsleistung oder negatives Sozialverhalten unter Einwirkung von Cannabis.

Über die «akademische Gruppe» der Konsumenten wird gesagt: «Sie hören gewöhnlich auf mit Cannabis, wenn sie heiraten, oder wenn das Risiko einer strafrechtlichen Verfolgung sich nachteilig auf ihre Berufskarriere auszuwirken droht.»[49]

Ganz ähnlich auch das Urteil über die Gruppe der Ungelernten. Sie gelten «als ebenso arbeitsam und gesetzestreu, und auch sie sehen ihren Cannabis-Konsum in keiner Weise als falsch oder schädlich an».[50]

Dieser kurze historische Abriß der Geschichte der Drogen soll zeigen: Von einer Drogen-«Welle» kann man nicht sprechen. Das Studium der Geschichte der Arbeiterbewegung, das Studium kapitalistischer Entwicklungsgeschichte lassen die verschiedensten Drogen an unterschiedlichen Plätzen unter jeweils anderen historischen und politisch-sozialen Bedingungen zu einem die gesamte kapitalistische Entwicklungsgeschichte begleitenden Phänomen werden. Die Fixierung der Aufmerksamkeit auf Jugendkulturen ist nicht nur – angesichts der historischen Tatsachen – falsch, sie ist ideologisch und hat die propagandistische Aufgabe, von der wahren gesellschaftlichen Bedeutung des Drogenproblems abzulenken. Nur vorübergehend konnte man von einer neuen Drogen*kultur* sprechen, die mit allerlei Mythen und Rituale an den Dandyismus des 19. Jahrhunderts erinnerte. Das Drogenproblem, wie ich es verstehe und hier darstelle, ist ein massenhaftes Phänomen. Die Skala der gebräuchlichen Drogen ist so breit, daß für jede Schicht, jede Altersgruppe und jeden Geschmack etwas dabei ist. Drogen sind nicht lediglich eine lästige Begleiterscheinung der kapitalistischen Entwicklung, sondern ein integraler Bestandteil dieser Entwicklung.

In der weiteren Darstellung des Drogenproblems mache ich einen historischen Sprung. Die Analyse setzt mit dem Ende des Zweiten Weltkrieges wieder ein. Das mag willkürlich erscheinen. Methodisch erscheint die Wahl dieses Zeitpunktes jedoch ratsam, weil sich der Drogenkonsum von der Nachkriegszeit bis heute unter anderem auch als Folge des vorangegangenen Krieges idealtypisch darstellen läßt. Indem ich aber mit der Nachkriegszeit einsetze und nicht erst später, als das Drogenproblem ins öffentliche Bewußtsein drang, zeige ich, daß die sogenannte Drogenwelle nicht da begonnen hat, wo sie die staatliche Anti-Drogenpropaganda beginnen läßt. Diese will den Eindruck erwecken, die Drogen-«Welle» sei neu, überraschend und dem Wesen des Kapitalismus fremd. Das Gegenteil ist der Fall.

2
DIE DROGEN- INDUSTRIE

Die Entwicklung der Drogenindustrie von 1945 bis 1970

Mit dem Ausgang des Zweiten Weltkrieges und den von ihm geschaffenen neuen Machtkonstellationen waren Verhältnisse entstanden, auf die das Kapital sich ein- und umstellen mußte. Die enormen Staatsaufträge der Kriegswirtschaft, die Absatz und Vollbeschäftigung gesichert hatten, schienen gefährdet. Andererseits verhieß der Wiederaufbau der vom Faschismus befreiten Länder, zu denen das Kapital nach wie vor unbeschränkten Zugang hatte, neue Kapitalakkumulation, starke Nachfrage, leichten Absatz und hohe Profite. Ich stelle die Entwicklung nach 1945 stark vereinfacht dar, ohne auf die Widersprüche dieser Entwicklung und die internationalen Einflüsse näher einzugehen.

Mit dem Beginn des sogenannten Wiederaufbaus mußte alles, überspitzt ausgedrückt, neu angeschafft, neu angefordert, neu hergestellt werden. Anfangsinvestitionen schaffen Arbeitsplätze, Löhne werden gezahlt, es entsteht eine Nachfrage nach Nahrungsmitteln und Kleidern. Die Nahrungs- und Bekleidungsindustrie bestellt mehr Maschinen, der Maschinenbau fordert mehr Eisen- und Stahlmaterialien an, was wiederum neue Arbeitsplätze in den entsprechenden Branchen schafft. Die neuen Arbeitskräfte kaufen Kleider und Möbel, schließlich – nach Fahrrädern und Motorrädern – auch Autos. Der Benzinabsatz steigt rapide, die Nachfrage nach chemischen Produkten nimmt zu usw. Die Produktion kann weiter mit Profit ausgedehnt werden. Das heißt Wiederaufbau. Doch dieser steile Aufstieg geht einmal zu Ende. Herrscht wieder Vollbeschäftigung, dann wächst die Nachfrage immer langsamer, ebenso die Aufträge und Bestellungen zwischen den einzelnen Branchen. Weiteres Wachstum hängt nun nicht mehr von neuen Arbeitsplätzen, sondern von steigenden Löhnen und Gehältern ab.

Hohe Löhne bedeuten für das Kapital aber nicht nur hohen Absatz, sondern in erster Linie hohe Kosten. Deswegen geht es für das Kapital jetzt darum, aus den hohen Kosten soviel wie möglich herauszuholen, also die Produktivität zu steigern. Die Arbeitskräfte werden mit immer mehr und immer besseren Maschinen ausgestattet. Wenn aber, um die Vollbeschäftigung zu erhalten, die gleiche Zahl von Arbeitern immer mehr produzieren soll, so verursacht das, je höher die Produktivität bereits ist, desto höhere Kosten. Die Produktivität wächst von nun an langsamer, und die Investitionen sinken. In diesem Moment droht der gleiche Vervielfachungseffekt, der den Nachkriegsboom hervorbrachte, jetzt aber in umgekehrter Richtung. Wird weniger investiert, so muß die Investitionsgüterindustrie Arbeitskräfte entlassen und die Nachfrage nach Kleidung und Autos geht zurück usw.

Anfang der 60er Jahre waren die Volkswirtschaften der westlichen Industrienationen permanent vom Abschwung bedroht. In den USA war der Abschwung schon vorher eingetreten, denn dort gab es ja nach dem Krieg nichts wieder aufzubauen. Wachstum und Vollbeschäftigung konnten dort auch nach dem Krieg mit hohen Staatsausgaben gesichert werden. Hauptträger des Aufschwungs war der Rüstungssektor, dessen Umfang mit den Erfordernissen des Kalten Krieges begründet wurde.

Anfang der 60er Jahre werden solche Staatsaktivitäten auch in der Bundesrepublik nötig. Immer mehr Industriezweige werden von Verkäufen *an den Staat* abhängig – Luftfahrt- und Schwerindustrie (Rüstung), Bauindustrie (Straßen- und Wohnungsbau), chemische bzw. pharmazeutische Industrie (Gesundheitswesen). Gleichzeitig versucht das Kapital in allen Sparten und Branchen, neue Produkte auf den Markt zu werfen, um Produktionssteigerungen zu erreichen, die neue, teurere Maschinen auslasten. Nur so bringt höhere Produktivität auch höhere Profite. Derartige Produktoffensiven lassen sich am leichtesten mit Konsumartikeln veranstalten, deren Qualität sich ohne fundierte Fachkenntnisse gar nicht einschätzen läßt: z. B. Autos, Unterhaltungselektronik oder Waschmaschinen. Die aggressivsten Produktoffensiven wurden von der chemischen Industrie gestartet: Waschmittel, Zahnpasta, Kosmetikartikel und Arzneimittel. Die pharmazeutische Industrie ist ein typisches, vielleicht sogar das beste Beispiel für die beiden möglichen Formen der Produktionsausweitung, nämlich Aufträge der öffentlichen Hand und Nachfrageweckung bei privaten Konsumenten.

Staatliche Aufträge aber werden mit zunehmendem Umfang volkswirtschaftlich immer problematischer. Zwar sollen sie Vollbeschäftigung sichern, auf der anderen Seite aber treiben sie die Preise hoch.

Nachfrage wird «künstlich» angekurbelt, die Kredite nehmen zu. Wenn weiterhin genausoviel verdient werden soll wie bisher, müssen Staat und Privatkapital mehr ausgeben, als sie bisher eingenommen haben. Mit höheren Preisen soll die Finanzierung finanziert werden. Nur dadurch, daß der Markt von Großkonzernen beherrscht wird, die keine Preiskonkurrenz zu fürchten brauchen, wird diese Art der «Finanzierung», die der Staat durch seine Aktivität unterstützt, möglich. Schließlich gibt es nur eine Alternative: Vollbeschäftigung oder Preisstabilität. Wo es möglich erscheint, d. h. politisch durchsetzbar ist, wird der Staatshaushalt dann eingeschrumpft. Davon ist auch die pharmazeutische Industrie betroffen. Um ihren Absatz zu sichern, startet sie daher neue Produktoffensiven, gleichgültig ob etwa im Arzneimittelbereich ein medizinisch begründbarer Bedarf besteht. Das Kapital kennt keine Stagnation. Absatz verlangt Zahlungsfähigkeit der Verbraucher, verlangt also Arbeitsplätze und Investitionen. Werden die Investitionen immer kostspieliger, so daß sie die Profite gefährden, statt sie zu erhöhen, muß unter Bedingungen investiert werden, die Investitionen billiger machen. Das geschieht dort, wo die Produktivität niedrig, also steigerbar ist. Das Kapital fließt ab, meist in sogenannte unterentwickelte Länder. Kapitalexport wird im Verhältnis zum Warenexport immer wichtiger.

Der Handel ist den gleichen Widersprüchen ausgeliefert wie die Industrie, weil seine Profite von den industriellen Zulieferern abhängen. Deshalb versucht auch der Handel sich an den Märkten der «Dritten Welt» zu orientieren und von dort Produkte einzukaufen, deren Preis er aufgrund seiner Kapitalkraft und seiner Marktstellung drücken kann. Niedrigpreisprodukte, meist landwirtschaftliche Erzeugnisse – und dazu gehören auch Hanf- und Opiumprodukte – fließen auf die Märkte der Industrienationen.

Zwar können solche Kapitalbewegungen Profite zunächst retten, den Rückgang langfristiger Investitionen im eigenen Land aber verhindern sie nicht. Die Krisen wiederholen und verschärfen sich. Massenarbeitslosigkeit, Lohnsenkungen und Inflation rücken immer näher und werden immer bedrohlicher.

So gesehen, ist die staatliche Drogenpolitik, die die chemische Industrie verschont und den Handel mit Agrarprodukten aus den in Unterentwicklung gehaltenen Ländern bekämpft, ein Handlangerdienst zugunsten des hochkonzentrierten und hochentwickelten Kapitals der imperialistischen Metropolen.

Der Pillen-Trip

Die Entwicklung des Drogenkapitals soll hier vorwiegend unter ökonomischen Gesichtspunkten dargestellt werden. Auf die psychischen Folgen des Drogengebrauchs gehe ich hier ebensowenig ein wie auf die psychischen Voraussetzungen, die Menschen bereit machen oder – sind sie erst einmal süchtig – dazu zwingen, Drogen zu benutzen. Auch die moralische Seite des Drogenproblems blende ich aus, obwohl der Kampf gegen den Drogen*konsum* meist gerade diese Seite besonders hervorhebt. Wo alle Gegenmittel versagen, klammert man sich an die Moral, so als habe die nicht ihre Voraussetzungen im Materiellen. Nicht zuletzt die Drogenfrage hat im Verhältnis der Generationen zueinander eine Glaubwürdigkeitskrise ausgelöst. Die Haltung der Eltern und der «Erwachsenenwelt» ist zwiespältig und doppelzüngig. Wer als Kind mit Kaffee und Tee, Nikotin und Alkohol, Schlaf- und Aufputschmitteln groß wird, weil Eltern und Ältere von einer dieser Drogen mehr oder weniger abhängig sind, wird wenig Motivation verspüren, Drogen prinzipiell abzulehnen, nur weil die von ihm bevorzugten Drogen nicht den Normen der Erwachsenenwelt entsprechen.

Daraus allerdings eine Schuldfrage bzw. Schuldzuweisung zu konstruieren und *das* Drogenproblem auf *die* Erwachsenen abzuwälzen, wäre falsch. Jugendliche und Erwachsene sind gleichermaßen Opfer der Drogenproduzenten, beide Gruppen sind permanent der Propaganda für legale und der Flüsterpropaganda für illegale Drogen ausgesetzt. Die Produktoffensiven der chemischen Industrie nach dem Zweiten Weltkrieg waren von Werbekampagnen begleitet, wie man sie bis dahin nicht kannte. Sie haben in der Bevölkerung der westlichen Industrienationen die Bereitschaft geweckt, psychische Schwierigkeiten mit Pillen zu bekämpfen, und zugleich die Frage verdrängt, wo die Ursachen psychischer Leiden und Beschwerden liegen.

So wurde ein Millionenheer von Pillenkonsumenten geschaffen, das bereit war, in steigendem Maße auch zu Rauschdrogen zu greifen.

Es hieße aber die Wirkungsmöglichkeiten der Werbung und anderer Formen der Bewußtseinsmanipulation überschätzen, wollte man die Bereitschaft, sich Drogen auszuliefern, nur auf künstlich geschaffene Bedürfnisse zurückführen. Die Arbeitsbedingungen, unter denen die

Mehrzahl der Menschen ihr Leben reproduziert, und die Verlagerung der dort erzeugten Frustrationen in den Freizeitbereich sind die Grundlage, auf der sich eine Sucht nach stimmungs- oder gar bewußtseinsverändernden Drogen entwickeln kann. Aber auch der unmittelbare Leistungsdruck am Arbeitsplatz schafft ein Bedürfnis nach Stärkungs- und Durchhaltemitteln. Das so geschaffene allgemeine Bedürfnis nach Drogen wiederum ist Voraussetzung für die Absatzstrategien der chemisch-pharmazeutischen Industrie. Eine Spirale ohne Ende, in all ihren Windungen beeinflußt vom jeweiligen Stand der kapitalistischen Entwicklung. Von ihm hängt das jeweils aktuelle Angebot an Drogen ab; von ihm werden die Stufen der Produktdifferenzierung bestimmt. Das läßt sich von 1945 an bis heute verfolgen.

Die Droge des Wiederaufbaus nach dem Zweiten Weltkrieg war *speed* (Schnellmacher).

Als Pervetin war *speed* auch schon die Droge der Zerstörung. Pervetin wurde während des Krieges bevorzugt bei der deutschen Luftwaffe und motorisierten Verbänden eingesetzt, um das menschliche Leistungsvermögen dem der Maschinen anzupassen.

Andernfalls wäre der rapide Aufschwung der Waffentechnik schnell an die Grenzen menschlicher Leistungsfähigkeit gestoßen. «Die Anwendung des Pervetins bei der Wehrmacht geht auf Erfahrungen der Sanitätsdienste motorisierter Verbände vor dem Krieg zurück, die nach Pervetingaben an die Fahrer bei ‹Überstunden› am Steuer ein frappantes Sinken der Unfallziffern feststellten... Die schlagartig entalkoholisierende Wirkung hat insbesondere bei der Luftwaffe zu Mißbräuchen oder mißverständlichen Anwendungen geführt, so z. B., wenn junge Fliegeroffiziere nach durchzechter Nacht Pervetin nahmen, um morgens beim Start wieder nüchtern zu sein.» [1]

Mittlerweile ist das Spannungsverhältnis zwischen Waffentechnologie und ihrer Beherrschung durch den Menschen im Begriff zu kippen; die Probleme liegen mehr in der Unter- als der Überforderung. Der Alltagsfrust des Wehrdienstes wird nicht mehr nur nach Dienstschluß mit Alkohol bekämpft. Besonders von der US-Army werden immer häufiger Fälle von Drogengebrauch während des Dienstes bekannt, wobei es sich meistenteils um Bewachungspersonal hochkomplizierter Geräte handelt, das die Kontrolle und Bedienung an ferne Schaltzentralen abgetreten hat.

In der Armee war der Einsatz dieses «Schnellmachers» nicht unumstritten, weil sich bald herausstellte, daß die Einnahme von Pervetin die körperlichen Leistungsreserven derart schnell verbrauchte, daß bei regelmäßigem Gebrauch ganze Truppenteile lahmgelegt wurden. Gegen den Willen des Herstellers wurde Pervetin 1941 unter das Opiumgesetz gestellt.

Zur Zeit des Nazistaates befand sich die Produktionsstätte von Pervetin in Berlin-Joachimsthal. Produzent waren die Temmler-Werke / Vereinigte Chemische Fabriken. Nach der Befreiung vom Faschismus und der Aufteilung des Deutschen Reiches in Besatzungszonen fielen die Temmler-Werke in das Gebiet der späteren DDR. Sie wurden 1945 enteignet und in einen volkseigenen Betrieb umgewandelt. Temmler selbst ging in den Westen und ließ 1946 auf dem Gelände und in den Baracken und Bunkern einer ehemaligen Luftwaffeneinheit «sein» Werk wieder aufbauen. Und in der UN-Betäubungsmittelstatistik von 1965 tauchen die Temmler-Werke mit Sitz in Marburg / Lahn als Produzenten von Kodeinen und Amphetaminen wieder auf.

Dies ist keine außergewöhnliche Firmengeschichte, sondern die ganz gewöhnliche Geschichte einer Chemiefirma, die mit einem ihrer Produkte zum Schrittmacher der «Drogen-Welle» wurde.

Massenhaft erschien Pervetin auch unter dem Namen Isophen in Hamburger Bordellen. Die Spuren von Beschlagnahmen führten zu Wehrmachtsbeständen und Schmuggelware aus dem Gebiet der damaligen Ostzone.

Erst gegen 1949 konnte man davon ausgehen, daß die illegalen Bestände, deren Vertrieb bis dahin bereits eine erhebliche Nachfrage nach neuen legalen Drogen geschaffen hatte, verbraucht waren.

Pervetin gelangte im Rahmen der Reparationsleistungen als Warenzeichen auch in die USA und nach England (wie viele andere Pharmaprodukte auch). «Auch auf alliierter Seite wurden im Krieg in Sonderfällen für die Truppen Amphetamine gegeben. Das Methyl-Amphetamin – wie das Pervetin – gab es auf alliierter Seite während des Krieges noch nicht. Das alliierte Interesse an Pervetin war nach dem Kriege erheblich. Inzwischen ist Pervetin als Warenzeichen nach dem bekannten Verfahren aus der deutschen Konkursmasse von einer bestimmten ausländischen Firma für die USA und England angekauft worden. Daß in diesen Ländern ein ausländisches Produkt unter dieser Marke vertrieben wird, ist allerdings noch nicht bekannt geworden.» [2]

Methyl-Amphetamin wird seit 1948 in den USA hergestellt und experimentell erprobt. Hier entdeckt und entwickelt man einen Anwendungsbereich, der bald auch in Europa erschlossen wird: Amphetamine als Schlankheitsmittel. Mit dem Ende der ersten Wiederaufbauphase des westdeutschen Kapitalismus und dem Beginn der sogenannten fetten Jahre werden Schlankheitsmittel auch in der BRD populär. Besonders US-Pharmakonzerne erweisen sich als Schrittmacher für Spezialmittel gegen das, was man Zivilisationsschäden zu nennen beginnt. Viele dieser Mittel werden auf der Basis suchterzeugender Substanzen hergestellt.

Mit der amerikanischen Besatzung erreicht nicht nur eine Coca-Cola-Welle die Westzonen, auch die Tabak- und Kaffeehersteller gehen in die Produktoffensive und lenken die Profite aus der Nikotin- und Coffeinabhängigkeit in die Taschen des US-amerikanischen Kapitals und seiner Tochtergesellschaften auf dem europäischen Kontinent.

Als um 1960 die Wiederaufbauphase zu Ende ging, änderten sich auch die Absatzbedingungen der Pharmaindustrie. Weiteres Wachstum war nun nur mit noch massiveren Produktoffensiven und aufwendigeren Werbekampagnen zu erzielen. Dabei gerieten die Grenzen zwischen «legal» und «illegal», zwischen «schädlich» und «heilend» bei der Produktgestaltung etwas ins Schwimmen. Nicht umsonst war der Beginn der 60er Jahre die Zeit der großen Arzneimittelskandale. Immer noch in Erinnerung, weil die Folgen nachwirken, ist der sogenannte Conterganskandal; aber auch Preludin kam wegen seiner Nebenwirkungen ins Gerede.

Es ist kein Zufall, daß die Bundesrepublik häufig Schauplatz solcher «Skandale» war. In keinem vergleichbaren Industrieland sind die Arzneimittelgesetze so kapitalfreundlich wie hier. Die unterschiedlichen Reaktionen auf die Vorwürfe englischer Wissenschaftler, das Schlankheitsmittel Preludin führe bei schwangeren Frauen zu Mißbildungen des Fötus, verdeutlichen das: In Italien und Skandinavien wurde, als diese Vorwürfe bekannt wurden, Preludin bis zum Abschluß der Untersuchungen aus dem Handel gezogen, in der Bundesrepublik hingegen war das gefährliche Arzneimittel weiterhin erhältlich. Die durch Preludin ausgelösten staatlichen Untersuchungen pharmazeutischer Produkte führten in Italien zum Verbot von gleich 13 weiteren Arzneimitteln mit ähnlicher Wirkung. Das Bundesgesundheitsministerium dagegen zeigte sich geduldig und wollte das Ergebnis der Untersuchungen abwarten, bevor es (möglicherweise) zum Verbot schreiten würde. (Im Falle von Haschisch dagegen, wo die wissenschaftliche Kontroverse gerade erst angelaufen war, zeigte sich der Staat von Anfang an äußerst ungeduldig. Ein weiteres Mal erweist sich an diesem Beispiel, daß die staatliche Drogenpolitik die Pharmaindustrie bevorzugt und Konkurrenzdrogen aus der sogenannten Dritten Welt benachteiligt.)

Es gibt radikale Kritiker der Arzneimittelindustrie, die behaupten, man könne gänzlich auf die chemisch-pharmazeutischen Produkte verzichten und sollte auf Naturheilmittel zurückgreifen. Auch ich stimme einer radikalen Einschränkung der Arzneimittelproduktion im Prinzip zu, aber ich möchte doch nicht bestreiten, daß bestimmte Arzneimittel und ihre Grundsubstanzen medizinisch sinnvoll sein können und, unter medizinischen Gesichtspunkten verordnet, Heilung zu bringen vermögen. Der Doppelcharakter vieler Produkte der Pharmaindustrie aber schafft massenhaftes Drogenelend, weil immer mehr Produkte nicht nur Heil-, sondern auch Suchtmittel sind. Oft sind sie Sucht- und Entzugsmittel in einem, wie beispielsweise Heroin.

Auch Pervetin wurde lange Zeit zur Bekämpfung von Alkoholismus eingesetzt. Bereits 1939 wurden Amphetamine in der Alkoholtherapie verwendet, wobei die Amphetamin-Euphorie die Alkoholsucht stetig minderte. Ähnliches wird heute von Methadon beim Heroinentzug erwartet. Aber auch bei der Bekämpfung von Barbituratvergiftungen und Schlafmittelsucht werden Amphetamine benutzt. Daß sich die Wirkungen von Amphetaminen und Barbituraten wechselseitig aufheben, hat zu neuen Suchtformen geführt, weil viele Konsumenten die Substanzen kombinieren.

Die pharmazeutische Industrie produziert hier einen ewigen Kreislauf von Sucht–Entzug–Sucht. In der Wechselwirkung vieler Pharmadrogen liegt die Absatzgarantie für die Hersteller, ein Mechanismus, den das Pharmakapital erkannt und systematisch eskaliert hat.

Der Amphetamin-Tradition aus der Wiederaufbauphase folgte in der ersten Hälfte der sechziger Jahre eine Barbituratwelle. (Die auf der Basis von Barbituratsäure gewonnenen Medikamente haben eine einschläfernde, narkotisierende Wirkung.)

Mitte der sechziger Jahre übernahmen Gegenmittel wieder den Markt. Nicht selten überschneiden sich die auslaufenden und neu aufkommenden Wellen, so daß man kaum noch sagen kann, welche Droge gerade *on top* ist. Neben Aufputschmitteln, Psychopillen, Speed usw. schloß die neue Welle ein wohlkalkuliertes Angebot von Halluzinogenen ein. Sie verursachten nicht nur *Trip*-ähnliche Halluzinationen, sondern auch alkoholähnliche Aggressivität. Schlager der neuen Produktoffensive war: LSD*. In der Bundesrepublik hat der LSD-Konsum nie US-amerikanische Ausmaße angenommen, während LSD an den Colleges und Universitäten der USA in der Hochsaison 1965/66 fast ebenso verbreitet war wie Marihuana.

Schließlich überschwemmte die westdeutsche Pharmaindustrie den Arzneimittelmarkt in der zweiten Hälfte der sechziger Jahre mit Milliarden und Abermilliarden neuartiger Pillen. Mit «Medikamenten, die auf das Zentralnervensystem wirken», wurden alle Umsatzrekorde gebrochen – Tranquilizer, Sedativa, Hypnotica, Energetica, Anti-Depressiva, Anti-Schmerz-Mittel und ähnliches, kurz, eine Umsatzsteigerung mit Aufputschmitteln und «downers» – Drogen, die einen «runterbringen». Zwischen 1965 und 1970 hat sich der Umsatz von Psychopharmaka in der BRD verdoppelt.

Den Rekord hält der Tranquilizer Valium, dessen Umsatz sich in diesen fünf Jahren vervierfacht hat. Der Valium-Hersteller Hoffmann-LaRoche beherrscht seitdem 35 Prozent des gesamten Psychopharmaka-Marktes in der BRD sowie 50 Prozent des Tranquilizer-Marktes. Im Jahre 1969 machten die Psychopharmaka einschließlich der Sedativa knapp 60 Prozent des Gesamtumsatzes von Hoffmann-LaRoche (ohne Tochtergesellschaften) aus. Innerhalb dieses Umsatzanteils entfielen 63,5 Prozent auf Valium, 16,2 Prozent auf Limbatril und 13,5 Prozent auf Librium. Das Konkurrenzprodukt Adumbran sicherte Thomae, dem sechstgrößten westdeutschen Arzneimittelkonzern, 91 Prozent seines Psychopharmakaumsatzes. Welchen Erfolg das Großkapital der Pharmaindustrie mit seiner Drogenoffensive erzielte, verrät die Umsatzentwicklung von Hoffmann-LaRoche. Im Jahre 1962 betrug der Umsatz des gesamten Konzerns etwa 1,4 Milliarden Schweizer Franken, ein Jahr nach Einführung von Valium, 1964, betrug er bereits 2,5 Milliarden Franken und im Jahr 1970 schließlich 5 Milliarden Franken. Auf eine solche Umsatzentwicklung kann kein anderer Zweig des Industriekapitals im gleichen Zeitraum zurückblikken.

Nebenbei: Valium gilt auch als beliebtes «Entzugsmittel» von einem schlechten Trip.

Allein 1969 wurden 50 Millionen Packungen Schlafmittel, 30 Mil-

* Siehe auch Kapitel «Trip-Business», S. 66 ff.

lionen Packungen Beruhigungs- und 1,6 Millionen Packungen Aufputschmittel verkauft. Im gleichen Jahr gelten offiziell 2 bis 3 Prozent
der Bevölkerung in der BRD als tablettensüchtig.[3]

Welche Bedeutung systematische Produktoffensiven für die Verwertung des Pharma-Kapitals haben, verdeutlicht der Werbeaufwand.

Die Pharmaindustrie gibt ein Viertel ihres Umsatzes für Werbung
aus, mehr als doppelt soviel wie für Forschung und Entwicklung.
Wenn in der Bundesrepublik z. B. 1970 750 Millionen Tranquilizer geschluckt wurden, dann darf man annehmen, daß die Werbebotschaft
ihre Adressaten erreicht hat.

Eine 1971 veröffentlichte Studie der «Narcotic Addiction Control
Commission» geht davon aus, daß allein im Staat New York Hundert-
tausende regelmäßig, d. h. mindestens sechsmal im Monat, dem Angebot der Pharmawerbung folgen und zu den bunten Pillen greifen:
Die Zahl der Konsumenten beträgt bei Tranquilizern 596000, bei Barbituraten 361000, bei Appetitzüglern (Amphetamine) 222000, bei Sedativa und Hypnotica 187000, bei Aufputschmitteln (*pep pills*) 110000,
bei LSD 45000, bei Anti-Depressiva 39000, bei Speed (Methe-
drin) 35000.

Zum Zeitpunkt der Studie dominierten die *downer* (Runterbringer),
doch schon damals war absehbar, daß sich der Trend wieder umkehren
würde. Die Ablösung einer Drogengewohnheit durch die andere erfolgt nicht über Nacht, die verschiedenen Phasen massenhafter Gewöhnung an bestimmte Drogen überschneiden sich. Beispielsweise
wurde schon lange vor der sogenannten Hasch-Welle in der BRD von
Marihuana-Zentren gesprochen. Bereits 1953 meldete die Polizei erste
Beschlagnahmeerfolge. Allgemein aber herrschte der Eindruck, der
Gebrauch von Marihuana beschränke sich auf Angehörige der US-Ar-
mee, wenn auch in einigen Zeitungsveröffentlichungen auf die
Gefahr hingewiesen wurde, daß die Droge auch jenseits der Kasernen-
Ghettos Liebhaber finden könne: «Die Gewohnheit des Marihuana-
Rauchens hat jedoch inzwischen auch auf die Freundinnen der farbigen
Besatzungssoldaten übergegriffen.»[4]

Erstmals wurde im Jahre 1954 den Rauschgiften, womit vor allem
Marihuana gemeint war, ein entschlossener Kampf angesagt. «Wissenschaftler, Ärzte, Juristen und Kriminalisten haben kürzlich in Hannover beschlossen, einen energischen Feldzug gegen die Rauschgiftsucht
in Westdeutschland durchzuführen.»[5]

Damals glaubte man noch, den Handel geographisch einkreisen und gezielte Gegenmaßnahmen ergreifen zu können. «Das Loch, das die illegale Einfuhr von Rauschgiften ermöglicht, befindet sich im Westen bei Pirmasens. Dort hausen in Bunkerruinen des ehemaligen Westwalls die ‹Partisanen›. So nennt man die etwa 2000 Deutschen, Ausländer und Staatenlosen, die an den Kreuzungspunkten der Zuständigkeiten von französischer Besatzungsmacht und Amerikanern... ein ziemlich unkontrolliertes Dasein führen.» [6]

Während dieser dpa–Bericht des Jahres 1954 eher eine Kuriosität darstellt, ist die im Bulletin der Bundesregierung veröffentlichte Gegendarstellung schon weniger kurios. «Der Mißbrauch von Indischem Hanf (Marihuana) als Suchtmittel... ist praktisch gleich Null. Eine Erklärung für diese Angabe ist insofern leicht möglich, als Indischer Hanf nicht als Arzneimittel verwendet wird und ein Mißbrauch dieser Droge durch Kontrolle der ärztlichen Verschreibung nicht festgestellt werden kann... Der Verbrauch in der deutschen Bevölkerung ist nur von untergeordneter Bedeutung und nur auf ganz wenige Personenkreise beschränkt.» [7]

Es ist anzunehmen, daß schon damals die Zahl der Marihuanakonsumenten wesentlich höher war, als das regierungsamtliche Bulletin zugeben kann oder will. Alle diesem Bulletin folgenden Erklärungen haben eines gemeinsam: Sie hinken oft erheblich hinter der Drogenrealität her. Eine Ahnung von den Problemen, die in den kommenden Jahrzehnten wie eine Epidemie auch über die bundesdeutsche Gesellschaft hereinbrechen, deutet aber das Bulletin von 1954 bereits an: «Die Zeiten, in denen Betäubungsmittelsüchtige nur in wirtschaftlich gut gestellten Schichten der Bevölkerung oder in den sogenannten Intellektuellenkreisen anzutreffen waren, sind vorbei.» [8]

Der Beginn des Drogenproblems fällt also nicht, wie später immer wieder behauptet wurde, mit der Jugendrebellion der 60er Jahre zusammen. Das wird im Bulletin der Bundesregierung ausdrücklich festgehalten, auch wenn man sich später in der staatlichen Anti-Drogenpropaganda daran nicht mehr erinnern will. Anfälligste Gruppe damals waren die Dreißig- bis Vierzigjährigen. «Diese Tatsache ist besonders im Hinblick auf die vermeintliche Gefährdung der Jugend bedeutungsvoll. Es scheint sogar, daß Personen dieser (jugendlichen) Altersstufe viel weniger anfällig sind als die übrigen Jahrgänge.» [9]

Dies sollte sich allerdings als Irrtum erweisen, wenn auch der spätere massenhafte Drogenkonsum von Jugendlichen weniger mit «Anfälligkeit» als mit dem Angebot an Drogen zu tun hat und der Möglichkeit, den geforderten Preis zu bezahlen. Die Zeit der Teenager brach zum Zeitpunkt der Regierungserklärung erst an. Die Produktoffensive, die über die Jugendlichen hereinbrach und den Jugendmarkt öffnete, galt zunächst dem Bekleidungs-, Motorrad- und Kosmetiksektor. Welche Dimensionen der Markt noch annehmen sollte, der von der Industrie zunächst noch skeptisch abgetastet wurde, ahnten damals nur wenige. Am Ende dieser Entwicklungsphase kapitalistischer Wirtschaft sprach man von einer Jugend*kultur*, die wesentlich – soweit sie planbar war – eine Konsumkultur gewesen ist.

Der Wiederaufbau in Westdeutschland war Ende der fünfziger, Anfang der sechziger Jahre in eine neue Phase getreten. Wichtige Grundbedürfnisse waren befriedigt, der Markt war abgeschöpft, der Absatz traditioneller Konsumgüter stagnierte. Was bis dahin als Familieneinkommen gemeinsam konsumiert worden war, wurde in steigendem Maße auf die einzelnen Familienmitglieder aufgeteilt, so daß auch Jugendliche über einen höheren Konsumanteil verfügten als zuvor. Dieser Trend war bereits vorher und in weit größerem Umfang in den USA zu beobachten gewesen, wo, verstärkt durch das Abklingen des Korea-Booms, eine Umorientierung der amerikanischen Industrie auf den Markt «Jugend» erfolgte. Direkt proportional zur allgemeinen Marktentwicklung expandierte nun auch die Produktion der chemisch-pharmazeutischen Industrie auf dem neu erschlossenen Jugendmarkt. Mitte der 60er Jahre hatten vor allem die Bundesrepublik, die skandinavischen Länder und die Niederlande die USA auf deren Konsumniveau eingeholt.

Auch auf dem Drogensektor kam es zu einer Angleichung des Konsumniveaus. Die «Drogenwelle» war geboren und mit ihr ein Instrument der Diskriminierung und Disziplinierung von Jugendlichen. Die Jugenddrogen rückten in den Mittelpunkt allen Interesses, während die Pharmadrogen in Vergessenheit gerieten oder nur noch nebenbei erwähnt wurden. Jeder Meldung über die Beschlagnahme von Haschisch auf der Frankfurter Scene oder einer Heroinlieferung nach Marseille müßte vorausgeschickt werden, daß allein zwischen 1964 und 1968 siebzehn neue synthetische Narkotika entwickelt und produziert worden sind. Auch müßte zu lesen sein, daß etwa 50 Prozent der US-amerikanischen Pharmaproduktion auf den illegalen Markt geht. Der Drogenmarkt wird beherrscht von den «modernen» Drogen der pharmazeutischen Industrie. Sie produziert einen Gebrauchswert, den sie ohne Rücksicht auf gesundheitliche Folgen rigoros vermarktet, Experimente am Menschen eingeschlossen.

Im Frühjahr 1967 tauchte am kalifornischen Markt eine neue Droge auf, von der niemand genau wußte, woher sie kam und wie ihre Nebenwirkungen einzuschätzen waren. Auffallend war die Ähnlichkeit der neuen STP genannten Droge mit dem Nervengas BZ, das im Auftrag des Verteidigungsministeriums zur chemischen Kriegsführung entwickelt worden war. «Die Armee war nicht bereit, zu BZ etwas zu sagen, aber es ist bekannt, daß die Chemikalie an einer kleinen Zahl Freiwilliger ausprobiert worden ist, wobei sich zeigte, daß sie tiefgreifende desorganisierende Störungen der geistigen Funktionsfähigkeit erzeugt.» [10]

Ende Juni 1967 wurden auf einem Pop-Festival in San Francisco 5000 bis 10000 STP-Trips umsonst verteilt. [11] Anfang August gab die Food and Drug Administration (FDA) dann bekannt, daß STP als «experimentelle Verbindung» (*experimental compound*) von Dow Chemicals entwickelt worden war. STP wirkt wie eine Kombination von Meskalin (der von einer mexikanischen Kakteenart natürlich erzeugten Trip-Substanz) und Amphetamin. Dow Chemicals gaben ihrem Produkt den Namen DOM, unter dem STP auch auf den illegalen westdeutschen Markt kam. Verbraucherpreis im Sommer 1969: Zwischen 14,– und 20,–DM pro Trip. «Ein Sprecher des Pharmakonzerns sagte, es war eine aus einer Gruppe von Verbindungen, die in der Hoffnung entwickelt worden waren, daß einige von ihnen für die Behandlung bestimmter Formen von Geisteskrankheiten nützlich sein könnten.» [12]

Soweit verläuft alles in geordneten Bahnen. Wie aber kam die Droge in die Scene, wer übernimmt dafür die Verantwortung? «...weder die FDA noch das Unternehmen wissen, wie die Formel in unautorisierte Hände gelangte, sagten heute Sprecher von beiden.» [13]

Zumindest unter Jugendlichen wurde mit Hilfe von STP der *speed*-Bedarf erst richtig geweckt. John Finlator, Leiter des Bureau of Drug Abuse Control (BDAC), schätzte, daß 1967 4000 Kombinationen von Amphetamindrogen auf dem US-Markt waren. «Der meiste Stoff, den wir auf der Straße finden – ungefähr 95 Prozent –, ist guter Stoff und von Markennamen-Konzernen hergestellt.» [14]

Wer will da noch, wer kann da noch zwischen *legal* und *illegal* unterscheiden? Wer also übernimmt die Verantwortung? «Die Verpakkungs- und Vertriebsgesellschaften sind die Leute, die das möglich machen. Sie haben lasche Buchführungen und lasche Marketing- und Vertriebskontrollen.»[15]

Eine der gängigen Methoden der Chemie-Connection ist die «Umleitung» von Exportladungen. Entweder werden riesige Mengen von Pillen von den Ausfuhrhäfen wieder zurück auf den illegalen Inlandsmarkt geschleust, oder die Produkte werden pro forma tatsächlich exportiert, um dann wieder illegal eingeführt zu werden. Besonders zwischen Mexiko und den USA funktioniert diese Art des Handelsaustauschs ziemlich reibungslos. Die Verantwortung liegt also beim Handelskapital. Die Produzenten müssen sich um derartige Geschäftspraktiken nicht weiter kümmern. Sie verhalten sich so, als fänden sie nicht statt, und bedienen die Nachfrage, egal woher sie kommt. Auf diese Weise können die Pharmaproduzenten ihren Absatz um fast 50 Prozent steigern. Man hat sich daran gewöhnt, wenn es um den Konsum nicht zugelassener Drogen oder illegal vertriebener Medikamente geht, von Drogenmißbrauch zu sprechen. Auch in UN-Publikationen wird von «drug abuse» gesprochen. Ein primär ökonomischer Vorgang wird so sprachlich mit einem moralischen Begriff belegt. Mißbrauch ist ein dem Wesen der kapitalistischen Produktionsweise fremder Begriff. Das Kapital produziert *Gebrauchs*werte und keine Mißbrauchswerte. Das eingesetzte Kapital ist verwertet, wenn es einen Markt gefunden hat. Wenn aber – wie erwiesen – 50 Prozent der legal produzierten Drogen auf dem illegalen Markt «verschwinden», dann muß in der Planung der chemisch-pharmazeutischen Industrie von vornherein auch die Belieferung des illegalen Marktes vorgesehen sein. Das gilt besonders für verschreibungspflichtige Produkte, deren Bedarf genau zu planen und kontrollieren ist. Die Pharmaindustrie produziert also auch für den Mißbrauch. Mißbrauchswert und Gebrauchswert sind identisch.

Jährlich stellen US-amerikanische Arzneimittelkonzerne 7–8 Milliarden Dosen (eine Dosis à 5 bis 15 mg) Roh-Amphetamin her. Allein zwischen Mitte 1966 und Ende 1967 beschlagnahmte das BDAC 537 Millionen Dosen Aufputschmittel im Schwarzmarktwert von umgerechnet 400 Millionen DM.

Ein Großteil der beschlagnahmten Mengen geht an die Konzerne zurück, die die Drogen nachweislich und mit Firmensignet versehen hergestellt haben. Man geht davon aus, daß sie ihnen «gehören» und daß sie gegen den Willen der Hersteller dem legalen Markt «entzogen» wurden. So läßt sich ein und dieselbe Ware zweimal (oder noch häufiger) an den legalen Handel verkaufen. Dadurch verdoppelt sich die Bedeutung des illegalen Marktes für das Pharmakapital.

Verständlich, daß sich die Chemiekonzerne gegen jede Konkurrenzdroge wehren, die nicht aus ihren Labors kommt. Bei der Abwehr von Konkurrenzdrogen wird das Pharmakapital vom Staat unterstützt, dessen Gesetze die Konkurrenzdrogen illegalisieren. Andererseits deutet deren Umsatz auf einen Bedarf, den es zu befriedigen gilt.

Die synthetische Herstellung von Haschisch, genauer gesagt, der Wirksubstanz THC, gelang erstmals 1966 in Israel, wo der israelische Geheimdienst diesbezügliche Experimente initiiert hatte. Auch die US-Armee veranstaltete ähnliche Versuchsprogramme: «Die Schwierigkeit mit dem Stoff besteht noch darin, daß es ziemlich teuer ist, ihn herzustellen. Aber mit guter amerikanischer Zuversicht bin ich sicher, daß der Preis stark gesenkt werden kann.» [16]

Kurz nachdem ein Mitarbeiter des National Institute of Mental Health diese optimistische Erklärung abgegeben hatte, gab das US-Verteidigungsministerium bekannt: «Die US-Armee hat synthetisches Marihuana für die Verwendung in der chemischen Kriegsführung entwickelt.» [17]

Dazu die *Washington Post*: «Großangelegte Geheimforschung auf diesem Gebiet wurde seit Beginn der 60er Jahre von der Arthur D. Little Inc. in Cambridge / Mass. in Zusammenarbeit mit dem Verteidigungsministerium betrieben. Der Leiter des privaten Forschungsprojekts der Firma bestritt am Freitag zuerst und gestand dann zu, daß sein Laboratorium verschiedene Formen von synthetischem THC für die Armee entwickelt hat.» [18]

Ertappt aber nicht geständig, bestreitet ein Sprecher der Little Inc., daß man gemeinsam mit der Armee einen Kampfstoff für die chemische Kriegsführung entwickelt habe. Die Forschungsarbeiten seien mehr zufällig parallel verlaufen. Daraufhin wurde in der US-Presse eine Arbeit des Firmensprechers veröffentlicht, die im *Journal of the American Chemical Society* erschienen war. Thema: «Physiologisch aktive verwandte Nitrogene des Tetrahydrocannabinol». Dort heißt es u. a.: «Wir danken Dr. A. T. Shulgin von der Dow Chemical Co., daß er unsere Aufmerksamkeit auf die Synthese dieser verwandten Nitrogene gelenkt hat, und Dr. S. W. Hoffmann von den Forschungslaboratorien des US-Army Edgewood Arsenal für seine Ermutigung unserer Arbeit.» [19]

Das US-Army Edgewood Arsenal ist das Zentrum der US-Armee für chemische und biologische Kriegsführung. Nach Bekanntwerden dieser wissenschaftlichen Arbeit mit der entlarvenden Danksagung gibt sich der Firmensprecher geschlagen: «Warum sollte ich etwas leugnen, was der Öffentlichkeit bekannt ist?»[20]

Die Pharmaindustrie ist also gerüstet. Sollte Haschisch eines Tages legalisiert werden, dann wird die Pharmaindustrie «ihr Angebot» unterbreiten. Immerhin ist der Herstellungsprozeß so kompliziert und kostspielig, daß private Labors bisher nicht ins Geschäft eingestiegen sind. THC-Pillen, wie sie wiederholt auf dem Westberliner Markt angeboten wurden, waren nichts als normale Psychopillen, mit der Aura des THC angereichert.

Synthetisches Cannabis als marktgängiges Produkt ist durchaus kein Hirngespinst. An ihre Empfehlung, Mengen bis zu 30 g nicht mehr strafrechtlich zu verfolgen, knüpft die britische Hanfdrogenkommission die Frage, wie man bei synthetischem Cannabis strafrechtlich verfahren solle, und schlägt vor, die Mengenfestlegung für diesen Fall noch zu klären.

Man könnte fragen, wie es eigentlich den Pharma-Großkonzernen gelingen kann, ihre Interessen so unbehindert durchzusetzen. Entscheidend für die Macht am Markt ist die Kapitalkraft. Nicht Staat und Verbraucher kontrollieren die Drogenindustrie, sondern die Drogenindustrie kontrolliert Staat und Verbraucher. Der hohe Grad der Kapitalkonzentration, der Einfluß der Werbung und die Beeinflussung der Arzneimittelgesetzgebung durch die Pharma-Lobby schafft diese Machtkonstellation.

Wie jede andere vergleichbare Branche ist die Drogenindustrie nicht eine Summe autonomer Unternehmer, die sich über den Markt gegenseitig kontrollieren und ihren Expansionsdrang selbst beschränken. Wie jeder vergleichbare Industriezweig ist auch die Drogenindustrie eine «geschlossene Gesellschaft» von Großkonzernen, die weniger gegeneinander als miteinander antreten. Die Entwicklung jedes einzelnen Konzerns wirkt sich auf Beschäftigung, Löhne, Preise und Gewinne der ganzen Branche – ja, der ganzen Wirtschaft – aus. Keiner dieser Konzerne könnte überhaupt existieren, wenn er nicht seine Beziehungen zu Regierung, Parlament, Verwaltung und Massenmedien planvoll organisieren und stetig ausbauen würde.

Das trifft verstärkt und zugespitzt auf die Drogenindustrie zu. Sie verkauft direkt an den Staat, an das öffentliche Gesundheitswesen. Die

Konzerne legen die Preise fest, Krankenkassen und Krankenhausträger sichern den Absatz. In den USA lag Ende der 60er Jahre die durchschnittliche Profitrate von Investitionen für die gesamte Industrie bei 8 bis 9 Prozent, für die pharmazeutische Industrie hingegen bei 18 Prozent. Spezifisch für die Pharmaindustrie ist die Fähigkeit, mit Hilfe «neuer» Produkte den Absatz ständig zu erweitern. Das Pharma-Kapital ist weniger von der Kaufentscheidung des einzelnen Verbrauchers als von den Entscheidungen des Staates, das Gesundheitswesen auszubauen oder einzuschränken, abhängig.

Der Verbraucher ist doppelter Geldgeber. Er finanziert die Drogenproduktion und deren Weiterentwicklung mit seinen Steuern und bezahlt direkt oder indirekt für die Produkte in der Apotheke ein zweites Mal. Der Staat ist machtloser Gehilfe – das Gesundheitsministerium letztlich Agent des Drogenkapitals.

Als 1962 in den USA die Patentrechte für neue Produkte, in deren Entwicklung öffentliche Mittel steckten, dem Gesundheitsministerium übertragen wurden, reagierten die Konzerne mit einer schleichenden Blockade. In staatlichen Forschungsstätten entwickelte Produkte wurden nicht mehr auf den Anlagen der Konzerne getestet und danach in Produktion geschickt, wie das vorher üblich war: «Das neue System brach... zusammen, teils wegen administrativer Schwierigkeiten, aber vor allem, weil das Establishment plötzlich die Tür seiner Testanlagen schloß. John Conner, ehemaliger Präsident von Merck, Sharpe & Dohme und späterer Handelsminister, sagte auf einer Veranstaltung in der Johns-Hopkins-Universität 1962, daß die Unternehmen sich weigern würden, an der Herstellung von Arzneimitteln mitzuwirken, die in staatlicher Forschung entwickelt wurden, wenn nicht die Patentpolitik geändert würde, so daß sie die Arzneimittel in der letzten Phase ihrer Entwicklung noch patentieren können.» [21]

Dieses Zitat stammt aus einem Artikel von James L. Goddard, der jahrelang in der Food and Drug Administration (FDA) in Washington tätig war und hier nichts anderes schildert als die Machtlosigkeit von Regierung, Verwaltung und Öffentlichkeit gegenüber dem «drug establishment», d. h. dem Pharma-Großkapital und seinen Gehilfen.

Nach der erwähnten Blockade wurde 1967 das Patentrecht wieder liberalisiert, was sich auch günstig auf den laufenden *speed*-Boom auswirkte. Das mit einem Test beauftragte Unternehmen hat seitdem die Möglichkeit, neue und zusätzliche Anwendungsmöglichkeiten im

Verlaufe von Tests staatlich entwickelter Produkte zu «entdecken» und für sich patentieren zu lassen, und zwar auch da, «wo eine solche neue Verwendung in das Gebiet der vom Träger unterstützten Forschungsarbeit fällt».[22]

Ein derartiges Patentrecht genügt bereits, um der Pharmaindustrie zusätzliche Profite zu gewährleisten. Wenn die nationale Gesetzgebung anderer Länder sich der US-amerikanischen nicht anpaßt, werden Patententwicklungen dorthin fließen, wo die Gesetzgebung am liberalsten ist. Die internationale Verflechtung der Pharmaindustrie erlaubt solche Transfers, die unter internationalem wissenschaftlichen Austausch firmieren und oft noch staatlich gefördert werden. Mit der US-Gesetzgebung ist der enorme Vervielfachungseffekt im Arzneimittelangebot gesichert. Die «neuen» Produkte aber werden aufgrund der Marktstellung der Konzerne zu überhöhten Preisen an den staatlichen Gesundheitssektor, der sie selbst entwickelt hat, (zurück-)verkauft.

Ist aber ein Arzneimittel von einem Konzern ohne Staatshilfe entwikkelt worden, so versucht die Pharma-Lobby eine staatliche Institution für dieses Produkt zu interessieren, was wiederum die Finanzierung von Forschung, Entwicklung und Tests durch den Staatshaushalt nach sich zieht.

Aufgrund der personellen, finanziellen und institutionellen Verflechtung (von Methoden etwas außerhalb der Legalität ganz abgesehen) ist es für die Konzerne kein Problem, ihre Produkte in einem der unzähligen staatlichen Programme unterzubringen. In den USA werden solche Programme nicht nur vom Gesundheitsministerium, sondern auch vom Verteidigungsministerium und der Behörde für Kriegsteilnehmer (Veterans Administration) organisiert.

Man ahnt, welche ökonomischen Interessen hinter den Methadon-Programmen stecken, mit denen man in vielen US-Großstädten und heute auch in europäischen Städten gegen die Heroinsucht anzugehen versucht. Methadon ist nur die Spitze des Eisbergs an Umsatz und Absatz, den die sogenannte Rauschgiftbekämpfung der pharmazeutischen Industrie gebracht hat. Zur Behandlung Heroinsüchtiger hat die Food and Drug Administration (FDA) allein 275 «IND permits» an Kliniken im ganzen Land vergeben – d. h. die Genehmigung, neue Mittel zu entwickeln und einzusetzen. Die Forschung wird hier also unter Mitwirkung von Medizinern aus dem Labor ins Krankenzimmer verlagert. Neue Medikamente bzw. alte in neuer Kombination werden an Patienten ausprobiert mit dem Ziel, ein Produkt zur Produktionshilfe zu bringen, es registrieren zu lassen und dann zu vertreiben.

Anfang der 70er Jahre waren nach amtlichen Meldungen in den USA rund 60000 Heroinsüchtige in einem Methadon-Programm. Damals schätzte man die Zahl der Heroinabhängigen in den USA auf 500000 Menschen. Aus der Sicht der Pharmaindustrie ein ausdehnungsfähiges Geschäft, wo doch weltweit die Zahl der Heroinabhängigen stetig wächst! Und Anschlußaufträge sind unumgänglich. Die Suche nach einem Mittel, das Methadon ersetzt und gleichzeitig von der Methadonsucht befreit, hat längst begonnen. Was anfangs bestritten wurde, wird heute von den Vertretern der Pharmaindustrie zugegeben: Methadon macht süchtig. Der Vorsitzende der Narcotics Treatment Administration Dr. Robert DuPont meint, die von Methadongegnern geforderte völlige Abstinenz sei eine «lächerliche Alternative».

Neben den US-amerikanischen Pharma-Riesen spielen auf dem Weltmarkt bundesdeutsche Konzerne eine dominierende Rolle. Seit Beginn der imperialistischen Phase des Kapitalismus Ende des vorigen Jahrhunderts bis heute hat kein deutsches Industriekapital international eine so starke Position erreicht wie das der Chemie- und Pharmabranche.

Die imperialistische Phase des Kapitalismus entwickelte sich in Europa und Nordamerika mit der Entstehung neuer Industriezweige: Chemie-, Mineralöl-, Automobil-, Elektroindustrie. Für diese Branchen ist kennzeichnend, daß sie sich nicht erst im Lauf ihrer Entwicklung immer mehr «konzentrierten», sondern von Anfang an stark zentralisiert, also von wenigen Monopolen beherrscht waren. Doch nirgendwo ging diese Zentralisierung von Beginn an so weit wie in der deutschen Chemieindustrie (IG-Farben-Trust). An der ökonomischen und politischen Macht des deutschen Chemiekapitals hat sich bis heute, auch wenn sie nach der Zerschlagung des IG-Farben-Trusts «nur» in der BRD ausgeübt wird, nichts geändert. Der US-amerikanische Pharmamarkt ist, neben dem Automobilmarkt, der einzige, auf dem ausländisches Kapital eine erwähnenswerte Rolle spielt. Hauptakteur ist das westdeutsche Pharmakapital. Eine derartige Expansion ist dem westdeutschen Pharmakapital nur möglich, weil seine Profitrate aufgrund der staatlichen Absatzsicherung und Finanzierung weit über dem industriellen Durchschnitt liegt. So lag beispielsweise 1968 die Bruttogewinnrate von Schering bei 18 Prozent, von BASF bei

16,8 Prozent, von Höchst bei 13,5 Prozent – die von AEG-Telefunken dagegen bei 4,4 Prozent und die von Hösch bei 5,1 Prozent, beides Konzerne, die damals noch als Wachstumsbranchen galten. Das bundesdeutsche Pharmakapital ist eine ökonomische Weltmacht und in einigen Sektoren der Branche Alleinherrscher. Das ist die andere Seite der inneren sogenannten Marktstruktur. In der Bundesrepublik kontrollierten 1969 10 Pharmakonzere 60 Prozent des Inlandmarktes, 2000 Unternehmen teilten sich die restlichen 40 Prozent. Die Top-Konzerne patentieren, d. h. monopolisieren ihre Produkte, um ihre überhöhten Preise nicht durch unterbietende Konkurrenz gefährden zu lassen. Immer mehr Medikamente geraten unter Patentschutz, werden also der (Preis-)Konkurrenz entzogen: 1963 waren erst 66 Prozent der Medikamente patentiert, 1969 waren es bereits 90 Prozent. Im Schutz der Patente werden gängige Medikamente neu kombiniert und als neu entwickelte Präparate auf den Markt gebracht. So standen 1967 den 8 von der westdeutschen Pharmaindustrie wirklich neu entwickelten Präparaten 1700 Neuauflagen bereits im Handel befindlicher Mittel gegenüber.

Warum ist das alles so wichtig? Es soll nur deutlich gemacht werden, wie mächtig die Pharmaindustrie ist und wie ohnmächtig die staatliche Kontrolle. Solange die Arzneimittelherstellung in Händen des Monopolkapitals – und des Kapitals überhaupt – liegt, wird es immer neue Drogen-«Wellen» geben. Sie sind eine Folge aktueller Absatzstrategien – nicht mehr und nicht weniger. Kapitalkraft und Mengenkapazität ermöglichen den Monopolen Produkt-, Preis-, Absatz- und Werbestrategien, gegen die jeder Kleinhersteller machtlos ist.

Welche «sinnvollen» und welche «sinnlosen» Produkte überhaupt auf den Markt kommen, ist ausschließlich eine Frage der Kapitalkraft. Die wenigen kleinen Hersteller, die aufgrund von Patentfreigaben qualitätsmäßig mit den Großen konkurrieren könnten, besitzen nicht ausreichend Kapital, um potentielle Abnehmer, Ärzte, Apotheker oder Endverbraucher, darüber zu informieren, daß ihr Produkt überhaupt existiert. «Die Firmen Merck, Höchst und Schering z. B. verkaufen das gleiche Medikament Prednisolon (ein Mittel gegen Entzündungen) unter den Namen Decortin H, Hostacortin H und Ultracortin H je 100 Tabletten alle zum gleichen Preis von DM 54,–. Kleine Firmen wie Lentia, Besch, Samhelios verkaufen das gleiche Präparat in der gleichen Menge unter dem Namen Prednisolon für 19,80 DM, 20,75 DM bzw. 23,– DM.» [23]

Aber auch auf dem Markt der Neuentwicklung sind die «Kleinen» chancenlos, weil nur die «Großen» es sich leisten können, Absatz und Wirkung (in dieser Reihenfolge) eines neuen Mittels erst einmal in südamerikanischen, afrikanischen oder asiatischen Ländern auszuprobieren. Der Export in die Satelliten des Imperialismus aber wird immer mehr ein entscheidendes Mittel, die Profitraten der Pharmakonzerne zu steigern oder wenigstens doch zu halten.

Trip-Business

Gut und gerne kann man LSD-25 als *den* Urtrip bezeichnen. Die drei Buchstaben standen und stehen pars pro toto für alle möglichen psychedelisch-halluzinogenen Substanzen, die von ihren Konsumenten in Bausch und Bogen Trips genannt werden. Sie alle sind synthetische Produkte, werden in legalen oder illegalen Labors hergestellt und oral «geworfen» – eingenommen. LSD-Schlucker berichteten von völlig neuen und außergewöhnlichen Erfahrungen, wie sie im Kulturkreis der abendländischen Zivilisation unbekannt oder in Vergessenheit geraten waren. Nur Ethnologen und Weltreisende hatten zuvor Ähnliches erlebt, erfahren und beschrieben. Sie allerdings bezogen ihre Rauscherfahrung nicht aus einer synthetischen Substanz, sondern aus dem Fleisch von Pilzen und Kakteen.

Seine Heiligsprechung in der Drogen-Scene verdankt LSD-25 den Gurus der psychedelischen Kultur, seine Verdammung in der Öffentlichkeit den Hütern von Sitte und Ordnung. Schreckliche Vereinfachungen und maßlose Übertreibungen haben das Bild von LSD geprägt und am LSD-Mythos gewirkt.

Mich interessiert hier, um es noch einmal zu sagen, ausschließlich der ökonomische Aspekt einer Droge, ich verzichte darauf, die subjektive Seite der Drogenerfahrung darzustellen und zu würdigen. Nur wenn Erfahrungsberichte wie Testergebnisse präsentiert werden, um die *promotion* eines Produktes zu betreiben, sind sie als Teil einer Verkaufsstrategie auch ökonomisch von Bedeutung.

Nicht anders aber wurde LSD popularisiert. Während der Hochsaison dieser Droge herrschte in der Jugendkultur ein beachtlicher Druck, sich wechselseitig an LSD-Erlebnissen zu messen und LSD-Erfahrungen auszutauschen. Wer keine Erfahrung hatte, konnte nicht mitreden, wer trotzdem mitreden wollte, wurde aufgefordert, erst mal seine Erfahrungen zu machen. So waren die LSD-Geschichten immer auch Verkaufsgespräche.

Die Droge war in der Subkultur keine Tabudroge wie bestimmte Amphetamine und Barbiturate, aber auch Heroin... und Alkohol. So ging in der allgemeinen Begeisterung unter, daß LSD-25 nichts anderes war als ein Produkt, das zu einer Serie von Experimenten gehörte, welche die Pharmaindustrie mit psychoaktiven Stoffen veranstaltete. LSD war keine «Zufallsentdeckung», wie es sein «Erfinder», der Chemiker Albert Hofmann darstellte, sondern das Ergebnis langer Forschung, die allerdings auf ganz andere Ergebnisse zusteuerte. Lange vor seiner massenhaften Verbreitung wurde LSD unter Wissenschaftlern diskutiert, als Mittel, das «einen kontrollierten toxischen Zustand im Nervensystem induzieren kann, der Angst und Furcht mit offenbar gerade ausreichender Euphorie zusammen reaktiviert, so daß eine Erinnerung an die provozierenden Erlebnisse gestattet wird».[24]

Die Forscher waren also auf der Suche nach einer chemischen Substanz, die den Ärzten die Pharmakotherapie erleichtern sollte. Die medizinische Forschung hatte sich auf den Weg der Apparate- und Pharmakomedizin gemacht; die chemische Industrie zog mit und trieb an. So bekommt auch die LSD-Forschung einen Sinn, denn: «Eventuell kann es auch als Werkzeug zur Abkürzung der Psychotherapie dienen.»[25]

Als die Firma Sandoz sich systematisch mit LSD zu beschäftigen begann, hoffte sie ein Mittel irgendwo zwischen den Marktrennern der Konkurrenz zu plazieren: «Die Verantwortlichen glaubten und hofften, man verfüge nun über einen neuen Typus von Bewußtseinsdroge, der generell vermarktet werden konnte, etwa wie das bereits mit Barbituraten und Tranquilizern geschehen war.»[26]

Für den neuen Typus von Bewußtseinsdroge begann sich bald auch der US-Geheimdienst bzw. die US-Armee zu interessieren. Mehrfach, so ist von A. Hofmann zu hören, habe ihn die Armee kontaktiert und zur Teilnahme an ihren eigenen Forschungen aufgefordert. Erst in den letzten Jahren haben Veröffentlichungen deutlich gemacht, in welchem Ausmaß sich CIA und US-Armee mit psychochemischer Kriegsführung befassen. So hat die CIA dem Kauf von

10 kg LSD im Wert von 240 000 Dollar zugestimmt, einer Menge, mit der sich 100 Millionen Menschen auf einen Trip schicken lassen. [27]

Ob man schon damals, als sich die LSD-Welle auf ihrem Höhepunkt befand, von diesen Zusammenhängen hätte wissen können, ist heute schwer zu sagen. Mit Sicherheit wollten die LSD-Propagandisten davon nichts wissen. Der Entdecker der psychedelischen Wirksubstanz, Albert Hofmann, wurde wie ein Held verehrt, weil er sich mutig Selbstversuchen ausgesetzt hatte, deren Verlauf jeder LSD-Jünger damals in- und auswendig kannte.

Die Geschichte des LSD ist aber auch die Geschichte des LSD-Gurus Timothy Leary. Guru, das soll nicht abschätzig klingen. Leary genoß in LSD-Fragen absolute Autorität. Nach seinen Anweisungen wurden LSD-Sitzungen veranstaltet, die, soweit wie möglich, alle Risikofaktoren auszuschalten versuchten. Wenn man davon ausgeht, daß sich ein Konsumwilliger von seiner Absicht, LSD zu schlucken, nicht abbringen läßt, dann war Learys Anleitung zur Vermeidung von Horrortrips hilfreich.

Doch Leary war mehr als ein Guru, er war der Propagandist einer Drogenideologie. Er predigte seine Ideologie von der Bewußtseinserweiterung mittels psychedelischer Drogen zu einem Zeitpunkt, als große Teile der US-amerikanischen und europäischen Jugend begannen, politisch bewußt zu werden, und anfingen, die Verbrechen des US-Imperialismus zu erkennen. Zwar gab es viele Versuche, beide Formen der Bewußtseinserweiterung – die psychedelische und die politische – zu vereinen, aber auch wenn das hier und da gelungen sein sollte, so ist doch unbestreitbar, daß Learys Drogentrip zum Politisierungsprozeß großer Teile der Jugend im Widerspruch stand. Leary brachte viele runter vom Polittrip, wie man in LSD-Zirkeln politisches Engagement gerne bezeichnete, und turnte sie auf LSD an.

Der Verdacht, Leary sei Agent eines US-Geheimdienstes gewesen, wurde oft geäußert. Enthüllungsgeschichten in US-amerikanischen Publikationen klingen ziemlich glaubwürdig. Durch eigene Nachforschungen bestätigen kann ich sie nicht.

Es wurde auch behauptet, Leary habe auf der Gehaltsliste eines Pharmakonzerns gestanden. Deren *promotion*-Agent war er so oder so, mit oder ohne Salär, rekrutierte er doch mit seiner LSD-Propaganda Zehntausende von freiwilligen Versuchspersonen. Man arbeitete Hand in Hand. Sandoz gab beispielsweise für den Versand von Psilocybin- und LSD-Proben 2 Millionen Dollar aus. Zu «Forschungszwecken» selbstverständlich. Ein Universitäts-Briefkopf, ein akademischer Grad – und schon war man an das Forschungsprogramm angeschlossen und wurde mit Kostproben reichlich versorgt.

Erst Mitte der 60er Jahre rückte Sandoz von der Praxis ab, LSD-Proben nach dem Gießkannenprinzip zu verteilen. Schon vorher gab es private Labors, die Substanzen unter dem Namen LSD herstellten und auf den Markt brachten – nun hatten sie ihre große Stunde. Reines LSD-25 war kaum noch zu bekommen, den Ersatztrips – und das waren sie, weil die meisten Kunden LSD-25 nachfragten – wurde Amphetamin beigemischt, das ganz andere Tripverläufe brachte, als die Konsumenten erwarteten bzw. gewohnt waren.

Peter Stafford veröffentlicht in seiner *Enzyklopädie psychedelischer Drogen* Laboranalysen von Straßendrogen des Jahres 1973, wo bloß 501 von 906 Proben überhaupt «Psychodelika» waren; einige Proben enthielten überhaupt keine psychoaktiven Stoffe, der Rest waren Mixturen aus der Küche der Psychochemiker. Und hier liegt die besondere Gefährlichkeit von Trips. Jeder Konsument entwickelt bei anderen Drogen mit zunehmender Gewöhnung Qualitätsmaßstäbe, die ihn vor Betrug schützen. Das gilt für Haschisch und Marihuana und selbst noch für Heroin und Kokain. Ist die Ware gestreckt oder gepanscht und wird trotzdem gekauft, dann nimmt der Kunde den Betrug bewußt in Kauf und versucht, sich bei der Dosierung auf die Qualität einzustellen. Beim Kauf psychedelischer Drogen in Pillen- oder Tablettenform, auf Zucker oder Löschpapier aufgezogen, ist der Kunde den Versprechungen des Dealers hilflos ausgeliefert. Er muß sich auf dessen Beschreibung der Tripwirkungen verlassen. Erst wenn er geschluckt hat, beginnt das Prüfverfahren.

Trips und Pillen sind keine landwirtschaftlichen Erzeugnisse der in Unterentwicklung gehaltenen Länder, sondern die Produkte einer hochentwickelten kapitalistischen Industrie. In der Testphase kam LSD-25 aus dem Labor eines Pharmakonzerns, in der Phase massenhaften Konsums kam es aus den Labors von Amateuren. Die «Originalität des Gebrauchswertes» ermöglichte dem Handel enorme Gewinne.

Der Produzentenpreis für LSD (wie auch für STP) lag Mitte der 60er Jahre zwischen 1,– DM und 1,50 DM pro Trip. Je massenhafter und technisch vollkommener die Herstellung, desto niedriger der Preis. Die Hauptkosten beansprucht der Rohstoff, der auf dem illegalen Markt zu etwa 100,– DM pro Gramm angeboten wurde.

Für 1000 Trips sind ungefähr 10 g des Rohstoffes erforderlich. Die Apparate eines Amateurchemikers haben einen Wert von rund 5000,– DM, schlagen sich aber in den Stückkosten kaum nieder, weil ihre technische Nutzungsdauer so gut wie unbegrenzt ist. Auf solchen Kleinanlagen stößt ein Produktionsgang 2000 bis 5000 Trips in Flüssigform, sogenanntem Liquid, aus. Der Vorgang dauert alles in allem etwa 10 Tage; die Arbeit des Produzenten beschränkt sich auf gelegentliche Überwachung und Kontrolle – insgesamt 10 bis 20 Stunden innerhalb der 10 Tage. In Industriebetrieben schrumpft dieser Vorgang auf wenige Stunden hintereinander zusammen. Hier fallen auch die Rohstoffkosten praktisch weg, weil die Rohstoffe im Betrieb selbst zu niedrigen Kosten hergestellt werden. Sind also einem Amateurhersteller bei der Erzeugung von 10000 Trips in flüssiger Form Kosten von etwa 10000,– DM entstanden, dann kann er diese Menge etwa an zwei Großhändler für jeweils 15000,– DM weitergeben. Er hat 5000,– DM Gewinn eingestrichen.

Die folgende Kalkulation stützt sich auf Angaben eines Herstellers im süddeutschen Raum im Jahr 1969: Der Großhändler kaufte bei zwei chemischen Universitätsinstituten Liquid für 10000 Trips zum Preis von 15000,– DM. Im nächsten Schritt wurde die Flüssigkeit auf eßbare Materialien wie Papier, Filz, Zucker oder saugfähige Tabletten gedropst. Der Großhändler setzt höchstens 200,– DM für Materialkosten pro 1000 Trips ein und erzielt dabei etwa den gleichen Gewinn wie der Hersteller. Das von einem Amateurproduzenten gekaufte und inzwischen verarbeitete Liquid gibt der Großhändler beispielsweise in Mengen zu 1000 Stück an 10 Einzelhändler weiter. Stückpreis 3,– DM. Für 1000 Trips bekommt er also insgesamt 30000,– DM, bei Einkaufs- und Materialkosten von 17000,– DM. Die Transportausgaben sind unbedeutend. Profitmasse: etwa 13000,– DM. Profitrate: etwa 75 bis 80 Prozent. Demgegenüber der Amateurproduzent: Profitmasse: 5000,– DM, Profitrate: 50 Prozent bei 10000 Trips.

Ich konnte diese Preis- und Mengenangaben nicht überprüfen, als Trend im Vergleich mit Angaben von anderen Herstellern und Händlern stimmen sie. Kleinhersteller, die nichts als Trips produzieren, sind auf Großeinkäufer mit Marktinformationen angewiesen. Der Großhändler ist stärker als der Produzent. Will der Kleinhändler seine Gewinnspanne erhöhen, muß er sich, wenn der Preis nicht erhöht werden kann, weil der Markt nicht mitspielt, darauf konzentrieren, das Liquid zu verdünnen. Wie das geschieht, beschreibt ein Trip-Hersteller aus

Darmstadt (1969): «Die sogenannten Teufelstrips werden hier in Darmstadt hergestellt und nach Berlin verkauft. In Berlin bestand der Wunsch, aus den Dingern sehr viel mehr herauszuholen, als das Liquid hergab. Das Liquid wurde gestreckt mit allen möglichen Mitteln. Die bekanntesten waren Arsen und vor allem Tollkirsche. Tollkirsche hatte die wildesten Wirkungen gehabt. Man hat damit versucht, aus dem Liquid für 2000 Trips etwa 2800 bis 3000 Trips herauszuholen. Tollkirsche hat sich besonders bewährt, weil man den Eindruck bekam, daß der Trip bereits nach einer halben Stunde anfangen würde zu laufen. In Wirklichkeit war es keine Acid-Wirkung, sondern die Wirkung der Tollkirsche. Da die Tollkirsche nicht mehr bekannt ist, erregt das keinen Verdacht. Es ist hinterher erst rausgekommen, als ein paar Typen die Fresse eingeschlagen bekamen oder gebustet wurden. Das Liquid, das hier aus der Gegend kam, war relativ sauber, auf jeden Fall nicht von vornherein gesundheitsschädlich. Es wurde auch hier in der Gegend selbst abgesetzt und war von den Leuten, die es gedropst oder zu Pillen verarbeitet hatten, angetestet worden, weil der Markt hier qualitativ gut eingefahren war. Hingegen herrschte im Ruhrgebiet und in Berlin teilweise chaotische Nachfrage, wo wirklich alles mögliche wahllos gekauft wurde, so daß die Typen es sich leisten konnten, solche Sachen anzubieten. Dazu kam, daß Dealer in Berlin schon damals kleine Schlägertrupps hatten, die sie vor Übergriffen der Konsumenten schützten. Solche scenes sind hier in Darmstadt nicht gelaufen, oder zumindest erst sehr viel später.» [28]

Doch gefährdet die Qualitätszersetzung den Handel mit Trips mehr, als etwa das Strecken den Haschisch- oder Opiumhandel gefährdet. Die Konsumenten begegnen jedem neuen Trip mit Mißtrauen, weil sie vor den unbekannten chemischen Zutaten Angst haben. So sind die Einzelhändler, wollen sie pro Stück mehr verdienen, auf Preisunterbietungen angewiesen, die sie durch Mengen-, also Umsatzerhöhungen kompensieren.

Zeit	Qualität	Großhändler- preis bei 100 St. / pro 1 St.	Endverkaufs- preis pro St.
1967*	Acid Einkauf London 1,– pro Stck. als Kristalle. Von London in BRD, dort verflüssigt (mit de- still. H_2O). Auf Löschblatt aufgezogen.	10,–/ 15,–	20,–/ 25,– In Extremfällen bis 40,– DM
1968**	STP als LSD-Trip in BRD verkauft. Auf Zucker aufge- zogen. (Wahrscheinlich in BRD produziert.) Einkauf BRD 0, 50 DM / Stck.	10,–/ 15,–	20,–/ Stck.
1969***	Tabletten-Trips Filz-Trips aus USA und Eng- land, reines Acid	10,–/ 15,–	18,–/ 20,–
1969 Ende	Acid flüssig. Deutsche Pro- duktion, schlechte Qualität (unrein), Preis berechnet sich pro 100 Stck., Trips sind so stark, daß sie mit Alkohol auf 200 Stck. gezogen werden.	8,– (4,–)	10,–/ 15,–
1970	Acid, deutsche Produktion. Kapseln mit LSD-Kristallen und Milchzucker verlängert. LSD-Kristalle aus England. Gute Qualität (rein). Preis per 1 000 Trips bis 10 000 → Kap- selprodukt, auch als Tabletten zum gleichen Preis.	3,– 2,–/ 3,–	9,–/ 10,– 9,–/ 10,–
1970 Ende	LSD aus USA bei 1 000 Stck.	1,80/ 1,90	5,–/ 8,–
1971	LSD aus USA. Tabletten. 1 000 Stck.	1,40/ 1,60	5,–/ 7,–

* Der Hersteller dieser Trips verband den Handel mit einer LSD-Ideologie. Er war daran interessiert, daß gute und reine Ware in die BRD kam. Er hat die Verflüssigung in der BRD selbst überwacht, um saubere Ware zu garantieren. Als flüssiges LSD auf den Markt kam, wurde es von Dealern mit H_2O verlängert, was die Stärke der Trips verringerte.

** STP = Name wahrscheinlich nach dem gleichnamigen Motoröl.
Speed plus Halluzigene. Wahrscheinlich dürfte die rauscherzeugende Substanz Mescalin sein. STP-Trips waren die ersten in der Berliner scene kollektiv eingeworfenen Trips. Ihre Wirkung: Stärkegefühl, Widerstand gegen Umwelteinflüsse jeder Art. Nachwirkung: Hautausschläge, Augenentzündung. Suchtabhängigkeit insofern, als die Dosis erhöht werden mußte, um Wirkung zu erzielen. LSD-Kenner des Berliner Underground warnen vor STP.

*** LSD wird jetzt im Underground populär und massenhaft konsumiert.

Die Entwicklung der Drogenindustrie ab 1970

Daß die sogenannte Drogenwelle der späten 60er Jahre ihre Vorläufer hatte, daß die Drogenwelle eine Dauerwelle ist, habe ich exemplarisch an der Entwicklung der Nachkriegszeit bis zum vermeintlichen Höhepunkt der Drogenwelle Ende der 60er Jahre demonstriert. Aber erst mit dem Aufkommen sogenannter Jugenddrogen, worunter man vor allem Cannabis und LSD verstand, begann man öffentlich von einem Drogen*problem* als Folge einer Drogenwelle zu sprechen. Dieses späte Erwachen hatte politische Gründe. Teile der Öffentlichkeit entdeckten im Drogenproblem ein Instrument der politischen Disziplinierung. Man setzte die sich herausbildende Drogensubkultur mit der politischen Protestbewegung gleich und benutzte diese Gleichsetzung, um die politische Bewegung zu diffamieren. Das starke öffentliche Interesse an der Drogensubkultur hatte aber auch sozialpsychologische Ursachen. Damals waren vor allem Jugendliche der Mittel- und Oberschicht Drogenkonsumenten, Angehörige jener Schicht also, die auch bestimmt, wann ein Thema zum Thema wird. Als aber Drogen zum Thema wurden und die sogenannten Hippiedrogen landauf, landab entweder verdammt oder glorifiziert wurden, hatten *diese* Drogen längst an Bedeutung verloren, hatte dieser Wellenschlag seinen Höhepunkt bereits überschritten. Längst war nicht nur eine Veränderung der Konsumgewohnheiten zu beobachten, auch die soziale Zusammensetzung der Scene begann sich sowohl altersmäßig wie schichtenmäßig zu verändern. Erst jetzt begann die Heroinwelle, während Kokain noch als Geheimtip galt. Weltweit steigt die Zahl der Drogenabhängigen. An dieser Tatsache ist nicht zu rütteln. Sie ist statistisch abgesichert und belegt.

Überall in den Industrienationen wie in den in Unterentwicklung gehaltenen Ländern nehmen die drogenbedingten Todesfälle zu, und immer häufiger gelangen Pharma-Markenprodukte in den Kreislauf des illegalen Handels und Konsums. In Japan hat die Zahl der Tablettensüchtigen Anfang der 80er Jahre drastisch zugenommen. Unter den Süchtigen ist der Anteil von Jugendlichen und Hausfrauen auffällig hoch. Ihre bevorzugten Drogen sind Aufputschmittel.

In der Bundesrepublik wird die Zahl der Medikamentenabhängigen auf 500000 geschätzt: Tendenz steigend. So hat sich die Anzahl der Tranquilizer-Verordnungen zwischen 1974 und 1980 nahezu verdoppelt. «Insgesamt schluckten 1980 durchschnittlich 2,44 Millionen Bundesbürger täglich die chemischen Seelentröster.»[30] Spitzenreiter unter den Tranquilizern ist Adumbran, von dem 1981 sieben Millionen Packungen verkauft wurden. Aber auch der Verbrauch von Schlafmitteln ist nach Ansicht von Suchtexperten alarmierend hoch. So hält der Göttinger Psychiater Wolfgang Poser das Schlafmittel Vesparax, von dem 1981 in der BRD zwei Millionen Packungen verkauft wurden, für ein gefährliches Suchtmittel. Das Mittel enthält Barbiturate, und die führen oft schon bei geringer Dosierung zu psychischer Abhängigkeit und körperlicher Sucht.

Die Welt-Gesundheits-Organisation (WHO) weist auf den steigenden Gebrauch von Schlankheitsmitteln hin und warnt vor den in ihnen verarbeiteten suchtauslösenden Substanzen.

Neue – genauer: wiederentdeckte – synthetische Drogen wie PCP (*angeldust*) sind in den USA *top of the charts*. LSD hat sich, nachdem es vorübergehend verschwunden war, wieder am Markt eingerichtet, diesmal ohne großes Brimborium.

Das Einschlafmittel «Quaalude», dessen Wirkstoff Methaqualon schnelles Einschlafen und ebenso schnelle Sucht verspricht, ist, betrachtet man die einschlägige Todesstatistik, in den USA zu einer der gefährlichsten Drogen geworden. Es sterben fast ebenso viele Menschen an einer Überdosis «Quaalude» wie an Heroin. Das Mittel wird, obwohl als Suchtauslöser erster Ordnung bekannt, unvermindert verschrieben und in sogenannten «Stress-Zentren» therapeutisch angewandt. Im Großhandel kostet die Droge 45 Cent pro Stück, in den lizenzierten Drogenläden einen Dollar und auf der Straße zwischen 5 und 8 Dollar.

Die in Wien ansässige UN-Suchtstoffkommission hat beschlossen, die Herstellung und den Vertrieb jener chemisch erzeugten Medikamente zu überwachen, die als Schmerz- und Betäubungsmittel hergestellt und, vor allem in den USA, Japan und verschiedenen Staaten der Dritten Welt, als Suchtgifte verwendet werden. Besondere Aufmerksamkeit gilt dabei dem Suchtmittel Methaqualon: «Hier sitzt die Bundesrepublik Deutschland gewissermaßen auf der Anklagebank, denn die deutsche Chemie ist ein bedeutender Hersteller solcher Halluzinogene.»[31] «So kommt es immer wieder vor», schreibt die *FAZ*, daß legale deutsche Exporte solcher Substanzen «in falsche Hände» gerieten, um dann illegal in die Drogenscene eingeschleust zu werden. Die Vermittler sollen vorwiegend in mittel- und südamerikanischen Ländern sitzen. Die traditionelle Chemie-Connection der USA, die legal ausgeführte Drogen über Mexiko bzw. mittel- und südamerikanische Länder illegal reimportiert, wird über die BRD beliefert, ist also auch eine German Connection.

Das Sniffen von berauschenden Lösungsmitteln kommt in den Armutsghettos US-amerikanischer und britischer Städte, aber auch unter Arbeiterjugendlichen anderer europäischer Länder, immer mehr in Mode.

Bei der Entwicklung neuer Waffensysteme spielt die Herstellung von psychochemischen Kampfstoffen in der US-Armee eine herausragende Rolle. Ein Horror ohne Ende.

So gesehen stellt sich die Entwicklung von 1970 bis heute als eine ständige, d. h. ungebrochene Expansion dar.

Doch auch die chemisch-pharmazeutische Industrie sieht sich, ähnlich wie andere Bereiche der kapitalistischen Wirtschaft, mit den Grenzen ihres Wachstums konfrontiert – und außerdem in den Industrienationen mit einem gesteigerten Mißtrauen gegenüber ihren Praktiken. Wenngleich in der Pharmaindustrie die Profitraten höher sind als in anderen Industriezweigen und langsamer fallen als dort, so werden doch nur neue Markt- und Produktstrategien eine Stagnation verhindern können. Es fragt sich aber, ob diese Strategien so einfach durchzusetzen sein werden wie in den vergangenen Jahrzehnten. Den Einfluß der kritischen Öffentlichkeit auf das Geschäftsgebaren der Pharma-Multis zu überschätzen, wäre leichtfertig, es wäre aber auch leichtsinnig, die Ansätze eines neuen, sich entwickelnden Gesundheitsbewußtseins, das sich u. a. gegen chemische Manipulationen wehrt, zu unterschätzen.

Märkte, auf denen sich eine industrieunabhängige Verbraucheraufklärung Gehör verschaffen kann, werden zukünftig wohl immer weniger mit dem Brecheisen zu erschließen sein. Falschmeldungen, wie sie Hoffmann-LaRoche zur Eröffnung seines Werbefeldzugs für das Beruhigungsmittel Lexotanil in die Welt setzte, werden möglicherweise früher entlarvt werden als bisher. Hoffmann-LaRoche bewarb sein Produkt, von dem 1981 in der Bundesrepublik 6,5 Millionen Packungen verkauft wurden, mit dem Spruch: «Der erste Tranquilizer, der nicht müde macht.» In Wahrheit sind alle Tranquilizer, wie der neue Arzneimittelindex unisono mit der englischen Arzneibehörde feststellt, «prinzipiell gleichermaßen als Schlafmittel und Beruhigungsmittel einsetzbar».[32] Industrie-interne Verkaufsstatistiken belegen, laut *Spiegel*, daß Hoffmann-LaRoche jede zehnte Packung des «ersten Tranquilizers, der nicht müde macht» als Schlafmittel verkauft.

Ob und wie sich Verbraucheraufklärung auf die Konzernbilanzen auswirkt, ist schwer einzuschätzen. Selbstverständlich wird die Pharmaindustrie auf Märkte ausweichen, wo ihre Werbekampagnen noch unwidersprochen vom Verbraucher «angenommen» werden. Und kurzfristig lassen sich die Verluste auf kritischen Märkten durch Preiserhöhungen ausgleichen. Der leicht rückläufige Verbrauch von Schlafmitteln in der BRD wurde von den Konzernen durch überproportionale Preissteigerungen wettgemacht. «Der Schweizer Multi Hoffmann–LaRoche konnte mit seinen Produkten Dalmadorm, Mogadan und Rohypnol zwischen 1976 und 1981 sogar Umsatzsteigerungen bis zu 100 Prozent erreichen.»[33] Die Wirksamkeit von Verbraucheraufklärung ist nicht zuletzt auch abhängig von den Abwehrmaßnahmen der Pharmaindustrie, deren Erfolg wiederum von politischen Konstellationen abhängt. Die im Juli 1983 von Experten vorgelegte Studie über den westdeutschen Pharmamarkt könnte die letzte ihrer Art gewesen sein. Der Versuch, die Drucklegung dieser mit Bundesmitteln finanzierten Studie zu verhindern, ist gescheitert. Doch die Pharmalobby gibt so schnell nicht auf. «Im politischen Raum sollte verstärkt dargestellt werden», daß eine weitere Finanzierung des Projekts (also die Bewertung noch weiterer Arzneimittelgruppen), «insbesondere in der angespannten Finanzlage des Bundeshaushaltes als nicht sinnvoll angesehen werden muß.»[34]

Der Bundesverband der pharmazeutischen Industrie jedenfalls sieht sich genötigt gegenzusteuern, weil er das Ansehen der Branche beim «Mann auf der Straße» gefährdet glaubt.

Das Image der Pharmaindustrie ist angeschlagen; von wem und wodurch, soll hier nicht weiter erörtert werden. Veröffentlichungen wie *Gesunde Geschäfte. Die Praktiken der Pharma-Industrie*[35] von Langbein, Martin, Weiss und Werner haben ihren Teil zur Aufweichung des Images beigetragen und zusätzliche pharmakritische Publikationen angeregt bzw. vorangegangene bestätigt. So wird die subjektive Scheu, sich weiterhin den Wundermitteln aus den chemischen Labors anzuvertrauen, zu einem objektiven Faktor der Absatzminderung.

Selbstverständlich wurde die Pharmaindustrie von dieser Entwicklung nicht überrascht oder gar überrollt. Da werden eben neue Märkte ausgekundschaftet, abgesteckt und mit Produkten überflutet. Das geschieht nach Plan und mit System.

Le Monde berichtet von einem Geheimabkommen zwischen sechs maßgeblichen westlichen Industriestaaten, die sich den Markt Afrika aufgeteilt haben. In der Arbeitsteilung fällt die BRD die Entwicklung des Eisenbahnnetzes im südlichen und östlichen Afrika zu, während «der kommerziell lukrative Sektor der medizinischen Betreuung den US-Amerikanern überlassen» wird.

Doch schon heute, bevor noch solche Marktaufteilungen wirksam werden, wirft die in London erscheinende Zeitschrift *Africa* den multinationalen Pharmakonzernen vor, ihre Märkte mit menschenfeindlichen Methoden zu erschließen.

Daß in der Dritten Welt pharmazeutische Produkte getestet werden – und zwar in den allermeisten Fällen ohne Wissen der Versuchspersonen –, ist in Pharmakreisen kaum noch einer Erwähnung wert. Viele Produkte kommen bei uns erst gar nicht auf den Markt, weil die Versuche in Afrika oder Lateinamerika negativ verliefen. «Wollen Sie, daß Medikamente an Ihnen ausprobiert werden?» fragte mich einmal ein Spitzenmanager eines Pharmakonzerns, als ich das Thema zur Sprache brachte.

Es werden aber auch Produkte in die Dritte Welt geliefert, die zwar in den USA oder Europa erprobt, dann aber wegen ihrer Gefährlichkeit verboten wurden – von wirkungslosen Placebo-Präparaten nicht zu reden. Als Beispiel führt die Zeitschrift *Africa* Verhütungsmittel an, die in den USA nicht verordnet werden dürfen, weil man sie verdächtigt, Krebs zu erzeugen. Für ein in den USA unter dem Namen «Lomitol» streng rezeptpflichtiges Mittel gegen Diarrhoe wird in afrikanischen Ländern mit großem Aufwand verharmlosend Werbung betrieben. Ähnliches gilt auch für bestimmte Antibiotika.

Wenn Vertreter der Pharma-Multis, anders als mein Gesprächspartner, wegen solcher Vorwürfe in Aufregung geraten, dann ist das verständlich, denn es steht viel Profit auf dem Spiel. Man muß alles verhindern, was dem Ruf nach Kontrolle durch internationale Organisationen Gehör verschaffen könnte. Die Zukunft der Pharmaindustrie hat in der Dritten Welt gerade erst begonnen. Die Struktur des Gesundheitsbereichs verspricht unglaubliche Profite. Das Geschäft mit der Armut, eine bedrückende Bilanz der Aktivitäten von Pharmakonzernen in Afrika, Asien und Lateinamerika, beschreibt Marcel

Bühler in seinem 1981 bei «medico international» erschienenen Buch.

Bühlers Schlußfolgerungen teilt auch der «Bundeskongreß entwicklungspolitischer Aktionsgruppen» (BUKO).

Auf seinem 6. Kongreß im November 1982 trat BUKO für grundlegende Änderungen im Pharma- und Gesundheitsbereich ein, Änderungen, die sowohl für die BRD und vergleichbare Industriestaaten als auch für die Dritte Welt Gültigkeit haben sollen.

«Entsprechend der Deklaration von Alma Ata der Weltgesundheitsorganisation, die der Basisgesundheitsversorgung, verbunden mit ökonomischen und sozialen Veränderungen, absoluten Vorrang einräumt, fordern wir eine Begrenzung auf unentbehrliche Arzneimittel.

Wir stellen die Forderungen, die an die Öffentlichkeit, den Gesetzgeber und an die Industrie gerichtet werden:

● Kein Export von Medikamenten, die nicht auch in der BRD vermarktet werden dürfen;
● einheitliche Medikamenteninformation für die BRD und den Export;
● Verbot der Werbung für Medikamente (z. B. Inserate, Pharmavertreter, Beeinflussung wissenschaftlicher Kongresse, Geschenke);
● ausschließlicher Gebrauch von chemischen Freinamen (Generics);
● Beschränkung auf die WHO-Liste von unentbehrlichen Arzneimitteln mit einheitlicher, für den Benutzer verständlicher Medikamenteninformation.

Alle Forderungen werden für uns und die Dritte Welt erhoben, wir fordern Gleichbehandlung.»[37]

Chancengleichheit am Markt und Gleichbehandlung der Dritten Welt kann sich das Pharmakapital in der gegenwärtigen ökonomischen Situation nicht leisten. Der Pharmamarkt kann nicht einmal Unordnung vertragen. In der Bundesrepublik ist sich das Pharma-Großkapital mit seiner aufgeblasenen Produktion selbst in die Quere gekommen. Rück-Importe von Markenartikeln sind auf, wie es scheint, legalem Weg in die BRD geflossen und dort nicht, wie etwa in den USA, wo sie gewöhnlich auf dem illegalen Markt versickern, bei Schwarzhändlern, sondern in den Regalen von Apothekern gelandet. Die Preisdifferenz zwischen dem Inlandsmarkt, wo die Produkte teuer, und dem Auslandsmarkt, wo sie billig sind, macht diesen Warenstrom flußaufwärts profitabel. «Gefertigt von bekannten deutschen Medikamentenherstellern, von deren Töchtern im Ausland oder auch von amerikanischen Pharma-Multis, tragen sie die gleichen Markennamen wie die sonst von Pharmagroßhändlern gelieferten Produkte, sie enthalten die nämlichen Substanzen und haben die gleiche Wirkung.» [38]

Der Versuch der Pharma-Lobby, den Re-Import solcher Produkte zu verhindern, ist zunächst gescheitert. Die Firma «Eurim-Arzneimittel GmbH», die sich auf Re-Importe spezialisiert hat, darf liefern. Das alles ist nur möglich, weil, wie der *Spiegel* erkennt, «... in keinem anderen europäischen Land die Pharma-Multis so selbstherrlich ihre Preise festsetzen (können) wie in der Bundesrepublik. Nirgends sonst können sie uneingeschränkt durch Mitspracherechte von gesetzlichen und privaten Krankenkassen sowie Sozialbehörden (die für fast 80 Prozent des Medikamentenumsatzes über Apotheken aufkommen), ihre Preispolitik eigenhändig gestalten.» [39]

Ein Beispiel: Von dem Diabetikermittel «Euglucon 5» kosten 30 Tabletten in Spanien 5,21 DM, in Italien 6,16 DM, in England 10,90 DM und in der BRD 23,90 DM. Das vielleicht bekannteste Beispiel dieser Art europäischer Preispolitik ist der Tranquilizer «Valium» aus dem Haus des Schweizer Pharmakonzerns Hoffmann-LaRoche.

Valium

Kaum ein anderer Industriezweig dürfte so klagefreudig sein wie die chemische Industrie, wenn man ihre Praktiken durchleuchten und an den Pranger zu stellen versucht. Um so bemerkenswerter ist, daß sich die Autoren des Buches *Gesunde Geschäfte. Die Praktiken der Pharma-Industrie* gegen alle Angriffe der Arzneimittelhersteller behaupten konnten. Ihr Angriff auf die Pharma-Multis ist hart. Sie behaupten u. a. von der Medikamentenforschung: «Die Pharmaindustrie zahlt und befiehlt.» Sie kritisieren das Marketing und beschreiben «Ärzte als manipulierte Rezeptschreiber». Und die Art, wie die Arzneimittelhersteller Nebenwirkungen ihres Produktes darstellen, nennen sie eine Verheimlichung von Tatsachen. Das können sie nur deshalb so unwidersprochen behaupten, weil die entscheidenden Passagen ihres Buches aus Originaldokumenten von Pharmakonzernen bestehen. Was will die Firma Sandoz schon gegendarstellen, wenn man ihr ein Marketingprotokoll aus dem eigenen Haus vorhält, in dem es heißt: «Insgesamt sind wir uns im klaren, daß wir einen Guerillakrieg um jeden Arzt führen.»[40] Diesem Guerillakrieg um die Ärzte gegen die Verbraucher und Patienten gilt die Kritik der Autoren.

Auch in den USA wurden ähnliche Vorwürfe gegen einzelne Konzerne erhoben, u. a. auch gegen den Hersteller von Valium, die Firma Hoffmann-LaRoche. Noch Ende der 50er Jahre war Hoffroche (Börsenkürzel) nur ein Pharmavertrieb mit beachtlichen Umsätzen. Zum Pharmagiganten wurde der Basler Betrieb erst mit der Einführung von Valium, dem drei Jahre später Librium folgte. Bis heute haben allein diese beiden Psychopharmaka dem Konzern nach Expertenschätzungen an die sechs Milliarden Schweizer Franken eingebracht. Eine einsame Spitzenleistung. Valium und Librium sind heute noch die mit Abstand wichtigsten Ertragspfeiler im Sortiment des Basler Chemieriesen. Psychopharmaka machen neben Vitaminen, Feinchemikalien, Diagnostika, Riechstoffen und Aromen sowie Instrumenten 42 Prozent des Gesamtumsatzes aus. Davon entfallen auf die beiden profitträchtigen Psychopillen heute aber nur noch 22 Prozent, während noch in den 70er Jahren über 50 Prozent auf deren Umsatzkonto gingen.

Ein Untersuchungsausschuß des Repräsentantenhauses wurde beauftragt herauszufinden, was es mit diesem Guerillakrieg um Ärzte auf sich hat. Keine leichte Aufgabe, wie das Protokoll des Untersuchungsausschusses zeigt, das ich hier, um spezifisch US-amerikanische Aspekte gekürzt, veröffentliche.*

Es wird deutlich, daß andere Interessen als die Gesundheit der Verbraucher das Produktions- und Absatzziel des Konzerns bestimmen. Aufschlußreich sind die Taktiken des Konzerns, beweiskräftige Arbeitsunterlagen über Verkaufsziele erst gar nicht in Umlauf zu bringen und statt dessen mit einem System informeller Anweisungen zu arbeiten, die das angestrebte Verkaufsziel ermöglichen, ohne daß man dem Hersteller nachweisen könnte, mit welchen Mitteln er betriebsintern seine Verkaufsstrategie durchsetzt. Als Zeuge befragt wird ein ehemaliger Handelsvertreter von Hoffmann-LaRoche.

* Übersetzung: Liane Uecker

ABUSE OF DANGEROUS LICIT AND ILLICIT DRUGS— PSYCHOTROPICS, PHENCYCLIDINE (PCP), AND TALWIN

HEARINGS

BEFORE THE

SELECT COMMITTEE ON NARCOTICS ABUSE AND CONTROL HOUSE OF REPRESENTATIVES

NINETY-FIFTH CONGRESS

SECOND SESSION

AUGUST 8, 10, SEPTEMBER 19, AND OCTOBER 6, 1978

Printed for the use of the
Select Committee on Narcotics Abuse and Control

SCNAC–95–2–22

U.S. GOVERNMENT PRINTING OFFICE

38-999 O
WASHINGTON : 1979

Aussage von Charles Brannan, früher Handelsvertreter der Firma Hoffmann–LaRoche

MR. BRANNAN: ...Ich arbeitete sieben Jahre lang für Roche und habe den außerordentlichen Druck schon beschrieben, dem sowohl der einzelne Vertreter als auch die Abteilungs- und Bereichsleiter ausgesetzt waren. Und weiterhin habe ich verschiedene Vorkommnisse und Fälle genau beschrieben und Beispiele für den vorhandenen starken Druck angeführt. ...Schließlich brachte dieses Produkt über 300 Millionen US-Dollar an Verkäufen ein. Und wenn man ein Produkt mit einem solch außerordentlichen Dollar-Volumen hat und die Profite für ein solches Produkt aufrechterhalten muß, dann muß man beim Verkauf schon sein Bestes geben. Die Hauptsache ist, daß man den Arzt dazu bringt, Valium zu verschreiben...

MR. WOLFF: Und Ihre Aufgabe war es, Produkte zu verkaufen, die Ihre Gesellschaft herstellte?

MR. BRANNAN: Richtig.

MR. WOLFF: Was finden Sie denn nun so verkehrt daran, wenn der Gebietsdirektor Sie auffordert, den Verkauf eines Produktes auszuweiten?

MR. BRANNAN: Daran ist zunächst nichts verkehrt. Aber wenn man das schon seit sieben Jahren macht und seit mehr als sieben Jahren mit den Ärzten geredet und so an die 10000 Produktvorstellungen hinter sich hat, wenn man dann zum sechzigsten- oder siebzigstenmal mit einem Arzt über ein Produkt diskutieren will, wo man doch genau weiß, wie beschäftigt Ärzte sind und wie die Patienten Schlange stehen, wenn man also dann als Vertreter an den Arzt herantritt und der sagt: «Charly, du weißt, ich benutze Valium für alles, sogar für jukkende Füße, ich kann das nicht mehr ausweiten», und mein Job ist es, eine Ausweitung zu erreichen, dann ist das einfach schwer.

MR. WOLFF: Hat man Ihnen je vorgeschrieben, Valium für irgend etwas anderes als den ursprünglich vorgesehenen Zweck zu verkaufen?

MR. BRANNAN: Das ist eine sehr komplizierte Frage.

MR. WOLFF: Das ist aber nun mal der Kernpunkt hier: Ob Sie den Auftrag hatten, etwas zu tun, das außerhalb der Verschreibungspraxis lag?

MR. BRANNAN: Mir wurde gesagt, daß ich mich an die PDR (Vorschriften) oder an den Waschzettel zu halten habe. Aber falls ich die

Frage stellen würde, ob man das Mittel auch auf einem anderen Gebiet einsetzen könne, dürfte ich das nicht verneinen und nicht sagen «auf gar keinen Fall» oder es etwa bestreiten. Ich hatte dann an den Professional Service zu schreiben – das ist die Firmenpolitik –, und der wählte dann Literatur aus, die ausführliche Angaben über die Anwendung von Valium z. B. hinsichtlich Nebenwirkungen, Überdosen usw. enthielt. Was der Arzt von der Gesellschaft erhielt, waren meistens Broschüren, die der Vertreter nicht zur Verfügung hatte, weil es uns nicht erlaubt war, sie mitzuführen; sie waren dem Professional Service vorbehalten.

MR. WOLFF: Nochmals, gab es da irgend etwas in diesen Broschüren, das außerhalb der Verschreibungspraxis lag, mit anderen Worten, enthielten diese Schriften irgendwelche Unwahrheiten?

MR. BRANNAN: Also, kann ich das mal mit einer Frage beantworten? Wenn Sie Vertreter wären und Ihr Bonus und Ihr Gehalt hingen von Ihrem Valiumverkauf ab, wie würden Sie dann diese Frage beantworten?

MR. WOLFF: Wollen Sie damit sagen, daß Sie von sich aus von der Wahrheit abwichen, um Ihr eigenes Einkommen zu erhöhen? Mit anderen Worten: Haben Sie dies zu Ihrem eigenen Vorteil ausgenutzt?

MR. BRANNAN: Nun, wenn man den Gebrauch des Medikaments nicht erweiterte, konnte man die Verkäufe nicht erhöhen und somit auch nicht den Bonus oder das Gehalt.

MR. WOLFF: Wenn sie über die Erhöhung des Gebrauchs von Medikamenten sprechen, was meinen Sie dann eigentlich genau?

MR. BRANNAN: Ich meine damit, den Arzt dazu zu kriegen, das Medikament auf jede dem Waschzettel entsprechende Art und Weise zu nutzen.

MR. WOLFF: Würden Sie uns ein genaues Beispiel dafür nennen?

MR. BRANNAN: Nehmen wir zum Beispiel Beklemmung und Depression: Das ist ein sehr kompliziertes Thema. Der Arzt fragt: «Kann ich das Medikament zur Behandlung von Depression benutzen?» Dann bezieht man sich auf den Waschzettel und liest den Teil vor, wo es heißt, daß man es bei psychoneurotischen Zuständen anwenden kann. Man beantwortet die Frage des Arztes eben nicht ganz vollständig.

MR. WOLFF: Aber ist das Medikament nicht gerade dafür: Beklemmung, Depression?

MR. BRANNAN: Beklemmung ja, aber nicht für Depression.

MR. WOLFF: Beklemmung ja, aber nicht für Depression?

MR. BRANNAN: Ja. Die ganze Situation des Spiels beruht doch auf Ausdrücken und Vokabeln. Ein Arzt, der vor längerer Zeit sein Medizinstudium hinter sich gebracht hat, gebraucht eine bestimmte Vokabel, und wir benutzen verschiedene Wörter und bilden ihn sozusagen weiter.

MR. WOLFF: Sie sagten eingangs etwas über die Anwendung bei jukkenden Füßen. Haben Sie jemals empfohlen, Valium für juckende Füße anzuwenden?

MR. BRANNAN: Ich hab das nicht empfohlen, aber eine Menge Ärzte haben mir erzählt, daß sie Valium anwendeten, und zwar über die auf dem Waschzettel angegebenen Möglichkeiten hinaus. Ich will damit auch nicht sagen, daß Valium kein gutes Medikament ist, es ist sogar ein außergewöhnliches Medikament...

MR. WOLFF: Hatten Sie den Auftrag, dem Arzt die Nebenwirkungen oder die Gefahren von Valium zu erklären?

MR. BRANNAN: Das war immer mein Einstieg all die Jahre, wissen Sie. Man fragte den Arzt: «Übrigens, Doktor, habe ich je die Nebenwirkungen von Valium mit Ihnen diskutiert?» Und man redete darüber und versuchte, alles herunterzuspielen. Aber man gibt ihm auf jeden Fall das Valium. Man sagt: «Es verursacht dieses und jenes, aber das ist kein Problem.»

Alles ist eben sehr verkaufsorientiert. Man sagt viel, aber nicht genug. Man will ihn auf keinen Fall negativ stimmen. Wenn er selbst Negatives hervorbringt, muß man es ausräumen, wegfegen, damit umgehen. Wenn man es nicht gut kann, überläßt man es dem Professional Service...

MR. BURKE: Meine Frage ist: Die Ärzte haben doch Kenntnisse über die beiden anderen Mittel (Miltown und Dalmane) und sogar Erfahrung mit der Verschreibung dieser beiden. Als Valium dann herauskam und Sie die Verkaufskampagne machten, worin genau bestand da diese Kampagne? Und haben Ihnen die Ärzte gleich geglaubt, oder hatten die selbst grundlegende Erfahrungen gemacht?

MR. BRANNAN: Nun, das war einfach so, daß einige Patienten im Laufe der Jahre besser auf Valium ansprachen, andere besser auf Librium, und beide sind sicherer als Miltown.

MR. BURKE: Sicherer als Miltown? Warum?

MR. BRANNAN: Sie führen nicht so schnell zum Tode...

MR. GILMAN: Mr. Brannan, als man Sie einstellte, was waren da Ihre

Qualifikationen für die Position als Vertreter? Welche Qualifikationen forderte man?

MR. BRANNAN: Zu der Zeit, als ich mich vorstellte, war ein College-Abschluß erforderlich, den ich auch hatte, und zwar von der Universität Denison. Ich bereitete mich aufs Medizinstudium vor mit Biologie als Haupt- und Chemie als Nebenfach.

MR. GILMAN: War das eine Voraussetzung, daß Sie sich aufs Medizinstudium vorbereiteten?

MR. BRANNAN: Nein, das war nur – mein Vater ist Arzt und mein Schwiegervater war es auch.

MR. GILMAN: War Pharmazie eine Voraussetzung für Qualifikation zu dieser Stelle?

MR. BRANNAN: In meinem Fall?

MR. GILMAN: Nein, allgemein. Als Sie sich für den Job bewarben, hat Hoffmann-LaRoche da ein bestimmtes Minimum an Ausbildung in Chemie oder Pharmazie gefordert?

MR. BRANNAN: Nein, man konnte auch Kaufmann sein, weil sie selbst ausbilden.

MR. GILMAN: Mit anderen Worten, es gibt Vertreter, die weder eine Ausbildung in Biologie noch in Medizin hatten, stimmt das?

MR. BRANNAN: Ja, das stimmt.

MR. GILMAN: Hat LaRoche Sie in Pharmazie oder in irgendeiner Weise auf die medizinischen Aspekte der Arzneien hin ausgebildet?

MR. BRANNAN: Genau. Wir hatten ein Anfangstrainingsprogramm mit ausführlichem Lesen – zwei Wochen lang. Und dann gingen wir für zwei Wochen nach New Jersey und dann vor Ort zum Verkauf der Medikamente.

MR. GILMAN: Wieviel Zeit wurde bei diesem Training mit dem Erläutern der medizinischen Aspekte der Medikamente, mit denen Sie zu tun hatten, zugebracht?

MR. BRANNAN: Sehr viel. Ich meine, es ging nicht nur um Pharmazie. Wir analysierten das Präparat durch und durch. Alles, was dazu geschrieben worden war, wir lasen es.

MR. GILMAN: Wußten Sie über die Wirkung der Mittel Bescheid?

MR. BRANNAN: Die Nebenwirkungen?

MR. GILMAN: Sprach man über Nebenwirkungen?

MR. BRANNAN: Ja.

MR. GILMAN: Und haben Sie die Nebenwirkungen so klargemacht, daß Sie Ärzte darüber aufklären konnten?

MR. BRANNAN: Ja. So, daß man seine Fragen verstehen und auch beantworten konnte, ja.

MR. GILMAN: Wurden Sie aufgefordert, die Ärzte auf positive Art über die Nebenwirkungen hinzuweisen, auf die Nebenwirkungen der Medikamente, die Sie verteilten?

MR. BRANNAN: Wir haben beide Seiten diskutiert, das gehört auch zur Firmenpolitik. Wir haben Nebenwirkungen besprochen. Außerdem enthält der Waschzettel, der ja Hinweise geben soll, nicht den Prozentsatz der vorkommenden Nebenwirkungen. Wenn jemandem schwindelig wird, wissen Sie, dann sollte es dem Arzt gemeldet werden, damit er weiß: «10 Prozent berichten über Schwindelgefühl.» Denn wenn man nur den Waschzettel liest hinsichtlich Nebenwirkungen, weiß man noch nicht, ob sie bei einem von tausend oder bei einem von zehntausend oder bei jedem entstehen.

Sehen Sie, wenn man einmal anfängt, über Nebenwirkungen zu sprechen, d. h. wenn ein Patient hereinkommt und sagt: «Ich möchte dies Medikament Valium.» Und der Arzt sagt: «Wissen Sie, daß es Wolfsrachen, Schwindelgefühl und dies und jenes verursachen kann?», dann geht der Patient nach Haus und fängt an, sich einzubilden, «Ja, mir ist schwindelig, ich habe dies, ich habe das» usw. Das ist unbewußte Beeinflussung. Man erzählt dem Patienten, daß er diese Erfahrungen machen kann.

Aber wenn der Arzt sagt, «einer von hundert spürt diese Nebenwirkungen», dann ist das anders. Wir haben Negatives und Positives abgewogen, aber so genau kenn ich mich da nicht aus, wann es sich um Schwindelgefühl oder Schläfrigkeit handelt.

MR. GILMAN: Das möchte ich noch etwas vertiefen. Meinen Sie damit, daß Sie diese Information nicht haben oder daß der Arzt sie nicht hat, oder beides?

MR. BRANNAN: Nun, keiner von uns, soweit es den Prozentsatz der Nebenwirkungen angeht. Wenn mich der Arzt fragt: «Wie viele Menschen starben letztes Jahr an Valium?», dann würde ich an den Professional Service schreiben. Die würden ihm dann die Informationen zukommen lassen, die er haben soll. Wahrscheinlich würden sie behaupten, daß Alkohol im Spiel war und daß es nach ihren Unterlagen keinen Todesfall gibt, der allein durch Valium verursacht wurde.

MR. GILMAN: Hatten Sie das Gefühl, daß Sie genügend Information über die Nebenwirkungen besaßen, um den Arzt entsprechend zu beraten?

MR. BRANNAN: Ich denke ja. Natürlich konnte sein Patientenkreis völlig anders sein. Zum Beispiel älter, so daß er einen stärkeren Anteil an Schläfrigkeit und Schwindelgefühl zu verzeichnen hatte, als es bei jüngeren Patienten der Fall ist. Die können das Medikament besser vertragen, verwerten es schneller. Es hängt eben von dem Patientenkreis ab. Man kann dem Arzt sagen, daß einer von hundert diese oder jene Erfahrungen machen wird, aber wenn er nur junge Patienten hat, wird das eventuell gar nicht zutreffen. Wenn man ein Medikament hat, das eine Zu- oder Abnahme sexueller Energie verursachen kann, was soll man dem Arzt sagen? Der Arzt kann doch dem Patienten nicht erzählen, Sie werden erhöhte oder verringerte sexuelle Energien spüren. Der Patient weiß ja gar nicht, was das zu bedeuten hat. Wenn der Arzt es ihm erklärt, wird sich der Patient ständig fragen: Ist es nun mehr geworden oder weniger?

Also wird der Arzt eher wollen, daß sich der Patient meldet, damit er ihn fragen kann: «Haben Sie irgendwelche Nebenwirkungen erlebt?» Das ist besser, als wenn dem Patienten vorher mitgeteilt wird, was er zu erleben hat. Also wird der Arzt wahrscheinlich sagen: «Melden Sie sich und berichten Sie mir, wie das Medikament wirkt.» Und wenn der Patient sich meldet und sagt: «Doktor, ich bin diese Woche die Treppe hinuntergefallen», wird der Arzt ihm raten: «Verringern Sie die Dosis. Sie nehmen zuviel.» Denn vielleicht handelt es sich um eine alte Dame, die sehr empfindlich auf das Medikament reagiert. Hieran sieht man, wie vielseitig Valium ist und warum es so viel verkauft wird...

MR. DORNAN: Sehen Sie sich jetzt als jemand, der Leben rettet?

MR. BRANNAN: Jetzt?

MR. DORNAN: Ja.

MR. BRANNAN: Als ich noch Valium und andere Medikamente verkaufte...

MR. DORNAN: Nein, ich meine Ihre Zeugenaussage. Glauben Sie, daß Ihre Zeugenaussage eventuell Leben rettet?

MR. BRANNAN: Ich versuche herauszubekommen – weil ich diese eine Frage beantworten möchte –, was man tun kann. Vielleicht sollten Rezepte die Aufschrift tragen: «Achtung: gesundheitsgefährdend», wie man es auch bei Zigaretten und Süßstoffen etc. macht. Vielleicht sollte Valium die Aufschrift tragen: «Nicht in Verbindung mit Alkohol einnehmen.» Denn Apotheker haben doch alle Arten von Verpackung oder Aufkleber für ihre Flaschen. Vielleicht sollten sie verpflichtet sein, so einen Aufkleber für Valium zu verwenden oder auch für jedes andere CNS-Sedativ. Z. B. wie bei Flagyl. Das ist ein Medikament, von dem man krank wird, wenn man es zusammen mit Alkohol einnimmt. Das steht auf der Flasche drauf. Die Patienten können es lesen und fragen «Warum?» Und der Apotheker kann es erklären: «Weil Sie krank werden.» Und bei Valium kann er sagen, daß es eine verstärkende Wirkung hervorruft.

MR. DORNAN: Hat Ihnen je ein Arzt von einem Patienten erzählt, der durch Valiummißbrauch starb?

MR. BRANNAN: Ich muß mal nachdenken. Da war mal ein Arzt vor langer Zeit. Es handelte sich um eine additive Wirkung, ein Fünftel Wodka und 100 Valium oder so was.

MR. DORNAN: Hat Ihnen je ein Arzt von einem Todesfall aufgrund von reiner Valium-Überdosis berichtet? Wie hoch auch immer die Menge war?

MR. BRANNAN: Nicht daß ich wüßte.

MR. DORNAN: Kennen Sie irgend jemand, der bis zu 30 10-Milligramm-Valiumtabletten pro Tag einnimmt?

MR. BRANNAN: Alkoholiker?

MR. DORNAN: Nein, keine Alkoholiker; eine ganz normale Person, die durch die Straßen fährt. Es ist unglaublich, aber kann man dieses Medikament bis zu einer solchen Toleranzgrenze einnehmen?

MR. BRANNAN: Ich bin sicher, daß es Leute gibt, die das tun und Auto fahren.

MR. DORNAN: Nehmen viele junge Leute in Ihrem Freundeskreis Valium ein? Sind Sie verheiratet?

MR. BRANNAN: Nein, ich bin jetzt geschieden.

MR. DORNAN: Aber in Ihrem Freundeskreis hatten Sie und Ihre Frau doch sicher Freunde in den Zwanzigern und Dreißigern? Wissen Sie von Freunden oder Bekannten in der Altersgruppe, die Valium oder Librium oder andere Beruhigungsmittel nehmen?

MR. BRANNAN: Nein, das weiß ich nicht.

MR. DORNAN: Glauben Sie, daß Ärzte Valium wirklich erst für Leute über 30 verschreiben? Meiner Erfahrung nach tun sie es bei allen Altersgruppen. Und die Verkaufsstatistiken hier in Ihrer eigenen Zeugenaussage zeigen, wie weitverbreitet das ist. Waren Sie sich als Vertreter darüber klar, wie verbreitet Valium in unserer Kultur ist? Nehmen wir zum Beispiel die Norman Lear Fernsehshow «Mary Hartman, Mary Hartman». In einer Kidnapper-Szene wendet sich das

Opfer an die Menge und sagt: «Hat hier jemand eine Valium für mich?»
Daraufhin greifen der Polizist und alle anderen auf der Straße einschließlich der Zeitungsjungen in ihre Taschen und suchen nach Valium.

MR. BRANNAN: Nein.

MR. DORNAN: Wußten Sie, daß Juweliere in Beverly Hills goldene
Valiumtabletten als Halsschmuck für Frauen verkaufen? Einer meiner
Freunde schenkte seiner Frau vor 1 ½ Jahren so etwas, ohne zu berücksichtigen, daß sie abhängig war. Ein seltsames Geschenk, finden Sie
nicht auch?...

Ich glaube, daß Ihre Zeugenaussage hier sehr mutig ist und daß Sie
im übertragenen und im buchstäblichen Sinne damit Menschenleben
vor dem Tode bewahren, und zwar wahrscheinlich vor allem Frauen.
Das Lebensalter meiner Mutter wurde auf 67 Jahre verkürzt durch
Ärzte, die ihr ständig Medikamente verschrieben. Außerdem habe ich
andere Angehörige in der Familie, die durch legales Verschreiben von
Medikamenten an die Schwelle des Todes gerieten. Im übrigen veränderte sich ihr Wesen immer drastischer, bis sie endlich mit sämtlichen
Medikamenten aufhörten. Das starke Medikament Valium plötzlich
aufzugeben ist schwerer, als Heroin aufzugeben. Ist Ihnen das bewußt?

MR. BRANNAN: Ja.

MR. GILMAN: Gestatten Sie eine Unterbrechung?

MR. DORNAN: Ja.

MR. GILMAN: Wenn Sie Ärzte warnten, haben Sie da physische und
psychische Abhängigkeit von diesem Medikament besprochen, warnten Sie die Ärzte vor dem Gebrauch und davor, wie Abhängigkeit entstehen könnte?

MR. BRANNAN: Ja.

MR. WOLFF: Wir müssen hier unterbrechen...

MR. BRANNAN: Die Firma als Ganzes arbeitete so koordiniert, daß
alle mir zur Verfügung stehenden Verkaufsunterlagen oder Broschüren mit der Werbung im Einklang standen.

MR. NELLIS: Bitte erklären Sie, was Sie mit «im Einklang» meinen.
Hatten Sie spezielle Verkaufsbemühungen oder Verkaufsziele in Verbindung mit der Werbekampagne zu erfüllen?

MR. BRANNAN: Genau. Eine Zeitlang ging es um die Vielfältigkeit
von Valium, und alle Anzeigen wiesen auf seinen Gebrauch als Mus-
kelentspannungsmittel hin.

MR. NELLIS: Und was erzählten Sie dann dem Arzt über die Vielfältigkeit, wenn diese Anzeigen erschienen waren?

MR. BRANNAN: Man konnte sogar eine Zeitschrift von seinem Schreibtisch nehmen und von da aus über die Vielseitigkeit reden.

MR. NELLIS: Geben Sie mir bitte ein Beispiel.

MR. BRANNAN: Ich konnte mich auf den Waschzettel beziehen und über nervös-depressive oder psychoneurotische Zustände sprechen. Ich konnte über muskelentspannende Zustände reden oder über Valium als Schlafmittel. Ich konnte den ganzen Waschzettel durchgehen und fragen: «Doktor, haben Sie es schon für dies in Betracht gezogen?» Man drückt sich dann ganz gewählt aus. Man sagt nicht: «Doktor, nehmen Sie es hierfür?», sondern «Haben Sie es hier schon einmal versucht?» oder «Haben Sie Patienten, für die diese Indikation passend wäre?»

MR. NELLIS: Wenn so eine Anzeige nun eine alte Dame zeigt oder eine Gruppe alter Damen, die Nervosität zeigen, ging Ihre Verkaufstaktik dann speziell auf diese Zielgruppe ein? Wenn Sie mit einem Arzt sprachen, der alte Menschen...

MR. BRANNAN: Wenn er eine große Anzahl alter Menschen behandelte, dann habe ich natürlich mehr an diese Zielgruppe verkauft.

MR. NELLIS: Stellen Sie sich vor, ich sei der Arzt und Sie der Vertreter. Was würden Sie mir dann sagen, was sollte ich den alten Menschen verschreiben?

MR. BRANNAN: Also, wenn Sie Valium bereits verwenden – etwas Negatives kann sich beim Verkauf in etwas Positives verwandeln.

MR. NELLIS: Was heißt das?

MR. BRANNAN: Um auf die Nebenwirkungen zurückzukommen – man könnte auf die Nebenwirkungen bei alten Menschen zu sprechen kommen.

MR. NELLIS: Das wäre doch aber nicht verkaufsfördernd, oder? Ich meine, wenn ich eine große Anzahl alter Menschen behandelte und Sie würden mir von Nebenwirkungen erzählen, wäre das doch eine negative Information.

MR. BRANNAN: Ja, aber die hat positive Auswirkungen, weil der Arzt das Gefühl bekommt, daß ich auf seiner Seite bin. Was mich betrifft, so war das auch der Fall. Ich wollte sicher sein, daß er das Medikament richtig einsetzt.

MR. NELLIS: Erhöhte sich denn dadurch der Verkauf bei Ärzten, wenn Sie die Nebenwirkungen beschrieben?

MR. BRANNAN: Er erhöhte sich deshalb, weil die eigene Glaubwürdigkeit sich erhöhte.

MR. NELLIS: Es ging also um Ihre Glaubwürdigkeit dabei?

MR. BRANNAN: Genau.

MR. NELLIS: Was würden Sie mir sonst noch sagen, wenn ich alte Menschen behandelte?

MR. BRANNAN: Wenn Sie in Kalifornien lebten – da war Valium mal ein Jahr lang «on Medi-Cal» und dann nicht mehr. Wenn Sie zu der Zeit Altersheimpatienten hatten, konnten die es umsonst haben.

Um eine der anderen Fragen zu beantworten, würde ich Valium mit dem Konkurrenzprodukt Mellaril vergleichen, das auch in diesem DDD-Formular* enthalten ist: «Doktor, wissen Sie, daß Valium jetzt ‹on Medi-Cal› ist? Ihre Patienten können Valium statt Mellaril bekommen, was weniger sediert und weniger Nebenwirkungen verursacht.» Dies richtet sich gegen die Konkurrenz, also gegen Mellaril, und erzielt höhere Verkaufsquoten.

Als Valium dann nicht mehr «on Medi-Cal» war, sagte der Arzt: «Meine Patienten können jetzt kein Valium mehr bekommen, dabei war es viel besser für sie.» Dann diskutierte ich darüber, ob die Altersheime ihre Patienten lieber lebhaft oder betäubt haben wollten.

MR. NELLIS: Wie ist da Ihre Erfahrung? Was wollen die Altersheime?

MR. BRANNAN: Sie wollen die Patienten betäuben.

MR. NELLIS: Können Sie das so allgemein sagen?

MR. BRANNAN: Die machen dann nicht so viel Ärger.

MR. NELLIS: Hat Ihnen je ein Arzt gesagt: «Ich bevorzuge dieses Produkt, weil es meine Patienten zu stärken scheint; weil es verhindert, daß sie nervös oder gestreßt sind»?

MR. BRANNAN: Darum nehmen sie es doch.

MR. NELLIS: Und darum verschreiben sie auch alten Menschen sehr viel davon, stimmt das?

MR. BRANNAN: Ja, das ist richtig, es gibt den Patienten mehr Klarheit im Kopf, und sie erinnern sich auch, welches Datum wir haben.

MR. NELLIS: Diese Verkaufstaktik – wurde sie Ihnen durch die Gesellschaft vermittelt, oder haben Sie sich das ausgedacht, um Ihre Verkaufsquoten zu erhöhen?

---

* DDD = Drug Distribution Data, ein Computersystem zur Erfassung der verbreitetsten (Pharma-)Drogen.

MR. BRANNAN: Nun, wenn man Vertreter der Gesellschaft ist, weiß man schon, was zu tun ist.

MR. NELLIS: Wie finden Sie das heraus? Gibt es Verkaufstreffen, bei denen diese Art von Verkaufspraktik vermittelt wird?

MR. BRANNAN: Ja, so ist es. Außerdem beobachtet man andere Vertreter beim Verkauf und deren verschiedene Techniken, und daraus lernt man.

MR. NELLIS: Wie oft fanden diese Treffen mit Ihren Vorgesetzten statt?

MR. BRANNAN: Man konnte sich zu kleinen Gebietstreffen einmal monatlich zusammenfinden.

MR. NELLIS: Ich meine jetzt Ihre Erfahrung. Wie oft gingen Sie zu Verkaufstreffen, bei denen Verkaufspraktiken diskutiert wurden?

MR. BRANNAN: Gebietstreffen fanden drei- oder viermal im Jahr statt, regionale Treffen ein- oder zweimal im Jahr.

MR. NELLIS: Und bei diesen Zusammenkünften wurden Verkaufspraktiken diskutiert?

MR. BRANNAN: Man sprach über Techniken und Taktiken.

MR. NELLIS: Wurden sie vorgeführt?

MR. BRANNAN: Ja, vorgeführt.

MR. NELLIS: Und ein erfolgreicher Vertreter diente dabei als Anleiter für die anderen?

MR. BRANNAN: Genau. Man konnte zur DDD gehen und sagen: «Dieser Typ ist erfolgreich, er erreicht 65%, im übrigen Gebiet erreichen wir nur 51%. Wie macht er das?» Dann stand er auf und fragte: «Was macht ihr?» Und dann konnte es sein, daß dieser Typ eine Idee hatte, die andere noch nicht bedacht hatten.

Zum Beispiel die Anwendung einer Aussage aus einer Broschüre oder so – wir arbeiteten alle zusammen, weil wir schließlich gemeinsame Gebietsziele hatten.

MR. NELLIS: Mit anderen Worten: Diese Werbung und Ihre Verkaufsbemühungen standen im Zusammenhang mit Ihrem Gebiet und den individuellen Zielen.

MR. BRANNAN: Das ist richtig.

MR. NELLIS: Habe ich das richtig ausgedrückt?

MR. BRANNAN: Ja.

MR. NELLIS: Um solche Ziele zu erreichen, wurden Sie in derartigen Verkaufstechniken ausgebildet, wie Sie sie beschrieben haben, die im Einklang standen mit der Werbekampagne der Gesellschaft?

MR. BRANNAN: Genau.

MR. NELLIS: Das stimmt?

MR. BRANNAN: Ja.

MR. NELLIS: Welche anderen Arten der Werbung bei Ärzten und Medizinischen Zeitschriften betrieb die Gesellschaft außerdem in der Zeit, als Sie dort arbeiteten?

MR. BRANNAN: Ich war...

MR. NELLIS: Haben Sie zum Beispiel Leute direkt angeschrieben?

MR. BRANNAN: Ja, sogar in großem Umfang. Roche ist bekannt für seine umfangreichen Postaktionen.

MR. NELLIS: An wen haben Sie geschrieben?

MR. BRANNAN: An jeden, Apotheken und Ärzte.

MR. NELLIS: Ärzte. An wen noch? Krankenhäuser?

MR. BRANNAN: Krankenhäuser. Werbung finden Sie überall, bei JAMA* oder *Medical World News*.

MR. NELLIS: Ich spreche nicht von JAMA, sondern von direkten Postaktionen.

MR. BRANNAN: Die gingen hauptsächlich an Ärzte.

MR. NELLIS: Setzte man Sie in Kenntnis, wenn eine solche Postaktion gestartet wurde?

MR. BRANNAN: Wir bekamen von allem Kopien.

MR. NELLIS: Und was wurde Ihnen in bezug auf die Nutzung solcher Kopien gesagt?

MR. BRANNAN: Manchmal, wenn man erfinderisch war, benutzte man das [per Post zugesandte, G. A.] Verkaufsmaterial.

MR. NELLIS: Nein. Ich frage, was man von Ihnen forderte, nicht was Sie selbst beschlossen zu tun. Mit anderen Worten, hat man Sie aufgefordert, die Postsendungen für Ihre Verkaufstaktik bei den Ärzten zu nutzen?

MR. BRANNAN: Ja, wir konnten das Material auch einfach benutzen.

MR. NELLIS: Wie?

MR. BRANNAN: Es konnte sein, daß der Arzt die Postsendung auf seinem Schreibtisch hatte, irgendwo, aber man selbst hatte auch ein Exemplar dabei. Und dann ging man eben nach Plan vor. Das Schreiben befand sich vielleicht irgendwo unter einem Stapel von Papieren.

---

* JAMA: *Journal of the American Medical Association*.

Dort fischte man es heraus und veranlaßte den Arzt, es zu lesen. Das konnte bedeuten, daß er tatsächlich eins von hundert Poststücken auf seinem Schreibtisch durchlas. Und wenn er das Schreiben nicht hatte, sagte man einfach: «Übrigens, haben Sie dies hier schon gesehen?» Man zeigte ihm das eigene Exemplar. Wenn man seit sechs oder sieben Jahren miteinander über Valium geredet hat, und der Arzt hat jetzt das Wartezimmer voll mit Patienten, er ist vielleicht sogar zwei Stunden im Verzug und hat außerdem gerade drei Geburten hinter sich gebracht, dann sagt er vielleicht: «Sie haben doch schon so oft über Valium geredet. Was kann es denn noch Neues geben?» Na, dann muß man eben erfinderisch sein mit einer Antwort. Aber dafür wird man ja von der Gesellschaft ausgebildet, um solche Konfrontation zu bewältigen.

MR. NELLIS: Hat Ihnen je ein Arzt gesagt, er würde Valium unter gar keinen Umständen verschreiben?

MR. BRANNAN: Ja.

MR. NELLIS: Was sagte er?

MR. BRANNAN: Er hatte es seiner Tochter verschrieben, und sie bekam einen Opisthotonus. Ich weiß nicht, wie man das ausspricht.

MR. NELLIS: Was ist das?

MR. BRANNAN: Dabei biegt sich der Kopf nach hinten und berührt die eigenen Hacken, so daß man daliegt wie eine Brezel. Als das seiner Tochter passiert war, hatte er nichts mehr mit Valium im Sinn. Aber nach drei Jahren begann er doch wieder damit.

MR. NELLIS: Ist das eine der Nebenwirkungen, was Sie da gerade beschrieben haben?

MR. BRANNAN: Ja.

MR. NELLIS: Ist das selten?

MR. BRANNAN: Ja, das ist selten.

MR. NELLIS: Gibt es noch andere Warnungen gegen Valium, außer es nicht mit Alkohol einzunehmen?

MR. BRANNAN: Man kann auch eine Empfindlichkeit gegenüber Licht entwickeln. Wenn man es eingenommen hat und raus in die Sonne geht, kann man Ausschlag bekommen. Das ist selten, aber es passiert. Das gleiche gilt für Dalmane. Ein Arzt erzählte mir von seiner Frau, die Gärtnerin ist. Sie ging in die Sonne und bekam ständig Ausschlag. Dalmane gehört zur gleichen Art.

MR. NELLIS: Sie gebrauchen oft das Wort «Ziele», aber ich nehme an, daß Sie damit Verkaufsquoten meinen.

MR. BRANNAN: Es handelt sich um Quoten, aber wir benutzten das Wort nicht. Wir nannten es «Ziele».

MR. NELLIS: O. k. Ich werde auch «Ziele» sagen. Welche Anweisungen gab man Ihnen zu diesen Zielen?

MR. BRANNAN: Wir bekamen ja die DDD-Auszüge, und dann wußte man, wo man monatlich stand, außerdem gab es Verkaufs...

MR. NELLIS: Wenn man angibt, wo Sie standen jeden Monat, besagt das ja noch nicht, welches Ziel Sie hatten. Wie teilte man Ihnen Ihr spezielles Ziel mit?

MR. BRANNAN: Man wußte einfach, welchen Prozentsatz an Erhöhungen sie wünschten.

MR. NELLIS: Wie konnten Sie das wissen?

MR. BRANNAN: Es wurde mir gesagt.

MR. NELLIS: Schrieb man Ihnen jemals?

MR. BRANNAN: Nein, das erfuhr man bei den Gebietstreffen.

MR. NELLIS: Gab es eine Vorschrift, diese Ziele nicht in Schriftform zu bringen?

MR. BRANNAN: Das stimmt. Alles ist mündlich gemacht worden. Wenn man es mündlich machte, wußte man, daß man geschützt war.

MR. NELLIS: Hat man Ihnen erzählt, warum das so gehandhabt wurde? Normalerweise ist es doch so, daß Firmen, die Produkte oder Dienste verkaufen, nichts dagegen haben, ihre Verkaufsquoten in Form von Memoranden an ihre Gebietsleiter in Umlauf zu bringen. Der Gebietsleiter gibt sie dann weiter an den Verkaufsleiter, und so weiß jeder Vertreter, welches seine eigene Quote ist. Was denken Sie, warum hat Ihre Gesellschaft das nicht so gemacht?

MR. BRANNAN: Na ja, weil es sich doch um Menschen handelt.

MR. NELLIS: Wieso um Menschen?

MR. BRANNAN: Das Verschreiben von Valium.

MR. NELLIS: Das Produkt, das Sie verkaufen, hat mit der Gesundheit von Menschen zu tun, ist das richtig?

MR. BRANNAN: Ja, aber psychologisch...

MR. NELLIS: Warten Sie einen Moment, Mr. Brannan. Lassen Sie uns einmal hierbei bleiben. Es hat mit der Gesundheit von Menschen zu tun, warum würde eine gute Verkaufspolitik es dann nicht gebieten, daß die Ziele schriftlich festgelegt werden?

MR. BRANNAN: Weil dies keine gute Verkaufspolitik ist.

MR. NELLIS: Warum? Warum glauben Sie das? Sie haben sieben Jahre für die Firma gearbeitet. Ich vermute, daß Sie Informationen gesammelt haben, wonach es sich um keine gute Verkaufspolitik gehandelt hat.

MR. BRANNAN: Nun, wahrscheinlich wegen der Publicity. Wenn es allgemein bekannt gewesen wäre, daß Roches Ziel 350 Millionen Dollar für das Jahr 1977 (oder irgendein anderes Ziel) war, und wenn die Presse oder sonstwer davon Wind bekommen hätte...

MR. NELLIS: Wieso sollte es die Gesellschaft gegenüber der Presse oder der Öffentlichkeit blamieren, wenn bekannt gewesen wäre, daß Roche für 350 Millionen Dollar Valium verkaufen wollte? Das müssen Sie mir erklären.

MR. BRANNAN: Nun...

MR. NELLIS: Wollen Sie damit sagen, daß die Gesellschaft es gegenüber der Öffentlichkeit nicht zugeben wollte, daß sie für 350 Millionen Dollar Valium zu verkaufen beabsichtigte, ob es nun benötigt wurde oder nicht? Ist das Ihr Punkt?

MR. BRANNAN: Grundsätzlich meine ich genau das.

MR. NELLIS: Meinen Sie das wirklich? Die Gesellschaft setzte sich Ziele zu ihrem eigenen Profit, gleichgültig, ob die Öffentlichkeit diese speziellen Drogen nun brauchte oder·nicht, wollen Sie das damit sagen?

MR. BRANNAN: Nun, so mußten sie es wohl machen. Wenn es ein Ziel gibt – ich habe die Frage nicht ganz beantwortet. Wenn man als Vertreter ein Ziel von sagen wir mal, 10 Millionen oder so gesetzt bekommt, dann haben Vertreter nun mal die Tendenz, auch nur dieses Ziel zu erreichen. Sie wollen nicht zu hoch oder zu niedrig liegen. Sie wollen ihren Job erhalten und ihre Quoten oder ihr Ziel genannt bekommen. Wenn sie zu weit darüber liegen, erhöht sich im nächsten Jahr die Quote. Darüber redet man so. Bei einem Produkt wie Valium weiß man eben nicht, was das Ziel oder was die Spitze sein könnte, weil es zwischen 50 bis 285 Millionen Dollar innerhalb von fünf Jahren liegen kann. Man kann auch für so etwas gar kein Ziel setzen, weil man es nicht im Griff hat. Und so werden Quoten und Ziele wegen eventueller Gerüchte und Spekulationen ständig revidiert.

MR. NELLIS: Ihre Aussage bedeutet also, daß die Gesellschaft tatsächlich Quoten erstellte, die sie Ziele nannte. Diese Verkaufsquoten, genannt Ziele, wurden durch mündliche Anweisungen ausgegeben. Außerdem wurden sie aus dem Grunde nicht schriftlich festgehalten, weil die Gesellschaft nicht wünschte, daß die Öffentlichkeit über Profite

und Verkaufsziele informiert war. Habe ich das richtig zusammengefaßt?

MR. BRANNAN: Ja, das ist richtig – nach meiner Meinung.

MR. NELLIS: Vielen Dank, Mr. Brannan. Ich habe keine weiteren Fragen.

Methadon

Methadon, das in der Bundesrepublik unter dem Markennamen «L
Polamidon» von den Farbwerken Höchst hergestellt und vertrieben
wird, ist ein synthetisches Opiat. Es wurde in den chemischen Labors
Hitler-Deutschlands zu jener Zeit entwickelt, als die faschistischen
Machthaber die militärische Grundlage für einen weltweit steigenden
Bedarf an Schmerzmitteln schufen.

Angeblich wurde Methadon damals im Volksmund – wahrscheinlich wohl im Landserjargon – Adolfin genannt.

Methadon ist eine Droge. Methadon ist nichts als eine weitere Droge
und das vorläufig letzte Glied einer Kette von Produkten, die die Pharmaindustrie im Rhythmus von Sucht-Profit-Sucht auf den Markt gebracht hat: Morphium, Heroin, Methadon. Das eine jeweils geschaffen, um die Folgen des anderen zu bekämpfen.

Methadon kam allerdings erst in den 60er Jahren zu dem Ruf, der
ihm noch heute anhaftet: Ein Mittel zu sein im Kampf gegen die Heroinsucht. Damals wurden die ersten Methadonprogramme entwickelt.
In den USA waren 1973 ungefähr 80000 Opiatabhängige in einem Methadonprogramm – 22 Prozent aller Opiatabhängigen, die von den offiziellen Statistiken erfaßt wurden.

In der Bundesrepublik fällt Methadon unter das Betäubungsmittelgesetz (BTMG), seine Verschreibung unterliegt strengen Richtlinien,
Mißbrauch ist strafbar. Unter bestimmten Voraussetzungen ist Methadon als Mittel für einen «sanften Entzug» zugelassen.

Und das ist die Frage: «Kalter Entzug» oder «sanfter Entzug»? Eine
Alternative, über die sich in Medizinerkreisen und Sozialarbeiterzir-
keln gut streiten läßt. Als ich Mitte der 70er Jahre im Hamburger Therapie-Zentrum Altona (TZA) zu arbeiten begann, war ich eher ein

Gegner des «sanften Entzugs». Nicht weil ich Junkies unter den Folgen eines «kalten Entzugs» ohne jede psychopharmakologische Beigabe leiden sehen wollte. Nicht aus therapeutischen, sondern aus sozialen und politischen Gründen. Im TZA habe ich meinen Purismus aufgegeben, habe ich gelernt, die Verwendung von Methadon als relativ belangloses Glied einer Therapiekette zu akzeptieren. Wo Methadon nicht mehr ist als ein Hilfsmittel der Therapie, mag seine Verwendung zu rechtfertigen sein. Das setzt aber voraus, was schon damals kaum vorhanden war und heute völlig fehlt: Qualifizierte Therapieeinrichtungen sowie Ausbildungs- und Arbeitsplätze in der Endphase einer Therapie.

Ähnliche Skrupel wie ich hatten auch die jungen Ärzte der Hamburger Therapieklinik. Auch sie waren im Prinzip gegen die Verwendung von psychoaktiven Drogen. Deshalb orientierten sie sich an den unteren Grenzen der Dosierung. Ihre Faustregel: So wenig wie möglich rein – so schnell wie möglich raus.

Therapeutisch spricht vieles für diese Methode. Schon am ersten Tag des Klinikaufenthaltes sind alle Junkies, alle, gleich in welchem Stadium des körperlichen Entzugs sie sich befinden, ansprechbar für eine Psychotherapie – vorausgesetzt, es findet eine statt.

Problematisch war und ist die Einstiegsdosierung. Je höher der tägliche Heroinbedarf eines Junkies war, desto höher muß auch die Methadongabe sein, um Entzugserscheinungen zu vermeiden. Fast alle Junkies versuchen, ihre Angaben über die letzte Heroindosis zu übertreiben, um eine möglichst hohe Einstiegsdosierung von Methadon zu «erschwindeln». So wird die Bestimmung der Dosis oft zu einem Kampf zwischen Arzt und Junkie um den letzten Tropfen.

Methadonprogramme, wie sie in den USA, England, den Niederlanden und der Schweiz praktiziert und in anderen Ländern diskutiert werden, haben mit alledem nichts mehr zu tun. Die Abgabe von Methadon über Ärzte und staatliche Verteilungsstellen ist zur Therapie selbst geworden, sie ist nicht länger Hilfsmittel einer Psychotherapie. Fast überall dienen psychotherapeutische Maßnahmen nur noch als Alibi für massenhafte Verteilung von Methadon.

Die Begründer der Methadonprogramme gingen davon aus, daß chronischer Opiatgebrauch zu körperlichen Veränderungen führe. Der Körper sei schließlich auf eine ständige und regelmäßige Opiatzufuhr angewiesen. Mit Methadon werde nicht nur der «Drogenhunger» gestillt, es blockiere auch die euphorisierende Wirkung des Heroin.

Eine unter Medizinern heftig umstrittene Theorie. Möglicherweise war sie von Anfang an nichts als eine PR-Aktion, um die Methadonabgabe überhaupt politisch durchsetzen zu können. Das jedenfalls vermutet Dr. Werner Fuchs, Mitarbeiter der Psychotherapeutischen Beratungsstelle in Zürich, wo er die Dosierungen von Junkies festlegt, die in das Methadonprogramm aufgenommen wurden. Fuchs, wegen seiner Rolle als «Methadon-Oberarzt» heftigen Angriffen aus der Zürcher Fixer-Scene ausgesetzt, hat selbst starke Zweifel am Nutzen von Methadonprogrammen. Solange man jedenfalls am Ideal einer völligen Drogenfreiheit festhalte, werde man noch lange auf Erfolgsmeldungen warten müssen. Dr. Fuchs hat nur wenige auf Methadon eingestellte Junkies gesehen, die nicht auch regel- oder unregelmäßig zu anderen Drogen griffen.

Auch Lisa M., mit der ich mich in einem Tea-Room in der Nähe der Zürcher Langstraße treffe, macht da keine Ausnahme. Sie sei «clean», sagt sie und fragt mich, ob noch ein Cola-Cognac drin sei. Ich hatte sie eingeladen und zahle, als wir uns nach knapp zwei Stunden trennen, fünf derartige «Doppelgedecke».

Lisa M. ist 29 Jahre alt, war sieben Jahre auf «äitsch», hat es vor Jahren bereits einmal mit einer therapeutischen Wohngemeinschaft versucht und sich dann über eine Drogenberatungsstelle auf Methadon setzen lassen. Die Kriterien des Zürcher Methadonprogramms, von denen Dr. Fuchs sagt, sie seien willkürlich, erfüllt sie mit dieser Biographie: Sie ist älter als 23 Jahre, sie war länger als zwei Jahre auf Heroin, und sie hat einen therapeutisch begleiteten Entzug hinter sich. Diese Kriterien – 1975 aufgestellt – sind von der Wirklichkeit des Zürcher Drogenelends überholt. Er könne, sagt Dr. Fuchs, die Altersgrenze beispielsweise nicht wissenschaftlich begründen oder rechtfertigen: «Es laufen fünfzehnjährige Fixer auf der Scene rum. Nehmen wir an, sie wollen nach drei Jahren aufhören und schaffen es nicht. Man wird sie in eine Wohngemeinschaft einweisen. Gut. Und wenn sie nach einem Jahr abhauen? Dann sind sie neunzehn. Soll ich sie, wenn sie kommen und Methadon wollen, zurückschicken? Soll ich sie auffordern, in vier Jahren mal wieder reinzuschauen?»

Und so hält sich in Zürich kaum einer, der als Arzt mit Methadon zu tun hat, an die vom Gesundheitsamt aufgestellten Kriterien. Das wiederum hat Lisa M. geschickt ausgenutzt. Ungefähr ein halbes Jahr, nachdem sie mit dem Methadonprogramm begonnen hatte, bekam sie Schwierigkeiten mit dem Indikationsarzt. Er wollte Lisa M. aussteuern, nachdem in den Urinproben, die sie zweimal wöchentlich abzuliefern hatte, immer wieder Spuren von Opiaten und Alkohol gefunden wurden.

Lisa machte sich auf die Suche nach einem niedergelassenen Arzt, und sie fand einen, der großzügig war in jeder Hinsicht. Von gelegentlichen sanften Mahnungen abgesehen, ließ er sie mit Stichproben und therapeutischen Motivationsversuchen in Ruhe. Zudem verordnete er ihr die doppelte Dosis: statt 60 Tropfen jetzt 120.

Mit dem Versprechen, Fixern ein drogenfreies Leben zu ermöglichen, führten sich die Methadon-Vertreter in die Diskussion ein. Heute weiß jeder, daß Methadon, wie Heroin, suchtabhängig macht. Methadonentzug, Drogenfreiheit also, ist in den meisten Programmen auch gar kein Ziel mehr. Dagegen ist immer häufiger die Auffassung zu hören, das therapeutische Ziel sei schon erreicht, wenn ein Ex-Junkie unbefristet Methadon nehme und nur mäßig Alkohol und andere Drogen konsumiere. Hauptsache, er arbeite und werde nicht kriminell. Methadon ist kein medizinisches Mittel mehr, sondern eine sozialpolitische Maßnahme.

Auf meine Frage, was ihr Methadon bringe, antwortete Marianne, 24 Jahre alt und seit zwei Jahren auf Methadon: «Ich habe endlich meine Ruhe. Das hältst du nicht aus, dauernd hinter dem Stoff herzurennen. Und ohne ‹äitsch› kannst du nun mal nicht leben. Jetzt hab ich meine Ruhe. Ich bin raus aus der Scene, ich hab 'ne Wohnung. Mehr will ich nicht.»

Und wie ist das mit der Arbeit?

«Ich geh anschaffen. Das hab ich auch schon vorher gemacht. Mann, ich hab nichts gelernt. Weißt du eine Arbeit? Also...!»

Und wie hält sie das aus, Nutte zu sein?

«Früher mit ‹äitsch›, jetzt mit Methadon.»

Ich frage sie erst gar nicht, ob sie ansonsten «clean» sei, ihre Alkoholfahne riecht für sich.

Ruhe, endlich Ruhe, das ist es, was die meisten Junkies von einem Methadonprogramm erwarten. Weg von der Scene, weg von den Bullen, weg von den ewigen Linkereien. Mehr als eine Atempause erreichen nur wenige.

Hedi, so alt wie Marianne, ist eine Speed-Tante. Sie verbreitet eine Hektik, wie ich sie nur von Fixern kenne. Sie spricht schnell und ohne Pause. Sie will Ratschläge, die ich ihr nicht geben kann.

Hedi war fünf Jahre auf Heroin, bevor sie vor knapp einem Jahr auf Methadon eingestellt wurde. Wenn die Geschichte mit ihrem Chef nicht aufgeflogen wäre, würde sie wohl noch heute an der Nadel hängen. Hedi hatte einen Chef, der war fünfzig. Er war scharf auf sie und sie auf seine Kohle. Immer wenn er es mit ihr treiben wollte, überredete sie ihn zu einem «kick». Danach hatte er keine Lust mehr. Sie hatte schon vorher keine. Das zog sich so über Monate hin. Sie war drauf, und er war drauf, und beide waren gut versorgt. Bis die Familie ihres Aushälters eingriff und Geschäftsinteressen die Liaison zerschlugen. Hedi war ihren Freier los und ohne Finanzierungsquelle.

Und heute? Wie fühlt sie sich heute?

«Mir geht es gut. Ehrlich.»

Der Druck sei weg, das Leben sei wieder alltäglicher. Selbst verschüttete Gefühlsregungen werden wieder wach.

«Ich hab zwar mit meinem Alten gebumst, wenn ich angekickt war», sie spricht jetzt von ihrem gleichaltrigen Freund, «aber er mußte mich jedesmal anschieben. Lust hatte ich eigentlich keine.» Mit Methadon sei das anders. «Das törnt nicht an wie Shit, aber man entdeckt plötzlich, daß es da auch noch Bedürfnisse gibt. Man kriegt überhaupt wieder einen Blick für Sachen, die einem früher etwas bedeutet haben.»

Ungeahnte Energien werden frei, darunter auch solche, die kaum im Sinne der Programmverantwortlichen sind. In den Stunden, die ich mit Marianne und Hedi verbringe, habe ich gelernt, wie man ein Schweizer Sicherheitsschloß knackt, wie man sich einen Kleinkredit bei einer Großbank verschafft und wo man am besten seine Notvorräte bunkert.

Soziale Integration? In was denn?

Viele Fixer wären erst gar nicht ausgestiegen, wenn man sie hätte einsteigen lassen: In eine Ausbildung oder einen befriedigenden Beruf. Heute wollen die meisten nicht mehr integriert werden.

«Es gibt nur einen Typ von Methadon-Klienten, dem vielleicht geholfen werden kann», sagt Dr. Fuchs. «Leute, die noch im Beruf sind, die eine Familie haben oder in festen Freundschaftsbeziehungen stekken, werden mit Hilfe von Methadon vor einem weiteren Abstieg bewahrt.» Doch das ist nicht nur in Zürich eine verschwindende Minderheit.

Und so hält nichts einer Prüfung stand, was zur Rechtfertigung von Methadonprogrammen angeführt wird. Auch die Behauptung, Methadon stille den «Heroinhunger» und blockiere die euphorisierende Wirkung von Heroin, hat sich als unsinnig erwiesen.

Bereits der zusätzliche Konsum von allerlei Barbituraten und Amphetaminen und der nicht minder schädliche Alkoholkonsum sollten alarmieren. Fast alle Urinproben und fast alle wissenschaftlichen Nachuntersuchungen belegen, daß ein enorm hoher Prozentsatz – in einigen Untersuchungen fast 80 Prozent – der Methadonklienten zusätzlich Heroin fixen. Nur in hohen, teilweise gesundheitsgefährlichen Dosen scheint es zu einer Blockade der euphorisierenden Wirkung von Heroin zu kommen.

Ein Widerspruch, bei all den Widersprüchen, die man in der Methadon-Diskussion zu hören bekommt, hat mich im Laufe meiner Recherchen besonders beschäftigt. Methadon selbst habe keine euphorisierende Wirkung. Das sagen alle. Welche Wirkung hat es dann? Wie kommt es, daß in den USA Tausende auf Methadon sind, ohne jemals auf Heroin gewesen zu sein? Warum werden in der Schweiz zwei Jahre Heroinabhängigkeit zur Bedingung gemacht, bevor man an Methadon überhaupt herangelassen wird? Die Antwort: Eine primäre Methadonabhängigkeit soll verhindert werden. Es fragt sich nur: Warum ist einer geil auf Methadon? Warum feilschen Junkies um jeden Tropfen? Warum wollen sie plötzlich die Dosis erhöhen, nachdem sie monatelang mit geringeren Dosen ausgekommen sind? Als Schmerzmittel verwendet, erreicht Methadon einen schnell ansteigenden Betäubungseffekt, der für kurze Zeit mehr oder weniger rauschhaft verläuft. Danach flacht die Wirkung ab, ohne ihre schmerzstillende Kraft zu verlieren. Sie hält über Stunden an, weil das Präparat sich im Magen-Darm-Trakt nur langsam abbaut. Methadon wirke sedierend, heißt es in der Fachliteratur. Es schränke die Wahrnehmungsfähigkeit ein und beschränke das Reaktionsvermögen. Auch könne es zu Schlafstörungen und Halluzinationen kommen. Schweißausbrüche und Verstopfungen seien ebenso zu erwarten wie die Gefahr von Darmverschlüssen.

Depressionen seien eine Folge, behandlungsbedürftige sexuelle Störungen eine andere . . .

Ich will herausfinden, was jemanden, der weder Schmerzen hat noch heroinabhängig ist, motivieren könnte, Methadon als Rauschdroge zu benutzen, wie das nicht nur in den USA Zehntausende tun.

Samstag, 27. 3. 82, 21:00
Ich nehme 20 mg Methadon (L Polamidon®).

Nach einer halben Stunde stellt sich ein leichtes Schwindelgefühl ein, das sich im Verlauf der nächsten Stunde steigert und unangenehm ist. Ich habe das Bedürfnis, mich hinzulegen. Die ersten beiden Stunden, in denen der Höhepunkt der Wirkung liegt, empfinde ich als starke körperliche Belastung. In diesem Zeitraum macht sich auch der Juckreiz, der mich während des gesamten Versuchs plagt, besonders heftig bemerkbar.

In meinem Kopf verändert sich nichts. Weder habe ich Halluzinationen, noch stellen sich – etwa beim Fernsehen – Assoziationen ein. Störend in dieser Phase ist der Druck auf den Augen, der zeitweise das Fernsehbild verschwimmen läßt, so als würde ich schielen. Auch Musik höre ich ohne gesteigerte Intensität.

Mein Reaktionsvermögen ist in den ersten drei Stunden stark eingeschränkt. Wiederholt stoße ich an Gegenstände, die mir sonst nicht im Wege sind. Nach Lichtschaltern, die ich sonst im Schlaf finde, muß ich tasten. Auch später noch, nach etwa sieben Stunden, habe ich Schwierigkeiten, Schreibmaschine zu schreiben. Ich vertippe mich dauernd, kann allerdings ohne Probleme Gedanken fassen und formulieren. Insgesamt empfinde ich meinen Zustand als emotional stark gebremst. Ich fühle mich weder besonders wohl noch besonders unwohl, weder glücklich noch unglücklich. Ich befinde mich in einem Zustand von Gleichgültigkeit. Gegen Morgen, etwa 8 Stunden nachdem ich die 20 mg genommen habe, gehe ich schlafen.

Sonntag, 28. 3. 82, 13:00
Ich habe schlecht geschlafen. Ich erwache mit dem Gefühl: wie ausgeleert. Mein Versuch, die zurückliegenden Stunden zu interpretieren, scheitert. Ich habe die anhaltende Wirkung der Droge unterschätzt. Drei Stunden später versuche ich erneut, meine Lustlosigkeit zu überwinden. Jetzt – 19 Stunden nach Beginn des Selbstversuches – geht es besser.

Resümee
Ich verstehe weniger denn je, warum jemand, außer um Schmerzen zu lindern, Methadon nehmen kann. Ich hatte keinen Augenblick, den ich als körperlich oder psychisch befriedigend bezeichnen könnte. Hier müssen Bedürfnisse im Spiel sein, die mir fremd sind. Ich hatte eine

Euphorie erwartet und erlebte eine Entemotionalisierung. Methadon als eine chinesische Affendroge: nichts sehen, nichts hören, nichts fühlen. Es kann nur ein Motiv geben, diese Droge zu nehmen: den Wunsch, unerreichbar, abgestellt und nicht verletzbar und angreifbar zu sein. Und das ist genau das Gegenteil jener *Flower-power*-Drogen, von denen sich die Konsumenten Offenheit, Euphorie und Bewußtseinserweiterung versprechen.

Ein Wandel der Konsumgewohnheiten hat stattgefunden, der einhergeht mit dem Wandel der Konsumentenschicht. Oder anders: Zu den alten Konsumgewohnheiten, zu den alten Konsumentenschichten sind neue hinzugestoßen. Arbeiterjugendliche und Angehörige der unteren Mittelschicht suchen bevorzugt in Drogen ein Betäubungsmittel. Neben anderen Drogen scheint auch Methadon dieses Bedürfnis zu befriedigen.

Wenn der Zustand, in dem sich die Teilnehmer an Methadonprogrammen befinden, auch nur annähernd dem gleicht, was ich in den letzten 24 Stunden erlebt habe, dann muß der Grad der psychischen Abstumpfung enorm sein. Dann allerdings hätte ich keine Mühe zu verstehen, warum jemand zusätzlich zu Aufputschmitteln oder Alkohol greift, wenn er dieser Dumpfheit entgehen will. Das ist mehr als ein Verstoß gegen die Kriterien eines Gesundheitsamtes, mehr als der Bruch therapeutischer Verabredungen, das ist ein Stück Überlebenswillen.

In der BRD gibt es zur Zeit keine Methadonprogramme. Und doch ist die Droge für viele Junkies so etwas wie ein Geheimtip, die Verheißung eines problemlosen Entzugs. Alle möglichen Gerüchte dringen über die Schweizer und die niederländische Grenze in die BRD und kursieren in Fixerkreisen. In der alternativen Presse wird die Freigabe von Methadon gefordert. Die Ärzteschaft, soweit sie mit Drogenabhängigen konfrontiert ist, reagiert unsicher. Die einen erwarten von Methadon eine Lösung – oder zumindest doch eine Entschärfung des Heroinproblems, die anderen lehnen Drogen gegen Drogen einfach ab. Ihre Motive sind widersprüchlich.

Es gibt Ärzte, die in Süchtigen nichts als eine massive Störung ihres Praxisbetriebs sehen. Nicht ganz grundlos. Tatsächlich haben einige von ihnen üble Erfahrungen machen müssen mit Fixern und Tablettenabhängigen. Sie wurden bequatscht und beklaut, bedroht und betrogen. Und so habe ich viele Ärzte getroffen, die sich mit dem gleichen Haß und der gleichen Verbitterung über Fixer auslassen wie Bürger, denen man in einer Straßenumfrage das Mikrophon zu einem Statement über die Drogenfrage unter die Nase hält. *Therapie als Strafe* ist ihr heimliches Credo. Da hat Methadon keine Chance. Ich habe auch Ärzte getroffen – und sie zählen nicht zu den schlechtesten –, die von ihrer eigenen Hilflosigkeit und der Übermacht des Drogenproblems in die Knie gezwungen wurden. Fast ebenso verzweifelt wie viele Junkies suchen sie nach einem Ausweg. Die Ergebnisse von Drogentherapien in allen Spielarten sind so niederschmetternd, der Anstieg des Drogengebrauchs scheint so unausweichlich, daß bei vielen Ärzten auch die Bereitschaft zunimmt, außergesetzliche Wege zu gehen. Eine Kumpanei bahnt sich an zwischen Arzt und Süchtigem, deren Nutznießer einmal mehr die Pharmaindustrie sein wird.

In einem Drogenarbeitskreis eines Hamburger Gesundheitstages habe ich den Frankfurter Internisten Dr. Klaus K. kennengelernt. Er hat Erfahrungen mit Drogenabhängigen. Niedergelassen hat sich Dr. K. in einem der nördlichen Neubauviertel Frankfurts, einige U-Bahnstationen von der City entfernt. Er hat – wie man so sagt – eine gutgehende Praxis: fester Patientenstamm, wenig Laufkundschaft.

Auf dem Gesundheitstag trat Dr. K. als entschiedener Kritiker der Pharmaindustrie auf. Bei einem Besuch in seiner Frankfurter Praxis will ich wissen, wie er die Theorie in seiner Praxis umsetzt.

«Da gibt es keine Sonderbehandlung. Weder pumpe ich meine Patienten mit Psychopharmaka voll, noch verweigere ich ihnen Medikamente, wenn ich sie für sinnvoll halte.»

«Auch Opiate oder Ersatzstoffe?»

Dr. K. blättert in seiner Patientenkartei. Dann liest er mir die Krankengeschichte eines 25jährigen Junkies vor. Keiner von der Scene. Einer aus der Nachbarschaft. Auch seine Eltern und Geschwister sind bei Dr. K. in Behandlung.

«Als er kam, wollte er Methadon, und ich habe nein gesagt. Dann habe ich ihn untersucht. Leberzirrhose. Er hat noch zwei Jahre, wenn's hoch kommt. Nennen Sie mir einen Grund, ihm für den Rest seiner Tage die Medikamente zu verweigern, die ich einem Krebspatienten auch geben würde.»

«Wird man Ihnen nicht vorwerfen, Sie machten sich zum Handlanger der Pharmaindustrie?»

«Lachhaft», sagt Dr. K. «Sie reden jetzt von wirtschaftlichen Interessen, politischen Problemen. Die lassen sich in der Arztpraxis nicht lösen.»

Dr. K. wechselt das Thema: «Kennen Sie das?»

Er hält mir ein kleines braunes Fläschchen unter die Nase: Valeron N. «Kennen Sie das?»

Und ob ich das kenne. Das heißt eigentlich kenne ich nur das Vorgängerpräparat: Valeron ohne Zusatz. Vor einigen Jahren, als man noch glaubte, mit Hilfe eines die ganze BRD umspannenden Therapienetzes das Heroinproblem in den Griff zu kriegen, war das Schmerzmittel Valeron ein von allen Therapeuten gefürchtetes und verfluchtes Schlupfloch. Irgendwo saß immer ein in der Drogen-Scene bekannter Arzt, der Valeron abgab; der eine aus ärztlicher Sorge oder Gutmütigkeit, der andere aus Profitgier. Immer mehr Valeron tauchte auf dem illegalen Markt auf, immer größer wurde die Zahl der Valeronsüchtigen, so daß sich die Herstellerfirma schließlich gezwungen sah, das Präparat zurückzuziehen und durch Valeron N zu ersetzen.

«Damals habe ich mich noch beeindrucken lassen von den verzweifelten Warnungen der Drogenexperten», sagt Dr. K. «Irgendwie hatte ich die Illusion, man könne bei sich in der eigenen Praxis beginnen, den Markt zu verstopfen. Valeron stand auf meiner Tabuliste.» Und dann erklärt er mir die Wirkungsweise des «neuen» Produktes. Das «N» steht für ein Brechmittel, das dem alten Valeron beigegeben wurde. Es soll den Gebrauch als euphorisierenden Drogenersatz verhindern. In Dr. K.'s pharmakologischen Ausführungen ist die Rede von auseinanderklaffenden Halbwertzeiten; worauf sie hinauslaufen, ist leicht zu verstehen: Junkies sind oft verblüffend geübte Laienpharmakologen. Sie haben einen Weg gefunden, Valeron N so einzusetzen und zu dosieren, daß die gewünschte die unerwünschte Wirkung überdeckt. Valeron N hat alle Chancen, wieder zu einem Renner auf dem illegalen Drogenmarkt zu werden.

«Der Pharmaindustrie in der Arztpraxis ein Schnippchen schlagen? So naiv war ich nur einmal.»

Was er von dem Vorschlag halte, nicht nur Methadon, sondern gleich Heroin legal an Süchtige abzugeben.

«Ich bin dagegen, obwohl der Vorschlag eine gewisse innere Logik hat», antwortet Dr. K.

«Worin besteht denn diese Logik?»

«Wenn man das Ziel der Suchtfreiheit aufgibt und Drogen mit Drogen zu behandeln beginnt und wenn sich der Staat an die Spitze dieser Entwicklung setzt, dann kann man auch fragen, warum nicht gleich Heroin.»

Als ich zum erstenmal von dieser Forderung hörte, dachte ich, es handele sich um einen Witz, den Tagtraum eines Junkies oder eine Provokation aus der Anarcho-Ecke. Ich hielt diese Forderung so lange für einen Witz, bis ich in Zürich mit einem Herrn ins Gespräch kam, der interessiert einer Diskussionsveranstaltung im damals noch bestehenden AJZ folgte. Er war mir weniger durch sein Alter als wegen der grauen Eleganz aufgefallen, in der er im Jugendzentrum aufkreuzte. Ganz schön mutig, dachte ich. Meine Vermutung, er sei der Vater eines Fixers oder einer Fixerin, ging daneben. Der feine Herr war Arzt. Seine Praxis liege oben am Züriberg. Im Quartier der Altreichen also. Seit langem trete er für eine härtere Gangart in der Drogenfrage ein. Er sei ins AJZ gekommen, um die Vorstellungen der Betroffenen zu hören. Und was sagt er dazu?

Der Fixerraum gehe in Ordnung, über die Legalisierung von Heroin müsse man diskutieren, die kostenlose Abgabe von Methadon sei der Schlüssel zur Lösung des Drogenproblems.

Ich war einigermaßen geplättet. Doch die Erklärung blieb nicht lange aus. Der Herr begann sich zu ereifern und wurde immer lauter, je weiter wir uns vom AJZ entfernten. «Kennen Sie die Zustände am Hirschenplatz?» fragte er mich. «Man kann sich dort nicht mehr hinwagen. Die ganze Altstadt ist verseucht.»

Aus ihm sprach weniger der Arzt als der Bürger oben vom Berg. Er hatte weniger das Schicksal des Junkies als die «Aktion sauberes Zürich» im Sinn.

Ob er denn mit Drogenproblemen in seiner Praxis zu tun habe. Er zögert einen Augenblick und denkt dabei wohl an seine tablettengeilen Züriberg-Damen und deren alkoholisierte Pendants, um dann aber doch zu verneinen. Im übrigen würde er sich staatliche Kontrollen verbitten, falls er einmal in die Situation kommen sollte, einen Drogenabhängigen behandeln zu müssen. Die zunehmende Verschärfung des Arzneimittelgesetzes sei ja auch so eine Folge der Drogenwelle. Weniger Staat – darauf lief es hinaus. Die Konsequenzen sind verblüffend. Weil ihnen der Staat ein Dorn im Auge ist, fordern Flipper aus der Anarcho-Scene und Bürger vom Züriberg einhellig die Freigabe von Heroin.

Bezeichnend auch der Auftritt des Zürcher Professors A. Uchtenhagen im Schweizer Fernsehen. Nach seiner Meinung über den Heroin-Fixerraum im Jugendzentrum gefragt, erklärt er: «Das ist die Ausstrahlung einer Botschaft, die ich nicht gutheißen kann... Das grenzt für mich an eine Haltung, wo ich zum Komplizen der Sucht werde, anstatt mich mit dem Süchtigen gegen seine Sucht zu solidarisieren.»

Uchtenhagen gilt in der Schweiz als «Drogenpapst». Mit «Apostel der Pharma-Droge Methadon» wäre die Rolle dieses Komplizen der Methadonsucht besser beschrieben. Er ist verantwortlich für das Zürcher Methadonprogramm. Uchtenhagen ist ein fortschrittlicher Mann und mutig. Nicht nur das, er ist auch im Staatsdienst tätig. Dort hat er eine Aufgabe zu erfüllen. Die heißt in Zürich mehr noch als anderswo, für Ruhe und Ordnung zu sorgen und die Schweinerei mit den Leichen zu beseitigen. Denn die Öffentlichkeit ist von der hohen Todesrate im Fixermilieu beunruhigt. Methadon in geeigneter Dosierung bereinigt die Statistik. Wie hoch dosiert und psychisch reduziert die Ex-Junkies dann auch rumlaufen mögen, sie geben Ruhe und fallen nicht weiter auf. Und ist die Todesfallstatistik erst einmal bereinigt, wird auch der soziale Skandal aus dem öffentlichen Bewußtsein verschwinden.

Wer Methadon als Lösung des Drogenproblems verkauft, macht sich zum Komplizen der Pharmaindustrie gegen den Süchtigen. Wer Methadonprogramme nicht als letzten Schritt vor Psychochirurgie, Zwangsentzug und Sicherungsverwahrung begreift, wird zum Werkzeug staatlicher Interessen. Denn Methadon ist billig, Psychotherapien sind teuer.

Methadonprogramme lenken den Kapitalfluß des illegalen Drogenhandels in die legalen Bahnen des Pharma-Kapitals. Die Diskussion über Methadon soll die Öffentlichkeit darauf vorbereiten, daß man das Drogenproblem eines Tages mit chemischen Mitteln angehen könnte. Soziale Ursachen von Drogenabhängigkeit interessieren dann nicht länger, die «sozialstaatliche Verpflichtung» wird unter Berufung auf die kritische Haushaltslage sogenannten Sachzwängen geopfert werden.

Die Zahl der von harten Drogen Abhängigen wird in der Bundesrepublik auf 50000 geschätzt. Anfang der 80er Jahre beträgt der Apothekenpreis für eine Flasche Methadon (L Polamidon) von 10 ml 8,35 DM. Das entspricht der täglichen Dosis eines niedrig eingestellten Junkies. Aufs Jahr gerechnet macht das pro Patient 3000 DM. Bei 50000 Junkies ergibt sich ein Jahresbedarf von 150 Millionen Mark für *ein* Pharmaprodukt in *einem* Land, bei steigender Nachfrage.

Doch beruht diese Hochrechnung auf einer Annahme, die so nicht zutrifft. Sie unterstellt, alle Junkies kämen im Prinzip für ein Methadonprogramm in Frage. Davon kann man aber nicht ausgehen. Das Bild des Fixers, sein Verhalten und seine Suchtgewohnheiten haben sich in den letzten Jahren gründlich verändert. Höchstens 15 bis 20 Prozent der Fixer sind noch reine Opiatabhängige. Die meisten sind Polytoxikomane: Neben Opiaten schlucken und drücken sie, was ihnen zwischen die Finger kommt. Methadon ist zu ineffektiv, zu wenig flächendeckend, um wirklich wirksam zu sein.

Die Zeit ist reif für eine neue Droge, eine Art Breitbanddroge, die alle Gifte im Körper des Junkies neutralisiert. Der Bedarf ist da, Profite locken. Wunderdrogen gibt es immer wieder.

Angeldust (PCP)

Tom Cash, Chef der New Yorker Abteilung der Drug Enforcement Administration (DEA), nennt seine Bedingungen gleich zu Beginn des Gesprächs, zu dem wir uns in seinem Büro in der 57. Straße West treffen: «Keine Fotos, keine Namen.» Er müsse seine Leute schützen. Ansonsten werde mich seine Dienststelle mit Informationen versorgen und mir alle Wege ebnen, die ich gehen wolle.

Dann macht er mich mit Jeff bekannt (ich nenne ihn so), Mitte Dreißig, Spezialagent der DEA, wegen seiner Qualifikation als Chemiker Fachmann für *PCP*, das auf der Straße *angeldust* genannt wird. Jeff kommt vom FBI. Er sei, wie er mir später erzählt, zur Drogenpolizei übergewechselt, weil man dort einfach mehr verdienen könne.

Nichts ist ungewöhnlich an dieser Karriere. Ungewöhnlich und beunruhigend ist meine Rolle, ist die Partnerschaft, auf die ich mich hier einlasse. Mit einem ehemaligen FBI-Agenten durch New York zu streifen, das muß Rollenkonflikte bringen.

Auf den Gedanken, ausgerechnet beim New Yorker Drogendezernat einzusteigen, bin ich nicht von selbst gekommen. Doch das Treffen mit Tom Cash war sozusagen angerichtet, ich brauchte nur hinzugehen. Eine New Yorker Mitarbeiterin von *Konkret* hatte das so arrangiert.

Anfang der siebziger Jahre hatte ich beim Besuch des Frankfurter Rauschgiftdezernats (RD) eine Überraschung erlebt. Ich habe damals an einer ziemlich merkwürdigen Geschichte vom V-Mann, der Dealer wurde, gearbeitet und sprach deshalb beim RD vor. Man ließ mich an einer Einsatzbesprechung teilnehmen. Bei der Gelegenheit entdeckte ich, daß mir die meisten Herren aus der Zeit der Studentenbewegung bekannt waren. Dummerweise war das auch umgekehrt so. Wir hatten gemeinsame, wenn auch gegensätzliche Erfahrungen. Sie hatten ihre bei der politischen, ich hatte meine mit der politischen Polizei gemacht.

Und jetzt mit einem ehemaligen FBI-Agenten unterwegs... Schon die Bereitschaft der DEA, mich mit allen Mitteln zu unterstützen, weckt mein Mißtrauen gegen die Institution wie gegen ihre Vertreter.

Um Drogen – ihren Anbau und ihre Herstellung, ihren Gebrauch und ihre Behandlung, ihre Propagierung und ihre Bekämpfung – hat sich im Laufe der Jahre ein Geflecht wechselseitiger Interessen herausgebildet, das – schwer durchschaubar wie es ist – Mißtrauen gegen alle Beteiligten rechtfertigt. Was soll man glauben? Wem soll man glauben?

Da springt ein Junge aus dem zweiten Stockwerk eines Hauses und landet auf einem hölzernen Vordach, das federnd nachgibt und so die Wucht des Aufpralls mildert. Scheinbar unverletzt rafft er sich auf, kriecht durch ein Fenster zurück ins Hausinnere und läßt sich mit dem Aufzug auf das Dach transportieren. Kein Schutzengel hindert ihn daran, erneut den Sprung in die Tiefe zu wagen. Es ist eine Art Zaubermittel, ein Hexengebräu, das ihn dazu verführt, im Vertrauen auf schier unermeßliche Kräfte und im Glauben an seine körperliche Unverletzbarkeit engelsgleich in die Tiefe zu schweben.

Angeldust hat das Hirn des Jungen vernebelt, dessen Körper, den Gesetzen der Schwerkraft folgend, im freien Fall auf dem Straßenpflaster aufschlägt, wo er – diesmal tödlich verletzt – liegen bleibt.

Eine schlimme Geschichte. Eine von vielen schlimmen Geschichten, die über die Massenmedien der USA und in sogenannten Aufklärungsbroschüren verbreitet werden.

Mit einer ganzen Serie von Abschreckungsgeschichten wartete der Kongreßabgeordnete Norman Y. Mineta vor dem Ausschuß auf, den das US-Repräsentantenhaus einberufen hatte:

Ein Mann sei nach der Einnahme von PCP von der Vorstellung besessen gewesen, er sei Jesus Christus. Später habe er dann eine gezackte Glasscheibe verschluckt, die ihm die Eingeweide zerrissen habe. Unter

Einwirkung von PCP habe ein Mann seine Eltern ermordet, ein anderer sein Baby erstochen, ein dritter habe sich eigenhändig die Augen ausgerissen.

Ausreichend Material hat auch der Psychiater Dr. Paul Luisiada auf Lager, um den Untersuchungsausschuß von der Gefährlichkeit der Droge zu überzeugen. In seinem Gutachten legt er es mehr darauf an, die von PCP für die Umwelt ausgehenden Gefahren zu schildern: «Einer der von uns behandelten Patienten wurde von der Polizei in einen Zustand aggressiver Paranoia gebracht. Er war in einen unbedeutenden Verkehrsunfall verwickelt. Als ein Beamter erschien, um den Unfall aufzunehmen, wurde er von dem Patienten mit bloßen Händen angegriffen. Mit Gewalt mußte er schließlich von mehreren Beamten festgehalten werden. Bei einem ähnlichen Zwischenfall in Kalifornien wurde der Angreifer erschossen, weil er nicht nachgeben wollte.»

Vertreter der US-Regierung scheuen sich nicht, die Folgen der neuen Droge so drastisch wie möglich darzustellen: «PCP – Eine Killerdroge im Kommen» ist der Bericht des Repräsentantenhauses betitelt, als sei die Boulevardpresse mit einer Schlagzeile zu beliefern.

Warum aber lassen mich diese dramatischen Berichte kalt, auch die obligate Geschichte vom Sprung ins leere Schwimmbassin? Weil diese Geschichten abgestanden sind, weil ich sie kenne, wie sie jeder kennt, der sich mit Drogen und Drogenhandel beschäftigt, weil sich das Repertoire der Abschreckungspropaganda immer der gleichen archaischen Muster bedient: Elternmord, Gotteslästerung und Hybris, Kindestötung und Selbstverstümmelung, Auflehnung gegen Gesetz und Ordnung, schließlich der nackte Wahnsinn.

Das kennen wir von LSD, das haben wir über Haschisch und Marihuana gelesen, das wird Amphetaminen zugeschrieben und von Kokain und Heroin behauptet. Kommt dann eine neue Droge, deren zerstörerische Kraft alles bisher Bekannte übertrifft, haben die amtlichen Mahner und professionellen Warner ihr Pulver verschossen, sind die Superlative vergeben, die Horrorbilder verbraucht.

Eingeführt wurde PCP (Phencyclidin) in den frühen fünfziger Jahren unter dem Markennamen Sernyl – und zwar nicht, wie durchgängig in fast allen Publikationen behauptet wird, als Tier-Tranquilizer, sondern als ein für Menschen bestimmtes Betäubungsmittel. Erst als sich Berichte über unerwünschte und medizinisch nicht vertretbare Nebenwirkungen häuften, wurde das Produkt vom Menschenmarkt genommen und nur noch für den tiermedizinischen Bereich freigegeben. Deshalb auch wird PCP «Elephant Tranquilizer» genannt. Die Droge kommt legal fast nur noch bei der Behandlung von Großtieren in Zoos zum Einsatz.

Als Straßendroge tauchte sie erstmals Mitte der sechziger Jahre in San Francisco unter dem Namen PeaCePil auf. Von Anfang an hatte sie einen schlechten Ruf. Die Hippie-Generation konnte mit den Wirkungen der Droge nichts anfangen, und es gab sich auch in der Undergroundpresse keiner dazu her, der neuen Droge eine positive Wirkung anzudichten – ein Phänomen, das die Experten vor Probleme stellt. Sie waren und sind es gewohnt, in der offenen oder verborgenen Propaganda für bestimmte Drogen die Ursachen für deren illegalen Gebrauch zu sehen. Nun müssen sie feststellen, daß Einigkeit in der Ablehnung einer Droge herrscht, was nicht verhindern kann, daß sie dennoch massenhaft geschluckt, geraucht oder geschnupft wird.

Als sich 1978 das US-Repräsentantenhaus mit dem epidemischen Ausmaß des PCP-Gebrauchs zu befassen begann, mußte man davon ausgehen, daß sieben Millionen junger und jüngster Amerikaner wenigstens einmal Angeldust genommen hatten und Zehntausende chronische Benutzer dieser neuen Droge sind. «An einem beliebigen Tag», so der Ausschußvorsitzende Lester L. Wolf, «sind im Stadtbereich von New York 200 000 Schüler abwesend. Ungefähr 80 000 Schüler sind als ständige Schulschwänzer zu betrachten. Ein hoher Prozentsatz dieser Schulschwänzer nimmt Angeldust.»

Zum Zeitpunkt des Hearings war der PCP-Gebrauch unter New Yorker Schülern zwischen dem 7. und 12. Schuljahr doppelt so hoch wie der nationale Durchschnitt, wobei New York nicht einmal die Hauptstadt der neuen Droge ist. Washington läuft auch in der Statistik des PCP-Gebrauchs New York den Rang ab. Aber auch in Detroit und Chicago, Los Angeles und San Francisco ist Angeldust – oft unter anderem Namen und in anderen Einnahmeformen – weit verbreitet.

Ursprünglich war PCP nur in Pillenform bekannt, was zu einer Zeit, in der LSD und andere Trips zu den beliebtesten Drogen zählten, auf die Bereitschaft stieß, Pillen zu schlucken und über die Verdauungsorgane wirken zu lassen. Heute wird PCP vor allem in Joint-Form inhaliert, was wiederum mit der Gewohnheit, Marihuana zu konsumieren, zusammenfällt. Günstig für diese Art der Verbreitung von PCP ist auch eine in den USA übliche, in der Bundesrepublik dagegen ziemlich unbekannte Verkaufsmethode. Man kauft und verkauft fertige handgedrehte Joints als Einzelstücke. Die meisten Konsumenten sind so das erste Mal mit der Droge in Berührung gekommen. Mehr als die Hälfte wußte nicht, daß der Joint mit PCP bestäubt war; und das in einer von ihnen nicht kontrollierbaren Menge.

Der Grund für die widersprüchlichen Erfahrungsberichte ist hier zu suchen. Eine allgemeine Beschreibung der Wirkungen und Folgen ist nicht möglich, denn die Droge hat stimulierende wie depressionsauslösende Anteile, sie wirkt halluzinatorisch und betäubend. Alles hängt von der Dosierung ab.

In seiner Aussage vor dem Ausschuß versuchte sich Dr. Luisiada deshalb mit einer Negativdefinition:

- PCP ist nicht wie Alkohol oder barbiturathaltige Schlaf- und Beruhigungsmittel ein süchtig machendes Sedativum, obwohl es eine Art Ruhigstellung bei entsprechender Dosierung bewirken kann. PCP ruft Wiederholungs*wünsche* (nicht Wiederholungs*zwänge*) hervor.
- PCP ist kein Anregungsmittel wie Amphetamine oder andere Aufputschmittel, obwohl einige Konsumenten stark aufgeputscht reagieren und oft nach einer einfachen Dosis tagelang keinen Schlaf finden.
- PCP ist nicht, wie Heroin oder Morphium, ein Betäubungsmittel, obwohl es Konsumenten auch völlig unempfindlich gegen schwere Schmerzen machen kann.
- PCP muß keine Halluzinationen wie LSD auslösen, obwohl die meisten Konsumenten eine Art Halluzination erleben.
Für gesichert hält Luisiada drei Wirkungen:
- PCP spaltet den Konsumenten in einem hohen Maße von der Wirklichkeit ab. Diese Abspaltung geht tiefer als alles, was man bisher bei anderen Drogen beobachtet hat.
- PCP unterbricht die Fähigkeit des Konsumenten, rational zu denken.
- PCP verursacht Psychosen und Wahnsinn.

Als Luisiada dieses Gutachten vortrug, drehte sich der Streit der Experten nur um die Frage, ob PCP unter den illegalen Drogen Nummer eins oder Nummer zwei ist. Durchaus ein Grund, einen Untersuchungsausschuß einzuberufen.

Und doch fragt man sich, warum die Experten so aufgeschreckt reagieren. New York ist vollgepumpt mit Drogen. Alkoholismus ist, wie in allen vergleichbaren Ländern, auch in den USA Plage Nummer eins. In weitem Abstand erst folgen Heroin und Kokain. Vor ihnen rangieren die legalen Pharmadrogen. Egal, woran man die Schädlichkeit einer Droge mißt, ob an Todes- oder Unfallstatistiken, Produktionsverlusten oder sozialen Folgekosten, immer führt Alkohol die Statistiken an. Auch im Gebrauch von Haushaltsdrogen wie Valium oder anderen *mother's little helpers* lassen sich die USA von keinem anderen Land übertreffen. Der Straßenhandel blüht.

Nachts am Washington Square gerät man schnell in die Hände von *high pressure dealers*, Händler, die nach einem grabschen, die einen zur Seite ziehen und körperlich unter Druck setzen. In ihren Bauchläden haben sie alles, was am Drogenmarkt nachgefragt wird. Sie schaffen es aus einem Briefchen, das sie eben noch als Koks angeboten haben, unter der Hand Heroin zu machen oder alles andere, was in Pulverform gerade verlangt wird. Nur Touristen kaufen hier ein.

Oben in Harlem kann man – auch als Weißer, wenn man Mut hat bzw. etwas beschränkt ist – abgepacktes Sinsemilla-Gras für einen Fünfdollarschein im Candy-Store erwerben.

In Midtown Manhattan steige ich mit einem Bekannten über eine herabgelassene Feuerleiter in einen zur Wohnung umgebauten ehemaligen Fabrikraum *(loft)*, wo uns ein freundlicher Späthippie nach unseren Wünschen fragt. Vorher will er allerdings wissen, wer ihn empfohlen habe. Mein Bekannter nennt einen Namen, der Händler blättert in einem prall gefüllten Karteikasten, nickt kurz und breitet dann alles an Haschisch- und Marihuanaproben aus, was derzeit am New Yorker Markt zu haben ist. An der Wand hinter einem Tresor hängt eine sorgfältig gemalte Preisliste, die die Auswahl erleichtern soll: Libanese zu 75 Dollar pro Unze, das sind 28 Gramm; schwarzer Sudanese zu 150 Dollar pro Unze und im *spring-sell-out* einheimisches Sinsemilla-Gras ebenfalls zu 75 Dollar pro Unze.

In der Bronx, in East-Village, in Harlem und ähnlich verslumten Stadtgebieten spielt sich der Handel mit harten Drogen zwischen den Mauern ausgebrannter Fabrikgebäude und Wohnhäuser ab. Der Käufer tritt vor eine Wand, nennt durch ein Mauerloch Art und Umfang der gewünschten Ware, schiebt die verlangte Dollarmenge durch das Loch und erhält die Ware, ohne daß sich Käufer und Verkäufer jemals zu Gesicht bekommen.

Nun, zu allem Überfluß, eine neue Droge, von welcher der texanische Senator Lloyd Bentson sagt, sie sei eine der «gefährlichsten und heimtückischsten Drogen, welche die Menschheit kennt».

Was macht PCP so gefährlich? PCP ist billig. Das rein synthetische Produkt verursacht keinerlei Kosten beim grenzüberschreitenden Verkehr. Alle Substanzen können auf dem Binnenmarkt beschafft werden, ihre Preise sind niedrig. PCP ist also massenhaft verfügbar – die Droge der von massenhafter psychischer Verelendung gekennzeichneten kapitalistischen Krise. «Es spricht alles dafür», sagte einer der Sachverständigen vor dem Untersuchungsausschuß des Senats, «daß die Drogen der Zukunft synthetische Drogen sein werden».

«Hier ist es!» Etwas überraschend bringt Jeff seinen Dienstwagen, einen alten Ford Thunderbird, zum Stehen. Wir parken vor einem Süßwarenladen an einer belebten Vorstadtstraße im Stadtteil Queens. Heute ist der Laden clean und heißt Ann's Place.

Im hinteren Raum, wo jetzt Flipperautomaten rasseln, brummten noch vor einigen Monaten Tiefkühltruhen. In ihnen wurde PCP gelagert. Der Laden war eines der illegalen Labors, das Jeff und seine Kollegen in einer undramatischen, routinemäßigen Aktion hochgenommen haben. Die Aktion begann mit der Frage, die sich der Lagerist einer kleinen Chemiefirma in Queens gestellt hatte: Wozu braucht einer Äther literweise, und das zweimal die Woche, regelmäßig dienstags und freitags? Der Zweifel des Lageristen wurde zum Verdacht, als der Kunde, der bar bezahlte und die Ware eigenhändig im Kofferraum seines Wagens verstaute, erklärt, er brauche das Zeug, um Fußböden zu reinigen.

Ein Verdacht, ein Tip, eine Spur. Was dem Lageristen merkwürdig erschien, kam der DEA bekannt vor. Sie setzte einen ihrer Spezialisten auf die Fersen des Einkäufers. Dessen Spur endete vor dem gleichen Laden exakt an der Stelle, wo jetzt unser Wagen parkt. Über Wochen behielten DEA-Agenten den Eingang des Ladens, der sich damals «Ice Wonderland» nannte, im Auge. Ihnen fiel auf, daß in gleicher Regelmäßigkeit andere Männer Waren anlieferten. Auch deren Spuren diesmal rückwärts zu verfolgen, war kein kriminalistisches Kunststück. Sie endeten jeweils vor den Toren einer Chemiegroßhandlung. Jeder der Männer hatte den Auftrag, eine der chemischen Substanzen zu beschaffen, die dann in nächtlicher Laborarbeit zu PCP oder seinem Vorprodukt PCC verarbeitet wurden. Keine der benötigten Substanzen unterliegt irgendwelchen Vertriebsbeschränkungen, jede ist jedem zugänglich, vorausgesetzt, er verfügt über eine Kreditkarte oder zahlt cash. Der Kapitaleinsatz ist gering. Polizeileutnant James Elkins machte vor dem Ausschuß folgende Rechnung auf:

Zur Herstellung von PCP benötigt man sieben Chemikalien plus Wasser: Für 9 Dollar Natriumbisulfit, für 10 Dollar Cyclohexanon, für 27 Dollar Piperidin, für 11,50 Dollar Kaliumzyanid, für 17 Dollar Benzol und für 59 Dollar Phenylmagnesiumbromid. Alles in allem Rohstoffe im Wert von 125 Dollar. Nimmt man nun acht Pfund getrocknete Petersilie oder Pfefferminztee oder Marihuana und mischt die in einem Eimer mit zwei Tassen PCP pro Pfund, erhält man acht Pfund einer mit PCP behandelten Substanz, die ohne weitere Bearbeitung vertrieben und geraucht werden kann.

Je nach Handelsstufe ergibt sich demnach folgende Gewinnspanne: Bei einem Preis von 2400 Dollar pro Pfund bringen die acht Pfund PCP auf Großhandelsebene einen Erlös von 19 200 Dollar. Legt man einen Straßenpreis von 35 Dollar pro Gramm zugrunde, dann bringen die acht Pfund 127 680 Dollar, 1000 Prozent der Materialinvestition von 125 Dollar. Die edlere Variante des Endprodukts – mit PCP behandeltes Marihuana – ist entsprechend teurer; bei Großeinkaufspreisen etwa 25 Prozent.

Natürlich ist diese Rechnung etwas zu simpel. Wird beispielsweise, wie im Falle des ehemaligen Labors, in dem wir uns jetzt aufhalten, das pulverisierte Endprodukt mit Äther verflüssigt, um es besser mit Kräutern mischen zu können, ist der Preis für Äther hinzuzurechnen. Ausgabe für Miete, Transport- und Bestechungsgelder erhöhen die Kosten und verringern die Gewinnspanne. Auch müssen gewisse Anfangsinvestitionen für Labormaterialien getätigt werden.

Die Laborarbeiten sind nicht ungefährlich. Viele Hersteller arbeiten mit Gasmasken, andere installieren Absaugeinrichtungen, um nicht von den Dämpfen vergiftet zu werden.

Der Herstellungsprozeß dauerte nur wenige Stunden. Hier im ehemaligen «Ice Wonderland» verlief er in zwei Stunden. Zunächst wurde nur das Zwischenprodukt PCC hergestellt, das nicht nur unbegrenzt haltbar ist, sondern bis zur Verschärfung der Gesetze nicht einmal als Droge galt. Erst bei entsprechender Auftragslage wurde dann das Endprodukt PCP produziert.

Einigermaßen gefährlich ist auch das Hochnehmen eines Labors. Deshalb – so Jeff – benötige die DEA einen Chemiker, der herumliegende Substanzen mühelos klassifizieren und Gefahren besser abschätzen könne, wo doch schon die Betätigung eines Blitzlichtes bei der Spurensicherung das Labor in die Luft jagen könne.

Der geringe Kapitalbedarf und das unkomplizierte Herstellungsverfahren erfordern rasche Gegenmaßnahmen. Darüber waren sich Ausschußmitglieder und Experten einig. Doch über armselige Vorschläge kamen sie nicht hinaus.

Ganz in der Tradition seiner Law and Order Behörde machte Peter B. Bensinger – inzwischen abgelöster oberster Chef der DEA – die Nachlässigkeit der Massenmedien für den steigenden PCP-Gebrauch verantwortlich. Im Katalog möglicher Abwehrmaßnahmen rangiert in Bensingers Aussage vor dem Ausschuß eine Verschärfung der Gesetze und eine Erhöhung des Strafmaßes ganz oben. Selbstverständlich – man muß nach allen Erfahrungen schon sagen: *selbstverständlich* – fehlte auch nicht der Vorschlag, die chemische Industrie mit der Entwicklung eines Gegenmittels zu beauftragen.

Aber auch die naheliegendste Forderung, die chemischen Substanzen unter Kontrolle zu bringen, wurde von den Sachverständigen erörtert. Dabei ging es vor allem um die Rolle von Piperidin. Ihm wird jene Wirkungskraft zugeschrieben, die das Spezifische an PCP ausmacht. Doch gerade hier zeigt sich die besondere Gefährlichkeit der neuen chemischen Straßendrogen.

Bereits heute sind 30 PCP-verwandte Drogen bekannt. Selbst wenn es gelänge, die Herstellung von PCP zu verhindern, indem man den Verkauf oder die Produktion von Piperidin verbietet – verwandte Nachfolger, ähnlich einfach herzustellen, würden die Marktlücke schnell füllen. Tatsächlich sind einige bereits am Markt aufgetaucht. Zudem wären die ökonomischen Folgen eines Herstellungsverbotes für Piperidin unübersehbar. Unzählige Chemikalien wären dann nicht mehr frei verfügbar, Laborexperimente der chemischen Industrie würden behindert. Die Herstellung bestimmter Plastikstoffe, Gummi, Kosmetika, Farbstoffe und einiger Nahrungsmittel müßte eingestellt werden.

Schließlich beschloß der Kongreß, den Vertrieb von Piperidin scharf zu kontrollieren. Natürlich ist die Substanz weiterhin frei erhältlich. Lediglich der Schwarzmarktpreis ist um etwa 1000 Prozent gestiegen. Die Meldepflicht in den USA begünstigt zusätzlich illegale Einfuhren aus Kanada.

Die Herstellung von PCP ist also kaum erschwert. Hier im ehemaligen «Ice Wonderland» hatte ein Familienclan das Geschäft in der Hand, nach polizeilichen Erkenntnissen bis dahin mit Drogenhandel nicht weiter befaßt. Die New Yorker Polizei will beobachtet haben, daß der Handel dort im Ansteigen ist, wo harte Drogen bereits eingeführt sind, Einige der stadtbekannten Heroindealer wurden beim Verkauf von PCP festgenommen.

Heute werden in «Ann's Place» Eis, Kaffee, Cola, Bier und Candies gehandelt. Vor allem Jungen machen sich an den Spielautomaten im hinteren Raum zu schaffen. Vor dem Eingang und auf dem Trottoir der leicht ansteigenden Straße sind auch einige Mädchen zu sehen. Viele der Jugendlichen sind arbeitslos, besonders viele Mädchen. Aber auch die, welche einen Job oder eine feste Anstellung haben, können sich nicht viel leisten. Das hält sie in der Nachbarschaft.

Als Jeff mich am Abend dieses Tages vor der Haustüre absetzte, schlage ich vor, erst mal eine Pause zu machen. Ich will auf eigene Faust losziehen. Er drückt mir einen Zettel in die Hand. «Wenn du in Schwierigkeiten kommst, ruf an», sagt er. Er gibt mir eine Rund-um-die-Uhr-Telefonnummer. «Ruf an, wir holen dich raus. Aber», fügt er warnend hinzu, «fang du keinen Streit an.»

Noch habe ich keinen Jugendlichen unter Einwirkung von Angeldust gesehen. Sollte ein Junge oder auch ein Mädchen – was selten ist – in die Notaufnahme eingeliefert werden, will man mich benachrichtigen. So ist es mit dem Stationsarzt von St. Luke's, Dr. Michael Pawels, vereinbart. Zum Einzugsbereich von St. Luke's Hospital an der Amsterdam Avenue gehören Teile von Harlem und die Columbia Universität. Von dort wurden in den zurückliegenden Monaten häufig Jungen mit einer Überdosis Angeldust gebracht; selten von der Polizei, meistens von Verwandten oder Freunden. Es gab Zeiten, da waren es durchschnittlich zwei PCP-Notfälle pro Nacht.

Unmittelbar nach dem Anruf am frühen Morgen habe ich mich auf den Weg in die Amsterdam Avenue gemacht. Ein Siebzehnjähriger, der von sich sagt, er sei *dusted*, befindet sich in der Notaufnahme. Vielleicht könne ich mit ihm sprechen, hatte man mir gesagt.

Ich sitze knapp eine Stunde im Warteraum von St. Luke's, bis Dr. Pawels Zeit für mich findet, eine Stunde, in der ich mehr von der sozialen Wirklichkeit dieser Stadt erfahre, als Sozialstatistiken erzählen können.

Die Menschen, zwischen denen ich sitze, sind alt, arm und krank.

Man sieht es in ihren Gesichtern, an ihrer Kleidung und ihrem Gang. Eine schwarze alte Frau schleppt ihren massigen Körper auf dünnen Beinen zum Aufnahmeschalter, wo man sie auffordert, sich zu setzen und zu warten. Kaum hat sie sich auf einen Stuhl gewuchtet, beginnt sie zu sprechen. Sie redet, bis sie von einer Schwester zur Behandlung abgeholt wird. Sie spricht in die Runde, doch ihre Augen hinter dicken Gläsern suchen keinen Blickkontakt zu den Umsitzenden. Ihre Stimme ist dunkel und ruhig, doch es fällt mir schwer, sie zu verstehen, denn sie spricht einen Südstaatendialekt. Sie klagt über die Preise, die Mieten, sie spricht von Lebensmittelmarken und Medikamenten. Jeden zweiten Satz beendet sie mit dem Refrain: *«Everything goes down.»*

Hier in der Notaufnahme begegnen sich Ökonomie und Psychologie unter dem gleichen Namen: Depression. Mehr als 50000 Menschen ziehen nach offiziellen Schätzungen durch die Straßen von New York City, hungrig und obdachlos, gebrochen und ausgezehrt.

Der Gedanke, Großkliniken zu schließen, die Patienten zu entlassen und kleineren Regionalkliniken zuzuweisen, ist nach den Erkenntnissen der Psychiatrie ein fortschrittlicher Gedanke. Seit fünfzehn Jahren wird diese Politik in New York betrieben – ohne die nötigen Plätze in kleineren Kliniken einzurichten. Man hat in diesem Zeitraum die Patientenzahl der staatlichen Psychiatrie von 80000 auf heute 24000 reduziert. Tausende chronisch Kranker sind bei dieser Operation in den Straßen hängengeblieben.

Erst wenn sie zusammenbrechen und von der Polizei aufgegriffen werden, liefert man sie als «hilflose Personen» vorübergehend ins nächstgelegene Krankenhaus ein. Wie jene Frau, die teilnahmslos in einer der zum Gang hin offenen Kabinen sitzt.

Sie sei psychotisch, sagt der Arzt, der mich zu Dr. Pawels führt. Ihre Beine sind verkrustet und vergrindet, Strümpfe und Unterhose hängen wie Fesseln um ihre Knöchel, um sie herum ein scharfer ätzender Uringeruch. Man nennt sie «bag-women», Frauen, die, alle Habseligkeiten in Plastiktüten verpackt, durch New York wandern auf der Suche nach Nahrung und einer Unterkunft für eine Nacht.

Ich komme zu spät, um mit dem Siebzehnjährigen zu sprechen. Auch er hängt teilnahmslos in einem Rollstuhl. Ein in die Nase geführter Schlauch verbindet ihn mit einer Nährlösung, die in einer Plastikflasche über seinem Kopf hängt. Man hat ihn mit Valium stillgestellt. In schweren Fällen geben die Ärzte Haloperidol. Schwere Fälle, das sind gewalttätige Fälle, wo oft mehrere Pfleger ran müssen, um den Patienten zu beruhigen. Manchesmal muß ein Junge angeschnallt werden, damit man ihm überhaupt ein Beruhigungsmittel injizieren kann.

Carlos – so nenne ich den Jungen mit der hellbraunen Haut und der Lockenmähne im Afrolook – ist ein leichter «Fall». Seine Eltern sind puertoricanische Einwanderer, er wurde in den USA geboren. Und, das betont Dr. Pawels, er hat einen Job. Deshalb wird man ihn so schnell wie möglich entlassen.

Erfahrungsgemäß dürfte das in seinem Fall noch etwa acht Stunden dauern.

«Und was dann?»

«Dann entlassen wir ihn, vorausgesetzt, seine Bauchschmerzen sind psychogen.»

Noch laufen die Labortests, sind die Röntgenaufnahmen nicht ausgewertet, ist der Verdacht auf einen Milzriß nicht ausgeschaltet. Carlos könnte einen Schlag abbekommen oder sich selbst verletzt haben. Er klagte über Schmerzen, als er kam. Was ihm aber wirklich zugestoßen war, konnte er in seinem verwirrten Zustand nicht deutlich machen.

«Und was werden Sie ihm sagen, wenn Sie ihn entlassen?»

«Ich werde ihm sagen, er soll vorsichtiger sein, wenn er Drogen nimmt», antwortet Dr. Pawels.

Nicht nur er, auch seine Kollegen geben sich gelassen. Vergiftungen, durch Drogengebrauch verursacht, gehören zur Routine einer psychiatrischen Notaufnahme in New York City.

Sehr viel weniger gelassen reagierte einer der Ärzte, als ich beiläufig die Zusammenarbeit mit einem Agenten der DEA erwähnte. «Lassen Sie die Finger davon», sagte er, «die arbeiten mit allen Mitteln. Sie befinden sich da in schlechter Gesellschaft.»

Das war die erste, aber nicht die letzte Warnung. Die DEA arbeite hart am Rande der Legalität, sie sei in allerlei düstere Geschichten verwickelt, sie habe sich verselbständigt und neben FBI und CIA zu einem eigenen Geheimdienst entwickelt. Das sind die Hauptvorwürfe, die ich immer wieder zu hören bekomme. Unter Carter habe es Bestrebungen gegeben, die DEA aufzulösen, und selbst in der Reagan-Administration gebe es ähnliche Überlegungen.

Ich habe mich daran gewöhnt, auf die Bullenparanoia in der Drogen-Scene nichts zu geben. Wenn einem aber etablierte Ärzte und nadelgestreifte Anwälte ständig mit derartigen Warnungen kommen, wird man unruhig.

An einem Samstagnachmittag fahren wir erneut über die Williamsburg-Bridge in Richtung der östlichen Stadtteile. Gewöhnlich, das heißt dienstlich, hat Jeff mit Leuten, die Drogen konsumieren, nichts zu tun. Für die sind Ärzte und Sozialarbeiter oder die Agenten der örtlichen Reviere zuständig.

Heute abend will mir Jeff zeigen, was er über die Samstagnachmittag-Beschäftigung italo-amerikanischer Mittelstands-Jugendlicher weiß. Er sagt *middle-class kids*, wir würden von Arbeiterjugendlichen sprechen oder von Kindern aus Arbeiterfamilien, denn Brooklyn und Queens, Maspeth und Ridgewood, wo wir herumkurven, sind alte Arbeiterviertel.

Wenn Jeff von seiner Arbeit spricht, wirkt er cool und sympathisch. An diesem Samstagnachmittag aber umgibt ihn ein Hauch von Angabe. Er will mir etwas vorführen, wovon er nichts versteht. Seine Fähigkeit, über die Kühlerhaube des Thunderbird gepeilte Ferndiagnosen zu erstellen, ist fast amüsant. Immer wieder fordert er mich auf, in die Augen irgendeines Jungen zu schauen, was schon wegen der Entfernung kaum möglich ist.

«Typisch!»

«Was ist typisch?»

«Der Junge ist *dusted*.»

Daß viele der Jungen, die an den Straßenecken hängen, irgendwie verladen sind, kann ich erkennen. Ob sie aber *dusted* oder *stoned*, angekickt oder besoffen sind, läßt sich so nicht feststellen. Jeff kommt mir vor wie die zwölfjährige Tochter einer New Yorker Bekannten, die zu viele Fernsehspots gegen Drogen gesehen und sich nun darauf spezialisiert hat, an ihren Klassenkameraden Augentests vorzunehmen. Aufgeregt kommt sie nach Hause und teilt ihren aufgescheuchten Eltern mit, wen sie nun wieder im Verdacht hat, Drogen zu nehmen.

«Diagnosen» aus der Nähe sind fast unmöglich. Jedesmal, wenn wir den Wagen verlassen und die Straße entlangzuschlendern beginnen, lösen sich Gruppen auf, verschwinden Jugendliche in Seitenstraßen und Hauseingängen. Sie kennen offensichtlich ihr Viertel und registrieren jeden Wagen, der nicht hierher gehört, und jeden Fremden, der hier auftaucht. Eine Razzia in der Gegend, vor einigen Tagen erst, hat sie wohl noch vorsichtiger werden lassen.

Inzwischen ist es Nacht geworden. Ich weiß nicht, was wir hier noch sollen. Doch Jeff hat sich eine besondere Überraschung ausgedacht. Oben am Hügel hinter der Schule sei ein Park, in dem sich Jugendliche nach Einbruch der Dunkelheit treffen. Das hatte er von einem Kollegen, der die Nachbarschaft vor der Razzia ausgekundschaftet hatte.

Als wir am Park ankommen, ist es stockfinster. Nur über den Baumkronen schimmert ein heller Streifen, den die fernen Lichter von Manhattan abwerfen. Es ist kühl geworden, und Jeff nimmt eine Weste aus dem Kofferraum, die er überzieht, bevor wir am Gitterzaun, der den Park zur Straße hin abgrenzt, entlanghasten, eilig wie Fußgänger, die ein Ziel haben.

Jeff erklärt mir die Örtlichkeit. Am Ende des Parks, oberhalb der Schule befinde sich ein Pavillon. Das sei der Treffpunkt von Cliquen, die von eben jenem Labor, das wir vor einigen Tagen gesehen hatten, beliefert worden waren.

Wir passieren den Parkeingang und gehen den Weg zurück, diesmal innerhalb des Parks, langsam, rauchend, eine Bierdose in der Hand, wie ein Schwulenpaar, das Luft schnappt.

Zu erkennen ist wenig: Zwei, die sich auf einer Parkbank befummeln, und ab und zu die Silhouette eines Mannes, der durch den Eingang am andern Ende des Zauns kommt und auf einem der sternförmig zur Mitte des Parks laufenden Wege im Dunkeln verschwindet.

Das Stimmengewirr tönt weit entfernt, erst als ein Junge mit einem aufgedrehten Stereoradio unterm Arm durch den Eingang kommt und im Park verschwindet, kann ich mir die Entfernung zum Pavillon ausrechnen. Schließlich biegen auch wir auf einen der Wege ein.

Wir gehen langsam, und ich habe Zeit, mich erneut zu fragen, was Jeff will. Hier ist nichts zu holen außer einer Tracht Prügel. Dann tauchen die Umrisse des Pavillons auf. Stimmen sind deutlich zu hören. Laute Stimmen, aggressive Stimmen, ein ansteigender Lärm. Plötzlich klirren Flaschen, wir bleiben beide stehen. Jeff dreht sich wortlos um und geht langsam, wie wir gekommen sind, zurück. Ich folge ihm.

Das war alles. Im Wagen sagt er dann entschuldigend: «Ich bin für deine Sicherheit verantwortlich. Das war zu riskant.» Er lenkt den Wagen zurück in das grelle Licht der Hauptstraße. «Wäre mein Partner dabei gewesen, hätten wir tiefer in den Park gehen können. Aber *eine* Pistole ist einfach zu wenig.»

Ich hätte mir denken können, daß Jeff bewaffnet ist. Aber diese Art von Journalismus will ich nicht. Ich will nicht mit einem bewaffneten

Bullen durch dunkle Parks streifen auf der Suche nach Jugendlichen, die sich den Kopf vollknallen mit Angeldust oder Hellfire oder wie immer sie das Zeug nennen. Jeff bekommt nicht mit, wie schlecht mir ist.

«*Wanna have some fun?*» fragt er und spricht einen Slang, bei dem er den Rest des Abends bleibt. «*Watch out!*»

Er schiebt die mobile rote Einsatzlampe unter den Fahrersitz, schaltet das Funkgerät ab und steuert den Wagen auf eine Gruppe junger Männer zu, die im Lichtschatten einer Neonreklame stehen.

«Wo bekommt man hier *dust*?» fragt er ohne Umschweife, und ohne zu zögern antwortet einer der Männer: «Fahrt hoch zum Madisonpark, da bekommt ihr, was ihr wollt.»

Das Spiel, das mir unangenehm ist und angst macht, treibt Jeff noch mehrmals in dieser Nacht. Ob in der Bronx oder in Harlem, in Queens oder dem East-Village, keiner, der nicht gewußt hätte, um was es geht, und niemand, der uns nicht einen Tip gegeben hätte, wie und wo man an den Stoff rankommt.

Sonderlich geschickt war ich nicht bei dem Versuch, mein Image und das von *Konkret* aufzupolieren. Einen Fehler habe ich auf jeden Fall gemacht, doch der wurde mir erst beim Abgang im Aufzug bewußt. Ich hatte in den geschlossenen, neonbeleuchteten Räumen der DEA meine Sonnenbrille aufbehalten. Das tut man nicht, wenn man weiß, nach welchen stumpfsinnigen Kriterien Polizeibeamten in Psychologiekursen Täterprofile eingebleut werden.

Wie mich Jim Judge, Pressesprecher der DEA, einordnete, kann ich mir höchstens ausrechnen. Daß er mir, anders als sein Vorgesetzter Tom Cash, mit Vorbehalten begegnete, wurde sehr bald deutlich.

Wir waren zu einem Fototermin verabredet. Man wollte mir die Laborräume der DEA zeigen und den Herstellungsprozeß von PCP vorführen. Davon war nun nicht mehr die Rede. Ein paar jämmerliche plastikverpackte Proben von Jahre zurückliegenden Beschlagnahmeaktionen liegen auf dem Tisch herum. Nur gegen die Zusage, die Aufschriften im Falle einer Veröffentlichung unkenntlich zu machen, dürfen wir sie schließlich fotografieren. Und während die Fotografin die Lichtverhältnisse checkt, beginnt mich Jim Judge in ein «Gespräch» zu verwickeln.

«Ich dachte, Sie kommen mit einem Fernsehteam.»

Ich denke nur, na Mahlzeit, die Kollegen vom Fernsehen wären ganz schön aufgeschmissen bei der Optik, die man uns hier bietet. Doch ich erkläre ihm, daß ich für eine Zeitung arbeite, was er sowieso wußte.

Er fragt nicht direkt, was er wissen will, sondern schlängelt sich über Umwegfragen nach Auflagenhöhe, Erscheinungsweise, Farbstrecken – ganz von Kollege zu Kollege – an die dann beiläufig gestellte Frage heran, wo denn der politische Standort «meiner» Zeitung sei. Darauf war ich vorbereitet, und ich beginne die Arie zu singen, mit der ich Tom Cash und Jeff bereits in den Ohren gelegen habe.

«We are a liberal paper», sage ich und weiß, daß ihn das kaum überzeugen und beruhigen wird. Aber was anderes darf man hier nicht sagen, es würde die meisten Vertreter staatlicher Institutionen überfordern.

Ich versuche es mit einer Zugabe, als er mich nach einer vergleichbaren US-Zeitung fragt. «Ich kann Ihnen sagen, was wir nicht sind», sage ich. «Wir sind beispielsweise keine Undergroundzeitung wie die *Village Voice.*»

Das war gut.

Trotzdem fühle ich mich unwohl, und ich versuche, mich mit small talk über die Runden zu bringen, krampfhaft bemüht, ein Thema zu finden, das mich wieder zum Fragesteller macht und ihn zwingt zu antworten. Die Erinnerung an ein Gespräch mit Jeff kommt mir zu Hilfe. Er hatte mir die Folgen der Budgetkürzungen, von denen auch die DEA betroffen ist, geschildert und dabei unfreiwillig einen Beleg für die Fragwürdigkeit von Polizeistatistiken geliefert. Vier Jahre arbeite er nun für die DEA. In dieser Zeit habe er gemeinsam mit Kollegen 20 PCP-Labors hochgenommen; doch nur eines davon im vergangenen Jahr. Daraus dürfe man nicht den Schluß ziehen, die Labortätigkeit sei zurückgegangen. Das liege eindeutig an den neuen Aufgabeverteilungen.

Also frage ich Jim Judge, ob es denn Prioritäten im Kampf gegen den Drogenhandel gäbe. Diesmal weiß ich die Antwort im voraus. Ich bin nur gespannt, wie der DEA-Pressesprecher den Widerspruch erklärt, in den ihn seine eigene PR-Arbeit hineingeritten hat. Denn wenn es darum geht, die von PCP ausgehenden Gefahren zu beschreiben, läßt sich die DEA von niemandem den Rang ablaufen. Ihr zufolge ist keine Droge gefährlicher als Angeldust. Das könnte man als PR-Gerede noch gelten lassen. Aber wie ist das in Entscheidungssituationen, wenn es gilt abzuwägen? Was ist, wenn Mittelknappheit und Personalmangel den Einsatzbefehl beeinflussen?

«Angenommen», frage ich also Jim Judge, «Sie stehen vor der Entscheidung, eine Ladung Heroin oder einen Dealer mit der gleichen Menge PCP zu kassieren, wie würden Sie entscheiden?»

Ohne mit der Wimper zu zucken, antwortet er:

«Natürlich gibt es Prioritäten. Wir würden uns für Heroin entscheiden.»

Das scheint so natürlich, daß er erst gar nicht zu erklären versucht, warum das so natürlich sein soll. Ein Kilo Heroin vom Schiff kostet in New York ca. 200 000 Dollar, die gleiche Menge PCP ca. 40 000 Dollar. Wie sich dieser Preisunterschied per Saldo in den Erfolgsstatistiken der DEA niederschlägt, kann sich jeder ausrechnen. Gesundheitliche Gefahren und soziale Folgen sind schwer bilanzierbar, und eine Behörde hat nicht die Aufgabe, eine volkswirtschaftliche Gesamtrechnung zu erstellen. PCP mag gefährlich sein, PCP mag sogar gefährlicher sein als Heroin und alles andere, wonach die Drogenfahnder jagen. Eine schlechte Erfolgsstatistik ist auf jeden Fall noch gefährlicher.

Als ich das Gebäude der New Yorker Drogenpolizei verlasse, habe ich das sichere Gefühl, daß unser Gespräch fortgesetzt werden wird. Alle weiteren Fragen wird an meiner Stelle ein Computer oder einer der DEA-Residenten in der BRD beantworten.

Den Besuch im Harlem Hospital hatte ich nicht eingeplant. PCP ist eine *«weiße»* Droge, sie wird von Farbigen abgelehnt. Das sagen die Experten. Andererseits: Washington mit seinem hohen afro-amerikanischen Bevölkerungsanteil von über 70 Prozent gilt als einer der wichtigsten Umschlag- und Absatzplätze für PCP.

Mein Verdacht, daß die Droge bereits in die schwarzen Ghettos eingesickert ist, wurde von Cynthia, einer befreundeten Ärztin, die in St. Luke's arbeitet und in Harlem lebt, bestätigt. Sie empfiehlt mir Dr. Gideon Nachumi, den Leiter der psychiatrischen Notaufnahme des Harlem Hospitals. Ich platze in die Frühkonferenz der Mitarbeiter. In ruhigem, geschäftsmäßigem Ton gehen Ärzte Krankenakten durch. Dann läßt Dr. Nachumi die beiden uniformierten Sicherheitsbeamten rufen.

«Sie alle wissen», beginnt er eine Art Ansprache, «daß unsere Patienten äußerst unruhig sind. Wir haben nur Schwestern auf der Station, und die haben Angst.»

Regungslos hört der schwarze Sicherheitsmann zu.

«Wir müssen einen Weg finden, um mit der Situation fertig zu werden», setzt Nachumi seine Ansprache fort. «Ich will hier keinen Faschismus, aber wenn Sie im Gang sitzen und jeder Sie sehen kann, macht das Eindruck auf die Patienten und nimmt den Schwestern die Angst.»

Dann spricht der Uniformierte: «Sie wollen mich zum Pfleger machen. Ich bin aber ausschließlich für die Sicherheit verantwortlich. Für sonst nichts.» Mit beschwörenden Handzeichen versucht Nachumi, den dröhnenden Baß des Mannes zu dämpfen. Der wiederholt unbeirrt: «Für Sicherheit, für sonst nichts. Verstehen Sie, Sir?»

In diesem «Sir» liegt eine Schärfe, die hellhörig macht. Warum sagt er nicht gleich «Massah»? Denn alle Mitarbeiter, Ärzte, Schwestern und Sicherheitsbeamte sind Schwarze, Nachumi ist der einzige Weiße auf der Station. Und er ist der Boß.

Keiner der Mitarbeiter ergreift für Nachumi Partei. Entweder die Situation ist so bedrohlich, wie er sie darstellt, dann müßten sie ihn unterstützen, oder Nachumi übertreibt, dann müßten sie ihm widersprechen. Doch niemand spricht. Ihr Schweigen ist wie eine feindselige Demonstration. Vielleicht auch nur, weil sie ihm übelnehmen, daß er diesen Auftritt in Gegenwart eines Fremden inszeniert. Eines weißen Fremden. «Ich werde mit dem Captain sprechen.» Dr. Nachumi beendet die Auseinandersetzung und verläßt die Konferenz.

In seinem Arbeitszimmer schlage ich vor, einen neuen Termin zu verabreden, doch Nachumi winkt ab: «An anderen Tagen ist es nicht anders.» So muß ich mich damit abfinden, ein ständig von Anrufern, Ärzten und Schwestern unterbrochenes Gespräch zu führen. Dabei benutzt Dr. Nachumi die Hälfte der Zeit, um Patienten an andere Kliniken weiterzuleiten und Neuaufnahmen auf die eigene Station abzuwehren.

«Wir haben hier acht Betten und das entsprechende Personal», erklärt er. «Im Augenblick haben wir einundzwanzig Patienten hier.» Er denkt einen Augenblick nach und korrigiert sich: «Dreiundzwanzig. Es sind dreiundzwanzig.» Eine Überbelegung von mehr als 200 Prozent. Ich habe Hemmungen, in dieser Hektik auf mein Thema zu kommen, doch im Harlem Hospital muß man nicht umständlich auf ein Gespräch über Drogen lenken. Der «Verdacht auf Drogenmißbrauch» gehört zum diagnostischen Alltag der Ärzte.

«Wenn Sie Wert auf eine Rangordnung legen, dann ist hier alles wie gewohnt. Alkohol und Heroin sind die Spitzenreiter, aber PCP ist ansteigend. Angeldust kommt immer mehr nach Harlem rein.» Ihm sei aufgefallen, daß oft in kurzen Abständen Jugendliche eingeliefert werden, die alle in einer Straße oder im Umkreis eines Blocks leben. «Dann weiß ich, daß wieder ein neuer Dealer eingefallen ist.»

«Und wo sind die besonderen therapeutischen Probleme?»

«Von Überdosierungen abgesehen, gibt es keine besonderen Probleme. Wir geben Haloperidol, im Bellevue Hospital geben sie Valium, und in St. Luke's geben sie beides. Nach sechs Stunden Minimum und zwölf Stunden Maximum ist meistens alles vorüber. Der Patient kann entlassen werden.»

Kompliziert sei die Diagnose. Man müsse davon ausgehen, daß die Jugendlichen so ziemlich alles nehmen. «Das zwingt uns, äußerst vorsichtig bei der Diagnose und sorgfältig bei der Gabe von Medikamenten zu sein.» Ich frage, welche Erfahrungen er mit Überdosierungen gemacht habe, und Dr. Nachumi antwortet: «Ich habe einen Todesfall gesehen. Das war ein Dealer, der bei einer Razzia alles schluckte, was er bei sich hatte. Und dann habe ich den Fall einer Hirnschädigung gesehen.» «Von der Art *they never come back*?» frage ich. Dr. Nachumi nickt.

«Wie ist das mit Gewalttätigkeiten unter PCP-Einfluß?»

Dr. Nachumi lächelt nachsichtig, als habe er die Frage erwartet: «Wissen Sie, wir sind hier in Harlem.» Er macht eine Pause, als sage das alles. «Das ist ein psychotisches Gebiet.»

Er sagt *psychotic area* und meint, es sind nicht nur die allgemeinen Verhältnisse, die Menschen zu Drogen greifen lassen, es sind auch die besonderen Verhältnisse, die den Verlauf einer Drogenerfahrung bestimmen. Unter den Bedingungen des Gettos neigen die Menschen zum Ausflippen oder zu «psychotischen Reaktionen», wie es die Psychiater nennen.

Dr. Nachumi meint, es sei gleichgültig, welche Droge gerade im Spiel sei, wenn es zu sozialen Explosionen oder psychischen Implosionen kommt. Er läßt keinen Zweifel daran, daß er PCP für eine äußerst gefährliche Droge hält, und ich habe keinen Arzt getroffen, der diese Auffassung nicht teilte.

Ich habe auch keinen Jugendlichen gesprochen, der nicht von der Gefährlichkeit der Droge wußte. Ein Grund also, die Finger von Angeldust zu lassen?

Nicht für die Clique junger Italoamerikaner, die sich in Sichtweite ihrer Highschool am Eingang eines Shoppingcenters herumtreibt. Sie alle haben Erfahrungen mit Angeldust. Kein Problem, mit ihnen ins Gespräch zu kommen. Ich habe das Gefühl, sie legen es darauf an, mich mit ihren Geschichten zu beeindrucken. Daß ich mit ihrer Droge keine Erfahrung habe, finden sie schnell heraus, die Einladung, mit ihnen Dust zu rauchen, läßt nicht lange auf sich warten. Ich lehne ab und sage, daß ich Angst habe. Das scheint sie anzuspornen. Sie versichern, daß sie die Droge voll im Griff haben. Anstatt aber zu versuchen, mir die Angst zu nehmen, indem sie von positiven Erfahrungen berichten, überbieten sie sich in immer neuen Schreckensgeschichten. Alle Warnungen, alle Angstmache wecken nur die Machoinstinkte der Jungen. Sie haben die «Killerdroge» genommen und überlebt. Was sind sie für Kerle.

Die jüngste – 1980 veröffentlichte – Studie zeigt, daß Angeldust-Konsumenten vor nur einem Angst haben: innerlich auszubrennen. «Burn-outs» fühlen sich verloren und unfähig, klar zu denken. Sie leiden unter einem gravierenden Gedächtnisverlust. In ihrer Umgebung gelten ausgebrannte Jugendliche als unzuverlässig, als unfähig, locker und spontan zu sein. Eigenschaften, die von der Gruppe erwartet und gefordert werden.

Zur Ideologie solcher Gruppen – so die Studie – gehört die Überzeugung, daß Drogen ein Mittel sind, Wege zu Spaß und Vergnügen (und zu Gefahren) zu öffnen, daß sie aber auf keinen Fall die körperlichen und emotionalen Fähigkeiten beschneiden dürfen. Kommt einer in diesen Zustand, dann gerät er unter den Druck der Gruppennorm. Die Gruppe übernimmt eine erzieherische Aufgabe, indem sie den Betreffenden mehr oder weniger dazu zwingt, den Konsum der Droge einzustellen. Mehr als alle Warnungen von außen verhindert so die innere Gruppennorm, ein «Burn-out» zu werden.

Kein Wunder also, daß die Kliniken in Gegenden mit PCP-Tradition einen Rückgang von Notfällen melden. Im jahrelangen Umgang mit der Droge geübt, haben vor allem gewohnheitsmäßige Konsumenten heute die Dosierung besser unter Kontrolle als zum Beginn der Angeldust-Welle.

Auch über das Ausmaß von Gewalttaten gibt die Studie Auskunft. Es wird nicht bestritten, daß es vereinzelt zu Gewaltanwendungen gekommen ist. Aber im Gegensatz zur aggressiven, aktiven Gewalt – etwa unter Alkoholeinwirkung – handelt es sich im Falle von PCP meist um Panikreaktionen.

Außer sich und ohne Selbstkontrolle interpretieren Jugendliche, die auf PCP sind, beispielsweise den Versuch, ihnen zu helfen, als Angriff, gegen den sie sich panikartig zur Wehr setzen. Die Wirkung von PCP wird von den meisten Konsumenten als derartig stark geschildert, daß einer, der *dusted* ist, gar nicht fähig ist, den in einer Kampfsituation nötigen Überblick zu wahren, deshalb gehen sie Kämpfen aus dem Wege, auch wenn sie im Alltag zu einer *streetfighting-gang* gehören.

Die PCP von den Massenmedien zugeschriebene Eigenschaft, gewaltauslösend zu sein, ist, folgt man den Ergebnissen der Studie, schlicht falsch.

Deshalb wohl das nachsichtige Lächeln von Dr. Nachumi, als ich die Frage nach der Gewalt stellte. Ein New Yorker Psychiater hat nicht nur mit der Angst, sondern auch mit der Angst vor der Angst umzugehen. Möglich, daß er in mir ein weiteres Opfer der New-York-City-Paranoia sah.

Zwar macht sich die *Village Voice*, New Yorks offene Untergrundzeitschrift, über deutsche Touristen lustig, die mit einer *bodyguard* anreisen, um auf der Park Avenue einzukaufen. Doch sind es die New Yorker selbst, die immer neue Schreckensvisionen über ihre Stadt verbreiten.

Mit Entsetzen beobachte ich in den ersten Tagen selbst, wie Angst meine Wahrnehmung beeinflußt, wie ich beginne, mögliche Angreifer auszugrenzen, wobei ich mich dabei ertappe, vor allem Farbigen auszuweichen. Die Angstmache weckt einen verkappten Rassismus. Absurd, denn es sind vor allem Farbige selbst, die Opfer von Gewalt werden.

Überall in dieser Stadt ist Gewalt, fast jeder, mit dem man spricht, ist irgendwann einmal Opfer einer Gewalttat oder doch ihr naher Zeuge gewesen. Die Wahrscheinlichkeit, Opfer von Gewalt zu werden, und die Wirklichkeit werden immer mehr deckungsgleich. Und trotzdem gehört es zur Überlebensstrategie, sich nicht von der allgemeinen Paranoia anstecken zu lassen.

So habe ich es sehr bald aufgegeben, Freunden oder Bekannten zu erzählen, wo ich mich tagsüber und nicht selten auch nachts aufgehalten habe. Weder ihr Entsetzen noch ihre Bewunderung entsprachen dem, was ich wirklich erlebt und erfahren habe. Ich war nie wirklich in Gefahr. Oft war ich in Situationen, in denen ich alle *street smartness* aufbieten mußte, um mich rechtzeitig zurückzuziehen, auszuweichen, vorzupreschen oder ganz einfach abzuhauen. Doch das habe ich auch in europäischen Großstädten erlebt, so habe ich mich auch in Ciudad de Mexico und Tel Aviv bewegt. Auch in St. Pauli drehe ich mich nicht um, wenn ein Besoffener hinter mir her grölt; ich wechsle auch in Kreuzberg die Straßenseite, wenn ich eine Menschenansammlung als bedrohlich empfinde; auch in Zürich verlasse ich eine Kneipe, wenn sich Gewalt zusammenbraut.

Nur einmal habe ich die Regeln vergessen. Das war nach der Rückkehr von einer Reise nach Washington. Was New York nicht schafft, bringt die Hauptstadt der Vereinigten Staaten spielend fertig: Ihre Droharchitektur, Monumente eines Cäsarenwahns, aber auch die anheimelnde Spießigkeit der Wohnviertel von Regierungsbeamten, Lobbyisten und Diplomaten drückt einen nieder. Washington strahlt eine ganz andere Dimension von Gefahren aus: die anonyme Gewalt der politischen Macht, von der die Regierung dieses Landes schonungslos Gebrauch macht.

Zurück in New York, werde ich von einer eigenartigen Euphorie überrollt. Entspannt mache ich mich auf den Weg zu einem Freund.

Als ich den bärtigen Typen im Jeansanzug, dessen Arme zwei bis an den Rand gefüllte Einkaufstüten umklammern, ratlos neben seinem Volkswagenbus stehen sehe, halte ich an. Seine Wagenschlüssel liegen zwischen den Füßen im Rinnstein. Ich bücke mich und greife nach dem Schlüsselbund.

Da schiebt der Typ die Sohle seines Stiefels über meinen Handrücken und beginnt sie zu drehen, als wolle er eine Kippe ausdrücken.

Ich reiße meine Hand erschrocken weg und springe zwei, drei Meter rückwärts. Eine unglaubliche Wut kommt in mir hoch.

Hätte sich meine Empörung auch nur eine Sekunde auf den Typen gerichtet, es wäre an der Zeit gewesen, die Stadt zu verlassen. Doch ich war nur aufgebracht über mich, wütend über diesen Augenblick des Kontrollverlustes. Ich hatte ganz einfach vergessen, wie die Spielregeln in heißen Gegenden lauten, und was man auch an einer Fußgängerampel in New York wissen muß: «Don't Walk» heißt nicht «Stehenbleiben», sondern «Run».

3
DROGENHANDEL IM IMPERIALISMUS

Zwei Grundformen der Haschischherstellung

Drogen sind Produkte, die auf dem kapitalistischen Markt angeboten und gehandelt werden. Drogen sind Waren. Sie werden zum Zweck der Profitmaximierung hergestellt und verkauft. Produkte müssen auch Gebrauchswert besitzen, wenn sie zur Ware werden sollen. Sie müssen ein Bedürfnis befriedigen. Voraussetzung für den jüngsten Haschisch- und Marihuana-Boom war die zusätzliche Nachfrage nach solchen Drogen aus landwirtschaftlicher Produktion, die Mitte der sechziger Jahre in den Metropolen des Imperialismus (Westeuropa, Nordamerika) einsetzte. Mit dem Konsum von Drogen aus der Agrarproduktion unterentwickelter Länder dehnte sich die Nachfrage nach einem neuen Gebrauchswert aus, konnte jedoch nicht sofort, wie die Nachfrage nach traditionellen Produkten, befriedigt werden. Die «Originalität» des Gebrauchswertes von *shit* ermöglichte den Händlern zunächst «unbegrenzte» Spekulation mit dem im Nahen oder Mittleren Osten billigst eingekauften Haschisch. In Westeuropa konnten die Verbraucherpreise immens hochgetrieben werden, denn der Käufer hatte keinerlei objektive Maßstäbe zur Bewertung eines *piece*, er hatte nur das Bedürfnis nach Bewußtseinserweiterung, Stimmungs- und Wahrnehmungsveränderungen. Das Konzept des Haschischimports aus den Satelliten des Imperialismus in die Metropolen setzte auf diese Möglichkeit «unbegrenzter» Spekulation. Es war die Illusion des Merkantilismus, der Vorform des Kapitalismus.

Vor 500 Jahren hatten Kaufleute enorme Handelsprofite mit der Einfuhr z. B. von Edelsteinen und Seide aus Asien erzielt, die sie in Europa als Luxusgüter so teuer wie irgend möglich verkauften. Bei der Festsetzung der Preise konnten sie sich – ebenso wie jetzt im Falle von Haschisch – völlig der Spekulation mit der Originalität des Gebrauchswertes hingeben. Auf diese Weise verdienten diese Händler den «reinen, unabhängigen Handelsprofit», wie Marx es nannte. Der Profit kam einfach dadurch zustande, daß man die Differenz zwischen Einkaufs- und Verkaufspreis so groß wie möglich zu machen versuchte.

So begann auch der gegenwärtige Drogenhandel. Die Ware galt auf den Märkten Europas und den USA zunächst als «etwas Besonderes», als eine Art «geistiges Luxusgut». Die Preise schienen beliebig bestimmbar, der Dealer schien geschäftlich frei. Doch so merkantil-kapitalistisch, wie es am Anfang aussah, konnte es nicht lange funktionieren. Denn seit der historischen Phase des Merkantilismus hatte sich der industrielle Kapitalismus rapide entwickelt und gegen Ende des 19. Jahrhunderts seine letzte Phase erreicht, den Imperialismus.

Der Haschischhandel tritt unter den Bedingungen des weltweiten Imperialismus an, obwohl die Händler sich das Geschäft zunächst viel einfacher, nämlich als eine Art Merkantil-Kapitalismus, vorgestellt hatten. Im internationalen Haschischhandel zirkulierte nicht so sehr bereits entwickeltes und etabliertes europäisches oder amerikanisches Kaufmannskapital, das etwa auf diese Weise seine gefährdeten Profite retten wollte, als vielmehr «junges Startkapital», das auf seine Expansion, nicht auf seine Erhaltung hoffte. Trotz aller kleinbürgerlichen Illusionen über «reine, unabhängige Handelsprofite» mußte es sich in seiner Entwicklung den imperialistischen Gesetzmäßigkeiten unterwerfen und die unlösbaren Widersprüche des Handelsimperialismus kennenlernen. Dies soll nun im einzelnen dargestellt werden.

Man muß sich von der Vorstellung freimachen, daß Haschisch oder Marihuana – von Opium ganz zu schweigen – etwas Neues seien. Aber auch uralte Produkte können als Gebrauchswert originell wirken – je nachdem, welche Verbraucherschicht sie kauft, aus welchen Motiven und unter welchen konkreten sozialen Bedingungen.

Was das Klima anbelangt, so könnte die Cannabis-Pflanze, der indische Hanf, fast überall von den Tropen bis in die gemäßigten Breiten Mitteleuropas und Nordamerikas angebaut werden. Tatsächlich wird sie aber nur in den «unterentwickelten» Landwirtschaften der Satelliten wirtschaftlich verwertet.* Hier sind Spezialisierung und Arbeitsteilung noch so «rückständig», daß Produktionsmittel (Arbeitskräfte und Boden) auch für zweit- oder drittrangige Produkte wie Hanf verwendet werden können. In den wichtigsten Haschischanbaugebieten Lateinamerikas, Nordafrikas und des Mittleren Ostens ist der Hanf

---

* Wie sich in einer späteren Phase des Cannabishandels, nachdem die Droge vom Luxusgut zum allgemeinen Gebrauchsgut wurde, der Anbau in die imperialistischen Metropolen selbst verlagerte, wird an anderer Stelle dargestellt.

traditionell ein landwirtschaftliches Rohprodukt für die Öl- und Faserherstellung, also für die (einheimische oder ausländische) Nahrungsmittel- und Textilindustrie. In dieser Funktion hat er aber seine Bedeutung schon seit langem verloren. Außerdem ist Hanf in den Anbauländern ein Konsumgut für die Bauern und ihre Familien.

Es gibt keine Anbaugebiete, wo Haschisch die gesamte landwirtschaftliche Erzeugung der Region ausmacht. Hanf ist immer ein Produkt unter anderen. Die «selbständigen» Bauern oder Landarbeiter müssen sich von den übermächtigen Vertretern des Handelskapitals so niedrige Preise für ihre Erzeugnisse diktieren lassen, daß sie ihre Existenz nur sichern können, wenn sie zusätzlich Nahrungsmittel für den eigenen Verbrauch anbauen. Und indem sie dadurch nicht völlig von ihren «Verkaufserlösen» abhängig sind, können Händler ihnen die Spottpreise immer wieder von neuem aufzwingen. Der Handel beherrscht also hier die Produktion.

Zwei ökonomische Grundlagen der landwirtschaftlichen Haschischerzeugung müssen unterschieden werden, die in verschiedenen Mischungen und Abweichungen auftreten. In der einen sind die unmittelbaren Produzenten, die die Felder bestellen und die Ernte einbringen, auch die Besitzer. Ihnen gehört ein Stück Boden, höchstens ein halber Hektar, sowie ein primitiver Holzpflug, schlechtes Saatgut, und sie haben Zugang zu einem ärmlichen Brunnen. Der größere Teil des Feldes kann für den Anbau von Grundnahrungsmitteln wie Reis, Mais oder Bohnen verwendet werden, die der eigenen Ernährung dienen. Eine solche Erzeugung, die die eigene Mindesternährung sichert, wird Subsistenzanbau genannt. Auf dem Rest des Feldes wird Hanf angebaut, der ausschließlich der Erzeugung von Haschisch dient. Von dieser Hanfernte konsumieren die Bauern einen Teil als Haschisch selber; das meiste aber wird mühsam auf die kleinbäuerlichen Märkte der Gegend geschleppt und «verkauft». Einmal unterstellt, es bestünde keine Nachfrage aus den Metropolen des Kapitals nach dem Agrarprodukt Haschisch, dann würde der bäuerliche «Verkäufer» dabei keinen Gewinn erzielen, und genau das unterscheidet diese «farbenprächtigen» Märkte der Eingeborenen» (wie es in den Erdkundebüchern der Schulen heißt) von den Märkten des Kapitals. Der Haschischbauer möchte vielmehr nur andere Gebrauchswerte dafür, meistens Grundnahrungsmittel oder primitive Werkzeuge oder vielleicht Futter für sein abgemagertes Pferd tauschen. Ein solcher Tausch kann mit Hilfe von Geld abgewickelt werden – in der «entwickelten» Form staatlicher Münzen –

oder aber mit Fellen, Getreide oder sonst etwas, das auf den Märkten als Währung anerkannt wird. Aber das muß nicht sein. Es kann auch unmittelbar Sache gegen Sache getauscht werden. Kapitalistische Landwirtschaft heißt zwar Anbau zum Zwecke des Verkaufs auf dem Markt, also um die Ernte zu tauschen und nicht selber zu verwenden, aber dieser Haschischverkauf ist alles andere als kapitalistisch. Der Bauer muß auf dem größten Teil seines Bodens Produkte für sich selber erzeugen. Haschisch baut er zusätzlich an, um es gegen Gebrauchsgegenstände tauschen zu können, deren Anbau oder Kauf er sich sonst nicht leisten könnte. Deswegen ist eine solche Haschischerzeugung bloßer Überschußtausch und noch nicht Marktproduktion. Je nach den Verwendungsmöglichkeiten des Bodens und je nach dem (wenn auch noch so geringen) technischen Entwicklungsstand kann Hanf unter solchen Bedingungen aber auch beginnen, einen immer größeren Teil der gesamten Anbaufläche einzunehmen, ja sogar zum einzigen Produkt des Bauern werden. In einem solchen Fall wird also nur noch für den Markt, für den Austausch produziert.

Man arbeitet und produziert nicht mehr für den eigenen Konsum, sondern um seine Erzeugnisse auf dem Markt gegen Güter, die man braucht, einzutauschen. Der Hanfbauer hat in der Bestellung seiner Felder, im Einbringen seiner Ernte, im Pressen der Blätter zu Haschisch usw. Arbeit aufgewendet. Weil er sein Produkt auf dem Markt gegen andere Produkte tauscht, hat er das Haschisch als Ware produziert. Als Ware hat das Haschisch einen objektiven Wert, man kann es mit Datteln, Stoffen, Mais oder Holzkarren preislich vergleichen. Der Wert des Haschischs besteht nicht nur aus den Kosten, etwa für das Saatgut, für die Abnutzung des Bodens, für eine primitive Wasserleitung usw., also aus der «toten Arbeit», die geleistet worden ist, sondern auch aus der lebendigen Arbeit, die der Bauer und seine Familie selber in den Haschischanbau gesteckt haben. Mit dem Umsatz, den der Bauer auf dem Lokalmarkt mit seinem Haschischverkauf erzielt, muß er zum einen die «tote Arbeit», die Kosten, bezahlen, zum anderen die lebendige Arbeit, d. h. seine eigene Ernährung finanzieren. Würde der Haschischbauer auf dem Markt mehr umsetzen, als er für Kosten und eigene Reproduktion benötigt, dann hätte er in einem formalen Sinn tatsächlich Mehrwert produziert. Entscheidend ist, daß er über seinen gesamten Umsatz verfügen kann, daß er sich den Mehrwert aneignet, den er selber geschaffen hat. Deswegen ist eine solche Landwirtschaft noch keine kapitalistische Warenproduktion, in der ja der Mehrwert gerade nicht von denen angeeignet wird, die ihn geschaffen haben. Hier handelt es sich vielmehr um einfache Warenproduktion, aus der in Europa der Kapitalismus hervorging.

Doch all das sind mehr theoretische Überlegungen. In der Praxis kommt es gar nicht so weit. Im Haschisch- bzw. Marihuanaanbau Mexikos, Nigerias, Marokkos, Afghanistans, Nepals, zum Teil auch in der Türkei, im Iran und in Pakistan (sowie im Opiumanbau Hinterindiens) gehören zwar der Boden, die Arbeitsinstrumente, also die Produktionsmittel, und der Verkaufserlös tatsächlich den unmittelbaren Produzenten, den Hanfbauern. Aber der Weg zur «reinen», einfachen Warenproduktion wird ihnen vom imperialistischen Handelskapital versperrt. Der Bauer Nordafrikas und des Mittleren Ostens verkauft sein Haschisch (meistens in kleinen Mengen) auf dem lokalen kleinbäuerlichen Markt zu 100,– bis 200,– DM pro Kilo (Marihuana in Mittel- und Südamerika ist noch sehr viel billiger).

Als Hippies und Amateurhändler aus Europa und den USA sich für die Ware Haschisch zu interessieren begannen, hatten die Haschischbauern auf den etwas offeneren und günstiger gelegenen Lokalmärkten leise Hoffnung geschöpft. Der Amateurhandel wurde gestartet, um die internationalen Handelsstufen zu umgehen und den *shit* direkt auf der heimatlichen Scene zu verkaufen. Daß dies – von den Bedingungen der Illegalität abgesehen – kein größeres Problem ist, zeigt das folgende Stichwortprotokoll eines Hamburger Zwischenhändlers von einem Haschisch-Einkauf in Marokko 1969: «Ort: Marktflecken im marokkanischen Riffgebirge. Personen: Jungen im Alter zwischen 10 und 13 Jahren. Junger Mann (25–30), verheiratet. Kleine Hütte mit zwei Zimmern. Die Alte räumt das Zimmer. Mittlerweile noch drei Typen zwischen 17 und 22 Jahren anwesend. Mit französischen Sprachkenntnissen. Ein Ofen wird besorgt. Es ist kalt. Man wartet auf den Patron. Es werden Bratspieße vorbereitet. Tee wird gekocht. Small talk. Der Patron – etwa 50 – kommt mit einem Sack in der Hand und in Begleitung eines jungen Mannes. Es wird gegessen und geplaudert. Nach dem Essen laufen viele Pfeifen. Man lobt den ‹goldenen Ketama›. Ich biete ihm ein Piece Afghan an. Er aber hat Angst, es zu rauchen. Hält es wahrscheinlich für eine gefährliche Droge. Ich wollte ihn nur zu einem Qualitätsvergleich zwingen. Dann: Handelsszene mit dem Patron. Die anderen übersetzen. Es geht erst um die Menge, die, wie er vorgibt, in der Höhe für ihn kein Problem ist. Bei 20 Platten muß er doch noch einen wegschicken. Bis er wiederkommt, wird geplaudert. Er zeigt uns Bilder von seinen (Handels-)Freunden. Langhaarige junge Europäer und Amis. Wir bekommen ein Bild von ihm. Im europäischen Anzug. Inzwischen sind fünf oder sechs Familienangehörige im Raum. Die 20 Platten sind da. Es wird gewogen. Ungefähr ein Drittel ist noch in Beuteln, ungepreßt. Von 100 Dollar je Platte ließ er sich auf 30 herunterhandeln. Als wir noch weiter drücken wollen, deutet er an, daß wir doch «als Freunde auseinandergehen» wollen. Nach dem Deal sagt man uns, wir sollten noch die Leute bezahlen, die den Wagen ‹bewacht› hätten. Alle helfen uns beim Verpacken. Sie geben uns Ratschläge und wünschen uns Glück und Erfolg.

PS: Meistens wurden wir in Marokko nach Transistorradios gefragt. Damit hätten wir womöglich billiger einkaufen können. In der Hütte war aber schon ein Gerät. Der Patron hat lange erzählt, wie schwierig Herstellung und Verkauf seien und wieviele Familienmitglieder davon leben müßten. Er selbst führt anscheinend nur die Aufsicht. Der Stoff war für Marokko unüblich verpackt: Plastikfolie und Plastikklebebänder. Auf dem Markt in Marrakesch zum Beispiel wird Kiff in holzigem Papier eingerollt.

Allgemeine Einkaufsszene in Marokko: In der Provinz sehr relaxed – in den Städten ziemlich uncool.»

Aber solche zusätzliche Nachfrage ist in der Regel viel zu gering, um die Bauern von dem Zwang zu befreien, zuerst einmal Nahrungsmittel für sich selbst anzubauen. Außerdem kann sich dieser «neue Absatz» angesichts der scharfen Polizeikontrollen an den Grenzen nicht richtig entwickeln. Bestenfalls vermögen die Bauern (so etwa in Marokko und Mexiko) mit der Naivität der langhaarigen Kunden aus dem Norden zu spekulieren und die Preise etwas zu erhöhen bzw. Transistorradios und Armbanduhren abzulehnen und statt dessen auf Bargeld – manchmal sogar ausdrücklich auf Dollars oder D-Mark – zu bestehen. Wenn die Bauern merken, daß man Haschisch mit Gewinn verkaufen kann und sich damit mehr Reis oder Mais einhandeln läßt, als man auf dem eigenen Feld erzeugen könnte, hoffen sie natürlich darauf, ihren Hanfanbau ausdehnen zu können. Unter den Bedingungen des weltweiten Imperialismus kann aber ein solches «Wachstum» nicht mehr zu einer landwirtschaftlichen Mehrwertproduktion wie vor 300 bis 400 Jahren in Europa führen, sondern muß von Anfang an in die Unterordnung unter das *imperialistische* Handelskapital, unter die Großabnehmer münden. Und das ergibt dann die zweite ökonomische Form, die die Ausbeutung der Hanf- und Opiumbauern durch das imperialistische Drogenkapital annimmt. Diese wichtigere, direktere Form der Ausbeutung ist auch dafür verantwortlich, daß es für die Bauern keinen Ausweg aus dem Elend gibt, solange noch Kapitalinteressen der Metropolen Anbau und Produktion bestimmen.

Die ökonomische Grundstruktur der «Unterentwicklung», die die Ausbeutung durch die Metropolen des Imperialismus sichert, ist die Zentralisation des Kapitals. Jene unzähligen Kleinbauern sind nur der spezifische Ausdruck dieser Struktur. Der Imperialismus wird vom Großkapital, von Monopolen, getragen. Am zentralisierten imperialistischen Handelskapital kommt der nordafrikanische Kleinbauer nicht vorbei, wenn er seine Hanfproduktion mit der Erwartung bescheidener Gewinne ausdehnt. Der Absatz kann jetzt nur noch auf einem Weg, dem Weg ins Ausland, gesichert werden. Die kleinbäuerlichen Lokalmärkte sind die erste Stufe und eine notwendige Ergänzung zur internationalen Struktur des hochzentralisierten imperialistischen Handels. Wollen die landwirtschaftlichen Produzenten über ihren Überschußtausch hinauskommen, ausschließlich für den Markt anbauen und damit ihre Landwirtschaft wirklich kommerzialisieren, dann können sie nicht länger ihre eigenen Händler sein. Mit der Spezialisierung müssen sie auch die Arbeitsteilung zwischen Herstellung und Handel akzeptieren. Die Bauern verkaufen nicht mehr direkt an Konsumenten, sondern an einheimische Händler. Die jedoch nehmen ihnen nur Produkte ab, die sie gewinnbringend weiterverkaufen können. Diese Nachfrage kann allein aus den «zahlungskräftigen» Metropolen kommen, und zwar von deren Handelskapital.

Auch im europäischen Merkantilismus vor 400 Jahren begann die kapitalistische Entwicklung mit der Erzielung von Handelsprofiten. So wie damals konzentriert auch heute die einheimische, nationale Bourgeoisie in den Satelliten des Imperialismus ihr Kapital (das es in den «unterentwickelten Ländern» entgegen der herrschenden Propaganda natürlich gibt) im Handel. Und wie vor 400 Jahren im privaten europäischen Außenhandel ist auch hier das «unentwickelte» Kapital zunächst zentralisiert. Doch diese Gemeinsamkeiten zwischen damals hier und heute dort sind nur formaler Art. Denn heute – in der Phase des Imperialismus – hat das europäische und nordamerikanische Kaufmannskapital ein Interesse daran, in den Satelliten landwirtschaftliche Produkte einzukaufen, und gerade nicht, wie damals im Merkantilismus, solche Einfuhren durch eigene Erzeugnisse zu ersetzen, wo immer das möglich war. Deswegen ist auch das Handelskapital der Satelliten nicht gezwungen, sich mit seinem Angebot an den Markt des eigenen Landes zu wenden. Weil der Absatz an die Metropolen des Imperialismus und die Profite des Handelskapitals in den Satelliten so gesichert sind, hat dieses – allerdings nur, solange überhaupt Nachfrage nach den jeweiligen Produkten besteht – kein Interesse als Klasse, sein Kapital in der nationalen Produktion anzulegen. Damit bleibt es auch frei von «freier Konkurrenz». Umgekehrt bringt das Kapital als Klasse, weil seine hohen Handelsprofite ja gesichert sind, auch kein Interesse auf, etwa Einfuhren aus den Metropolen durch eigene Herstellung zu ersetzen oder weiterzuverarbeiten. Selbst wenn die «nationale Bourgeoisie» sich dafür interessieren würde, hätte sie nicht die Macht dazu. Denn das Industriekapital Westeuropas und Nordamerikas müßte sofort um seine Absatzmärkte, seine «kostengünstigen» Rohstoffquellen und Produktionsstätten bangen; und diese Interessen sind die mächtigsten, weil kapitalkräftigsten. Die Existenz der Handelsbourgeoisie der Satelliten als sozialer Klasse, die Erhaltung ihrer Macht und ihrer Profite ist direkt von den Interessen des Handels- und Industriekapitals der Metropolen abhängig, nämlich von deren Nachfrage und somit von deren Gewinnen. Ihre Interessen decken sich.

Diese Grundstruktur des weltweiten imperialistischen Handels trifft uneingeschränkt auch auf den Drogen-Imperialismus zu. Und im Haschisch- und Opiumhandel erkennt man auch glasklar den entscheidenden Mechanismus, mit dem diese Struktur funktioniert: die Unterbewertung der landwirtschaftlichen Produkte.

Sobald der marokkanische Bauer mit seinem Haschischangebot auf den Verkauf an die Agenten des marokkanischen Kaufmannskapitals angewiesen ist, muß er sich dessen Preisdiktat unterwerfen. Er hat so gut wie keine Möglichkeit, zwischen verschiedenen Aufkäufern für seinen Hanf zu wählen, um schließlich das höchste Angebot zu akzeptieren. Es ist eben zentralisiertes Kaufmannskapital, das der Agent vertritt, wenn er die Ernten besichtigt. Im Endeffekt kann der Agent den Preis mehr oder weniger alleine bestimmen, etwa 10,– bis 20,– DM pro Kilo (im Gegensatz zu den 200,– DM, die der Bauer auf dem Lokalmarkt dafür bekommen könnte, gäbe es solche Märkte, die nicht vom Interesse des Monopolkapitals durchdrungen sind, überhaupt noch.) Mit diesem Einkommen aus dem Haschischverkauf, auf dessen Höhe er praktisch keinen Einfluß hat, kann der Hanfbauer sich und seine Familie kaum ernähren. Er darf den Hanfanbau daher nur so weit ausdehnen, wie er sich mit dem Anbau von Grundnahrungsmitteln noch vereinbaren läßt. Weil er daraus einen wesentlichen Teil seiner Ernährung bestreitet, braucht das Handelskapital seinen Preis für Haschisch, das es dem Bauern abkauft, nicht an dessen Existenzminimum zu bemessen. Genau das wäre die Mindesthöhe eines kapitalistischen Lohnes. Haschisch wird wie jedes andere landwirtschaftliche Produkt der Satellitenländer unterbewertet. Der Drogenhandel funktioniert eben wie der sonstige imperialistische Handel auch.

Der Hanfbauer kann seine Haschischproduktion also nur sehr begrenzt ausdehnen, solange er auf den Subsistenzanbau angewiesen ist. Zwar kann der Aufkäufer die Preise diktieren und über die Preise Einfluß auf den Anbau nehmen, deswegen kann er aber noch nicht befehlen, in welchem Umfang die Bauern Haschisch anbauen. Um eben diesen Umfang des Hanfanbaus bestimmen zu können, ist die Haschischerzeugung oft der vom Großgrundbesitz kontrollierten landwirtschaftlichen Produktion eingegliedert. Das gilt vor allem für Brasilien, Marokko und Pakistan, vielfach für die Türkei und für den Iran, am allermeisten für den Libanon. Auf dem Boden des Großgrundbesitzers verfügen die Bauern als unmittelbare Produzenten über keinerlei eigene Produktionsmittel, wie Boden und Arbeitsinstrumente. Dadurch kann der Großgrundbesitzer Menge und Zusammensetzung der landwirtschaftlichen Erzeugung unmittelbar festlegen, also auch den Anteil des Haschischs an der Gesamternte. Die Landwirtschaft von Großgrundbesitzern zeichnet sich dadurch aus, daß die formalen Abhängigkeitsverhältnisse ihrer besitzlosen Produzenten nicht der kapitalistischen Lohnarbeit entsprechen. Die Bauern sind nicht ausschließlich mit der Erzeugung eines Produktes beschäftigt, das sie selber nicht konsumieren und für dessen Anbau und Ernte sie entsprechend dem Wert ihrer Arbeitskraft einen Geldlohn bekommen. Das wäre «klassische» kapitalistische Landwirtschaft.

Die unmittelbaren Produzenten auf dem Großgrundbesitz sind aber keine Lohnarbeiter. Notwendige Arbeit und Mehrarbeit sind für sie auch sinnlich verschieden. Sie bauen auf dem Boden und mit den Arbeitsinstrumenten, die (in der Regel) der Großgrundbesitzer «zur Verfügung stellt», zugleich für ihren eigenen Konsum als auch für den Markt an. Das hochzentralisierte Handelskapital der Metropolen des Imperialismus möchte ja seine ständig gefährdeten Handelsprofite dadurch aufrechterhalten, daß es Produkte möglichst billig, nämlich unter ihrem tatsächlichen Wert, einkauft. Das Kapital wird von den Gesetzmäßigkeiten bedroht, die es selber der ganzen Welt auferlegt hat.

Weil es zentralisiertes Kapital ist, hat es Macht. Und weil es Macht hat, kann es die Importgüter im Einkauf unterbewerten. Das Handelskapital in den Satelliten des Imperialismus, das die Produkte liefert, kann an dem Preisdiktat der Metropolen kaum rütteln. Es vertritt geringere Kapitalkraft, hat also geringere Macht. So ist es gezwungen, die Unterbewertung weiterzugeben und selbst die Produkte im «eigenen» Land zu einem Preis unter ihrem Wert einzukaufen. Das Einkommen der unmittelbaren Produzenten kann daher nicht dem Wert von deren Arbeitskraft als Ware entsprechen, sondern wird durch den Verkaufspreis ihrer Produkte ebenfalls unterbewertet. Die Folge ist, daß die Bauern mit ihrem «Anbau für den Markt» nicht die eigene Existenz sichern können, von Gewinnen und Akkumulation ganz zu schweigen. Offiziell nennt man das Ergebnis dann «Unterentwicklung» oder «Rückständigkeit». Auf dem Großgrundbesitz, wo die Bauern von der Bereitstellung des Bodens, des Wassers und der Arbeitsinstrumente abhängig sind, kann das Handelskapital der Satelliten die Bauern zwingen, das anzubauen und «anzubieten», was sich an das Handelskapital der Metropolen absetzen läßt. Da die Bauern für ihre «Markterzeugung» nicht deren Wert und auch nicht den Wert ihrer Arbeitskraft bekommen können, bleibt ihnen nichts anderes übrig, als – genau wie die «selbständigen» Kleinbauern – nebenher noch für ihre eigene Ernährung anzubauen. Daraus erklären sich die verschiedenen Formen, die die Abhängigkeitsverhältnisse unter dem Großgrundbesitz annehmen. Die Bauern können Leibeigene sein, einen Teil ihrer Erzeugung also für den eigenen Konsum verwenden, den anderen Teil an den Großgrundbesitzer abliefern. Sie können ein Stück Boden auf dem Besitztum gepachtet haben und die Pacht an den Besitzer in Form von Geld als «Beteiligung» am «Umsatz» oder in Form von Produkten als «Beteiligung» am Ertrag entrichten. Schließlich kann die Abhängigkeit auch Formen von (unterbezahlter) Lohnarbeit annehmen, so daß das gesamte Einkommen des Bauern im Lohn besteht, den er vom Großgrundbesitzer erhält. Für den ist aber Lohnarbeit nur tragbar, wenn der größte Teil «seiner» Produzenten nicht entlohnt werden muß. Es ist offenkundig, wie nahtlos sich Haschisch in diese Struktur der imperialistischen Satelliten-Landwirtschaft einfügt; und es ist ebenso offenkundig, welche Lüge in der imperialistischen Propaganda steckt, Drogenerzeugung und -handel seien lediglich eine «bedauerliche Randerscheinung», auf jeden Fall aber alles andere als typisch für die Landwirtschaft der Satelliten-Länder. Tatsächlich sind Haschisch und Opium Bilderbuchbeispiele für das Funktionieren imperialistischer Ausbeutung.

Das (produktive) Großgrundkapital und das landwirtschaftliche Großhandelskapital lassen sich in den Satelliten nicht trennen. Entweder decken sie sich völlig, oder sie sind personell und finanziell, vor allem aber in ihren Interessen aufs engste miteinander verflochten. Meistens ist es ein und dieselbe Familie, die die Produktion und den Absatz an ausländische Einkäufer «organisiert». Mit der verbreiteten Geld- oder Produktenpacht «verkauft» der Pachtbauer ja einen Teil seiner Erzeugung an den Besitzer. Es gehört zur Struktur dieser Länder, daß die Trennung zwischen Produktion und Zirkulation im Interesse des imperialistischen Handelskapitals nicht vollzogen wird. Der Anbau von Hanf wie auch anderer Marktprodukte und von Nahrungsmitteln für den eigenen Konsum auf ein und demselben Großgrundbesitz ist mehr oder weniger identisch mit der ersten Stufe des Vertriebs. Die Agenten des landwirtschaftlichen Großhandels müssen das Haschisch so billig einkaufen oder zu so geringen Kosten anbauen lassen, d. h. dermaßen unterbewerten, daß noch die Profite und imperialistischen Extraprofite aller folgenden Handelsstufen aufgeschlagen werden können, ohne daß der Endverkaufspreis am Schluß den Absatz in den Metropolen gefährdet. Diese Unterbewertung, diese Ausbeutung der Haschischbauern, macht die Profite im Haschischhandel und damit den Haschischkonsum bis hin zur Berliner oder New Yorker «Subkultur» überhaupt erst möglich.

Der landwirtschaftliche Großhandel der Satelliten hat im Vergleich zu den folgenden Stationen des Haschisch- und Marihuanahandels relativ hohe Kosten zu tragen. Das staubförmige «Rohhaschisch», das die Bauern aus den Blüten oder Blättern der Hanfpflanze ernten, muß zu Klumpen bzw. Platten gepreßt werden. Diese Bearbeitung ist zumeist ebenfalls Aufgabe der Bauern; manchmal beschäftigt der Großgrundbesitzer dafür zusätzliche Arbeitskräfte für die Dauer der Ernte. Zum Pressen ist ein Zusatzstoff erforderlich, um dem Haschisch die richtige Konsistenz zu geben. Die Zusatzflüssigkeiten stammen aus der Produktion des gleichen Grundbesitzers. In Nepal und Afghanistan, wo Viehwirtschaft vorherrscht, verwendet man Milch zum Pressen, in Pakistan oft Öl. Vielfach nimmt man auch einfach Wasser. Außerdem muß der Großgrundbesitzer oder der Großhändler sich um die Lagerung und den Transport des Haschischs kümmern, bis die Ware an einen ausländischen Importeur verkauft ist. Doch solche Kosten fallen

Die Verteilung der Rauschg

Afghanistan
Brasilien
Indien
Jamaika
Kolumbien
Libanon
Marokko
Mexiko
Nigeria
Pakistan
Sambia
Sudan
Thailand
Türkei
USA

Bolivien
Equador
Peru

Cannabis produzierende Länder
Kokain produzierende Länder
Opium produzierende Länder

Afghanistan
Australien
Indien
Iran
Laos
Mexiko
Pakistan
Thailand
Türkei

beim inländischen Handelskapital, da ja Anbau und Handel nur ganz selten auf ein Produkt spezialisiert sind, ohnehin an, so daß es mit Lagerung und Transport des Haschischs seine Einrichtungen (Räume, Lastwagen) nur besser und rentabler ausnutzen kann. «Selbständige» Einzelbauern, die nicht dem Kommando eines Großgrundbesitzers unterstehen, lagern manchmal die Ernte im Freien und transportieren sie selber in oft tagelangen Märschen auf Maultieren zu irgendwelchen Marktflecken. So vor allem in Mexiko.

Will man etwas über die Profite, über den Grad der kommerziellen Verwertung sagen, so muß man immer zwischen Profitmasse (absoluter Geldbetrag, ausgedrückt in Währungseinheiten) und Profitrate (Verhältnis des Profits zu den Kosten, ausgedrückt in Prozent) unterscheiden. Weil in den Satelliten alle Einkaufspreise auch in ihrer Summe so niedrig wie möglich sein müssen, ist die Differenz zwischen Ein- und Verkaufspreis, also der Profit des Großhandelskapitals absolut niedrig. Für das Handelskapital sind Einkaufspreis und Kosten identisch. Hat der Großhändler 100 kg Haschisch zum Preis von 10,–DM pro Kilo, insgesamt also für 1000,–DM, eingekauft, so verkauft er sie für etwa 15 000,–DM (150,–DM pro Kilo) an einen amerikanischen Importeur. Die zusätzlichen Kosten für Bearbeitung, Transport, Lagerung und Bestechungsgelder seien 2000,–DM. An absolutem Profit bleiben dem Großhändler dann 12 000,–DM. Im Vergleich zu den Profiten der folgenden Handelsstufen ist dieser Betrag niedrig. Das Verhältnis von hoher Profitrate und niedriger Profitmasse kehrt sich immer mehr um, je weiter sich das Haschisch von seinem Anbauort entfernt. Auch das ist genauso wie bei allen anderen landwirtschaftlichen Produkten der Satellitenländer. In dieser hohen Profitrate drükken sich die extrem niedrigen Kosten bzw. Einkaufspreise sowie die Unterbewertung durch das Preisdiktat des Großhandels, also letztlich der niedrige Entwicklungsstand der Produktion selbst aus. Andererseits erklärt die hohe Profitrate, warum das meiste nationale Kapital der Satelliten im Handelssektor angelegt wird. Im Kapitalismus sollen die Profite dazu dienen, Investitionen zu ermöglichen, um damit die Produktion zu erweitern und weiterzuentwickeln. Da aber die Profitrate im landwirtschaftlichen Großhandel in ihrer Höhe vom Zustand der «Unterentwicklung» und von der Möglichkeit der Unterbewertung abhängt, haben die Händler eben kein Interesse daran, mit den Profiten Investitionen und Modernisierungen zu bezahlen. Es ist ein wichtiges Kennzeichen der Satelliten des Imperialismus, daß ihrer hohen inländischen Profitrate keine hohe inländische Investitionsrate und keine hohe inländische Investitionsmasse entspricht. Das bedeutet, daß der angehäufte Reichtum unproduktiv angelegt werden muß. So erklärt sich der Luxuskonsum und Prunk der herrschenden Klasse in den Satelliten, ihre ruhenden Bankkonten in den USA oder in der Schweiz und die aufgeblähten Armeen und Bürokratien in den Satellitenländern. Der lukrative Haschischexport ist deswegen eine denkbar günstige Möglichkeit, diese ausbeuterische Struktur weiter zu verfestigen und ihren Zusammenbruch zu verhindern.

Die Großgrundbesitzer und Großhändler der Satelliten verwenden ihre Profite aus der Haschischausfuhr bestenfalls, um weitere Felder und Bauern oder andere Arbeitskräfte ihrem Kommando zu unterstellen. Die Struktur des Nebeneinanders von Subsistenzanbau und Markterzeugung und damit die Unterbewertung dürfen natürlich im Interesse des Kapitals sowohl in den Metropolen wie in den Satellitenländern nicht überwunden werden. In der imperialistischen Phase des Kapitalismus wird die kapitalistische Entwicklung der Landwirtschaft in der Dritten Welt vom Kapital selbst verhindert. Deswegen ist die Ausdehnung des Haschischanbaus auch nur sehr begrenzt möglich. Der entscheidende Schritt in diese Richtung wäre die Spezialisierung. Die Bauern würden dann nichts anderes als Hanf anbauen und ernten. Der Einkaufspreis des Großhändlers oder der Lohn des Großgrundbesitzers müßte dann die Reproduktion der Bauern sichern, also dem Wert ihrer Arbeitskraft entsprechen. Die entscheidende Grundlage der Unterbewertung und der imperialistischen Handelsprofite wäre damit aber nicht mehr gegeben. Darüber hinaus müßte sich die Landwirtschaft früher oder später auf die Erzeugung von Nahrungsprodukten für die eigene Bevölkerung umstellen; denn es würde nun niemand mehr «nebenbei» für die eigene Ernährung (Subsistenzwirtschaft) anbauen. Im Binnenhandel könnte das Handelskapital aber seine enormen Profite nicht mehr erzielen, denn sie hängen ja von der Nachfrage des kapitalkräftigen Handelskapitals aus den Metropolen ab. Mit einer derartigen Kapitalisierung der Landwirtschaft würde das landwirtschaftliche Großgrund- und Großhandelskapital daher seine eigene Entmachtung, die zunehmende Entfaltung der Produktion und seine Unterordnung unter diese betreiben. So erklärt sich das Interesse am Anbau von und Handel mit Haschisch, das unter imperialistischen Bedingungen immer bestehen wird. Schließlich ist Haschisch für das landwirtschaftliche Großhandelskapital der Satelliten von besonderem Vorteil. Im Gegensatz zu den meisten anderen Exportgütern kann es sowohl im Inland verkauft werden und in den Konsum der Bauern selbst eingehen als auch nach Europa und Nordamerika ausgeführt werden. Weil der Bauer mit einem kleinen Teil der Ernte auf dem nächsten Lokalmarkt selbst etwas Geld verdienen und einen anderen kleinen Teil für seine eigene Ernährung verwenden kann (letzteres gilt vor allem für den brasilianischen, bolivianischen und peruanischen Kokablätterkonsum), hat der Großhandel mit seinem Einkaufspreis oder der Großgrundbesitzer mit seinem Abgabezwang die Möglichkeit, den Marktanteil der Haschischerzeugung noch viel stärker unterzubewerten als den anderer Produkte. Haschisch ist also nicht nur ein Beispiel unter anderen für die imperialistische Ausbeutung der Landwirtschaft in den Satelliten, sondern darüber hinaus ein Produkt, mit dem wegen seiner vielfachen Absatzmöglichkeiten das imperialistische Handelskapital diese Ausbeutung besonders lukrativ und skrupellos betreiben kann.

Wie alle Branchen des Imperialismus ist aber auch der «Drogen»-Imperialismus seinen inneren Widersprüchen, die sich zunehmend verschärfen, hoffnungslos ausgeliefert. Auf die Landwirtschaft der Satelliten bezogen ist das der Widerspruch zwischen Kapital und Kapitalisierung. Je stärker der Profit des Handelskapitals in den Metropolen auf die unterbewertete Einfuhr aus den Satelliten angewiesen ist, desto mehr muß hier die landwirtschaftliche Erzeugung auf diesen Export ausgerichtet werden. Desto rascher müssen dann aber auch die Bauern ihren zusätzlichen Anbau für die eigene Ernährung aufgeben. Desto geringer werden damit die Möglichkeiten der Unterbewertung ihrer Produktion und der Erzielung imperialistischer Extraprofite mit der Einfuhr solcher Erzeugnisse, und – vor allem – desto schwieriger wird die Aufrechterhaltung der Produktion für den Export statt für den unterversorgten Inlandsmarkt. Der Kampf gegen diese Widersprüche führt dann zu regelrechten imperialistischen Erpressungen. Die traditionellen Reisanbauländer Vorder- und Hinterindiens müssen Reis teuer importieren, obwohl sie ihn viel besser selbst anbauen können. Doch das imperialistische Handelskapital zwingt die Landwirtschaft dieser Länder, immer mehr Reis und andere Produkte für den Export zu erzeugen und damit ihre eigene Subsistenzerzeugung aufzugeben.

In all jenen Ländern, in denen die «Modernisierung der rückständigen Landwirtschaft» allein ein «echtes Anliegen» ist, verknüpft man die Hoffnung auf Veränderung mit einem Schlagwort: Landreform. Auch in sämtlichen Berichten und «Analysen» der Massenmedien, öffentlicher Stellen und besonders der UNO zur Drogenproblematik, die meinen, wenigstens ein kleines Stück über die Kriminalstatistik hinausblicken zu müssen, gilt die Landreform als einzige langfristige Möglichkeit, der Erzeugung und damit dem weltweiten Angebot von Haschisch, Marihuana und Opium ein Ende zu setzen. Doch die, die von «Landreform» reden, meinen immer bürgerliche, imperialistische Landreform. Diese verschlimmert das Los der unterernährten und verarmten Landbevölkerung eher als es zu verbessern. Ziel dieser Landreform ist es, die Bauern vom Joch des Großgrund- und des Großhandelskapitals zu «befreien» und dessen Profite für den Aufbau von Industrie zu verwenden. In der Tat ist es dem Hanfbauern unmöglich, sich von der Ausbeutung durch den Großgrundbesitzer oder vom Preisdiktat des Großhändlers selbst zu befreien. Denn der Bauer erzielt so gut wie keine Gewinne, mit denen sich Verbesserung oder Erweiterung des Anbaus finanzieren ließen. An den Kauf von Maschinen, Kunstdünger oder Bewässerungsanlagen ist überhaupt nicht zu denken; ganz abgesehen davon, daß das Feld des Hanfbauern viel zu klein ist, um solche Produktionsmittel sinnvoll einsetzen zu können. All diese Mittel liegen in den Händen derer, die sie finanzieren können, in den Händen der Großgrundbesitzer und Großhändler. Nur sie verfügen über Brunnen, Lagerräume, Arbeitsinstrumente und Transportmittel, auf die die Bauern in ihrem Anbau und Absatz angewiesen sind. Da die Bauern kein «Eigenkapital» oder sonstige Mittel vorweisen können, haben sie auch keine Chance, Kredite bewilligt zu bekommen. Diese Mittellosigkeit einerseits sowie die Zentralisation des Kaufmannskapitals (des Abnehmers) und dessen Macht, Preise zu diktieren, andererseits nehmen auch einem möglichen genossenschaftlichen Zusammenschluß einzelner Kleinbauern jede Aussicht auf Erfolg. Die Produzenten hätten zwar jetzt vielleicht genug Anbaufläche, um bescheidene Maschinen, Bewässerungsanlagen und Düngemittel effektiv einzusetzen, aber sie verfügen weder über die Mittel, um das alles zu bezahlen, noch über verbesserte Möglichkeiten, Gewinne zu erzielen. Deswegen enteignet im günstigsten Fall eine staatliche Landreform die Großgrundbesitzer und die landwirtschaftlichen Großhändler, so daß den Bauern ihr Boden jetzt auch wirklich gehört, und fördert deren genossenschaftliche Zusammenarbeit. Jetzt hat der Staat das Monopol für den Einkauf der landwirtschaftlichen Erzeugnisse. Doch der setzt alles daran, um Mittel für die Industrialisierung zu bekommen. So legitimierte der Chef der laotischen Luftwaffe, General Rathikoune, 1967 gegenüber amerikanischen Reportern, daß sich die Armee als Opiumgroßhändler betätigte. Mit den Exporterlösen sollten Investitionen in die Infrastruktur und in die Industrialisierung des Landes finanziert werden. Die dadurch in Gang gebrachte «wirtschaftliche Entwicklung» würde früher oder später den gesamten Opiumanbau und -handel verschwinden lassen, so argumentierte er. Zu diesem Zweck muß der Staat aber mit seinem Einkaufsmonopol die Bauern zum Anbau solcher Produkte zwingen, die er mit Profit verkaufen kann. Das ist nur im zahlungsfähigen Ausland möglich. Auf dem kapitalistischen Weltmarkt muß die staatliche Außenhandelsorganisation aber das Preisdiktat des kapitalkräftigeren, also mächtigeren Importhandelskapitals der Metropolen genauso akzeptieren wie vorher der private Großhändler. Auch für den Staat sind die angestrebten Handelsgewinne nur möglich, wenn er die Unterbewertung seines Angebots an Agrarprodukten an die Bauern, von denen er sie kauft, weitergibt. Den Bauern ist es auch nach der Landreform nicht möglich, Gewinne zu erzielen. Sie werden weiterhin auf dem Existenzminimum vegetieren. Der Staat, der mit den Handelsprofiten die Industrialisierung finanzieren will, hat kein Interesse, Produktivitätssteigerungen in der Landwirtschaft zu ermöglichen, wenn er dafür seine Handelsprofite in die Landwirtschaft investieren muß. Die Bauern selbst können Produktivitätssteigerungen erst recht nicht finanzieren.

Je umfassender eine national-kleinbürgerliche Reformpolitik * aller-

---

* Ein wichtiges Instrument solcher «Reformpolitik» ist die Währungspolitik, die für den Drogenhandel besonders wichtig ist. Wegen des Risikos der Illegalität wird hier oft sofort bar bezahlt – und das natürlich in allen möglichen Währungen. Der Staat überhöht den Wechselkurs; die eigene Währung wird überbewertet.

Die Satelliten-Währung ist also offiziell mehr wert, als es der Wirklichkeit entspricht. Aber dieser offizielle Wechselkurs kann nur im Inland gelten. Zum Beispiel Pakistan: Im Ausland, auf dem Währungsweltmarkt, herrscht der realistische Kurs, sonst würde sich niemand bereit erklären, die pakistanische Rupie in harte Dollar oder D-Mark umzutauschen. Den Vorteil hat der, der in einheimischer Währung ausgibt, aber in ausländischer Währung einnimmt. Beispiel: Ein Großhändler verkauft in Karatschi 100 kg an einen westdeutschen Importeur zu 15000 DM. Er bekommt das Geld auch in D-Mark, d. h. in harten Devisen. Er kann es sofort im Ausland zum «freien

dings vom Staat betrieben wird, desto geringer sind die Chancen des ausländischen Importhandelskapitals, noch ein Angebot an Haschisch in diesem Land aufzutreiben. Denn das Interesse der staatlichen Handelsorganisationen ist auf legale, am «offiziellen Weltmarkt» absetzbare Produkte gerichtet. Wenn man die Länder des Nahen und Mittleren Ostens daher entsprechend ihrer politischen und wirtschaftlichen Gesamtkonzeption in reformistische und reaktionäre Satelliten unterteilt, so stellt man fest, daß ausschließlich die offen reaktionären Staaten Haschisch ausführen: Marokko, Libanon, Türkei, Iran, Afghanistan*, Westpakistan, Nepal. Die Ländernamen decken sich mit den Markennamen für Shit: Maroc, Libanese, Turkey, Afghan, Pakistani, Nepalese. Der Iran und die Türkei sind allerdings mehr auf Opium spezialisiert. Die Staaten, die einen nationalen «Sozialismus» für sich beanspruchen, treten kaum als Haschischlieferanten auf, also Algerien, Ägypten, Syrien, Irak, Indien. Das gilt auch für den Opiumanbau – von legalen Exporten abgesehen. Außerhalb des Nahen Ostens fallen die wichtigsten Drogenlieferanten ebenfalls unter die Rubrik der «unreformierten» Satellitenländer: Thailand, Laos, Indonesien, Nigeria, Jamaica, Mexiko (ein «Sowohl-als-auch-Fall»), Panama, Brasilien, Bolivien. Der Haschisch- und Opiumimport in die Metropolen verstärkt somit nicht nur allgemein die imperialistische Ausbeutung der Landbevölkerung in den Satelliten, sondern begünstigt und fördert zudem ihre reaktionärsten wirtschaftlichen und politischen Organisationsformen.

Nachdem der «einheimische» landwirtschaftliche Großhandel das Haschisch an europäische oder amerikanische Großeinkäufer abgesetzt

Marktkurs» gegen ungefähr 19000 pakistanische Rupien eintauschen. Die Kosten, die ihm entstanden waren, vor allem die Bezahlung der Bauern und anderer Arbeitskräfte, begleicht er mit im Inland eingetauschten Rupien. Die 1000 D-Mark für die 100 Kilo zahlt er dem Bauern zum offiziellen, überhöhten Wechselkurs von ungefähr 850 Rupien, obwohl der tatsächliche Anteil des Bauern am Exporterlös eine Kaufkraft von fast 1300 Rupien hat.

Die staatliche Währungspolitik ist somit ein zusätzliches Mittel zur Unterbewertung der landwirtschaftlichen Erzeugung und zur Aufrechterhaltung des bäuerlichen Elends.

* Afghanistan ist auch nach der April-Revolution von 1978 Lieferant von hochwertigem Haschisch. In Regionen, die nicht von der Regierung kontrolliert werden, wird weiterhin Hanf angebaut und als Haschisch verarbeitet.

hat, liegt die Ware nun in den Händen des Importhandelskapitals der Metropolen. Wegen ihrer genauen Kenntnisse der Anbaubedingungen gehören die Agenten dieses Importhandels oft der Nationalität des Erzeugerlandes an. Trotzdem sind es keine Exporteure, sondern Importeure, denn sie treten als Vertreter des Metropolenmarktes an die Produzenten oder Händler in den Satelliten heran und bestellen. Für einen Exporteur des Anbaulandes wäre das Geschäft beendet, nachdem die Ware die Grenze überschritten hat, für den Importeur jedoch noch lange nicht. Den Einkauf des Haschischs betreibt das organisierte Importhandelskapital der Metropolen, das die Kapitalkraft und die Macht hat, den Einkaufspreis gegenüber dem Großhandel der Satelliten entscheidend zu bestimmen. Dem Importhandelskapital entstehen die höchsten Kosten. Es muß den Transport meistens über mehrere Grenzen hinweg organisieren und finanzieren. Dazu kommen Kosten für Lagerung und gegebenenfalls weitere Bearbeitung, um durch qualitätsmindernde Zusätze das Gewicht der Ware zu erhöhen. Der Transport erfordert Ausgaben wie Bestechungsgelder, Provisionen, Schweigegelder z. B. für Zollbeamte, Hafenarbeiter, Matrosen usw. In der bürgerlichen Presse liest man oft, der Drogenhandel ließe sich deswegen so schwer bekämpfen, weil niemand gegen die Korruption von Zoll- und Polizeibeamten in den Anbauländern ankomme. Das ist in der Tat richtig. Nur ist diese Korruption ebenso wie der Drogenhandel selbst Ausdruck und Bestandteil der Gesamtstruktur dieser Länder, nämlich ihrer imperialistischen Ausbeutung durch die Metropolen Westeuropa und Nordamerika. Aus der Schaltstellung des Importhandelskapitals zwischen zwei Märkten, nämlich zwischen Satelliten und Metropolen, folgt der Doppelcharakter seiner Preis- und Profitbildung. Der Einkaufspreis kennzeichnet noch die Ausbeutung und Unterbewertung der landwirtschaftlichen Erzeugung in den Satelliten. Der Verkaufspreis hebt die Ware auf das Preisniveau der Metropolen. Zum Einkaufspreis von etwa 20000,–DM für 100 kg Haschisch kommt mindestens der gleiche Betrag noch einmal an Transportkosten für diese 100 Kilo hinzu. In der BRD oder sonstwo verkauft man die Ladung an den dortigen Großhandel für 160000,–DM. Ein Viertel dieses Umsatzes deckt also die Kosten, so daß drei Viertel als Profit bleiben. Das ist sowohl eine enorme Profitrate als auch eine hohe Profitmasse, wie sie das Handelskapital heute in den Metropolen selbst nirgendwo mehr erzielt, das gelingt ihm nur noch bei direktem Einkauf in den Satellitenländern.

Das Importhandelskapital in den Metropolen – als ökonomische wie geographische Schaltstelle des Transportweges – erfordert, wie übrigens auch bei allen anderen legalen Importen aus den Satelliten, die höchste Organisation, die besten Beziehungen und die stärkste Finanzkraft. Deswegen berichten die Massenmedien so überdreht von dieser Handelsstation. Man hört von mysteriösen weltweiten Rauschgiftsyndikaten, von mächtigen Familien-Clans, an die niemand herankommt. An der Spitze sollen geheimnisvolle Bosse stehen, denen nicht das geringste nachgewiesen werden kann. Sie sollen ständige Verbindung mit ihren «Zentralen» oder «Filialen» in New York, Marseille, Palermo und Hongkong unterhalten, und nicht zuletzt werden vorsichtig noch die Beziehungen zu «einflußreichen Politikern» oder gar zum Polizeiapparat angedeutet. In den meisten Fällen ist das sogar alles richtig. Nur besteht zur Mystifikation überhaupt kein Anlaß. Hierin drückt sich lediglich eines der oganisatorischen Erfordernisse imperialistischen Handels aus. Das ist bei Haschisch und Opium genauso wie bei der Einfuhr von Jute, Kautschuk, Kaffee oder Gewürzen.

Nach dem Import fallen für die nun noch folgenden Groß- und Einzelhändler kaum noch Kosten an. Sie haben nur noch die Aufgabe, die Ware Schritt für Schritt an den Verbraucher zu bringen. Die Mengen werden immer kleiner, die Kapitalkraft der Einkäufer wird immer geringer. Jetzt dreht sich die Sache um. Am Anfang der Handelskette wurde von Stufe zu Stufe die Stellung der Nachfrager stärker. Der Großhandel der Satelliten war stärker als die Bauern; der Importhandel der Metropolen war stärker als der Großhandel der Satelliten. Jetzt ist der Großhandel der Metropolen schwächer als der Importhandel und der Einzelhandel schwächer als der Großhandel. Die Stellung des jeweiligen Anbieters wird immer stärker. So wie die Macht des Nachfragers (des Abnehmers) die Unterbewertung beim Einkauf in den Anbauländern ermöglichte, ermöglicht jetzt die Macht des Anbieters in den Verbraucherländern die Überbewertung beim Verkauf. Großhandel und Importhandel der Metropolen fallen oft zusammen oder sind personell und finanziell miteinander verflochten. Wenn sie unabhängig voneinander sind, übertrifft der Verkaufspreis des Großhandels dessen Einkaufspreis um ungefähr 20 Prozent. 100 kg Haschisch – für 150000,– DM beim Importhandel eingekauft – werden für 180000,– DM an den Einzelhandel verkauft, aber bereits aufgesplittert. Als Verwertungsmaßstab ist jetzt die Summe der Einzelprofite an die Stelle der Profitrate getreten. Obwohl der Großhandel in den Satelliten die hundertfache Profitrate des Großhandels in den Metropolen erzielte, beträgt die Profitmasse in den Satelliten doch nur ungefähr 19000,– DM, während die Profitmasse sich in den Metropolen jetzt auf 30000,– DM für 100 kg beläuft. Diese Zahlen sollen nur belegen, daß der Drogenhandel, wie aller Handel, den imperialistischen Gesetzmäßigkeiten unterliegt. Die Finanzierung von Groß- und Importhandel setzt außerdem die Verflechtung mit anderen – legalen oder illegalen – Einnahmequellen voraus. Schon allein deswegen ist die Isolierung des Drogenhandels als einer Branche, die mit unserer «freien Unternehmerwirtschaft» nichts zu tun hat, bloße Propaganda des Kapitals und seiner Agenten.

Anatomie eines Deals

Die drei Deutschen, die den Deal organisieren, sind «Happy-Klaus», «Charly» und «Hippie-Karl».

Klaus-Dieter H., 21, wird «Happy-Klaus» genannt. Er hat das Studium der Soziologie nach zwei Semestern abgebrochen und wohnt in Bremen*.

Sein Freund «Charly» ist Horst B., 20. Er übt nach einer kaufmännischen Lehre keinen Beruf aus.

«Hippie-Karl» ist Karl W., 24. Er hat seine Schulausbildung abgebrochen und lebt seit fünf Jahren in Hannover.

Zwei dieser drei (Charly und Happy-Klaus) besitzen «Auslandserfahrung» im Handel mit Haschisch. Sie haben vor einiger Zeit Shit im Ursprungsland Afghanistan eingekauft und selber in die Bundesrepublik transportiert.

Erster Tag. Happy-Klaus bekommt von Charly den Tip, daß in Kassel ein Ausländer 55 Kilogramm nepalesischen Shit anbietet. Charly hofft, daß Happy-Klaus mit eigenem Geld in den Deal einsteigt, zudem kennt Happy-Klaus von früher die Scene in Hannover.

Happy-Klaus fliegt von Bremen nach Hannover, trifft sich dort mit

* Die Namen der Beteiligten wurden geändert.

Charly und vereinbart mit ihm, den Deal gemeinsam durchzuziehen. Happy-Klaus mietet einen Wagen für 30,– DM pro Tag.

Kosten am ersten Tag: Flug Bremen–Hannover und Taxi 150,– DM, Leihwagen 30,– DM, insgesamt 180,– DM.

Zweiter Tag. Charly und Happy-Klaus erkunden die Marktlage und nehmen Kontakt mit Hippie-Karl auf. «Börsenbericht»: Auf der Scene in Hannover wurden folgende Werte notiert: schwarzer Afghan Verkauf 5,50 DM pro Gramm, plus 0,50, starke Nachfrage. Roter Libanon nicht notiert. Maroc nicht notiert. Grüner Türke Verkauf 4,– DM pro Gramm, minus 0,50. Schwarzer Nepal Verkauf 5,– DM pro Gramm, plus minus Null, starke Nachfrage.

Es herrscht starker Mangel an ungepanschtem Shit: «Es kommt nichts rein.»

Happy-Klaus und Charly legen bei ihrer Kalkulation einen Gramm-Preis von fünf DM zugrunde. Sie beschließen, zunächst Geld für zehn Kilogramm zu besorgen. Hippie-Karl soll das Geld bei mittleren Dealern «einsammeln» und von jedem das Geld für mindestens ein Kilogramm Shit verlangen. Er holt es bei Dieter, Fritz und Gerd, die mit eigenem Geld einsteigen. Dieter bringt nur die Mindestsumme, Fritz und Gerd liefern den Betrag für je drei Kilogramm.

An dem Geschäft beteiligt sich auch Egmont, der das Geld für drei Kilogramm allerdings nicht selber besitzt, sondern von Hans (der im Hintergrund bleiben will) bekommen hat und lediglich weitergibt. Egmont erhält von Hans für diese Vermittlung unabhängig vom Einkaufspreis eine Provision von 100,– DM je Kilogramm, also von insgesamt 300,– DM.

Kosten am zweiten Tag: wiederum 30,– DM für den Leihwagen, den Happy-Klaus gemietet hat. Die 300,– DM Provision, die Egmont kassiert, sind in der Bundesrepublik der erste Verdienst bei diesem Deal.

Dritter Tag. Charly und Happy-Klaus können die Ware bei dem Ausländer für 1750,– DM je Kilogramm einkaufen, also für insgesamt 17 500,– DM. Sie schlagen eine Provision von 250,– DM je Kilogramm, also von 14 Prozent gleich ingesamt 2500,– DM auf, die sie sich teilen.

Sie verkaufen die Ware an Hippie-Karl zum Preis von 2000,– DM je Kilogramm, also für 20 000,– DM. Hippie-Karl wiederum bietet Egmont, Dieter, Fritz und Gerd die Ware zum Preis von 2400,– DM je Kilogramm an, für insgesamt 24 000,– DM. Er schlägt also eine Provision von je 400,– DM, was 20 Prozent entspricht, und verdient auf diese Art und Weise 4000,– DM.

Hippie-Karl meldet, daß er das Geld «eingesammelt» hat. Die Dealer liefern also – ökonomisch gesprochen – gegen Vorkasse. Weder Happy-Klaus noch Charly noch Hippie-Karl haben eigenes Geld in den Deal investiert.

Kosten am dritten Tag: wiederum 30,– DM für den Leihwagen. Provision ist in Höhe von 6500,– DM entstanden. Die Ware hat noch keiner der Beteiligten gesehen.

Vierter Tag. Happy-Klaus und Hippie-Karl fahren zusammen mit Charly, der die Verbindung zur Ware hat, nach Kassel. Dort nimmt Charly Kontakt zu einem Mittelsmann des liefernden Ausländers auf. Der Ausländer, der selber nicht in Erscheinung tritt, ist Diplomat. Der Mittelsmann, der das Geld kassieren soll, verlangt und erhält dafür eine Provision von 50,– DM je Kilogramm, mithin 500,– DM. Charly übergibt 17 500,– DM und erhält die Ware, die zu flachen, länglichen Platten geformt und in Zeitungspapier (dem Regierungsblatt «Gorkha Patra») verpackt ist.

Dank ihrer eigenen Auslandserfahrung im Hasch-Handel können die Dealer den Weg rekonstruieren, den die Ware von Nepal bis Kassel zurückgelegt hat. Bei einem Kurs von 3,50 DM für den Dollar machen sie folgende Rechnung auf, die von anderen Dealern als realistisch bezeichnet wird:

Der Produzent in Nepal hat die Ware einem nepalesischen Inlandshändler zum Preis von zwei Dollar gleich sieben DM je Kilogramm verkauft, also für insgesamt 70,– DM. Der Händler verkauft für 40,– Dollar gleich 140,– DM je Kilogramm, insgesamt also für 1400,– DM weiter. Er hat mithin eine Provision von 133,– DM je Kilogramm, insgesamt 1330,– DM aufgeschlagen.

Vom Inlandshändler geht die Ware an einen Zubringer – wahrscheinlich einen diplomatischen Kurier –, der seine Kenntnis der Wege, die Ware ins Ausland zu schaffen, hoch veranschlagt. Er ist außerdem der erste, der sich am internationalen Marktpreis orientiert. Die Ware, die er für 140,– DM je Kilogramm erworben hat, gibt er in Kommission an den in der Bundesrepublik tätigen Diplomaten weiter, wobei er den zehnfachen Preis berechnet, also insgesamt 14000,– DM. Davon behält er selber 12600,– DM.

Der Diplomat hat, wie die deutschen Dealer annehmen, weitere 300,– DM je Kilogramm aufgeschlagen und damit eine Provision von

3000,– DM kalkuliert. Da die Ware wahrscheinlich im Diplomaten-
gepäck transportiert wurde – sie paßt in ihrer Verpackungsform in
einen Aktenkoffer –, dürften bei zwei Flügen für 55 Kilogramm etwa
5000,– DM Transportkosten entstanden sein, also für zehn Kilogramm
rund 1000,– DM. Die Transportkosten lassen sich allerdings nur grob
schätzen, da sie je nach Art des Transfers und der erforderlichen Bestechungsgelder schwanken. Die Provision der Zubringer und der Kom-
missionäre hängen vom Grad der Organisation ab und vom Abstand,
den sie jeweils zur Ware haben.

Happy-Klaus, Charly und Hippie-Karl transportieren die Ware im
Leihwagen von Kassel nach Hannover. Hippie-Karl übergibt sie an
Egmont, Fritz, Dieter und Gerd, die sie auf der Scene zu einem Endverkaufspreis von fünf DM je Gramm verdealen. Da sie die Ware von
Hippie-Karl für 2400,– DM je Kilogramm erhalten haben, kassieren
sie je Kilogramm eine Provision von 2600,– DM, insgesamt also
26000,– DM.

Kosten am vierten Tag: wiederum 30,– DM für den Leihwagen (die
auch an jedem weiteren Tag dieses Deals entstehen). An Provision sind
26000,– DM auf der unteren Ebene angefallen, 500,– DM für den Mittelsmann und 3000,– DM für den Diplomaten. Im Ausland sind vorher
Transportkosten in Höhe von 1000,– DM und Provision in Höhe von
13930,– DM entstanden.

Fünfter Tag. In Wirklichkeit kompliziert sich die Kalkulation insofern, als die Zwischenhändler ihre Provision häufig nicht in Geld, sondern in Ware erhalten. Sie lassen sich dann in Shit zu ihrem jeweiligen
Einstandspreis bezahlen.

Das könnte in diesem Fall folgende Rechnung ergeben: Charly und
Happy-Klaus bekommen eine Provision von 2500,– DM. Da sie Shit
zu einem Einkaufspreis von 1750,– DM je Kilogramm erhalten, lassen
sie sich als Provision eineinhalb Kilogramm Shit geben. Wenn sie diese
Ware zusätzlich an Hippie-Karl weitergeben, erhalten sie dafür 3000,–
DM – mithin 500,– DM mehr, als wenn sie das Geschäft gegen Bargeld
abgewickelt hätten.

Nur selten ist ein Zwischenhändler ganz ohne Kontakt zum Endverbraucher. Er ist deshalb durchaus in der Lage, eine Handelsstufe oder
mehrere zu überspringen und sozusagen auf eigene Rechnung geringere Mengen Hasch unmittelbar an Konsumenten zu verdealen.
Wenn Charly und Happy-Klaus in diesem Fall so vorgehen würden, so
würden sie für die eineinhalb Kilogramm, die ihre Provision sind, so-

gar einen Gewinn von 7500,– DM erzielen. Der Warenwert der Provision wäre dann dreimal so hoch wie der Geldwert.

Nicht ganz so groß wäre der Unterschied bei Hippie-Karl. Er erhält eine Provision von 4000,– DM. Für ihn liegt der Einkaufspreis für Shit bei 2000,– DM, er kann sich als Provision zwei Kilogramm geben lassen und diese Ware an Egmont, Fritz, Dieter und Gerd für 2400,– DM je Kilogramm verkaufen. Er erhält dann 4800,– DM Gewinn – das sind 800,– DM mehr als bei einer Bar-Provision. Wenn Hippie-Karl unmittelbar an Endverbraucher verkaufte, erlöste er sogar 10000,– DM.

Ob und in welchem Umfang der Profit in Ware bezogen worden ist statt in Geld, bleibt bei der Berechnung des Deals unberücksichtigt – die Rechnung würde sich zu sehr komplizieren. Außerdem läßt sich nicht rekonstruieren, in welchem Maße schon bei den ausländischen Lieferanten das Geschäft sich nur in Waren – statt in Ware–Geld–Beziehungen – abgespielt hat.

Der Leihwagen hat an den fünf Tagen 510,– DM gekostet (150,– DM Leihgebühr, 324,– DM für gefahrene Kilometer, 36,– DM für Benzin). Es läßt sich folgendes Gesamtergebnis des Deals mit zehn Kilogramm Nepal-Shit feststellen: Bei einem Herstellerpreis von 70,– DM und Kosten von 1660,– DM wurde ein Gewinn von 49930,– DM erzielt. Er geht an

- den Inlandshändler in Nepal, der 1330,– DM erhielt,
- den dortigen Zubringer (12600,– DM),
- den Diplomaten (3000,– DM),
- den Mittelsmann (500,– DM),
- Charly und Happy-Klaus (je 1250,– DM),
- Hippie-Karl (4000,– DM) und
- vier Dealer (Dieter, Fritz, Gerd, Egmont) auf der Scene und den Geldgeber Hans im Hintergrund (insgesamt 26000,– DM).

Sechster Tag. Nach dem gelungenen Deal beauftragt der ausländische Lieferant einen Landsmann, die Restware von 45 Kilogramm direkt nach Hannover zu bringen und dort über die Zwischenhändler auf dem schon erprobten Verteilerweg zu verdealen.

Siebter Tag. Die starke Nachfrage nach Shit, verursacht durch Warenmangel, ermöglicht es, die gesamte Ware innerhalb weniger Tage in Hannover und Umgebung abzusetzen. Dabei ergibt sich folgende neue Konstellation: Charly, der über die Verbindung zur Ware verfügt, will nur noch mit Hippie-Karl, der über die Verbindung zu den örtlichen Dealen verfügt, zusammenarbeiten. Er versucht, Happy-Klaus (der nicht über diese Verbindungen verfügt und deshalb in einer schwächeren Position ist) über den Preis auszubooten, indem er von ihm für die restliche Ware 2000,– DM je Kilogramm verlangt.

Happy-Klaus hat keine Möglichkeit, gegen dieses «Diktat» anzugehen. Er müßte zu diesem Preis bei Charly einkaufen und mit entsprechender Preiserhöhung an Hippie-Karl weiterverkaufen. Für Hippie-Karl aber gibt es keine Notwendigkeit, zu mehr als 2000,– DM pro Kilogramm einzukaufen, denn er kann ja zu diesem Preis direkt bei Charly beziehen.

Trotzdem kann Happy-Klaus im Geschäft bleiben. Da er mittlerweile die Preise kennt und zudem selbst über Ware aus anderen Quellen verfügt, könnte er die Verkaufsmöglichkeiten von Hippie-Karl beeinflussen und den Markt stören. Aus diesem Grunde ist Hippie-Karl gezwungen, sich von nun an mit Happy-Klaus zusammenzutun und mit ihm zu teilen.

Da nach wie vor starke Nachfrage herrscht, können sie neu hinzugekommenen Dealern (Irene, Jürgen, Konrad) einen Preis von 2500,– DM je Kilogramm diktieren.

Von der Restware werden zunächst 25 Kilogramm umgesetzt. Es ergibt sich ein Profit von

- 6250,– DM für Charly, der die Ware für 1750,– DM je Kilogramm erhält und für 2000,– DM weiterverkauft.
- je 5750,– DM für Happy-Klaus und Hippie-Karl, die zehn Kilogramm an die alten Dealer zu je 2400,– DM und 15 Kilogramm an die neuen Dealer zu je 2500,– DM liefern,
- 26000,– DM für die Dealer, die schon bei der ersten Lieferung dabei waren und jetzt zehn Kilogramm umsetzen,
- 37500,– DM für die neu hinzugekommenen Dealer, die 15 Kilogramm umsetzen.

Achter Tag. Happy-Klaus und Hippie-Karl einigen sich mit Charly auf einen Preis von 1950,– DM je Kilogramm (statt 2000) für die restliche Ware von 20 Kilogramm, verlangen und bekommen aber nun von allen Dealern 2500,– DM je Kilogramm. Es erhalten mithin bei diesem dritten und letzten Teil des Geschäfts

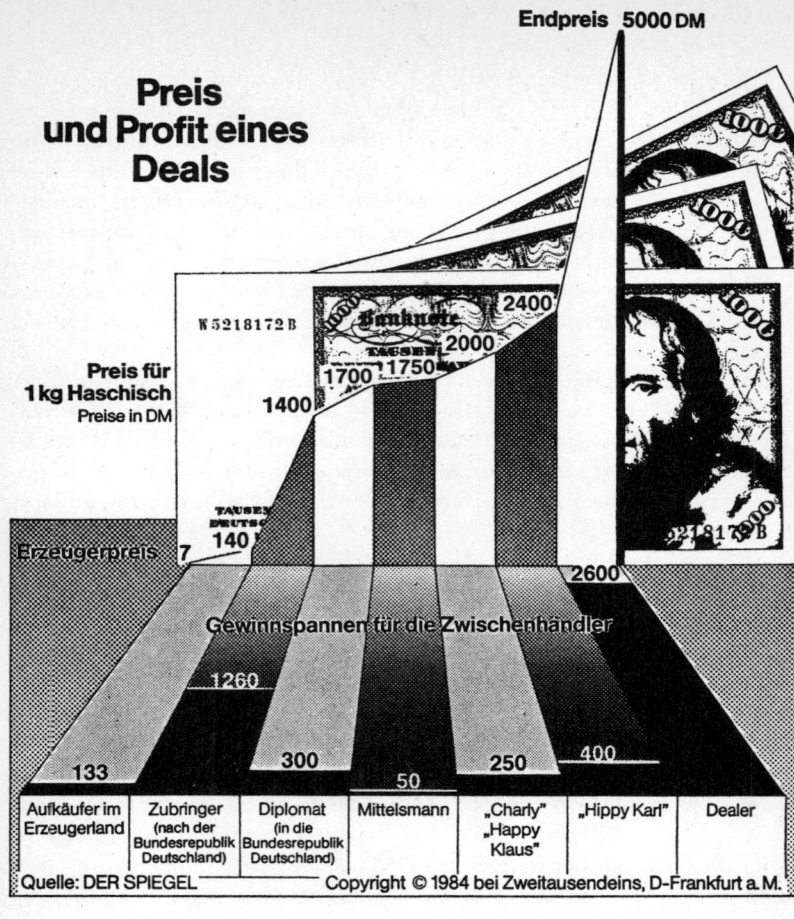

Preis und Profit eines Deals

Endpreis 5000 DM

Preis für 1 kg Haschisch
Preise in DM

W 5218172 B

2400
2000
1750
1700
1400

Erzeugerpreis 7   140   2600

Gewinnspannen für die Zwischenhändler

1260

133   300   250   400

50

| Aufkäufer im Erzeugerland | Zubringer (nach der Bundesrepublik Deutschland) | Diplomat (in die Bundesrepublik Deutschland) | Mittelsmann | „Charly" „Happy Klaus" | „Hippy Karl" | Dealer |

- Charly 4000,– DM,
- Happy-Klaus und Hippie-Karl je 5500,– DM und
- die Dealer 50000,– DM.

Wenn nicht berücksichtigt wird, daß beim Kassieren des Profits in Form von Ware statt Geld sich erheblich höhere Summen ergeben, und wenn man voraussetzt, daß über Mengenrabatte keine zusätzlichen neuen Provisionen entstehen und daß auch die Kosten sich nicht wesentlich erhöhen, so ergibt sich folgende Bilanz:

Bei einem Deal von insgesamt 55 Kilogramm Nepal-Shit zu einem Herstellerpreis von 385,– DM entsteht unter Abzug der Kosten, die in Höhe von insgesamt 5910,– DM entstanden sind (5000,– DM für Transport der Ware aus dem Ausland in die Bundesrepublik, 150,– DM für Flug Bremen–Hannover und zurück nebst Taxis, 760,– DM für Leihwagen), ein kommerzieller Profit von 268705,– DM. Das sind 4,89 DM je Gramm.

Für Hippie-Karl allein betrug bei diesem innerhalb von acht Tagen abgewickelten Geschäft der Gewinn, wenn er ihn in bar bezog, 15250,– DM.

Die Anatomie dieses Deals macht den Spruch eines Dealers plausibel: «Wofür soll ich ein Leben lang arbeiten, wenn ich das, wofür andere ihr ganzes Leben arbeiten, in zwei Jahren zusammenkriege?»

Die Marihuanakrise

Niemand kann genau sagen, warum es in den USA im Spätsommer 1969 zu einer plötzlichen Verknappung am bis dahin bestens versorgten Marihuanamarkt kam. Die Operation Intercept, eine unter großem Propagandagetöse auf beiden Seiten der Grenze ablaufende Marihuanavernichtungs- und -kontrollaktion, galt schon damals unter Fachleuten als ein Schlag ins Wasser. Zwar wurden auf mexikanischer Seite reihenweise Felder von Kleinbauern niedergebrannt, auch gelang es auf US-amerikanischer Seite die Grenzen so dicht zu machen, daß der Tourismus stark behindert wurde und die Grenzregionen schwere ökonomische Verluste erlitten – auf den Marihuanatransfer aber hatte die ganze Veranstaltung kaum Einfluß. Die Lieferungen waren schon vorher eingeschränkt, ja, ganz offensichtlich eingestellt worden.

Die US-Presse zeigte sich ratlos und unsicher. Sollte man erleichtert sein über das plötzliche Ende der Hippiedroge oder mußte man Angst haben vor Schlimmerem? «Niemandem ist völlig klar, was die Ursache der Knappheit ist», schrieb die *Washington Post*, «selbst Regierungsbeamte sind sich nicht sicher, was die Knappheit verursacht.»

Der Markt reagierte unverzüglich. Haschisch aus Nordafrika und dem Mittleren Osten wurde in die USA geschleust. Den plötzlich steigenden Haschischkonsum interpretierte man in der Öffentlichkeit als einen Umstieg auf eine härtere und gefährlichere Droge, für die viele US-Drogenexperten Haschisch noch heute halten. Doch Haschisch ist nichts als hochwertiges, anders gewonnenes und anders verarbeitetes Marihuana. Sein THC-Gehalt schwankt, wie bei Marihuana auch, je nach Herkunftsland und Anbaugebiet.

Die Haschischhändler nutzten ihre neue Absatzchance. Allein im Libanon wurden die Anbauflächen, offiziellen Schätzungen zufolge, bis 1970 auf 5000 Hektar ausgedehnt. Die sprunghafte Zunahme der Nachfragen von nordamerikanischen Kleinimporteuren auf dem europäischen Markt, dem wichtigsten Abnehmer von Haschisch, führte zu saftigen Preiserhöhungen. Der Grammpreis stieg von 4,– auf 8,– DM.

Nach allen Erfahrungen bei der Neueinführung von Produkten, deren Verkauf höhere Gewinne abwirft als der ihrer Vorgänger aus gleichem Haus, spricht aus heutiger Sicht vieles dafür, daß eine künstliche Verknappung, ähnlich wie einige Jahre später auf dem Rohölsektor, stattgefunden hatte. Eine gemachte Krise, die den Umstieg des Kapitals auf den Opiatdrogenmarkt vorbereitete.

Dieser Teil der Rechnung ist, wie wir heute wissen, aufgegangen. Die Analogie zum Rohölmarkt geht aber noch weiter.

Zweck der künstlichen Rohölverknappung war der Versuch, vor allem der USA, sich von den erdölproduzierenden sogenannten Schwellenländern unabhängig zu machen und eigene Energieressourcen zu erschließen, um die Ausbeutung beispielsweise der Ölschiefervorkommen in den USA rentabel zu machen. Daß nun die künstliche Marihuanaverknappung bewußt das gleiche Ziel verfolgte, muß man bezweifeln, denn das Drogenkapital hatte einen anderen Markt im Auge. Es konnte jedoch nicht verhindern, daß die Konsumenten zur Selbsthilfe schritten und den Eigenanbau ausprobierten, zunächst mit mäßigem Erfolg. Die erste Generation der Marihuanakleinbauern verfügte weder über Kapital und Boden noch über genügend Kenntnisse in der Kultivierung von Marihuana, um eine marktdeckende Produktion aufziehen zu können. Dieser Zustand sollte nicht lange anhalten.

Vorläufig gelang es den Geschäftsführern der alten *Grass-Connection,* die Versorgungslücke mit mexikanischem und zunehmend auch kolumbianischem Gras wieder zu schließen. Der Umstieg auf ein neues Produkt hatte die Nachfrage nach dem alten nicht absterben lassen. Cannabis gehörte längst zu den am Markt etablierten Genußmitteln. Die Suche nach alternativen Anbaumethoden wurde fortgesetzt und mit US-amerikanischer Gründlichkeit betrieben. In einem Zeitraum von nur knapp zehn Jahren wurde das Lehrstück «alternative Ökonomie» inszeniert, das aus Hippies Selbstversorger und aus Selbstversorgern Kleinunternehmer machte. Heute nimmt deren Produkt nach Schätzungen von Landwirtschaftsexperten einzelner Bundesstaaten im Gesamtumsatz aller Agrarprodukte der USA den dritten Platz ein, in einigen Bundesstaaten sogar den ersten.

Wo Großgrundbesitzer die Hanfdrogenproduktion betreiben lassen, wie etwa im Libanon, wird eine Nachfragesteigerung umgehend mit der Ausdehnung der Anbaufläche beantwortet. Diese Möglichkeit war den kalifornischen Kleingärtnern verschlossen. Kapital hatten sie wenig, Zeit hatten sie viel. Also konzentrierten sie sich darauf, aus Zeit Geld zu machen, um mit vermehrtem Arbeitseinsatz den Mangel an Ackerland auszugleichen.

Das Saatgut fiel beim täglichen Marihuanakonsum als Abfallprodukt an. Erst später, als sich eine Zubehörindustrie etabliert hatte, wurden auch Samenkörner gehandelt, bevorzugt *Cannabis indica,* ein asiatischer Verwandter des lateinamerikanischen *Cannabis sativa.* Man legte künstlich beleuchtete Frühbeete an und verpflanzte die so gezogenen Setzlinge zur gegebenen Zeit in den Küchengarten hinterm Haus oder auf Waldlichtungen in unwegsamem Gelände. Nicht nur das Klima, auch die landschaftliche Zersiedelung machte Kalifornien zum geeigneten Experimentierfeld der ersten Generation von Selbstversorgern. Auch ohne Düngung und ohne Bewässerung schossen die Pflanzen hoch. Abgeerntet wurden sie je nach Bedarf – die einen früher, die andern später mit entsprechenden Qualitätsunterschieden. Marihuana gedeiht auch unter kalifornischen Klima- und Bodenverhältnissen – es geht also. Diese Erkenntnis war das eigentliche Ergebnis der Experimentierphase.

Nun nahm die Verwissenschaftlichung der Anbaumethoden ihren Lauf. Nur Samen hochwertiger Cannabissorten wurden unter dem Kunstlicht von Quarzlampen «ausgebrütet». Man eliminierte, kaum war ihr Geschlecht bestimmbar, fast alle männlichen Pflanzen, um das Wachstum der weiblichen zu stimulieren. Und tatsächlich produzieren die verbliebenen weiblichen Pflanzen, um wenigstens einige Pollen abzubekommen, eine Art Sekret, jenes Harz nämlich, in dem sich THC, der rauscherzeugende Wirkstoff der Cannabispflanze, konzentriert.

Die Pflanzer scheuen keinen Arbeitsaufwand. Sie hegen und pflegen ihre Stauden, sie bewässern und düngen, schneiden und binden sie. Längst sind Handbücher am Markt, die jeden Arbeitsgang im Detail beschreiben; auch die Hilfsmittel werden kommerziell hergestellt und vertrieben.

Das Ergebnis dieser Züchtung, deren THC-Gehalt alle marktgängigen Cannabissorten übertrifft, nennt sich *Sinsemilla*, eine spanische Wortverbindung, die «ohne Samen» bedeutet.

Der Schock der ersten Marihuanakrise war also überwunden, die Eigenversorgung prinzipiell und praktisch gesichert. Ein Kleinhandel begann sich zu entwickeln, der zum Großhandel drängte. Wie man das Wachstum der Pflanzen stimuliert, hatten die tüchtigen Züchter herausgefunden, doch wie stimuliert man das Wachsen der Nachfrage?

Von außen kam Hilfe. Die zweite Marihuanakrise von 1979 verhalf dem neuen Produkt US-amerikanischer Agrarforschung zum Durchbruch.

Zu dieser Zeit verschärfte die mexikanische Regierung ihren Kampf gegen den Marihuanaanbau und vernichtete den größten Teil der einheimischen Ernte. Sie tat es kaum freiwillig. Wie schon bei früheren Gelegenheiten mußte sie sich dem Druck einer US-Regierung beugen und die politische Erpressung auch noch als Nachbarschaftshilfe akzeptieren.

Schlagartig sanken die Importe in die USA. Eine Versorgungslücke von schätzungsweise 1000 Tonnen tat sich auf. Die Chance, da hineinzustoßen, ließen sich die kalifornischen Pflanzer nicht entgehen. Auf den Konkurrenzkampf waren sie bestens vorbereitet, anfänglich weniger auf Mengen- als auf Qualitätskonkurrenz.

Der THC-Gehalt von hochwertigem *Cannabis sativa* liegt zwischen 1,5 und 3 Prozent, während bereits Sinsemilla-Sorten gezüchtet wur-

den, die einen Wirkstoffgehalt zwischen 12 und 13 Prozent* erreichen. Noch der letzte County-Sheriff, jederzeit bereit, einem Kaufinteressenten, der in seinem Distrikt auftaucht, den Knüppel über den Kopf zu ziehen, und noch der letzte erfolgsgeile Drogenfahnder ist bereit zu versichern, Sinsemilla sei das beste Gras *in the whole wide world*. Da stoßen Drogenfahnder und Drogenlobby ins gleiche Horn.

Die Qualität von Sinsemilla ist unbestreitbar hoch, da sind sich auch fachkundige Konsumenten einig, doch gilt es beim Qualitätsvergleich zu differenzieren. Vom Preisunterschied einmal abgesehen, die Kaufentscheidung etwa zwischen kolumbianischem und nordamerikanischem Gras der Sinsemilla-Qualität wird von der gewünschten Wirkung bestimmt. Wer *stoned* gehen will, wird sich für kolumbianisches Gras, wer *high* werden will, wird sich für Sinsemilla-Gras entscheiden.

Schon bald war die «neue» Droge auch imstande, in Mengenkonkurrenz zu den «alten» Händlern lateinamerikanischer Ernten zu treten. Das profitversprechende Agrarprodukt zog Investoren an, die bereit waren, die Produktion auf größeren Flächen mit Hilfe von Lohnarbeitern aufzunehmen. Einige Investoren nahmen, um Kapital zu beschaffen, Vorschüsse entgegen, versprachen Gewinnbeteiligung und boten als Sicherheit den erwarteten Ernteertrag. Sie fanden ihre Partner.

Innerhalb weniger Jahre veränderte sich die Ertrags- und Umsatzstruktur der nordamerikanischen Landwirtschaft radikal. Kalifornien war Vor- und ist Spitzenreiter des Umsatzes, doch wurde es von Oregon und Hawaii eingeholt. Umsatzstarke Anbaugebiete erstrecken sich von der Nordwest- zur Nordostküste, von den Bundesstaaten Washington und Idaho bis New York und Pennsylvania. Die hohe Arbeitsproduktivität des Nordens vermag den Klimavorteil des Südens auszugleichen; US-amerikanisches Marihuana kann, bei allen Qualitätsunterschieden, dem Vergleich mit lateinamerikanischen Ernten, deren Qualität ebenfalls unterschiedlich ist, standhalten. Sprecher der NORML (National Organization for the Reform of Marijuana Law),

---

* Die Angaben über Qualität und Quantität US-amerikanischer Ernten gehen in der Presse oft weit auseinander.
  Während *Newsweek* den THC-Gehalt von Spitzenzüchtungen mit 12 oder 13 Prozent beziffert, schätzt der *Spiegel* den THC-Gehalt von kalifornischer Spitzenqualität auf nur 6 Prozent.

die Lobby der Jungbauern, schätzen den nationalen Umsatz der Farmer auf 8,2 Milliarden Dollar. Auf Kalifornien kommen nach dieser Schätzung 2 bis 3 Milliarden. Der *San Francisco Examiner* veranschlagt den kalifornischen Umsatzanteil sogar auf 5,4 Milliarden.* So oder so, Marihuana zählt zu den wichtigsten Agrarprodukten des Bundesstaates an der Westküste und liegt an erster oder zweiter Stelle vor oder nach Weintrauben. In Kentucky nimmt der Marihuanaumsatz den ersten Platz ein und in Oklahoma den zweiten hinter Weizen. An diesen Umsätzen ist der Fiskus nicht beteiligt. Noch also finanziert der Potraucher nicht den Rüstungsetat der US-Regierung. Nur indirekt profitiert der Staat von einem volkswirtschaftlichen Nebeneffekt. Auf der Konsumentenseite werden Hunderte von Millionen Dollar für Drogenzubehör in schicken Boutiquen und biederen Kaufhäusern umgesetzt. Aber auch die Produzenten fördern die Zubehörindustrie, was sich, wie die örtlichen Behörden zugeben, in mancher Region, die als Anbaugebiet gilt, als äußerst wirtschaftsfördernd bemerkbar macht. Von Bewässerungsanlagen bis zu Baumaterialien, von Transportmaschinen bis zu Düngemitteln – die örtliche Wirtschaft dealt mit. Und die Anbauer fahren gut mit ihrem Produkt. Für Spitzenqualität zahlten 1982 Zwischenhändler und Endverbraucher 2000,– Dollar pro Pfund oder 8,– Dollar pro Gramm. Die handelsübliche Unze ist für 150,– bis 250,– Dollar zu haben.

In Kalifornien hat sich der Anbau auf Mendocino County konzentriert. Schätzungsweise 6000 «Farmer» leben dort hauptberuflich vom Marihuanaanbau. Dabei sind Anbau und Vertrieb von Marihuana in den USA noch immer illegal und werden zum Teil mit harten Strafen bedroht.

Der Staat schaut dieser gravierenden und andauernden Gesetzesübertretung natürlich nicht tatenlos zu. Immer wieder kommt es zu

* Während die Zeitschrift *Mother Jones* unter Berufung auf NORML den nationalen Gesamtumsatz mit 8,2 Milliarden Dollar und den kalifornischen mit 2 bis 3 Milliarden angibt, taxiert *Newsweek,* ebenfalls unter Berufung auf NORML, den nationalen Jahresumsatz auf 10 Milliarden und den kalifornischen auf 1,5 Milliarden Dollar, was wiederum der in der gleichen Ausgabe veröffentlichten Karte über die «Geographie von Grass» widerspricht. Im *Spiegel* wird der kalifornische Umsatzanteil mit einer Milliarde Dollar veranschlagt. Einig sind sich jedoch alle Berichte in den Medien der USA und der BRD, die ich als Quellen herangezogen habe, über die hohe Qualität des US-amerikanischen Produkts und dessen Bedeutung für die Landwirtschaft.

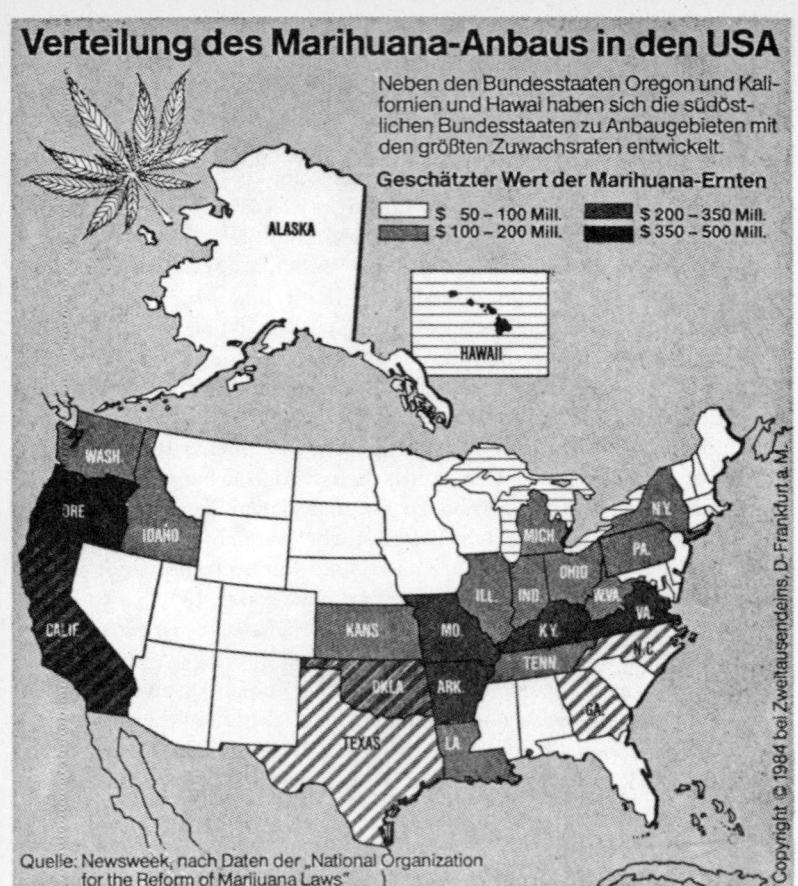

Verteilung des Marihuana-Anbaus in den USA

Neben den Bundesstaaten Oregon und Kalifornien und Hawaii haben sich die südöstlichen Bundesstaaten zu Anbaugebieten mit den größten Zuwachsraten entwickelt.

Geschätzter Wert der Marihuana-Ernten

- $ 50 – 100 Mill.
- $ 100 – 200 Mill.
- $ 200 – 350 Mill.
- $ 350 – 500 Mill.

ALASKA

HAWAII

WASH.
ORE.
IDAHO
CALIF.
KANS.
MO.
OKLA.
ARK.
TEXAS
LA.
MICH.
ILL.
IND.
OHIO
KY.
TENN.
N.Y.
PA.
W.VA.
VA.
N.C.
GA.

Quelle: Newsweek, nach Daten der „National Organization for the Reform of Marijuana Laws"

Razzien und Festnahmen, über die man die Öffentlichkeit ausführlich zu informieren pflegt. Doch findet sich kein Vertreter einer Fahndungsbehörde, der den Eindruck zu erwecken versucht, man habe das Problem im Griff und gefährde mit solchen Fahndungserfolgen, und seien sie noch so spektakulär, den Handel ernsthaft. Allerdings sind die Anbauer vorsichtiger geworden. Ganz so ungeschützt wie in der Euphorie der ersten Boom-Jahre stellen sie ihre Felder heute nicht mehr in die Landschaft. Wer es trotzdem wagt, muß ziemlich kapitalkräftig sein, um aufwendige Sicherheitseinrichtungen und Bewachungspersonal finanzieren zu können.

Einige Unternehmer sind deshalb dazu übergegangen, Marihuana nur noch im Treibhaus bei künstlichem Licht aufzuziehen. Viele, vor allem kleinere Farmer, haben sich auf den «Guerilla-Anbau» spezialisiert. Irgendwo draußen im weiten Land, das sie besser kennen als jeder Sheriff, der sein Revier nur im Umkreis befahrbarer Straßen aus dem Innern seines Streifenwagens durchforstet, haben sie kleine, gut getarnte Felder angelegt. Sie sind wirklich Farmer, sie waren es schon, bevor sie den ersten Marihuanasetzling aufzogen.

Die Lage ist ernst in der US-amerikanischen Landwirtschaft. Was der Bauer nicht kennt, muß er nicht rauchen. Aber was sollte ihn daran hindern, es zu verkaufen, wenn es ihm so viel mehr einbringt als jedes andere Produkt, das er in mühevoller Arbeit aufzieht.

Vielleicht hat wirklich einmal eine Administration vorgehabt, den illegalen Anbau von Marihuana zu unterbinden. Wie sie das heute noch bewerkstelligen will, kann man sich einfach nicht vorstellen. Nordkalifornien, einst rücksichtslos abgeholzt, dann in Weideland umgewandelt und heute eine von Erosion bedrohte Landschaft, hat plötzlich ein Produkt, das einigen seiner Bewohner eine Zukunft verspricht. Sie werden sich daran klammern wie die Kokabauern in den bolivianischen Anden an ihre Pflanze. Die Lobby der Anbauer ist nicht mehr so einfach zu übergehen wie vor Jahren noch. Der *flower-power*-Bauer, der akademische Aussteiger und der neue Typ eines alerten Mittelschichtunternehmers mit Protestbewegungsvergangenheit galten damals als Marihuanalobby. Wer sich heute mit Marihuanapflanzern anlegt, bekommt es mit Farmern zu tun, die traditionell das *law-and-order*-Rückgrat der Vereinigten Staaten bilden. Rednecks, specknackige Reaktionäre, allzeit bereit, jeden Easy Rider aus dem Motorradsattel zu schießen, sind unter die Marihuanabauern gegangen. In Virginia, Arkansas, Oklahoma und Tennessee werden Millionengeschäfte mit dem grünen Kraut getätigt. Wo über Generationen Tabak kultiviert wurde, wird das Know-how zur Aufzucht und Pflege auch der Marihuanastaude in der Familientradition der Farmer überliefert.

Opium

Der Umstieg

Als Heroin aufkam und zur begehrten Jugenddroge wurde, sprach man in der Öffentlichkeit von einem Umstieg auf Heroin. Doch der «Umstieg» von Haschisch und Marihuana auf Heroin ist ökonomisch bedingt und nicht in der Wirksubstanz von Haschisch angelegt oder in der Psyche der Konsumenten programmiert.

Auf den ersten Blick funktioniert der internationale Opium- und Heroinhandel wie der Haschisch- und Marihuanahandel. Grundlage für die imperialistischen Extraprofite ist auch hier die Unterbewertung beim Einkauf.

Hauptanbaugebiete von Opium sind die Türkei, der Iran, Mexiko, Afghanistan, Pakistan, Indien, Burma, Thailand, Laos und Indonesien. Wichtigste Lieferanten für die pharmazeutische Industrie, Produzenten von legalem Opium also, sind – neben einigen sozialistischen Ländern – Indien und die Türkei. Sie waren es jedenfalls zu Beginn des Heroin-Booms, und es ist kein Zufall, daß diesem Boom eine Überproduktion an legalem Opium vorausging.

Die Bestände der offiziellen Anbauländer waren 1963 auf 2000 t angewachsen, während der Absatz ständig abnahm. Selbst als der Absatz wieder zunahm, blieben die Lagerbestände hoch. Sie schrumpften erst 1966 wieder und erreichten 1969 860 t. Die offizielle Nachfrage allerdings stagnierte und nahm sogar leicht ab, während gleichzeitig die legale Produktion wieder stieg. Irgendwo mußte es ein Loch geben, aus dem die legale «Überproduktion» in illegale Kanäle abfloß.

Der besondere Vorteil von Mohn als Tauschprodukt auf dem ländlichen Markt liegt in seiner Arbeitsintensität. Ein Bauer kann den Nachteil einer kleinen Ackerfläche durch erhöhte Arbeitsleistung, die er in die Kultivierung von Mohn steckt, wettmachen.

Beabsichtigt er also, Mohn gegen das Grundnahrungsmittel Weizen zu tauschen, dann kann er in Tausch zu einem Bauern treten, der Weizen auf einer doppelt so großen Anbaufläche, aber doch nur mit dem gleichen Arbeitsaufwand produziert. Unterstellt, auf jedem Stück beider Anbauflächen könnte genau so viel Mohn wie Weizen produziert werden, würde der Opiumbauer beispielsweise 10 kg Mohn gegen 20 kg Weizen tauschen können. Diese Rechnung sieht jedoch vom imperialistischen Verwertungsinteresse ab und behandelt beide Produkte nur wie lokale Marktgrößen. Unter dieser Bedingung bleibt Mohn Mohn, erst unter der Bedingung imperialistischer Nachfrage wird aus Mohn Opium bzw. Heroin. Wird also Opium legal oder illegal, regelmäßig oder unregelmäßig von den Metropolen nachgefragt, dann wird diese Nachfrage zu einem Instrument, auch diesen Sektor der Landwirtschaft eines Satellitenlandes imperialistisch auszubeuten. Damit sind die Bedingungen geschaffen, wie ich sie bereits für den Cannabisanbau beschrieben habe.

Das Interesse des illegalen Handels galt zunächst den offiziellen Anbauländern Türkei, Indien und Pakistan, die Opium vor allem für die Kodeinherstellung der Pharmaindustrie produzieren. Kodeinhaltige Hustensäfte waren die ersten Opiatdrogen, die von Jugendlichen in den USA und Europa konsumiert wurden. Mit Unterstützung des Handelskapitals in den Metropolen gelang es, die Nachfrage nach Opium in Gang zu bringen. Lieferant der ersten Stunde war die Türkei. Beirut galt als das «Tor zum Weltmarkt». Offiziell wurden damals in der Türkei 150 t Rohopium produziert – etwa die gleiche Menge dürfte illegal produziert worden sein. Im Opiumgeschäft, wie im Drogengeschäft überhaupt, sind Mengen- und Preisangaben äußerst unzuverlässig. Das zeigen auch UNO-Statistiken, deren Schätzungen für 1965 zwischen 77 t und 257 t und für 1971 sogar zwischen 100 t und 900 t schwanken. Mit Sicherheit kann man sagen, daß die illegale von der legalen Ausfuhr übertroffen wurde. Um eine staatliche Lizenz zu erlangen, mußten türkische Opiumbauern angeben, wo sie wieviel Opium anzubauen planten. Lieferte ein Bauer dem Staat eine geringere Menge als ursprünglich avisiert, dann hatte er kaum Sanktionen zu befürchten. In Indien wäre ihm in einem solchen Fall die Lizenz entzogen worden. Die Kontrollen dort sind streng und konsequent, weswegen Indien als Lieferant des illegalen Marktes bisher auch bedeutungslos war.

Noch 1966 zahlte der türkische Staat dem Bauern im Rahmen der

Produktionsquoten 20,–DM pro kg Rohopium. Da der Weltmarktpreis bei 40,–DM lag, erzielte der Staat mit Opiumexporten einen beträchtlichen Gewinn, der sich durch Devisenumrechnungen noch vermehrte. Ein typisches Beispiel für die Methoden, mit denen der Staat in die ausbeuterische Rolle des privaten Großhandels schlüpfen kann.

Vom illegalen Großhandel aber bekam der Bauer bis 200,–DM pro kg. Verständlich, daß er diesem den Vorzug gab. Um dem Devisenverlust entgegenzutreten, erhöhte der türkische Staat 1969 den Einkaufspreis auf 40,–DM. Ein Angebot, das angesichts des Angebots, mit dem die illegalen Aufkäufer antraten, immer noch uninteressant war.

Deshalb nahm der Staat auch den illegalen Anbau unter seine Kontrolle. Politische Überlegungen spielten bei dieser Entscheidung ebenfalls eine Rolle. Die Einnahmen aus Opiumexporten wurden auf diese Weise nicht nur vervielfacht, die herrschende Gerechtigkeitspartei sicherte sich auch die Unterstützung ihrer traditionellen Wählerkreise auf dem Lande, wo 200000 Bauernfamilien vom Opiumanbau lebten. Wo anders als im landwirtschaftlichen Außenhandel sollte das nationale Kapital auch tätig werden? Das ist seine ihm vom Imperialismus zugewiesene historische Aufgabe.

So ist es nicht überraschend, daß im Libanon, im Iran, in Afghanistan, Thailand, Laos und Pakistan Spitzenpolitiker direkt oder indirekt am Opiumhandel beteiligt waren und sind. Wie weit die heute im Iran herrschende Klasse im Drogengeschäft steckt, ist schwer zu beurteilen. Verbal hat sie nach dem Sturz des Schah dem Drogenhandel eine Art heiligen Krieg angesagt, und von Zeit zu Zeit werden Drogenhändler exemplarisch bestraft. Sehr viel eindeutiger ist die Situation im heutigen Afghanistan. Die kämpfenden Parteien dort lassen sich – von allen anderen Bestimmungsmerkmalen einmal abgesehen – auch im Hinblick auf ihre Rolle im internationalen Drogenhandel voneinander unterscheiden. Zu Recht fühlen sich die alten feudalen Landbesitzer von der Revolutionsregierung bedroht, nicht nur weil die ihnen den Landbesitz streitig macht, sondern auch, weil sie den Anbau und Vertrieb des Produkts bekämpft, mit dem der sogenannte afghanische Widerstand seine Waffenkäufe finanziert: Opium.

Zur Zeit des Schahs ließ der Iran nach 15jährigem Verbot den Opiumanbau wieder zu. Das war 1969, als die Heroinwelle gerade so richtig losging. Der Iran tat das, wie ein Regierungsvertreter gegen-

über US-amerikanischen Journalisten erklärte, «um den Weltmarktpreis zu drücken und dadurch den illegalen Handel unrentabel zu machen». Eine bemerkenswerte Begründung – als ob der illegale Handel
zum Weltmarktpreis nachfragen würde. Es sei denn, man unterstellt,
der legale Handel beliefere auch den illegalen Markt. Aber genau das
darf man annehmen. Offiziell erzeugte der Iran 1969 auf 1011 ha Land
7,8 t Rohopium, 1971 auf 12000 ha 200 t. Der Weltmarktpreis damals
lag bei 40,–DM pro kg Rohopium. Wie kann da der persische Staat
dem Bauern 360,–DM für die gleiche Menge zahlen? Selbst wenn man
einen erheblichen Devisengewinn anrechnet, steht dieser Preis in keinem Verhältnis zur Belastung des Staatshaushaltes. Die Subvention
läßt sich nur rechtfertigen, wenn man einen anderen Weltmarkt kennt
und zu beliefern bereit ist.

Derartige staatliche Abnahmegarantien sind jedoch für den Opiumbauern nur auf den ersten Blick vorteilhaft, denn die Abnahmegarantie
erhöht die Abhängigkeit der Bauern vom Großabnehmer.

Durch seine Opiumpolitik geriet der NATO-Partner Türkei zunehmend in Konflikte mit seinen Bündnispartnern – vor allem den USA.
Auch die Europäer, die die ersten Folgen der Heroinwelle zu spüren
begannen, übten Druck auf die türkische Regierung aus.

In diesen Auseinandersetzungen wurde zum erstenmal die nordamerikanische und die europäische Öffentlichkeit andeutungsweise
mit den Hintergründen des Drogenproblems konfrontiert, wenn auch
die wahre Ursache, nämlich die vom Imperialismus diktierte Arbeitsteilung, nicht zur Sprache kam. Zumindest in den Gremien internationaler Organisationen setzte sich die Erkenntnis durch – mehr eine
Ahnung noch –, daß das Drogenproblem in den Metropolen in irgend-
einem Zusammenhang mit der Lage der Bevölkerung in der Dritten
Welt stehen muß, daß dort primär Agrarprodukte und nur sekundär
Rohstoffe zur Herstellung von Drogen angebaut werden und daß, solange Hunger und Elend, Ausbeutung und Unterdrückung herrschen,
sich daran nichts ändern wird. Vorschläge, wie man dem Problem bei-
kommen könne, gab es genug. Sie reichten von UN-Entwicklungs-
hilfe beim Anbau alternativer Agrarprodukte bis zur Erntevernichtung
mittels Militäroperationen. Daß Mohn für seine Erzeuger auch einen
Gebrauchswert darstellt und als Salat, Backöl, Schweinefutter, Brenn-
stoff und Heilmittel verwendet wird, beeindruckte die Vernichtungs-
strategen nicht. Trotz des politischen Drucks ihrer Bündnispartner
vergab die türkische Regierung 1972 erneut 15000 Linzenzen (gegen-

Die wichtigsten Handelsweg

🌐 Anbau
🌐 Raffinerie

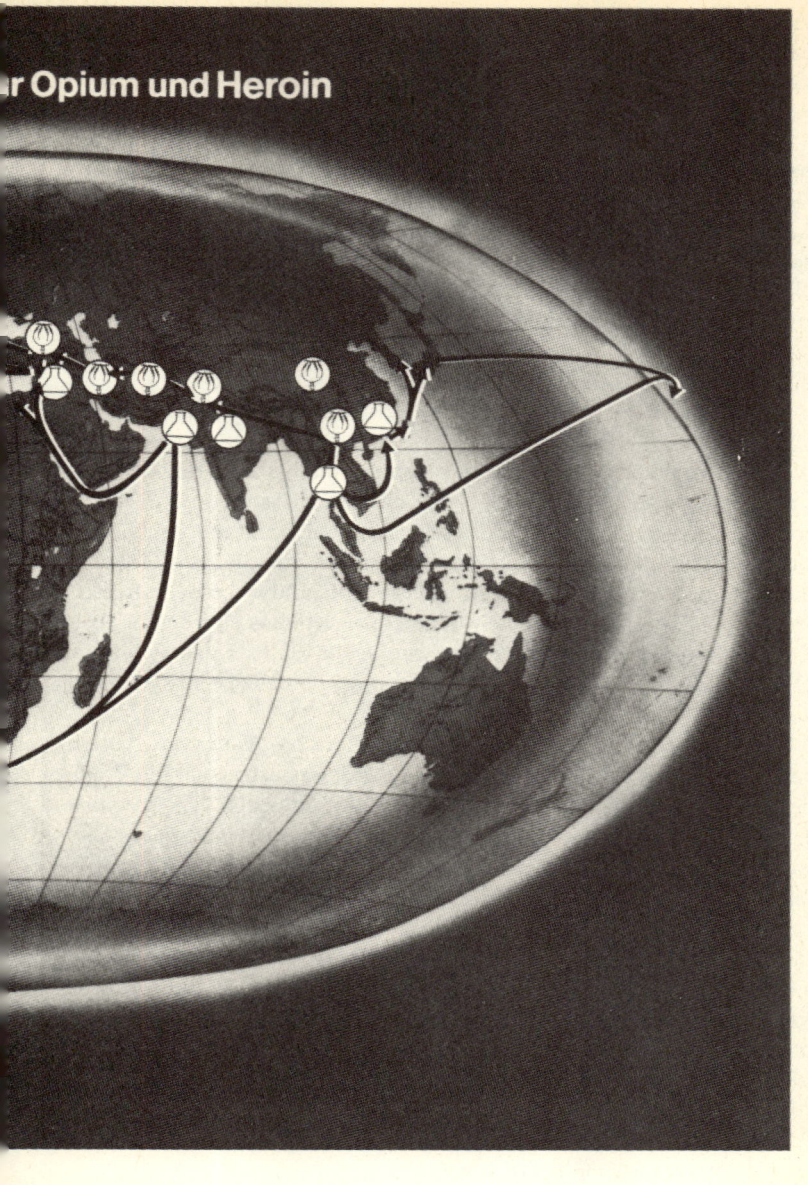
r Opium und Heroin

über 80000 für 1971), um die weitere Verelendung der Bauern wenigstens bis über die nächsten Wahlen hinauszuschieben. Danach – so das Versprechen der Regierung gegenüber den Konsumentenländern – werde man den Mohnanbau noch radikaler beschränken.

Die Provinzen, denen man schließlich langfristige Anbaulizenzen erteilte, wurden unter parteipolitischen Gesichtspunkten ausgewählt. Das Anbaugebiet Isparta ist die Heimat und war der Wahlbezirk des damaligen Ministerpräsidenten Demirel. Das Anbaugebiet Kütuhya gehörte zur Einflußzone des ehemaligen Finanzministers Mesut Eroz. Und Afyon mußte berücksichtigt werden, weil es als *das* Anbaugebiet gilt, weil dort Qualität und Produktivität am höchsten sind.

Von Afyon nach Harlem. Ein Rechenexempel

Wenn man versucht, den Weg des Rohopiums bis zum Endverbrauchermarkt zu rekonstruieren, und die Handelsstufen, auf denen enorme Profite erzielt werden, beschreibt, dann gerät man in Gefahr, eine bestimmte Connection zu bestätigen und von anderen Connections abzulenken.* Es führen viele Wege zum Endverbrauchermarkt. Das Beispiel, das ich auswähle, beschreibt zweifellos eine der zu ihrer Zeit wichtigsten Handelsrouten. Doch schon damals gab es andere Quellen, andere Verbindungswege und andere Finanzierungssysteme, wie ich an anderer Stelle zeigen werde.

Um deutlich zu machen, wie sich der Wert der Ware vom Bauern zum letzten Dealer der Handelskette verändert, beziehe ich die Preise der einzelnen Handelsstufen immer auf Rohopium. Ich versetze mich also in die Lage des Erzeugers und berechne, was ein Bauer für ein Kilo Rohopium erhalten würde, wenn er das umgewandelte Rohprodukt selbst an den Mann bringen könnte.

Unter dem Kommando des Großhandelskapitals der Türkei und des Libanon wird das aufgekaufte Rohopium bereits im Ursprungsland Türkei oder im Transitland Libanon zu Morphin-Base verwandelt. Eine Kleinigkeit – technisch wie finanziell. Im Durchschnitt gewinnt man aus 10 kg Rohopium 1 kg Morphin-Base.

Der Großhandel also verkauft das in 100 g Morphin umgewandelte

* Vgl.: «Die Connection-Spur», S. 226.

eine Kilo Rohopium zu 200,–DM; ein Kilo Morphin-Base kostet 2000,–DM.

Als Käufer tritt der Vertreter einer italienischen Reederei auf, der 10 kg Morphin (= 100 kg Rohopium) abnimmt und dafür 20000,–DM bezahlt. Würde er bei dieser Transaktion gestellt, dann würde man ihn in den Massenmedien als Mafioso bezeichnen. Solange sich das Geschäft ungestört abwickelt, tritt der Dealer als Handelsvertreter auf und wird als solcher behandelt. Die direkte Verflechtung zwischen «legalen» und «illegalen» Unternehmern ist bei internationalen Speditionen, bei Schiffahrts- und Reedereigesellschaften, bei Export/Import-Firmen und bei internationalen Fluggesellschaften besonders naheliegend. Davon gehen auch die Fahndungsbehörden in den USA und Europa aus. Auf einem italienischen Schiff also werden die 10 kg Morphin-Base nach Genua gebracht und dort zu Heroin verarbeitet.

Die chemische Technik der Umwandlung zu Heroin ist komplizierter als die von Opium zu Morphin. Auch die Sicherheitsmaßnahmen sind kostspieliger, und die Bestechungssummen, dem europäischen Preisniveau entsprechend, sind höher. Wenn es sich bei der Lieferung um die höchste Exportqualität handelt, tritt bei der Umwandlung von Morphin zu Heroin nur ein geringer Gewichtsverlust ein. Der Stoff besteht aus 96 Prozent reinem Heroin.

Diese Menge kauft ein New Yorker Importhändler ab Genua für 40000,–DM, das Kilo also für 4000,–DM; ein Kilo Rohopium hat jetzt schon den Preis von 400,–DM erreicht. Der New Yorker Importhändler verschifft die 10 kg nach Boston und transportiert sie von dort nach New York. Dort verkauft er die Lieferung an einen New Yorker Großhändler, die 10 kg zu umgerechnet 80000,–DM, also 8000,–DM pro Kilogramm Heroin. (In Wirklichkeit werden bei derartigen Transaktionen oft noch größere Mengen gehandelt.)

Bis dahin verliefen der Transport, die Umwandlung des Rohprodukts und die erzielten Gewinne einigermaßen linear. Die «Mitarbeiter» des Großhändlers eröffnen nun eine Kette ganz neuer Umwandlungen. Aus 10 kg werden 20 kg, aus 96prozentigem wird 48prozentiges Heroin. Zum Preis von 10000,–DM pro Kilo wird das auf 20 kg gestreckte Heroin aus Genua an zehn Einzelhändler verkauft. Jeder nimmt 2 kg für 20000,–DM ab; insgesamt setzt der Großhandel 200000,–DM um. Vier Zwischenhändler kaufen für New York City, zwei für Washington DC, zwei für die Region Boston-Providence und jeweils einer für Philadelphia und Baltimore. Ab jetzt tritt, wie im

Cannabishandel auch, die Einzelhändlerkette in Aktion: Groß-, Zwischen- und Kleinhandel. Anders aber als Haschisch- und Marihuanakonsumenten sind die Heroinverbraucher süchtig nach ihrem Stoff. Die Sucht der Kunden erlaubt dem Einzelhandel Manipulationen an der Ware, die manchmal den Wirkstoffgehalt der «Droge» auf Null bringen. Der Kunde muß nehmen, was er bekommt, daß er betrogen wurde, merkt er erst hinterher. So kommt das phantastische Preis- und Profitniveau des Heroinhandels zustande. Verfolgen wir also die weitere Preisentwicklung mit den sehnsüchtigen Augen eines anatolischen Bauern.

Der Zwischenhändler panscht seine 20 kg zu 50 kg, die dann nur noch 20prozentig sind. Pro 500 g verlangt er von 100 Zwischenhändlern jeweils 10000,– DM, insgesamt setzt er 1 Million DM um, 20000,– DM pro kg. Da diese 500 g ursprünglich einer Menge von 100 g Morphin, d. h. 1 kg Rohopium entsprachen, hat das Kilo Rohopium, einst in mühsamer Arbeit eingebracht, jetzt einen «Wert» von 10000,– DM erreicht. Der Kleinhändler, der *pusher,* kauft bestenfalls 5 g beim Zwischenhändler. Hier sind meist schon Süchtige im Geschäft. Er zweigt ab und streckt und dealt. Von Handelsstufe zu Handelsstufe verringert sich die Qualität des Heroins. Die Aufsplitterung der Handelskette am Endverbrauchermarkt ist kaum noch zu beschreiben.

Die eigentliche Kapitalverwertung des Groß- und Importhandels hält sich durchaus an die Gesetzmäßigkeiten des Handelsimperialismus. Erst der Einzelhandel läßt die Preise «explodieren». Damit unterscheiden sich Ablauf und Preisgestaltung des Opium- bzw. Heroinhandels vom Cannabishandel. Dort wird unmittelbar über verschiedene Handelsstufen zwischen Anbauländern und dem Verbrauchermarkt in den Metropolen «getauscht». Die Preise auf den einzelnen Handelsstufen summieren sich zum Endverkaufspreis. Allenfalls in der Phase des Endverkaufs erfährt die Ware eine Qualitätsminderung durch Verlängern bzw. Panschen. Heute allerdings ist der Haschisch- und Marihuanahandel in den USA und Europa so etabliert, daß am Markt kaum noch gepanschte Ware abzusetzen ist. Nur auf Touristenmärkten, wo Laufkundschaft, die nur Kleinstmengen abnimmt, bedient wird, läuft der Kunde Gefahr, an gepanschtes oder gefälschtes Haschisch zu geraten. Im Falle des Opiumhandels sind zwei Importhandelskapitalien an der Handelskette beteiligt. Man könnte sagen, daß eigentlich zwei verschiedene Produkte gehandelt werden.

Das erste Importhandelskapital organisiert den Transit der Morphin-Base vom Anbauland in die Metropole. Hier erfährt das zu Morphin-Base verarbeitete Opium eine veredelnde Qualitätsveränderung. Aus Morphin wird Heroin.

Nun bemächtigt sich das zweite Importhandelskapital dieser Ware, die sich bereits in den Metropolen befindet, und organisiert den Vertrieb an den Endverbrauchermarkt. Aber dieser Vertrieb ist der Handelskette von Cannabis in den Metropolen nicht vergleichbar. Während die Qualitätsminderung von Cannabis eine Ausnahme ist und allerhöchstens am Ende der Vertriebskette erfolgt, gehört die systematische qualitätsmindernde Zersetzung der Ware zur Ökonomie des Heroinhandels. Würde tatsächlich immer 1 kg Rohopium – unverarbeitet und unverpanscht – weitergegeben, so stünde dem Einkaufspreis von 100,–DM in der Türkei ein Verkaufspreis von «nur» 1000,–DM in New York gegenüber (Großhandelspreis), analog zur Preisentwicklung bei Haschisch, wo aus 10,–DM im Einkauf 1500,–DM bis 2000,–DM im Großhandelsverkauf werden. Hier liegt einer der Gründe, warum in Europa und den USA Rohopium nur schwer zu bekommen ist.

Der Opiumgroßhandel der Satelliten ist wie der Cannabishandel der Macht des kapitalkräftigeren Importhandelskapitals ausgeliefert. Weil der Opiumgroßhändler seine Ware aber einer (etwas) höher entwickelten landwirtschaftlichen Erzeugung abkaufen muß, kann er nicht die gleiche Profitrate erzielen wie der Cannabisgroßhändler. Übertraf hier der Verkaufspreis den Einkaufspreis noch um etwa das Zwanzigfache, so kann ihn der Opiumhändler in der Regel nur verdoppeln.

Er kauft 100 kg Rohopium für insgesamt 10000,–DM ein und verkauft sie zum doppelten Preis, doch nicht als Opium, sondern als Morphin. Aus 100 kg Opium hat er 10 kg Morphin machen lassen. Die verkauft er zu 20000,–DM. Ein Kilo Rohopium würde jetzt also 200,–DM kosten. Der Großhändler schlägt auf seinen Einkaufspreis 100 Prozent auf. Zudem hat er höhere Kosten bzw. Risiken als der Haschischhändler.

Auch das Importhandelskapital verdoppelt beim Verkauf seinen Einkaufspreis. Hier ist die kommerzielle Verwertung wie beim Cannabishandel sowohl durch die Profitrate als auch durch die absolute Höhe des Profits bestimmt, und zwar doppelt. Einmal durch die Schaltstellung zwischen der Unterbewertung in den Satellitenländern und der Überbewertung in den Metropolen, zum andern durch die Schaltstellung zwischen den Märkten zweier Metropolen, im Übergang von Morphin zu Heroin. Die erste «Schaltung» wird vom europäischen Importhandel vorgenommen, der dem türkischen oder libanesischen Großhandel die Ware abnimmt. Das Importhandelskapital übernimmt die Verarbeitung der Morphin-Base zu Heroin. Abnehmer und damit zweite «Schaltung» ist der amerikanische Importhändler, der dafür 40000,– DM zahlt; der Rohopiumpreis läge also jetzt bei 400,– DM pro Kilo. Das europäische Export-Import-Unternehmen hat wiederum seinen Einkaufspreis verdoppelt. Der Großhandel in den Satellitenländern konnte nur einen Gewinn von 10000,– DM erzielen, während der Importhandel 20000,– DM verdient. Ihm entstehen allerdings hohe Kosten für Transport, Schmuggel und Laborarbeiten. In der gesamten Handelskette vom Erzeuger bis zum Verbraucher ist diese Handelsstufe nicht für den Import, sondern für die Heroin-Herstellung notwendig. Die 10 kg werden in Europa für 40000,– DM eingekauft und in den USA zum doppelten Preis verkauft. Der europäische Importhandel erzielt 20000,– DM, der amerikanische 40000,– DM Gewinn. Die Profitrate ist bei beiden gleich. Die amerikanische Handelsstufe in diesem Beispiel ist am mächtigsten, sowohl als Nachfrager wie auch als Anbieter. Davor und dahinter sind alle Handelsstufen in ihrer Kapitalkraft schwächer. Über welche Kapitalkraft der New Yorker Großhändler, der die Ware in den USA übernimmt, verfügen muß, wird erst deutlich, wenn man realistisch davon ausgeht, daß er die zehn- oder zwanzigfache Menge übernimmt und nicht wie in unserem Rechenbeispiel «nur» 10 kg. Am Ende der Kette muß dann ein Junkie mehr als 100,– DM für vielleicht 0,1 g Heroin bezahlen, die inzwischen 0,01 g Morphin-Base und 0,1 g Rohopium entsprechen. Heroin hat also eine viel höhere gesamtwirtschaftliche Bedeutung als Haschisch und Marihuana. Der zweifache Importhandel und damit die Verdoppelung des Endpreises läßt die Verbraucherausgaben in die Milliarden steigen. Allein in den USA wurden zu Beginn der 70er Jahre die jährlichen Verbraucherausgaben für Heroin offiziell (!) auf mindestens 11 Milliarden DM geschätzt. Das entsprach etwa dem Etat des Bonner Verkehrsministeriums. Im Heroinhandel – und das gilt auch für den Kokainhandel – sind die erforderlichen Kapitalvorschüsse dermaßen hoch, daß der Handel ohne Verflechtung mit dem «legalen» Kapital unter Einschaltung der Banken gar nicht funktionieren kann. So soll die berühmte French Connection, also das französische Importhandelskapital, kurzfristige Kredite bei Bausparkassen aufgenommen haben, um den Einkauf zu finanzieren. Es verschaffte sich die Kredite mit dem großzügigen Angebot, sie innerhalb eines Vierteljahres zum Jahreszinssatz zurückzuzahlen. Wer zu solchen Konditionen Kredite erhält, muß Sicherheiten bieten, muß also Kapitalkraft nachweisen können. Was sollte einen Bankdirektor daran hindern, einem angesehenen, im Import/Export tätigen Bürger von Marseille diesen Kredit zu verweigern, wo doch Bauland, Häuser, Schiffe, LKWs oder was auch immer als Sicherheit zur Verfügung stehen? Sie alleine haben die Bank zu interessieren. Was er mit dem Kredit zu finanzieren gedenkt, geht die Bank nichts an.

Je stärker sich das Heroingeschäft ausdehnt, desto schneller verschärfen sich auch dessen innere Widersprüche. Die verschiedenen Handelsstufen geraten in Konflikt zueinander. Wenn das Opiumangebot zurückgeht, steigen die Preise. Der Importhandel gibt die Preissteigerungen an den Großhandel des Absatzmarktes und der wieder an den Einzelhandel weiter. Auch Heroin zählt zu den Drogen, die ihre Nachfrage aus sich selbst schaffen. Die Sucht der Verbraucher garantiert eine kontinuierliche Nachfrage. Dennoch lassen sich die Preise nicht beliebig nach oben verschieben. Zwar sind Fixer bereit, jede Preissteigerung zu akzeptieren, aber mit steigender Sucht werden sie immer unfähiger, sie zu verkraften. Ihre Erwerbsfähigkeit ist stark reduziert, selbst wenn sie bereit wären, einer geregelten Arbeit nachzugehen. Aber eine Arbeit, die so hoch entlohnt wird, daß sich von ihr der tägliche Heroinkonsum finanzieren ließe, gibt es nicht. Hier ist die Ursache für die zunehmende Kriminalisierung der Konsumenten. Die Illegalität wird also bis zum Konsumenten weitergegeben. Auch das Panschen und Strecken auf allen Handelsstufen nimmt zu. Jede Droge, deren Preis eine gewisse Reizschwelle überschreitet, gerät in Gefahr, von einer anderen Droge verdrängt zu werden. Die Nachfrage sinkt, wenn eine Droge die gewünschte und erwartete Wirkung nicht mehr bringt und entsprechend der Preis nicht mehr tragbar ist. In den USA und mit Zeitverzögerung auch in Europa wurde der Qualitätsverfall von Heroin massenhaft mit einem Umstieg der Junkies auf alle möglichen Gifte beantwortet. Daraus haben sich für die Therapie von Drogenabhängigen neue Probleme ergeben, auf die ich hier nicht weiter eingehe. Man muß heute davon ausgehen, daß es den Typ des reinen Heroin-Fixers kaum noch gibt. Die meisten Junkies sind polytoxikoman, d. h. sie nehmen die Droge, die ihnen die Marktlage bietet und deren Preis sie verkraften können. Auf diese Weise wird das Importhandelskapital gezwungen, sich, um die Absatzschwierigkeiten zu überwinden, nach neuen Kunden und nach neuen, billigeren Erzeugern umzuschauen.

Das Importhandelskapital versuchte, von der Türkei und dem Iran loszukommen und neue Erzeugerländer zu erschließen. Als Lieferanten spielten diese Länder Ende der 6oer Jahre nur noch auf dem europäischen Markt eine Rolle, der bis dahin von einer Heroinwelle verschont geblieben war. Hier also bot sich die Chance, einen neuen Verbrauchermarkt zu erschließen.

Wirkliche Hauptquelle des internationalen Drogenhandels aber war zu jener Zeit bereits Südostasien.

Südostasien

Die Abkehr vom Nahen und Mittleren Osten vollzog sich mit dem Rückzug des Importhandelskapitals nicht schlagartig. Vielmehr setzte sie sich Schritt für Schritt zwangsläufig durch, sobald Konkurrenz-kapital andere Anbaugebiete rentabler auszubeuten vermochte. Die «neuen» südostasiatischen Anbaugebiete nahmen spätestens seit 1969 eine Vormachtstellung ein. Damals hatte der *hard-drugs*-Konsum bereits seine volle Höhe erreicht. Ausgelöst wurde er mit türkischem und iranischem Opium und zu einem geringen Teil auch mit Opium anderer Anbauländer.

Die Hauptanbauzone Südostasiens liegt in Nord- und Ostbirma, in Nordthailand sowie in Laos. Die meisten Bauern gehören den Berg-stämmen chinesischer Abstammung an, den Miao (bekannt als Meo) und den Yao. Sie bauen seit Jahrhunderten Opium an – als Tauschpro-dukt.

Die besten natürlichen Bedingungen finden sie in Höhen zwischen 1000 und 1600 m, möglichst in der Nähe von Flußquellen.

Als Nahrungsmittel ernten sie Bergreis, doch reicht die Fläche, die die Arbeitskräfte einer Familie bewirtschaften können, nicht aus, um die eigene Ernährung zu sichern. Direkten Großgrundbesitz gibt es kaum. Die Bauern bestellen einen Teil der Felder mit Mohn. Das erfor-dert einen höheren Arbeitsaufwand als der Reisanbau, so daß sie im-stande sind, das Opium gegen eine größere Reismenge einzutauschen, als sie selbst auf der gleichen Fläche ernten könnten. Doch kommt es kaum vor, daß ausschließlich Opium angebaut wird. Erstens waren die Absatzmöglichkeiten die Jahre hindurch nicht sicher und umfangreich genug; zweitens konnte man wegen des hohen Arbeitsaufwandes nur eine viel kleinere Fläche bewirtschaften. Die Größe der eigenen Anbaufläche ist ausschlaggebend für die Entwicklung, in welchem Verhältnis Reis oder Mohn angebaut werden, denn der gleiche Boden kann nur jedes fünfte Jahr mit Bergreis oder jedes zweite Jahr mit Mohn bestellt werden. Ohne technische Hilfsmittel und ohne intensive Bewässerung und Düngung zerstört Mohn den Boden. Deswegen sind die Bauern meistens nur zehn Jahre lang an einem Ort ansässig.

Wollten sie genügend Reis für den Eigenverbrauch und Opium zum Zweck des Überschußtauschs zehn Jahre lang anbauen, benötigten sie knapp 8 ha Land; 5 ha für Bergreis (etwa 1 ha pro Jahr), 3 ha für Opium (1 ½ ha pro Jahr). Normalerweise aber verfügt ein Haushalt in Nordthailand nur über höchstens 3 ha, wovon er 2 ha für Reis und 1 ha für Opium verwendet. Ist die Anbaufläche noch kleiner, so erhöht sich der Anteil des Opiums bis über die Hälfte. Mohn wird im August gesät und im Januar geerntet. Doch müssen bis April die Felder gerodet, behackt und gesäubert sein, weil das Wetter eine spätere Bearbeitung erschweren würde. Leere Felder zwischen April und August aber würden verwahrlosen und von Unkraut überwuchert werden. Sie müssen also genutzt werden. Deshalb sät man im April Mais, der auch zur Schnapsherstellung, vor allem aber als Schweinefutter verwendet wird. Das ermöglicht eine bescheidene Schweinezucht. Gleichzeitig wird im April auch Reis gesät. Reis und Mais werden im August geerntet. Oft sät man schon vor der Ernte Mohn zwischen den Mais, um die jungen Pflanzen vor Regen zu schützen.

Bei einer derartigen Anbaustruktur der selbständigen Kleinbauern werden pro Hektar etwa 10 bis 20 kg Opium erzeugt. Seine Qualität ist allerdings schlechter als die des türkischen. Die Erzeugung pro Hektar hängt natürlich davon ab, wieviel Arbeitszeit und Arbeitskraft man für diese Felder aufbringen kann; und dies wiederum hängt davon ab, welchen sonstigen Anbau man durch die Kaufkraft des Opium-Erlöses ersetzen kann. Je tiefer der Großabnehmer den Opiumpreis drückt, desto mehr Arbeit muß in die anderen Produkte gesteckt werden. Bis 1967 lag der Erzeugerpreis für 1 kg Rohopium bei 150,– bis 200,– DM, also unter dem der Türken. Pro Haushalt sind 10 kg unmittelbar nach der Ernte eine normale Angebotsmenge. Von diesem Verkaufserlös in Höhe von 1500,– DM wird über die Hälfte zum Einkauf von Reis, Kleidung und für andere Subsistenzausgaben verwendet. Abnehmer sind Kleinhändler aus dem Dorf, meistens aber Agenten des Großhandels aus Bangkok. Der Bauer kann mit seinem Überschußtausch in der Tat einen Gewinn erzielen, mit dem er seine Anbaufläche etwas ausdehnt, nicht weil er technische Hilfsmittel, sondern weil er nun fremde Arbeitskräfte bezahlen kann.

Größere Opiumbauern beschäftigen Karen, ein Bergvolk birmesisch-tibetischer Abstammung, das überall in Birma und Thailand auf der Leiter imperialistischer Ausbeutung ganz unten steht. Die Karen-Arbeiter bekommen pro Tag 60 Pfennig sowie Nahrungsmittel. Von ihnen sind die meisten opiumsüchtig, von den besitzenden Bauern kaum einer.

Gelegentlich versuchen Karen, selber Opium anzubauen, müssen sich dann aber mit dem Restboden, den die Miao übriggelassen haben, begnügen. Das zwingt sie zur Überlastung des Bodens, so daß der sich in kürzester Zeit erschöpft. Die Karen machen etwa 45 Prozent der nordthailändischen Bergbevölkerung aus, die Miao 20 Prozent. Die besten Opiumbauern aber sind die Yao, die 6 Prozent der Bevölkerung stellen.

Die Yao säen und ernten drei Opiumsorten zu verschiedenen Zeiten, so daß sie mit Saat und Ernte vom September bis März ununterbrochen beschäftigt sind. Sie können allerdings im Februar und März keine Zeit für Rodungen aufwenden und deswegen anschließend auch keinen Mais anbauen. Abgesehen von der relativ schwierigen Aufbereitung der Felder haben sie dadurch im Sommer mehr Arbeitszeit zum Reisanbau zur Verfügung. Deshalb hat für sie das Opium nicht die gleiche Bedeutung wie für die Miao. Sie ernten sogar oft genügend Reis, um die eigene Ernährung zu sichern, und verkaufen teilweise ihre Überschüsse an die Miao. Da Reis sehr viel weniger Arbeitsaufwand verlangt als Opium, können die Yao eine größere Fläche mit Reis bestellen als die Miao.

Die Opiumfelder der Yao sind viel kleiner als die der Miao, werden aber wegen der zeitlichen Aufteilung gründlicher geerntet. Zur Gewinnung des Opiumsafts ritzen die Yao die Mohnkapsel zwei- bis dreimal, die Miao ritzen ihre Kapseln nur einmal. Zur Bewirtschaftung der kleinen Felder beschäftigen die Yao auch keine fremden Arbeitskräfte. Da die Miao alles Opium mehr oder weniger gleichzeitig ernten, erzielen sie einen höheren Ertrag pro Arbeitsstunde, die Yao einen höheren pro Hektar. Das Opium der Miao ist daher etwas billiger, was die Bauern von hohen Erntemengen um so abhängiger macht, als sie einen Teil ihrer Nahrungsmittel damit finanzieren müssen. Über die Hälfte des thailändischen Opiums wird von den Miao-Bauern geliefert. Auch in Laos wird der Anbau von Miao betrieben. In Birma geht der Opium-Anbau weniger mit Reis und Mais als mit Sonnenblumen, Bohnen und Viehzucht einher. Der Anbau von Opium spielt also in der Landwirtschaftsstruktur eine entscheidende Rolle.

Opium, CIA und der Krieg in Vietnam

Mit der Wanderung des US-amerikanischen Importhandelskapitals aus der türkisch-iranischen Großregion in den südostasiatischen Raum wurden die Bauern von wenigen Großabnehmern und deren Preisdiktat völlig abhängig.* Lag der Einkaufspreis 1967 noch bei 160,– DM

---

* Einzelheiten des südostasiatischen Opiumhandels und die Verwicklung der CIA in das Geschäft werden bei Michel Lamberti, Catherine Lamour, *Die Opium-Mafia,* Frankfurt 1973, beschrieben. Ihr Buch stützt sich auf eine Arbeit des US-amerikanischen Drogenexperten Alfred MacCoy, der beim Verlag Harper and Row das Buch *The Politics of Heroin in South East Asia* veröffentlichte. Die CIA versuchte das Erscheinen des Buches zu verhindern. Zu den Vorwürfen, CIA und Außenministerium seien in den Handel verwickelt, konnte die CIA jedoch nicht ausreichend Gegenbeweise erbringen, so daß das Buch erscheinen durfte.

MacCoys Behauptungen wurden durch die internationale Presse gestützt. Ich selbst beziehe mich hier vor allem auf US-amerikanische Presseveröffentlichungen in *Newsweek, Time, New York Times* und *Washington Post.* Bei der Darstellung der sozialen und ökonomischen Lage thailändischer und laotischer Bergstämme stützte ich mich hauptsächlich auf UN-Veröffentlichungen:

UN Commission On Narcotic Drugs, Report of the Eighteenth Session (29 April – 17 May 1963), Supplement No. 9, New York 1963.

J. Nepote, «In the Golden Triangel With a Handful of Dollars», *UN-Bulletin on Narcotics,* Volume XXVIII, No. 1, January – March 1976.

Charas Suwanwela et al., «The Hill Tribes of Thailand, Their Opium Use and Addiction», *UN-Bulletin on Narcotics,* Volume XXX, No. 2, April – June 1978.

Charas Suwanwela et al., «Hill Tribe Opium Addicts: A Retrospective Study of 1382 Patients», *UN-Bulletin on Narcotics,* Volume XXXI, No. 1, January – March 1979.

I. M. G. Williams, «UN/Thai Programme for Drugs Abuse Control in Thailand – A Report on Phase I: February 1972 – June 1979», *UN-Bulletin on Narcotics,* Volume XXXI, No. 2, April – June 1979.

pro Kilo Rohopium, so sank er bis 1970 auf etwa 50,–DM. An Überschüsse aus dem Opium-Verkauf war überhaupt nicht mehr zu denken. Bestenfalls konnten die Bauern gerade noch das Existenzminimum halten.

Als Agenten des Großkapitals traten vor allem Einheiten der reaktionären national-chinesischen Armee auf, die sich in Nordthailand «niedergelassen» hatten. Seit dem Sieg der Revolution in China halten die Kuomintang-Truppen, vor allem die 93. Division, hier ihre strategische Stellung als Opiumhändler. Dieses Gebiet dient ihnen auch als Operationsbasis für Spionageunternehmungen gegen die Volksrepublik China. Daß sie mehr sind als ein Haufen versprengter Soldaten und Offiziere, beweist der ständige Materialnachschub, mit dem sie von Taiwan aus versorgt wurden. Auf denkbar sichere Weise gelangte so das Opium tonnenweise über Taiwan an die Westküste der USA. Auch die Handelsrouten nach Süden und Südosten begannen in den Stützpunkten der Kuomintang und der thailändischen Border Patrol Police (BPP). Entweder kauften sie selbst ein, oder sie kontrollierten den Transport nach Südthailand und vor allem nach Laos. Für den Transport von birmesischem Opium nach Laos durch Nordthailand verlangte die hier ansässige Kuomintang-Einheit bis zu 40000,–DM pro Tonne als Transitgebühr. Als im September 1967 ein stark bewaffneter Lieferantentrupp aus Birma dieses Gebiet nördlich umgehen wollte, brach zwischen ihm und Kuomintang-Verbänden am Dreiländereck von Birma, Thailand und Laos ein Kleinkrieg aus, dem erst die Bomben der laotischen Luftwaffe ein Ende setzen konnten. Es gab 300 Tote. Die laotische Armee war auf diese Weise umsonst an ihr Opium gekommen, mußte sich später aber dennoch mit der Kuomintang auf Verhandlungen über einen Abfindungsbetrag einlassen.

Die laotische Armee war lange Zeit die wichtigste Exportorganisation im hinterindischen Opiumhandel. Der Oberbefehlshaber der laotischen Luftwaffe, General Ouane Rathikoune, soll der Boß des Unternehmens gewesen sein. Ihm unterstand die legendäre Air Opium – offiziell als Air America bekannt. Die Air Opium besorgte vor allem den Transport von der laotischen Hauptstadt Vientiane in die südvietnamesische Hauptstadt Saigon (heute: Ho-Tschi-Minh-Stadt). Unter-

Donald P. Whitaker et al., *Area Handbook for Laos, 1972.*
William R. Geddes, *Migrants of the Mountains. The Cultural Ecology of the Blue Miao (Hmong Njua) of Thailand,* Oxford 1976.

stützt wurde sie von der Fluglinie Veha Akhat, die der mächtigen Familie Sananikone gehört. Diese war für den Putsch von 1959 verantwortlich und besetzt seitdem in Parlament, Regierung, Verwaltung und Armee entscheidende Positionen. Der Transithandel in Südlaos wurde von Prinz Boun Oum beherrscht.

Seit Mitte der 60er Jahre konzentrierte sich in Laos, zu dessen Hauptexportartikeln Opium gehört, die Verarbeitung zu Morphin-Base. Neben dem Hauptumschlagplatz Ban Houei Sai lagen die wichtigsten Verarbeitungszentren in den Orten Ban Khwan, Phan Phung und Ban Kheung. Aber Laos war nicht nur als Umschlagplatz von Bedeutung, es wurde dort auch Opium angebaut. Sammelpunkt der laotischen Ernten war Long Cheng, das jahrelang von der Armee und der CIA als eine Art Geheimterritorium von der Außenwelt abgeschirmt wurde.

Die CIA trat in der Region als Schutzpatron der Opiumbauern und -händler auf. Die materielle Absicherung der Miao-Bauern durch die US-Armee bzw. den US-Geheimdienst war Voraussetzung, um aus den Reihen der Miao eine Anti-Guerilla-Armee rekrutieren zu können, deren Existenz schließlich auch das Pentagon nach langem Leugnen zugeben mußte. Laos' Rolle als Opiumlieferant hing zu dieser Zeit unmittelbar mit seiner strategischen Bedeutung im Indochinakrieg zusammen. Doch wurde nur 10 bis 20 Prozent des südostasiatischen Opiums in Laos geerntet, 50 Prozent kamen aus Birma, der Rest aus Nordthailand. Auf der Route von Nordthailand nach Bangkok wurden von der thailändischen Polizei Zölle erhoben. Sie hatte an dieser Strecke fünf Kontrollposten eingerichtet, an denen jeweils 20,– DM pro Kilogramm, insgesamt also 100 000,– DM pro Tonne gezahlt werden mußten. Der Großhandel der Satelliten, unter dessen Kommando die Lieferung in dieser Transportphase stand, besorgte auch die Verarbeitung zu Morphin-Base. Diese wurde in Bangkok vom ausländischen Importhandel übernommen und nach Singapur oder Hongkong eingeführt. Hier wurde aus Morphin Heroin. Vor allem Hongkong ist ein bevorzugter Umschlagplatz – damals wie heute. Auf dem gesetzlich geschützten, freien Währungsmarkt von Hongkong ist es einfacher als irgendwo sonst, harte Metropolen-Devisen, in denen der amerikanische Importhandel zahlt, zu deponieren oder in Satelliten-Währung günstig umzutauschen, ohne sich der Währungspolitik der Satelliten unterordnen zu müssen.

Für das amerikanische Handelskapital hatte die hinterindische Ware

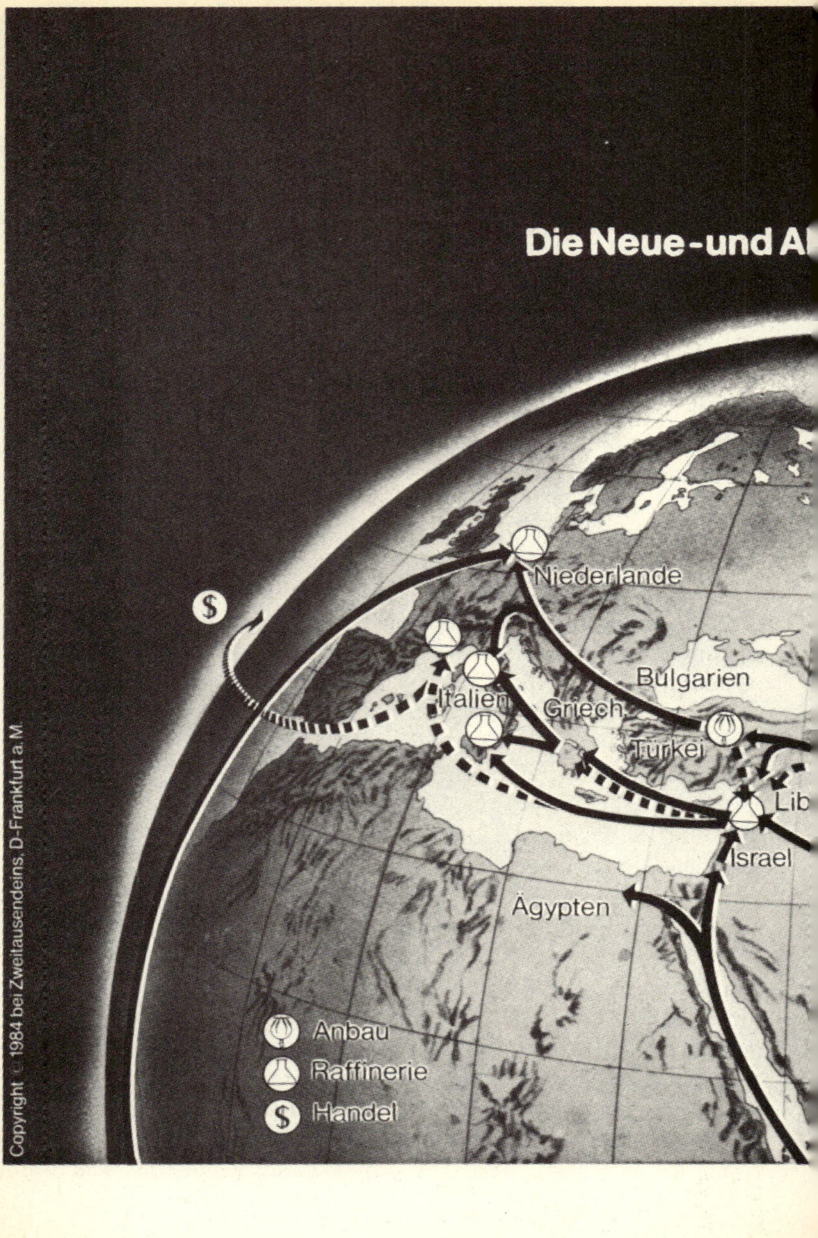

Die Neue - und Al

Niederlande

Bulgarien

Italien   Griech   Türkei

Lib

Israel

Ägypten

Anbau
Raffinerie
$ Handel

einen entscheidenden Vorteil. Zwar gab es auch hier zwei Stufen des Imports. Jedoch unterschied sich die Art bzw. die Beschaffenheit der Ware, die auf den beiden Stufen gehandelt wurde. Denn anders als im Mittelmeerhandel kaufte das amerikanische Importhandelskapital hier im Satellitenland selbst die schon zu Heroin veredelte Ware.

Das Importhandelskapital fand also beim Einkauf von Heroin nicht das hohe Preisniveau der Metropolen vor, wie etwa in Genua oder Marseille. Auch das Veredlungsprodukt war noch unterbewertet. Da aber im Unterschied zu den Anbauländern des Mittelmeerraums in den Ländern Südostasiens – und besonders in Bangkok, Singapur und Hongkong – selbst ein starkes nationales Kapital als Einkäufer im Anbauland und als Verkäufer an das amerikanische Handelskapital auftrat, kam das US-Kapital nicht in den vollen Genuß dieser Unterbewertung. Die Existenz dieser nationalen Kapitalkraft, die sich als Handelsstufe zwischen Anbau und US-Handel schaltete, verursachte Preissteigerungen. Daher galt es, das Importhandelskapital dieser Länder bzw. Stadtstaaten auszuschalten.

Der US-Importeur suchte und fand den Kontakt zum einheimischen Großhandel, bei dem der Bauer seine Ernte absetzte. Das Geschäft funktionierte wie der Haschischhandel. Der thailändische, südvietnamesische oder laotische Großhandel kaufte direkt bei den Bauern und organisierte dann beide Verarbeitungsgänge, die Verarbeitung von Opium zu Morphin und die von Morphin zu Heroin. Die Entfernung zwischen Anbau und Verarbeitung wurde also immer kleiner. Erst als das ausländische Drogenkapital seinen Einkauf immer mehr von der Türkei nach Hinterindien verlegte, schossen in Burma und Thailand derartige Verarbeitungsstätten wie Pilze aus dem Boden. Diese ökonomische Strategie konnte natürlich nur Erfolg haben, weil sie den politischen Interessen der USA diente und von deren Armee und Geheimdienst abgesichert wurde: «Man kann kaum in eine Maschine steigen, deren Rumpfende nicht mit Opium vollgepackt ist. Als ich neulich mit der Royal Air Lao flog, wurde die Maschine in Saigon festgehalten. Es dauerte drei Stunden, bis die zwei Tonnen Opium ausgeladen waren. Ich glaube, die vietnamesische Polizei beschlagnahmte das Zeug... In Laos gibt es zwei Fluggesellschaften, die sich ausschließlich auf den Rauschgifttransport spezialisiert haben. Sie fliegen Süßigkeiten nach Ban Houei Sai hinauf und bringen auf dem Rückflug ein paar Tonnen Opium mit. Manchmal geht eine Maschine kaputt oder irgend jemand stirbt, dann hilft die Königlich Laotische Luftwaffe mit Helikoptern aus, die sie von den Amerikanern geschenkt bekommen hat. Der laotische Stabschef General Ouane Rathikoune hat den Opiumhandel im Norden in der Hand. Außerdem steht fest, daß die CIA ihre eigene Fluggesellschaft, die Air America, dem General Vang Pao und anderen Offizieren der Armee Clandestine für den Opiumtransport zur Verfügung stellt.»

Dieses Interview mit dem amerikanischen Journalisten Hawkridge, der in Südostasien recherchierte, veröffentlichte der *Spiegel* 1971. Wichtiger noch als die Enthüllungen sind die Schlußfolgerungen des amerikanischen Journalisten. «Aber hier in Laos habe ich umdenken müssen. Hier habe ich begriffen, warum sich niemand um die Briefe gekümmert hat, die ich im Zusammenhang mit dem Rauschgifthandel geschrieben habe. Nicht Unfähigkeit auf seiten der amerikanischen Sicherheitspolizei ist schuld daran, daß Tonnen von Opium aus Laos in die amerikanischen Militärbasen und in die Welt hinausgelangen. Es handelt sich um bewußte Politik.»

In Pakistan, das augenblicklich der Hauptlieferant des Heroin-Weltmarktes ist, sind die Bedingungen heute sehr ähnlich. Dort ist alles versammelt, was schon zehn Jahre zuvor die Infrastruktur der Südostasien-Connection ausmachte. Im Schutz amerikanischer Militärberater und der CIA gelangen die Opiumlieferungen aus Afghanistan nach Pakistan, wo sie direkt in Morphin-Base und Heroin umgewandelt werden. Hunderte von Labors sind im vergangenen Jahr entdeckt und von Fahndern hochgenommen worden, Hunderte blieben unentdeckt und arbeiten auf Hochtouren. Die Afghanistan-Pakistan-Connection ist jedoch unsicher. Sollte es den afghanischen Truppen gelingen, den Opiumbanden das Handwerk zu legen, dann wäre die augenblicklich wichtigste Weltmarktquelle verstopft. Das Drogenkapital scheint auf diese Eventualität vorbereitet zu sein. Neueste UN-Berichte belegen ebenso wie die Laboranalysen europäischer und US-amerikanischer Polizeidienststellen, daß die alte Südostasien-Connection eine Wiedergeburt erlebt.

Kokain

Jetzt erst ist Kokain wirklich angekommen, oder wie es die *Neue Zürcher Zeitung* im Februar 1983 fast liebevoll ausdrückt: «‹Charley› ist seit diesem Jahr endgültig auch bei uns zuhause.»[1]

Die Droge hat das Ghetto des Luxuskonsums verlassen und macht sich am westeuropäischen Straßenmarkt breit. Wir erleben nicht den Anfang, sondern das Ende einer Produkteinführung.

Die Innovationsphase von Kokain verlief nach klassischem Muster – der Vergleich mit dem 17. und 18. Jahrhundert, als Tee, Kaffee, Tabak und Schokolade zunächst an den Höfen Bestandteile des europäischen Genußmittelkonsums wurden, drängt sich auf.

Was Kokain von anderen Drogen prima vista unterscheidet, ist der Preis. Der Preis macht diese Droge zum Luxusartikel und ihren Konsumenten zum Gourmet. Zu Tisch werden nur die Günstlinge des Hofes oder die Begünstigten der Marktwirtschaft gebeten. Ob nun der preußische Soldatenkönig die Großen des Reichs im Tabakkollegium versammelt oder ein Hollywoodstar die Größen der Branche zur Kokainparty um sich schart – zelebriert wird ein Ritual des Luxus und der Moden.

Wolfgang Schivelbusch beschreibt in seinem Buch *Das Paradies, der Geschmack und die Vernunft. Eine Geschichte der Genußmittel* am Beispiel des Kaffee- und Teegenusses die Bedeutung des Rituals für den höfischen Menschen: «Das kunstvolle Service und der Mohrenjunge, der bedient, sind für den aristokratischen Geschmack im Grunde wichtiger als der Genußartikel selbst.»[2] Ähnliches gilt auch für den heutigen Statuskonsum. Auch das Kokainritual gibt einer Schicht von Geld- und Prominenzadligen Gelegenheit zur Selbstinszenierung. Fast vergessene Rituale sind wieder in Mode: das Vorzeigen und Anbieten beispielsweise, manchem noch in Erinnerung aus der Zeit der Zigarettenknappheit vor der Währungsreform, oder das sichtbare, wohlgefällige Abschmecken und Kommentieren, wie es Kleinbürger gerne am Wein demonstrieren.

Einige Genußmittel halten ihren Status über Jahrzehnte und, wenn sie wirklich knapp sind, über Jahrhunderte. Andere wandern vom Hof in den Salon, vom Salon ins Kaffeehaus oder die Teestube und von dort in die privaten Haushalte, bis sie schließlich zu allgemeinen Konsumgütern geworden sind, in preisgünstiger Variante jedem zugänglich. Mit der Abwanderung in den Massenkonsum zerfällt das Ritual oder bleibt nur noch als Relikt erhalten.

Von den neuen Drogen unserer Zeit, die auf den Markt der Industrienationen drängen, hat sich Haschisch bereits auf diesen Weg des «Abstiegs» gemacht. Innerhalb weniger Jahre haben sich die Hippie-Rituale verflüchtigt, der «Joint» wird fast schon so gedankenlos gedreht und achtlos geraucht wie eine Zigarette. Letztes Hindernis vor dem «Absinken» in den Alltagskonsum ist die Illegalität, die nicht nur den Preis, sondern auch den Rest vom Status der Droge hochhält.

Weit über den Illegalitätsaufschlag hinaus bewegt sich der Preis für Kokain; für Spitzenqualität liegt er in Höhe des Heroinpreises. Schon das zeigt: Die Droge verfügt nach wie vor über einen hohen Statuswert. Sie hastig zu konsumieren ist verpönt, nur der inszenierte Konsum rechtfertigt den Preis. Die Hofberichterstattung in den Massenmedien, die keine Kokainparty mit Beteiligung von Prominenten und kein einschlägiges Gerichtsverfahren ausläßt, trägt zur Mystifikation der Droge bei. Die Massenmedien sind nicht «schuld» am zunehmenden Kokainkonsum, sie werden nur für eine Art Marketing instrumentalisiert, sind Teil jenes Spiels, das «Innovation eines neuen Konsumgutes» heißt.

Ob Kokain eine ähnliche Entwicklung nehmen wird wie Kaffee, Tee und Tabak zu Beginn der Neuzeit oder Haschisch und Marihuana heute oder ob die Droge an die Grenze ihres Wachstums stößt, soll hier untersucht werden.

Den spanischen Eroberern Lateinamerikas waren die Kaugewohnheiten der Eingeborenen so unheimlich, daß sie die Blätter, die sich die Indiosklaven in den Mund schoben und deren Genuß euphorische Zustände auslöste, für Teufelswerk erklärten. Die göttliche Droge der Inkas wurde verboten. Weit kamen die Conquistadores mit ihrem Verbot nicht. Der Versuch, einer der ältesten kultivierten Pflanzen Lateinamerikas, deren Spuren bis ins Jahr 3000 vor unserer Zeitrechnung zurückführen, den Garaus zu machen, hatte Folgen, die die Pläne der Eroberer und Ausbeuter zu durchkreuzen drohten. Als die Spanier erkannten, daß die unheimliche Pflanze auch die Arbeitskraft ihrer Sklaven beeinflußte, daß sie härter und ausdauernder schufteten, wenn man ihnen die Gewohnheit ließ, sich bei der Arbeit die Backentaschen mit Kokablättern zu füllen, war das Verbot schnell vergessen.

Die Kokapflanze wächst vorwiegend an den östlichen Hängen der Anden in einer Höhe zwischen 400 und 3500 Metern. Peru und Bolivien sind die Zentren des legalen wie des illegalen Kokaanbaus, man findet die Pflanze aber von der Spitze Chiles bis zu den Ufern der Karibik. Auch in Brasilien wird Koka angebaut. Auf Ceylon, in Java, Indien und Afrika wurde Koka erfolgreich angepflanzt, ohne allerdings jemals die Bedeutung zu erlangen, die es für die Bewohner der Andenregion hat.

Merkwürdig war das Desinteresse der europäischen Kolonialisten an ihrer Entdeckung. Während Tee, Kaffee und Tabak wie auch Opium, die von Seefahrern im 15. und 16. Jahrhundert nach Hause gebracht wurden, schon bald einen Siegeszug antraten und zum unverzichtbaren europäischen Genußmittel wurden, landete Koka unbeachtet auf dem Abfallhaufen. Ungewöhnlich daran ist, daß zur gleichen Zeit mit Kaffee und Tee ein Typ von Wachgetränken in den Haushalten des aufsteigenden Bürgertums Einzug hielt, deren Wirkung auch die Säfte der Kokablätter auszulösen vermochten. Doch darauf kam man nicht. Wahrscheinlich hat die lange Seereise die Pflanze ausgedörrt und ihrer Wirkung beraubt.

So hatte Koka erst Mitte des 19. Jahrhunderts seine eigentliche Premiere, als es gelang, das Hauptalkaloid – fortan Kokain genannt – zu isolieren. Damit war eine Verarbeitungsform gefunden, die auch in Europa und den USA die Pflanze genießbar machte. Und sogleich setzte ein Boom ein, der erst endete, als, ausgehend von den USA, das Genußmittel zur Droge und sein Konsum zur kriminellen Handlung erklärt wurde. Das war nicht das Ende von Kokain, wohl aber der Abschluß einer Phase unbeschwerten legalen Konsums. Um 1865 war am Getränkemarkt ein Wein erschienen, der Vorläufer einer ganzen Serie von kokainhaltigen Kaltgetränken. Sein Erfinder, der Korse Angelo Mariani, nannte die Mischung aus Wein und dem Extrakt von Kokablättern «Vin Mariani». Zum Marktführer aber wurde das 1886 in den USA auf der Basis von Koffein und Kokain entwickelte «Coca Cola», das gleich eine Unzahl von Mitbewerbern um die Geschmacksnerven der Bürger auf den Getränkemarkt zog.

Die American Medical Association hat die kokainhaltigen Konkurrenzprodukte aufgelistet: Kos-Kola, Kola-Ade, Koca-Nola, Cafe-Coca Compound, Pilsbury's Coke Extract, Celery Cola, Coke Extract, Dr. Don's Kola, Vani-Kola Compound Syrup, Rococola und Wiseola.[3]

Keine Droge ohne Pharmaindustrie. Keine Pharmaindustrie ohne Experimente am Menschen. Der deutsche Arzt Aschenbrenner verordnete bayrischen Soldaten, die zu Herbstmanövern ausgeschickt wurden, Kokain, das er sich über die Firma Merck[4] beschafft hatte. Noch in der Panzerschokolade des Zweiten Weltkriegs sind die Ergebnisse dieses Experiments nutzbringend verarbeitet. Es forderte zur Nachahmung auch geradezu heraus, zeigten doch die bayrischen Soldaten des 19. Jahrhunderts unter Einwirkung von Kokain ein überdurchschnittliches Leistungs- und Durchhaltevermögen.

Die Eigenschaft der Kokapflanze, das zentrale Nervensystem zu stimulieren und als lokales Betäubungsmittel zu wirken, inspirierte auch die Pharmaindustrie zu einer Produktoffensive auf dem Medikamentenmarkt. Der US-Pharmakonzern Parker Davis warb für die neue Wunderdroge, die «Nahrung ersetzt, einen Feigling zum Helden macht, den Schweigsamen zum Reden bringt und die Opfer der Alkohol- und Opiatabhängigkeit von ihren Fesseln befreit».[5] Zwischen 1885 und 1906 wurden Hunderte von Heilwassern gegen Erkältung, Asthma und alle Arten von Abhängigkeit über den nordamerikanischen Kontinent gespült. Auch die Tabakindustrie versuchte, sich ihren Anteil zu schnappen, und ließ aus Kokablättern Zigaretten drehen und Zigarren rollen.

Doch während sich die Getränke- und die Pharmaindustrie immer neue Verarbeitungsformen ausdachten, formierte sich der Widerstand gegen den Kokakonsum. Immer mehr Staaten erließen Gesetze, die den Konsum untersagten, eine Kampagne wurde in Gang gesetzt, die das positive Image der Droge zu zerstören und ihren Konsum als typisch für Schwarze, Arme und Kriminelle hinzustellen versuchte.

«Coke» ohne Koks – daran mußten sich ab 1903 die Liebhaber des gerade erst erfundenen Süßgetränks gewöhnen. Mit dem «Harrison Act» von 1914, dem ersten Anti-Drogen-Bundesgesetz der USA, das Kokain als besonders gefährlich klassifizierte, gefährlicher noch als Opiate, wanderte die Droge endgültig aus dem Bereich eines weit verbreiteten legalen Konsums in die Enklave des Luxus. In den Jahren darauf wurde zu einem höheren (Preis-)Niveau mehr Kokain gesnifft als je zuvor. Die Methode, Kokain in pulverisierter Form durch die Nasenlöcher zu sniffen, wurde erst jetzt populär und fand auch in Europa – insbesondere in Frankreich, England und Deutschland – ihre Anhänger.

Bis heute ist Kokain eine Underground-Droge geblieben, mal mehr,

mal weniger nachgefragt, doch keine andere Droge, die heute verboten ist, ist tiefer in den Alltagskonsum einer Gesellschaft eingedrungen als das Kokain Ende des 19. und Anfang des 20. Jahrhunderts.

Seit langem angekündigt, ist die Kokain-«Welle» schließlich eingetroffen. Wer Kokain wollte, konnte es schon immer bekommen, doch bedurfte es gewisser Marktinformationen, um an die Dealer und damit an die Droge heranzukommen. Cash and carry, wie heutzutage auf der Straße, hat sich als Marktform erst neuerdings durchgesetzt.

Die Ausweitung des Handels vom Luxus- auf den Straßenmarkt kennzeichnet die letzte Phase der Produkteinführung. Nun lassen sich beachtliche Extraprofite erzielen. Denn «die Straße» ist mehr als nur die quantitative Ausdehnung eines Marktes. Der Profit multipliziert sich um mehr als nur die Anzahl der neu gewonnenen Straßenkunden. Die wahre Profitsteigerung liegt in der Qualitätsverminderung. Das wurde bereits vor mehr als zehn Jahren am Markt von New York City ausprobiert und durchgesetzt.[6] Der – meist weiße – Midtown-Kunde zahlte 50,– Dollar für ein Gramm reinen Kokains, während der – meist schwarze – Kunde am Harlemer Markt für den gleichen Preis gestrecktes, auf 25 Prozent reduziertes Kokain kaufte. Umgerechnet heißt das: Pro Gramm reinen Kokains zahlte der Kunde am Ghettomarkt 200,– Dollar. Nur ein Rechenspiel, denn reines Kokain ist am Ghettomarkt nicht zu haben. Als Kleinabnehmer an einem illegalen Markt ist der Nachfrager dem Preis- und Qualitätsdiktat der Dealer bedingungslos ausgeliefert. Daran ändern auch Testgeräte nichts, die von der Drogenzubehörindustrie per Inserat angeboten oder in *head-shops* offeriert werden. Beimischungen lassen sich mit solchen Apparaten chemisch bestimmen.

Was heute auf der Straße gehandelt wird, hat oft mit Kokain nichts mehr zu tun. Der Straßenkäufer ist gut bedient, wenn er sich wenigstens zwölfprozentige Ware einhandelt. Dafür zahlt er auf dem bundesdeutschen Markt zwischen 250,– und 300,– DM pro Gramm.

Zwischen den legalen Labors der Pharmaindustrie, wo eine Unze ca. 20,– Dollar kostet, weniger als ein Dollar pro Gramm reinen Kokains, und den dunklen Winkeln des Straßenmarkts, wo ein Gramm gepanschten Kokains nicht unter dem hundertfachen Preis zu haben ist, liegen die immensen Profite des Zwischenhandels, die das Geschäft so interessant machen.

In den USA werden im Straßenverkauf zwischen 30 und 40 Milliar-

den Dollar pro Jahr allein im Kokainhandel umgesetzt. In der jährlich von der Zeitschrift *Fortune* veröffentlichten Liste der 500 umsatzstärksten Firmen würde der Kokainhandel im Jahre 1980, träte er ordentlich unter einem Firmennamen auf, an siebter Stelle zwischen der Ford Motor Corporation und der Gulf Oil Corporation, bei steigender Tendenz für Kokain, rangieren.

Haupteinfuhrhafen in die USA ist Miami. Hier werden Kokadollars «gewaschen», hier sitzen die Großhändler, die Finanziers und die Geschäftsführer der Branche. Hier verzeichnen die Banken, anders als in den von Arbeitslosigkeit und Produktionsrückgängen gezeichneten Bundesstaaten, Umsatzsteigerungen in Milliardenhöhe.

Mehr als 80 Prozent allen Kokains, das weltweit in den Netzen der Drogenfahnder hängen bleibt, wird in Florida sichergestellt. Das sind bei optimistischer Schätzung weniger als zehn Prozent des gesamten Handels, der über Florida in die USA geleitet wird.

Wie sich die Kosten vom Bauern in einem der Andenstaaten bis zum New Yorker Straßenmarkt vermehren, soll eine grobe Rechnung verdeutlichen.[7]

Zur Herstellung von 2,5 Kilo Kokapaste werden etwa 500 Kilo Kokablätter benötigt, für die der Einkäufer 1200,– Dollar zahlt. Meist wird dieses Rohprodukt, das einen Wert von 5000,– Dollar hat, im Umkreis der Anbaufelder hergestellt. Aus der Paste wird ein Kilo noch stark mit Chemikalien verschmutztes Rohkokain im Handelswert von 11 000,– Dollar produziert. Bereits dieser Vorgang wie auch die Säuberung der Ware zu reinem Kokain spielt sich weit entfernt von den Feldern der Bauern ab.

Über die größte Laborkapazität soll nach Angaben US-amerikanischer Fahnder Kolumbien verfügen, wo sogar bolivianische und peruanische Rohprodukte zu reinem Kokain ($C_{17}H_{21}NO_4HCl$) verarbeitet werden.

Vom rohen zum reinen Kokain hat sich der Wert fast verdoppelt und beträgt 20 000,– Dollar. Der Wert desselben Kilos, mit dem Schiff oder dem Flugzeug in die USA transportiert, steigt um das Dreifache auf 60 000,– Dollar. Und weiter geht es – mit den Preisen bergauf, mit der Qualität bergab. Der Preis verdoppelt sich auf 120 000,– Dollar, während die Qualität um die Hälfte sinkt. Um auch die Menge zu verdoppeln, werden Füllmittel wie Babypuder oder Milchzucker beigemischt; auch Amphetamin, um die kokaineigene euphorisierende Wirkung zu erzielen, und Procain, um den Betäubungseffekt zu ver-

Preisexplosion bei Kokain

Die Kostensteigerung bei Kokain
auf dem Weg aus den Anden
durch Kolumbien
in die Straßen und Salons der U.S.A.

Preise in US-Dollar

$ 500.000

$ 120.000

$ 60.000

$ 20.000

$ 11.000

$ 5.000

$ 1.200

500 kg	2,5 kg	1 kg	1 kg	1 kg	2 kg	8 kg
Blätter des Koka-strauches	Kokapaste	Kokainbase	Kokain-Hydrochlorid $C_{17}H_{21}NO_4HCl$	Dieselbe Menge in die U.S.A. geschmuggelt	Kokain-verschnitt von 50 Prozent Reinheit	Auf 12 Prozent Reinheit verschnittenes Kokain, erbringt 8 kg auf der Straße

stärken, den das Schnupfen von reinem Kokain im Rachenraum bewirkt, werden zugesetzt. Ein vermeintlich sicheres Erkennungszeichen der Reinheit. Auch die Füll- und Ersatzstoffe werden in einschlägigen Publikationen neben Testgeräten, die sie wiederum aufspüren sollen, angeboten. Nach diesem Verfahren wird die Menge durch ständiges Verschneiden und Hinzufügen von kokainähnlichen Wirkstoffen auf acht Kilo aufgefüllt, wobei, wenn man Glück hat, ein Pulver übrig bleibt, das sich zwar Kokain nennt, aber nur 12 Prozent Kokainwirkstoff enthält.

Das Exportgeschäft sollen kolumbianische Händler fest im Griff haben, während sich im Importsektor Exilkubaner gegen einheimische Händlerorganisationen auf dem US-Markt durchgesetzt haben sollen. Solche Angaben stützen sich auf Polizeiverlautbarungen, die sich wiederum auf die Auswertung ihrer Festnahmen und Beschlagnahmen sowie auf die Kontrolle von Konten- und Kapitalbewegungen berufen. Das sind keine gesicherten Erkenntnisse.

Ziemlich lückenlos läßt sich dagegen rekonstruieren, wie die ersten Kokainlieferungen der «neuen» Welle auf den US-amerikanischen Markt gelangten. Anders als Heroin oder bestimmte Trips, war Kokain in den Hippiekreisen der Westküste keine *bad drug*, keine tabuierte Droge. Marihuana- und LSD-Händler nahmen das damals noch wenig gefragte Kokain in ihr Sortiment auf. Ihre Zulieferer waren meist mexikanische Marihuanahändler mit lateinamerikanischen Connections. Ähnlich wie in den Anfangstagen des europäischen Haschischhandels versorgten sich viele Dealer auch am Ursprungsort. Die Ausschaltung des Zwischenhandels machte den Linienflug Los Angeles–Lima rentabel, auch wenn man nur kleine Mengen zurückbrachte. Die Parallele zum frühen europäischen Haschischhandel geht aber noch weiter. Als das Produkt eingeführt war – hier Haschisch, dort Kokain –, als steigende Nachfrage größeren Kapitaleinsatz bei der Vorfinanzierung erforderte, drängte sich die systematische Organisierung des Warenstroms vom Anbieter bis zum Kleindealer geradezu auf. Die Happy-Hippie-Hobby-Händler wurden systematisch enteignet, sie wurden vom großen Kapital unterboten und damit vom Nachschub abgeschnitten oder mit brutaler Gewalt ausgebootet. Heute ist das Kokaingeschäft bis zum Kleindealer organisiert, das Preisdiktat abgesichert.

Noch ungenauer und spekulativer als die Polizeiangaben über Händlerorganisationen sind die über Transportrouten. Im Augenblick, so wird behauptet, sei Kolumbien Ausgangspunkt des größten Teils der Exporte in die USA. Aber auch die Route Lima–Los Angeles wird als stark frequentierte Einfallsschneise genannt, neben der Route von Manáus (Brasilien) über Puerto Rico nach Miami und von dort weiter mit dem Linienflug nach New York. Von Manáus und Bogotá aus soll auch der europäische Markt beliefert werden. Von Kokainladungen, die in Gefrierfleisch eingeschweißt sind, wird gemunkelt – eine Transportart, die Erinnerungen wachruft an Heroinsendungen aus Vietnam in ausgenommenen Leichen von US-Soldaten. Doch auch so «unverdächtige» Routen wie Boston–London–Frankfurt kommen als Handelsweg in Frage. Dieser Weg wurde mir im Sommer 1982 von einem Mitarbeiter der US-amerikanischen Drug Enforcement Administration genannt. Europa als Ausweichpunkt gilt als die aktuellste Transportvariante: Lateinamerika–Europa–USA mit kombiniertem Linien-Charter-Ticket. Jedenfalls geht die Ware oft über viele Zwischenstationen, bis sie am Bestimmungsort ankommt. Genaues weiß man nicht. Aber man weiß: der Kokainhandel in Europa hat die Stufe der spontanen und autonomen Kleinhändler einfach übersprungen und sich hier gleich in straff organisiertem Rahmen etabliert. So ließ sich das US-amerikanische Preisniveau anstandslos auf dem europäischen Markt durchsetzen.

Heute ist Kokain der teuerste Kick am Markt illegaler Drogen. Das hohe Preisniveau läßt sich ökonomisch alleine nicht erklären, ohne die «Irrationalität» des Konsumentenverhaltens ist es kaum zu verstehen. Denn anders als Heroin schafft Kokain keine Nachfrage aus sich selbst. Die Droge macht nicht körperlich abhängig, und über das Ausmaß der psychischen Abhängigkeit streiten die Experten.

Das Bedürfnis in der gehobenen Mittelschicht, am Konsum eines Luxusproduktes teilzunehmen, muß so stark, der Drang nach oben so unnachgiebig sein, daß dieser Konsumentenkreis bereit ist, jeden Preis für Statuskonsum zu akzeptieren. Im scheinbar irrationalen Verhalten der Konsumenten erscheint die Rationalität der Konsumgesellschaft, die Statuskonsum über Bedürfnisbefriedigung stellt. Kokain ist nur ein Vehikel, allerdings wie zugeschnitten auf einen Konsumententypus, der Träger aller herrschenden Leistungsideale ist und die Ziele einer auf grenzenloses Wachstum orientierten Gesellschaft verinnerlicht hat – ohne Zweifel und ohne Skrupel.

Einige können die Nase nicht voll genug kriegen und suchen stärkere Kicks, als ihnen das Sniffen bescheren kann. Sie kombinieren Heroin mit Kokain zu sogenannten *speedballs*. Auch Nadelfreaks ziehen immer öfter Kokain in ihren Spritzbestecken auf, um so den Tag auszuschaukeln. Morgens Koks, abends «Äitsch».

Reines hochprozentiges Kokain, durch die Nasenlöcher aufgenommen, wirkt nicht länger als eine gute halbe Stunde. Stimulation und Euphorie darüber hinaus sind ein sicheres Zeichen für Beimischungen – meist Amphetamin. Der normale Weg der Droge geht durch die Nasenschleimhäute in den Blutkreislauf des Sniffers.

Die wohl wirkungsvollste – zeitlich auf jeden Fall anhaltendste – Form der Einnahme ist der Weg über die Lunge. Diese Methode erfordert eine erhebliche Menge Kokain, das in einer Lösung chemisch umgewandelt wird. Man kocht das Gebräu so lange, bis es zu einem weißlichen Klumpen gerinnt. Der wird zerbröselt und geraucht, nachdem er meist vorher noch einmal gereinigt wurde. *Freebasing* nennen US-Kokser diese Methode. Das *hangover*, die Depression nach dem Abklingen der Wirkung, ist meist so dramatisch, daß nur die Erneuerung der Prozedur Linderung verspricht. Das nennt man gewöhnlich Sucht, und in der Tat sind sich die meisten Experten einig, daß Kokain, wenn es auf diese Weise dem Körper zugeführt wird, ebenso wie das Kokainfixen zur körperlichen Suchtabhängigkeit führt.

Gedeckt durch einen politischen Auftrag, geschützt durch internationale Vereinbarungen, angefeuert von einer hysterisierten Öffentlichkeit und im Bewußtsein, eine Aufgabe edel, hilfreich und gut übernommen zu haben, sind unter Führung der USA Geheimdienste und «Spezialeinheiten» dabei, die Drogenflut in ihren Ursprungsländern einzudämmen. Hart an der Grenze zu militärischen Operationen und nicht selten jenseits von ihr werden Bauern verfolgt, Felder zerstört und Existenzen vernichtet. Es tobt ein Kleinkrieg draußen in den Tälern des Hindukusch, im Hochland Mexikos, in den Urwäldern von Laos und Thailand, in den Ebenen Anatoliens und den Gebirgszügen der Anden, dessen Opfer hier niemanden interessieren.

Der Kokaanbau und -handel in Lateinamerika, besonders im Andenstaat Bolivien, hat sich zu einem volkswirtschaftlichen Faktor erster Ordnung entwickelt. Dabei haben sich extrem verquere Interessen herausgebildet, die das politische Leben Boliviens beeinflussen und zu überraschenden Koalitionen führen. Aber auch die Auflösung von Koalitionen und die Aufkündigung von Freundschaften sind an der Tagesordnung.

Die Verquickung der militärisch-politischen Machtelite mit dem Kokainhandel war zu offenkundig geworden, so daß die US-Regierung ihre rechtsradikalen Protegés in Bolivien fallenlassen mußte. Der Widerspruch von Außenpolitik und erklärter Drogenpolitik der Reagan-Administration war in der US-amerikanischen Öffentlichkeit genau registriert und angeprangert worden. Der Innenminister der Militärregierung, Arce Gomez, wurde in der Presse offen beschuldigt, umgerechnet 15 Millionen DM am Kokainhandel verdient zu haben. Andere Enthüllungen folgten. Kaum an die Macht gelassen – nach achtzehn Jahren Militärherrschaft – ruft die Linksregierung der Unidad Democratica y Popular (UDP) zum Kreuzzug gegen den Drogenhandel auf.[8] In Übereinstimmung mit den USA. Oder? In seiner Neujahrsansprache 1982/83 wiederholt Präsident Siles Zuazo die Kampfansage an den Rauschgifthandel und die paramilitärisch organisierten Rechtsextremisten.

Doch schon ist die Linksregierung dabei, sich über der Drogenfrage zu zerstreiten. Vertreter des Movimiento de Izquierda Revolucionaria (MIR) fordern ein unerbittliches Vorgehen gegen den Drogenhandel. Das sei eine Forderung, die dem Imperialismus zuarbeite, kontert die Partei des Staatspräsidenten. Die USA benutzten den Kampf gegen den Drogenhandel, um Bolivien ihre imperialistischen Ziele aufzuzwingen. Schon melden sich Stimmen, die behaupten, seit der Regierungsübernahme durch die UDP hätten die Aktivitäten der Drogenhändler zugenommen. Der Vorwurf an die einen, sie besorgten das Geschäft des US-Imperialismus, könnte den Gegenvorwurf der anderen auslösen, Handlanger des bolivianischen Drogenkapitals zu sein. Das wäre dann wohl das schnelle Ende der Linkskoalition.

Von Europa aus sind diese Vorwürfe und Gegenvorwürfe nicht zu prüfen. Wir können nur fragen, worin die volkswirtschaftliche Bedeutung des Drogenhandels nun tatsächlich besteht, und daraus ergibt sich die Anschlußfrage: Kann es sich eine Linksregierung überhaupt leisten, auf den Anbau eines Agrarproduktes zu verzichten, dessen Handel enorme Profite abwirft? Bolivien gilt nicht nur als das ärmste Land Lateinamerikas, es ist auch bankrott und im Ausland mit 3,6 Milliarden Dollar verschuldet. Das sind die volkswirtschaftlichen Fakten. Moralfragen spielen in derartigen Interessenkollisionen gewöhnlich keine Rolle.

Die kolumbianische Regierung, im gleichen Interessenkonflikt und unter ähnlichem Druck, hat für sich die Frage bereits beantwortet.

Über einen Vertreter ihrer Oligarchie ließ sie vor zwei Jahren erklären, das Land könne sich den Luxus nicht leisten, «diese Geschäfte mir nichts, dir nichts fahren zu lassen, Marihuana- und Kokainladungen zu verbrennen, die Millionen Dollar wert sind, solange wir so dramatischen Problemen wie dem Massenelend, dem Analphabetismus, der Misere im Gesundheitswesen und anderen sozialen Übeln gegenüberstehen».[9] In einigen Regionen, so erläuterte er, lebten Zehntausende vom Marihuanaanbau.

Nach in der *Neuen Zürcher Zeitung*[10] veröffentlichten Schätzungen erbringt der bolivianische Rauschgifthandel einen Jahresumsatz von 1,5 bis 2 Milliarden Dollar. Nach Angaben «amerikanischer Fachleute» werden in Bolivien jährlich 73 Tonnen reinen Kokains erzeugt. Auf jeden Fall ist die Produktionsmenge beträchtlich, wenn auch solchen Zahlen zu mißtrauen ist. Einmal deshalb, weil Statistiken in der sogenannten Dritten Welt eine unsichere Rechengrundlage sind, und außerdem, weil solche Zahlen nicht genannt werden, ohne eine bestimmte Absicht zu verfolgen. US-amerikanische Fachleute, die sind gemeint, haben ein Interesse daran, hohe Mengenangaben zu machen, weil sie damit ihrer Regierung ermöglichen, den Druck auf Bolivien zu verstärken. Umgekehrt wird eine beschuldigte Regierung alles daransetzen, das Produktionsvolumen zu bagatellisieren. Immerhin ist nicht zu bestreiten, daß der Kokainhandel in den imperialistischen Metropolen rapide angewachsen ist. Das scheint die Beobachtung zu bestätigen, in den Anbauländern Peru, Kolumbien, Brasilien und Bolivien werde verstärkt auf den Anbau von Kokapflanzen gesetzt. Allein Bolivien soll 1982 eine Rekordernte von 85 000 Tonnen Kokablättern eingebracht haben.[11] Doch was hat Bolivien davon, wenn man unter Bolivien nicht die Oligarchie und eine kleine privilegierte Mittelschicht, sondern die Massen der Armen versteht?

Kein Dollarstrom hat sich ins Land ergossen, wie man immer wieder in der bürgerlichen Presse lesen kann. Der Dollarstrom wurde hier nur kanalisiert, ins Ausland umgeleitet und über das internationale Bankensystem «gewaschen». Schweizer Banken, panamesische und karibische Geldinstitute dienen als Waschanlagen. Die im Drogenhandel erzielten Profite kommen nicht der bolivianischen Volkswirtschaft zugute, werden nicht im Lande selbst investiert, führen nicht zu einer Kapitalakkumulation.

Deshalb hat die kolumbianische Zentralbank, um den Dollarabfluß in die USA und nach Europa zu stoppen, die Einrichtung von Dollarkonten ohne Herkunftsnachweis zugelassen; sie hofft, auf diese Weise Konteninhaber anzuregen, ihre Dollarguthaben in kolumbianische Währung zu tauschen. Exporteure, die das Angebot der Zentralbank annehmen, gehen keine Risiken ein. Im Gegenteil, die Erlaubnis, Dollarkonten ohne Herkunftsnachweis einzurichten, bedeutet nicht nur eine Legalisierung der Steuerhinterziehung, sie verschafft den Drogenhändlern auch ein griffiges Arbeitsinstrument, da sie nun, ohne Kuriere einschalten zu müssen, jederzeit so viel einheimische Währung eintauschen können, wie sie brauchen, um Ernten aufkaufen und den Zwischenhandel finanzieren zu können. Auch andere Import-Export-Geschäfte lassen sich so ohne Zeitverzögerung realisieren. Außerdem lassen sich Dollarkonten nötigenfalls schnell auflösen und abziehen. Sie sind ständig fluchtbereit. Die Maßnahme der Zentralbank erhöht also das kolumbianische Umlaufkapital und verschafft den kolumbianischen Händlern einen Wettbewerbsvorteil gegenüber ihren bolivianischen, peruanischen und brasilianischen Mitbewerbern um die Kokadollars.

Die bolivianischen Händler besitzen nicht weniger Kapital als ihre kolumbianischen Kollegen, sie können jedoch nicht ebenso großzügig darüber verfügen. Theoretisch hindert sie zwar nichts daran, Valuta von ihren Auslandskonten abzurufen, praktisch ist dieses Verfahren aber umständlich, kostspielig, zeitraubend – und riskant. Ständige Kontenbewegungen sind nicht nur auffällig, sie bringen das Kapital auch immer wieder zurück in die Gefahrenzone, aus der es einmal geflüchtet war. Die Kokadollars haben sich erst dann wirklich «gewaschen», wenn sie ein für allemal dem Drogenhandelskreislauf entzogen sind. Nur die Festlegung in Wertpapieren oder Liegenschaften sorgt für ein sicheres Versteck. Sie schafft jedoch Liquiditätsprobleme.

Wie also kommt ein Händler ohne Umstände an bolivianische Währung, um die Kokaanbauer zu bezahlen und den Zwischenhandel zu finanzieren? Was sich die bolivianischen Händler haben einfallen lassen, beschreibt der Lateinamerikakorrespondent des in Zürich erscheinenden *Tagesanzeiger* in einer eindrucksvollen Marktanalyse: «Die Ware, die hier angeboten wird, das importierte Spielzeug, die Konfektion, Haushaltsgeräte, Toilettenartikel, Werkzeuge, die Spirituosen und Konserven, alles ist im Miamicito, dem Klein-Miami-Straßensupermarkt von La Paz, billiger zu haben als selbst in den Herkunftsländern... Liefern sich die Indiofrauen wilde Preiskämpfe? Handeln sie ihre Ware mit Verlust? Wird hier mit Discount und Dumping gearbei-

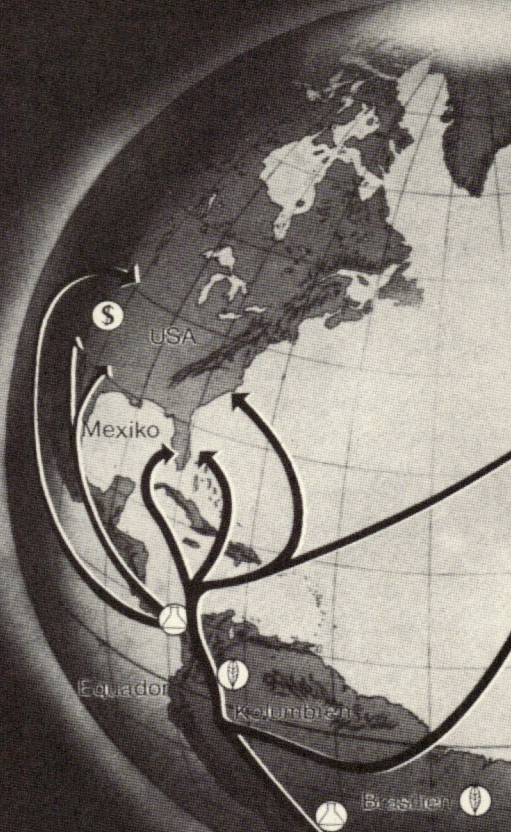

Kokain-Anbau un

🌾 Anbau
△ Raffinerie
$ Handel

tet? Alles falsch: Auf diesem mercado negro (schwarzen Markt) wird ein Teil der Milliardenprofite des illegalen Rauschgifthandels ‹sozialisiert›. Boliviens Mafiosi ‹waschen› ihre Kokadollars, indem sie in Brasilien und den USA, Peru und Panama Konsumgüter en gros einkaufen, mit Cargoflügen ins Vaterland verfrachten und dort zu Verlustpreisen – die auch so noch Milliardengewinne sind – an die Straßenhändler verteilen.»[12]

Und selbstverständlich hinterher wieder einkassieren, falls sie die Ware auf Kredit abgegeben haben.

Besonders Panama stellt die komplette Infrastruktur für derartige Geschäfte zur Verfügung. Hier vereint sich der Waren- und Kapitalfluß des Drogenhandels mit dem alltäglicher Konsumgüter. Ähnlich wie in Luxemburg, Liechtenstein und der Schweiz stehen Personen – meist Rechtsanwälte und Bankiers – zur Gründung von Kapitalgesellschaften unter Deck- und Geschäftsadressen ohne großen Kapitaleinsatz bereit. Die liefern dann sinn- und nutzlose ausländische Konsumgüter auf den bolivianischen Markt, wobei sie nicht einmal, wie Romero Rey vermutet, mit Verlust verkaufen müssen. Es genügt bereits, wenn sie die Ware ohne Gewinn absetzen. Manchmal werden die Ramschartikel im Naturalientausch direkt gegen Kokablätter getauscht, gewöhnlich aber werden die Bauern aus den Erlösen der Schwarzmarkthändler bezahlt.

Die Nachteile für die bolivianische Wirtschaft liegen auf der Hand. Es wird Kaufkraft abgeschöpft, ausschließlich um den Kokahandel zu finanzieren. Der Schwarzmarkt unterbietet den regulären Handel, der zwar die gleichen nichtsnutzigen Produkte anbietet, dessen Gewinne aber der einheimischen Wirtschaft zufließen und zumindest theoretisch Sparen ermöglichen. Der Kokabauer wird mittels Barzahlung geködert und an die Geldwirtschaft und den Weltmarkt angekoppelt, dessen Preisdiktat er ausgeliefert ist. Die volkswirtschaftlichen Folgen sind katastrophal: Immer mehr Bauern setzen ausschließlich auf den Anbau und Verkauf von Kokapflanzen und vernachlässigen den Subsistenzanbau. Sie produzieren nicht länger jene Grundnahrungsmittel, mit denen sie sich und ihre Familien ernährten bzw. von deren Überschüssen sie lebensnotwendige Konsumgüter auf dem Markt erstanden. Auch soll in einigen Marktregionen Boliviens das Angebot an Kokablättern auf den dörflichen Märkten so knapp geworden sein, daß Einheimische, die sich mit Kokablättern versorgen wollen, nicht mehr in der Lage sind, ihren Bedarf zu decken.

Auch wegen der Vernachlässigung der Subsistenzwirtschaft wird die bolivianische Regierung zunehmend gezwungen, Grundnahrungsmittel zu Weltmarktpreisen einzuführen. Einmal mehr verzahnt sich das Drogenkapital mit dem internationalen Handelskapital zum Nachteil eines in Unterentwicklung gehaltenen Landes. Nutznießer aller Transaktionen ist ausschließlich eine kleine Schicht der bolivianischen Oligarchie. Was also könnte eine Linksregierung daran hindern, den noch von der Militärregierung mit den USA abgeschlossenen Vertrag zu erfüllen und die Kokafelder zu vernichten? Hat sich Washington doch sogar dazu verpflichtet, den Ankauf der erforderlichen Unkrautvertilgungsmittel zu finanzieren.

Angst vor schwerwiegenden politischen Auseinandersetzungen könnte ein Grund sein, denn widerstandslos werden die *campesinos* ihre Kokafelder nicht zerstören lassen. Vielleicht wäre Widerstand militärtechnisch zu verkraften. Jede lateinamerikanische Regierung aber, deren Staatsgebiet sich in die Anden hochzieht, weiß, daß das Verbot des Kokaanbaus zu einer Katastrophe im Ausmaß eines Völkermords führen kann. Wie kein anderes Agrarprodukt der sogenannten Dritten Welt, aus dem bei uns Drogen gewonnen werden, ist die Kokapflanze in den Ernährungskreislauf der einheimischen Bevölkerung eingebunden, und zwar seit Jahrhunderten. Man schätzt, daß 90 Prozent der Eingeborenenbevölkerung, die in den Höhenlagen der Anden leben, Koka kauen. In der umfangreichen Literatur über die Kokapflanze, ihre rituelle und medizinische Bedeutung und ihre Rolle als Nahrungsmittel ist immer nur von den Sitten und Gebräuchen der Indios die Rede, ohne auf den alters- und geschlechtsspezifischen Gebrauch der Droge einzugehen. Koka hat einen hohen Stellenwert in der Eingeborenenmedizin und wird während der Feldarbeit, bei der Arbeit in den Minen und beim Zurücklegen großer Entfernungen genommen. Da nirgendwo behauptet wird, Frauen seien vom Kokakonsum ausgeschlossen, dürfte der Schluß naheliegen, daß alle, die harte Arbeit verrichten, Koka kauen. Das wären ingesamt zwischen 10 und 15 Millionen Menschen. Als ernährungswissenschaftlich gesichert gilt, daß die Eingeborenen einen großen Teil der Energie, durch die sie ihre schwere Arbeit bei chronischer Unter- und Fehlernährung überhaupt aushalten, aus den Säften der Kokablätter ziehen. Außer dem stimulierenden Alkaloid Kokain enthält die Pflanze wichtige Vitamine (A, B_2 und C) sowie Kalzium, Eisen und Phosphor. Messungen der Körpertemperatur haben ergeben, daß sich die Temperatur eines Kokakauers erhöht – eine ideale Körperanpassung an die sauerstoffarmen Höhen- und Tiefenlagen von Feldern und Minen.[13] Wer könnte es wagen, ohne eine soziale und ökonomische Alternative bieten zu können, die Ernährungsgewohnheiten der Eingeborenenvölker «umzustellen», wenn er dabei die Gefahr eines Genozids eingehen muß? Auch Kompromisse bieten sich nicht an. Die abgelöste Militärregierung hatte sich, um den Vertrag mit den USA zum Schein zu erfüllen, darauf spezialisiert, Ernten von Kleinbauern publikumswirksam zu vernichten und die Felder der *hazienderos* stehen zu lassen. Das Verfahren ist in ganz Lateinamerika erprobt. Auch die Regierung von Peru, wo die potentesten Kokablätter wachsen, ist bei ihrer Public-Relations-Show, die sie «Operation grüner See II» nannte, nicht anders vorgegangen. Wer die nötigen *Connections* hatte und die entsprechende Bestechungssumme aufbringen konnte, blieb unangetastet. Nur einige Felder in Straßennähe wurden vernichtet.

Warum sollte eine Linksregierung nicht umgekehrt verfahren? Eine naive Vorstellung. Große Anbauflächen unter zentraler Verwaltung begünstigen den Großhändler und benachteiligen den Kleinbauern. Kleine Anbauflächen, von einzelnen Bauern bewirtschaftet, erfordern größere Aktivität beim Einbringen der Ernte, begünstigen also den Zwischenhandel. Das ist auch schon alles. Solange der Weltmarkt das Rohprodukt Kokablätter nachfragt, um Kokain herstellen zu können, wird auch der illegale Kokainanbau nicht zu unterbinden sein. Klipp und klar stellt auch die Direktorin der UN-Suchtmittelabteilung in ihrem im Frühjahr 1983 veröffentlichten Report fest, das Drogenproblem entstehe «in den Verbrauchs- und nicht in den Produktionsstaaten».

Und so kommt es zu einer der wohl perversesten Interessenkollisionen zwischen den Metropolen des Imperialismus und den in Unterentwicklung gehaltenen Ländern. Weil eine privilegierte Schicht in den Industriestaaten ihr Bedürfnis nach einer Luxusdroge, von deren Wirkung sie sich Kreativität und Kraft zur Ausbeutung verspricht, befriedigen will, die Regierungen dieser Nationen damit aber nicht einverstanden sind und das Produkt mit gesetzlichen Verboten überziehen, ist ein Lebenselexier von Millionen eingeborener Bauern und Arbeiter von der Vernichtung bedroht.

Schon einmal in seiner Geschichte als luxuriöse Rauschdroge ist Kokain an die Grenze des Wachstums seiner Absatzmöglichkeiten gestoßen. Das war 1932, als die Pharmaindustrie eine billige Antwort auf das Aufputschbedürfnis breiter Kreise der Bevölkerung gefunden hatte und Amphetamin auf den Markt warf. Mitten in der weltweiten Wirtschaftskrise und kurz vor dem Ausbruch des großen Krieges. Die damals ausgelöste *speed*-«Welle» ebbte erst mit dem Ende der Wiederaufbauphase in den Industrienationen ab.[14] Kokain ist wie PCP und andere Trips nur ein weiterer Vorbote einer neuen *speed*-«Welle». Warum sollte Amphetamin, das heute schon zerstampft, zerhackt und zermahlen unter kokainhaltige Füllstoffe gemischt wird, sich nicht gleich und besser in Pillenform unter einem Markennamen verkaufen lassen?

Noch hat die Droge Kokain ihre Wachstumsgrenze nicht erreicht, zuviel Kaufkraft läßt sich in der oberen Mittelschicht trotz Wirtschaftskrise noch abschöpfen. Die Klassengrenze des Konsums wird von den Preisen gezogen. Nur die Pharmaindustrie kann das unterbieten und billiger produzieren, was der Kokainmarkt nur zu hohen Preisen hergibt. *Speed* ist die Droge von Kriegen und Krisen. *It's time for speed, again.*

4

HANDEL UND WANDEL

Drogenpropaganda

Zu Beginn des Jahres 1980 glaubte die damalige Bundesregierung, eine Gesetzeslücke entdeckt zu haben. Sie beschloß, die «Verherrlichung von Drogenmißbrauch» unter Strafe zu stellen. Doch kam man von dem Plan bald wieder ab, angeblich wegen schlechter Erfahrungen mit dem vergleichbaren Paragraphen 88a, der die «Verherrlichung von Gewalt» unter Strafandrohung stellt. Das Gesetz, so hieß es, sei auch praktisch kaum durchführbar, weil von Baudelaire bis Burroughs die Werke zu vieler Geistesheroen plötzlich auf den Index kämen. Tatsächlich dürfte den Planern aufgegangen sein – möglicherweise unter dem Druck der zuständigen Lobby –, daß ihr Gesetzeswerk zuallererst die Pharma-, Tabak- und Alkoholwerbung treffen würde.

Zweifellos gab es damals und gibt es auch heute eine Fülle von Publikationen, die den Gebrauch von Drogen verharmlosen und mystifizieren. Unübertroffen aber sind die Mystifikationen der staatlichen sogenannten Anti-Drogenpropaganda und die Anstrengungen der Massenmedien, sie zu verbreiten. Es gehört zur Gewohnheit der Massenmedien, jeden Versuch, sie für etwas mitverantwortlich zu machen, worüber sie doch angeblich nur berichten und reflektieren, zurückzuweisen. Warum aber sollten ausgerechnet in der Drogenfrage die Medien ihre ideologische Aufgabe nicht wahrnehmen, warum sollten ausgerechnet bei diesem Thema keine Interessen im Spiel sein? Es ist Aufgabe der Massenmedien – eine Aufgabe, die sie bewußt oder unbewußt auch übernehmen –, zu verhindern, daß die Ursachen des Drogenproblems erkannt werden. Wenn sich das Interesse der Medien von Anfang an ausschließlich auf den Drogenkonsumenten und den Süchtigen konzentrierte, dann hat das auch mit der Verkäuflichkeit des Themas zu tun, denn es gilt der Glaubenssatz des bürgerlichen Journalismus: Ein Problem ist nur dann erkannt und verstanden, wenn es am Einzelschicksal entwickelt und dargestellt wird.

Christiane F. ist in der Bundesrepublik das bekannteste Beispiel einer derartigen journalistischen Spekulation. Von den Problemen der Christiane F. hat die Öffentlichkeit – vielleicht – etwas verstanden, vom

Unsere Freiheit ist unteilbar!

Darum aufgepasst, dass sie nicht zentimeterweise verschwindet.

Die «Guttempler-Initiative», das Verbotsgesetz für Tabak- und Alkoholreklame, haben wir vor wenigen Jahren an der Urne abgelehnt. Jetzt sollen die Verbote durch die Hintertüre trotzdem kommen!

Bei einem «totalen Werbeverbot für Tabakwaren» – wie es in kurzsichtigen Vernehmlassungen gefordert wird – würde sich, um nur ein Beispiel zu nennen, dem Staat die Aufgabe stellen, den Kontakt zwischen Eidgenossen und Zigaretten-Inseraten zu verhindern.

Heisst das, dass zusätzlich zum Verbot für die Schweizer Presse, Zigaretten-Inserate zu publizieren, der Import aller ausländischen Zeitungen und Zeitschriften unter Strafe gestellt wird? Heisst das, dass unsere Grenzpolizei um 250 Mann erhöht wird, um Zeitschriften mit Zigarettenwerbung zu konfiszieren oder solche ausländischen Inserate mit schwarzer Zensurfarbe unleserlich zu machen?

Sind in Zukunft Krimis, in denen Jerry Cotton sich genüsslich eine Marlboro anzündet, verboten?

So müssten viele Publikationen, die für die Schaffung eines aufgeschlossenen Weltbildes nützlich sind, an der Grenze abgefangen werden.

Manche Schweizerin, mancher Schweizer müsste auf eine ihm liebgewordene ausländische Publikation verzichten.

So etwa aus Deutschland Neue Post, Neue Revue, Bravo, Burda

Moden, Freizeit Revue, Das Neue Blatt, Brigitte, Die Bunte, Tina, Stern, Eltern, Frau im Spiegel, Praline, Das Goldene Blatt, Wochenende, Der Spiegel, Freizeit Magazin, Neue Welt, Quick, Frau, Carina, Sieben Tage, Freundin, Für Sie, Auto, Motor Sport, Schöner Wohnen, Hör Zu, Petra, Meine Geschichte, Hobby und jede Menge technischer und wissenschaftlicher Publikationen.

Die Schweiz nimmt ihre Bürgerinnen und Bürger ernst, nennt sie «souverän» und traut ihnen z.B. zu, Steuern zu erhöhen, zu senken oder neue einzuführen.

Und dieser Bürger soll, wenn er nach dem Essen einen Stumpen anzündet, sie eine Zigarette, auf Grund der Tabakwerbung süchtig sein.

Unterstützen Sie die
«Aktion Freiheit und Verantwortung»
mit Ihrem Beitrag auf
Postcheck-Konto 80-31010

Auf der ganzen Welt ist Rauschgiftwerbung verboten, und trotzdem nehmen immer mehr Leute Rauschgift zu sich. Es gibt keine Werbung für Rauschgift – es gibt nur Rauschgift. Die Mund-zu-Mund-Propaganda und falsche Vorbilder leisten die Verführung, nicht Werbung! Dinge, die man mit einem Verbot der Tabakwerbung nicht abstellen kann.

Darum kein Verbot der Tabakwerbung in Umgehung des Volksentscheides! Die staatliche, gelenkte Unfreiheit nicht unnötig einen weiteren Triumph feiern lassen!

Aktion Freiheit und Verantwortung

Postfach, 8024 Zürich

vvx292936m

Drogenproblem mit Sicherheit nichts. Ebenso schnell wie die Journalisten haben sich die Psychologen des Themas bemächtigt und mit ihren Interpretationen lange und ausschließlich die öffentliche Diskussion beherrscht. Warum sollten Journalisten anders vorgehen?

Das Interesse am Betroffenen, das sich noch einen humanitären Anstrich geben kann, muß zwangsläufig – überträgt man es ins Ökonomische – zum Nachfrager führen und kann nur in Appelle an die Konsumenten münden, die Nachfrage einzustellen.

Genau da beginnt die Mystifikation des Drogenproblems, denn mit dem Konzept des «Kampfes gegen die Nachfrage» ist nichts zu gewinnen. Dahinter steht nichts anderes als die Illusion, daß der Markt für ein Produkt von der spontanen Nachfrage der Verbraucher geschaffen werde. In Wirklichkeit produziert im Kapitalismus immer der Kapitalist das kalkulierte Angebot und damit die Bedingungen für rentablen Handel. Und solange das Angebot des Drogenkapitals Tag für Tag den Markt neu erschließt, werden alle moralischen Appelle an die Verbraucher wirkungslos bleiben.

Zumindest in ihren Anfängen war die Drogendiskussion so sehr auf den Drogenkonsumenten fixiert, daß jeder Versuch, das Problem von der Anbieterseite zu verstehen, gescheitert ist. Man war nicht fähig, im Drogenhandel irgendeine Systematik, irgendwelche Mechanismen und Tendenzen zu erkennen, um so das Problem wenigstens theoretisch in den Griff zu bekommen. Hier hatte kein Indiz und kein Tatbestand mit anderen Indizien und anderen Tatbeständen etwas zu tun. Jede Meldung über «Beschlagnahmungen» oder «heiße Spuren» betraf einen völlig neuen «Fall». Und von «Fall» zu «Fall» wurde es mysteriöser, wurden die Hintermänner perfekter, die Syndikate mächtiger und die Methoden raffinierter. Zu «freiem Unternehmertum» und «Marktwirtschaft» oder gar Imperialismus wurden und werden niemals auch nur vorsichtige Parallelen gezogen, von Zusammenhängen gar nicht zu reden. Daran hat sich auch nichts geändert, seit sich das öffentliche Interesse mit den «Hintermännern» intensiver zu beschäftigen begann und zu der erstaunlichen Erkenntnis vorstieß, daß mit Drogen «viel Geld» zu machen sei. Wer sich nur für das Geldverdienen interessiert, verschleiert die Kapitalverhältnisse. Bürgerlicher Journalismus – das ist Geschichtsschreibung ohne Geschichtsbewußtsein, die Historie zu Geschichten verkommen läßt. Nur so lassen sich aus Alltäglichem Sensationen und aus dem Selbstverständlichen das Außergewöhnliche herausschlagen. Die Begriffslosigkeit hat System, die Weigerung, Zusammenhänge zu sehen und darzustellen, kennzeichnet die Drogenberichterstattung der bürgerlichen Medien, bei allen Nuancen im Detail.

Selbstverständlich arbeiten die Redaktionen nicht nach einheitlichen Richtlinien, aber doch nach einer Art verinnerlichtem Leitmotiv: Drogen sind ein Problem; um das Drogenproblem zu lösen, muß man die Konsumenten aufklären, indem man sie abschreckt oder bestraft; die Süchtigen heilen, indem man sie behandelt oder einsperrt; den Handel bekämpfen, indem man staatliche Organe für diesen Zweck mit allen Vollmachten und allen materiellen Mitteln ausstattet. Dann – so die Annahme – habe der Staat eine Chance, den Drogenhandel erfolgreich zu bekämpfen, auch wenn dieser von verbrecherischen Organisationen (Mafia) betrieben wird und diese sich der Verfolgung entziehen, indem sie ständig neue Handelswege und Finanzierungssysteme (Connections) erschließen.

Das Erfolgsrezept

Von Erfolgen in der Drogentherapie wagt kaum noch jemand zu reden. Die meisten Therapiekonzepte sind gescheitert, ohne je die Chance gehabt zu haben, sich zu bewähren. Die Bereitschaft des Staates und seines Gesundheitssystems, immer mehr Mittel zur Therapie von Drogenabhängigen zur Verfügung zu stellen, nimmt ab. Angesichts des Überangebots an Arbeitskräften ist der volkswirtschaftliche Sinn, durch Drogen zerstörte Arbeitskraft wiederherzustellen, verlorengegangen.

Kaum jemand käme aber auch auf die Idee, von einem erfolgreichen Kampf gegen den Drogenhandel zu sprechen, sofern er eine seriöse Bilanz ziehen wollte. Und doch liest man ständig von Fahndungserfolgen. Nicht für einen Augenblick darf der Eindruck entstehen, der Staat habe keine Mittel und wisse keine Wege, um die Drogenflut einzudämmen. Die ausführenden Organe – Polizei, Zoll und Geheimdienste – produzieren Erfolgsmeldungen, die nicht nur die kostspielige Existenz des Fahndungsapparates immer neu rechtfertigen, sondern auch die Schlußfolgerung nahelegen sollen, die Summe aller Fahndungserfolge bringe den Drogenhandel schließlich zum Erliegen. Nackte Zahlenangaben über beschlagnahmte Kilo- oder Gramm-Mengen wären zu mager, um die Öffentlichkeit zu beeindrucken. Ein Vergleich der umlaufenden Mengen des internationalen Drogen–Warenstroms mit den beschlagnahmten Mengen ließe den Erfolg ins Lächerliche schrumpfen. Deshalb werden die Erfolgsmeldungen mit Prädikaten angereichert, die selbst einen aufmerksamen Beobachter der Drogenszene auf Dauer verwirren und den Eindruck erwecken könnten, der kostspielige Fahndungsapparat sei doch irgendwie effektiv: «Superfang der Grenzpolizei», «Größter Heroinfang des Jahres», «Zollbehörden gelang der bisher größte Drogenfang», «Die größte und bedeutendste Operation seit über sieben Jahren», «Der größte Ring von Marihuanaschmugglern aller Zeiten aufgeflogen». Das sind Überschriften aus deutschsprachigen Zeitungen, wahllos aus dem Archiv gegriffen. Sie handeln von Marihuana-, Heroin- und Kokainbeschlagnahmungen in New York, St. Louis, Zürich und anderswo. Doch wo anderswo?

Nehmen wir einen Vorfall, der sich in Südfrankreich ereignet hat. Nennen wir den Ort der Handlung Villenoire und geben wir dem Dorfpolizisten, den seine Vorgesetzten aus der Provinzhauptstadt in das winzige Kaff versetzt haben, den Namen Marcel Renard. Er verwaltet den Polizeiposten im Einmannbetrieb. In Villenoire läuft nichts, nicht einmal Touristen. Ab und zu schlurfen ein paar Naturfreaks durch das Dorf; die wenigen, die über Nacht bleiben, quartieren sich im «Lion d'Or» ein. Die Herberge ist auch das einzige Restaurant und die einzige Kneipe im Dorf. Günstige Bedingungen für einen Polizisten, der den Überblick nicht verlieren und alles unter Kontrolle haben will. Marcel Renard hat einen ruhigen Job. Nur zur Hochsaison ist er gezwungen, sein Revier auszudehnen, wenn es gilt, die wilden Camper aus der Gemarkung zu vertreiben. Wer umstandslos und ohne Widerspruch die Lichtung oder den Hang am Waldrand räumt, kommt meist ohne Strafe davon. Da draußen in der freien Natur hat Renard einen Ermessensspielraum.

Widerstand hatten auch die beiden Jungfreaks nicht geleistet, die Renard an einem drückend heißen Sommerabend aufstöberte. Sie gaben nur Widerworte, und das genügte, um sie mit Nachdruck auf die Polizeistation zu bitten. Renard hatte nicht nur hingehört, sondern auch zugesehen. Renard, mit Hauptstadterfahrung und überhaupt immer gut informiert, war ausgerechnet in dem Augenblick aus dem Wald getreten, als die beiden jungen Männer sich an einer «spitz zulaufenden

Papiertüte zu schaffen machten, die sie wechselseitig zu Munde führten», wie Renard in seinem Protokoll vermerkte. Marcel Renard wußte, was er sah. Er hatte den Fang seines Lebens gemacht. So weit die Geschichte, wie sie sich ereignet hat.

Versetzen wir uns nun in die Lage eines Redakteurs der Provinzzeitung mit Sitz in der Hauptstadt der Region. Er kann als Mann von Welt, mit der er über Fernschreiber verbunden ist, die Meldung der Polizeipräfektur, derzufolge der Polizeiposten von Villenoire bei einer Routinekontrolle zwei Gramm Haschisch und fünf Gramm Marihuana beschlagnahmt hat, in den Papierkorb werfen. Er kann aber auch Marcel Renard zum Helden machen. «Größter Fang seit Jahren» wäre eine angemessene Überschrift. Schließlich ist es sieben Jahre her, seit der Sohn des Bürgermeisters von Villeblanche, etwa 70 km von Villenoire entfernt, während seiner Semesterferien mit sieben Gramm Haschisch erwischt wurde. Auch «Superfang» wäre eine angemessene Überschrift für die Provinzausgabe. Und wenn er den Fall des Bürgermeistersohnes unterdessen vergessen haben sollte oder einfach nicht so weit in die Ferne schweifen will, könnte er ruhigen Gewissens mit der Überschrift aufmachen: «Größter Marihuanafang aller Zeiten». Es wäre keine Lüge.

Nicht anders arbeitet die Weltpresse. Auch ihren Erfolgsmeldungen fehlt gewöhnlich das Bezugssystem. Die Geschichte aus der Provinz findet ihre Fortsetzung in der Zürcher Tagespresse. Unter der Überschrift: «Polizei bekämpft auch ‹Große› im Drogenhandel» wird dem Leser vom Polizeipressesprecher versichert, die «Beamten der Drogengruppe beschränkten ihre Tätigkeit keineswegs nur auf den Straßenhandel».[1]

Solche Erklärungen werden gewöhnlich aus der Defensive abgegeben und dienen der Abwehr eines Vorwurfs, der da lautet: Die Fahndungsbehörden sind deshalb so erfolglos, weil sie sich mit großem Aufwand auf die kleinen Dealer und Endverbraucher stürzen und die «Großen» laufen lassen.

«Nein», sagt da der Sprecher der Kantonspolizei, man sei auch «in den oberen Etagen des Drogenhandels tätig». Und werde auch fündig, wie er dann am Beispiel einiger Fahndungserfolge demonstrieren will. Er nennt die Fälle von Kokaindealern, die in einem Fall 70 Gramm, im andern 400 Gramm auf den Markt zu bringen versuchten. Auch die Beispiele eines Italieners, der 500 Gramm Heroin in flüssiger Form, und eines Libanesen, der ein Kilo im Doppelboden seines Schalenkoffers schmuggelte, sollen die Behauptung untermauern, man sei auch «in den oberen Etagen» tätig.

Eine besondere Pointe an diesem Rechtfertigungsversuch, der entweder die grenzenlose Dummheit oder die gespielte Naivität der Polizeiführung demonstriert, besteht darin, daß der Ort der Handlung in diesem Falle Zürich ist. Statt mit den vermeintlich oberen Etagen des Drogenhandels sollte sich die Zürcher Polizei mit den unteren Gewölben der Schweizer Banken befassen. Denn das schweizerische Bankensystem und das internationale Bandensystem arbeiten eng zusammen. Über Schweizer Nummernkonten werden Fluchtgelder geleitet und Drogendollars gewaschen, bevor sie in den internationalen Finanzkreislauf zurückfließen.

Erfolgsmeldungen beim Kampf gegen den Drogenhandel werden aber nicht nur zur Beruhigung der Öffentlichkeit publiziert, sie sind auch Ausdruck einer Konkurrenzsituation der Fahndungsbehörden, die sich bis zur gegenseitigen Lähmung steigern kann.

Der Streit zwischen Frankfurt, München und Westberlin Ende der sechziger Jahre, von den jeweiligen Polizeibehörden angefacht und tüchtig unter Dampf gehalten, welche Stadt denn nun das Drogenzentrum der BRD sei, war ein Streit um die Vergabe öffentlicher Mittel.

Um Haushaltsmittel geht es auch, wenn eine spanische Zeitung im August 1982 behauptet, Madrid sei der wichtigste Anlaufhafen für lateinamerikanisches Kokain – eine bis dahin unbekannte und bis heute unwahrscheinliche Connection. Die Verbindungen zwischen Spanien und Lateinamerika sind zu eng, zu direkt, um für den Kokainschmuggel im großen Ausmaß geeignet zu sein. Möglich, daß Flugpassagiere als Kleinunternehmer in ihrem Handgepäck mehr Kokain über den Madrider Flughafen nach Europa schleppen als über andere Flughäfen. Die großen Lieferungen laufen jedoch über andere Connections. Es sei immer klar gewesen, erklärt ein Zürcher Bezirksanwalt zu diesem Thema, daß «der größte Teil des Drogenhandels auf dem Frachtweg und nicht über den Personenverkehr abgewickelt»[2] werde. Diese Einsicht veranlaßt die Grenzkontrollposten aber noch lange nicht, auf den großen Aufwand für die kleinen Fische zu verzichten. Und so ist die Madrider Zollbehörde weiterhin eifrig bemüht, eine Durchleuchtungseinrichtung zu erhalten, um ebenso gut ausgestattet zu sein wie der Flughafen von Algeciras, wo angeblich 60 bis 70 Prozent aller Schmuggler abgefangen werden. (Gern wüßte man, wie diese Prozentangabe ermittelt wurde.)[3]

Es geht hier also um Haushaltsmittel, denn der Schlag gegen den Drogenhandel ist weniger wichtig als die Frage, wer ihn erfolgreich geführt hat.

Nach diesem Rezept kam die schweizerische Polizei im April 1983 zum «größten Drogenfang in der Schweiz».[4] Beschlagnahmt wurden 8,2 Kilo Heroin im Wert von 5 Millionen Franken, wie die *Neue Zürcher Zeitung* taxiert, oder 15 Millionen Franken, wenn man dem *SonntagsBlick* glaubt.[5] «Unklar» blieben der *NZZ* «die Hintergründe des bislang größten in der Schweiz aufgeflogenen Drogenschmuggels».*

Die Lieferung, in der Deckenverkleidung einer Schlafwagentoilette des Italia-Expreß versteckt, wurde bereits in Emmerich an der Grenze zwischen den Niederlanden und der Bundesrepublik entdeckt. Von Fahndern bewacht, überquert sie die Grenze. Vergeblich warten die Fahnder auf einen Abholer. Auch die Personalien der Schlafwagenreisenden bringen keine Verdachtsmomente. In erprobter Zusammenarbeit wird der Transport auch über die Schweizer Grenze geleitet. Weder in Zürich noch in Chur wird die Ware übernommen. Noch ist der Expreß-Zug nicht am Ziel, die Chance, in Italien auf den Kurier eines Großhändlers zu stoßen, ist noch nicht vertan. Da tut die Schweizer Polizei etwas Unbegreifliches. Sie entfernt die Deckenverkleidung, entnimmt die Lieferungen und gibt das Signal zur Weiterfahrt. Am folgenden Tag präsentiert sie die «Heroin-Beute» (*SonntagsBlick*), die der *NZZ* Gelegenheit bietet, den «größten Drogenfang in der Schweiz» zu feiern.**

---

* Zu einem Triumph der Statistik wurde «der bisher größte Schlag gegen den organisierten Rauschgifthandel in der Schweiz», bei dem im Mai 1983 auch «die Täter im Hintergrund dingfest gemacht werden konnten». Die *Neue Zürcher Zeitung* krönt ihre Meldung mit dem Kommentar: «Der ‹Superfang› der Basler Polizei verändert mit einem Schlag die schweizerische Betäubungsmittelstatistik.»[6]

** Derart überstürzte Zugriffe schonen nicht nur die Auftraggeber und Empfänger, sie verursachen auch zusätzliche Kosten. Frankfurter Richter und Rechtsanwälte werfen dem Zollfahndungsamt vor, Rauschgiftkuriere, die den Rhein-Main-Flughafen passieren, abzugreifen, anstatt mit den Behörden des Zielflughafens zu kooperieren. Im Juni 1983 saßen mehr als 200 sogenannter Kofferfälle im Frankfurter Untersuchungsgefängnis. Die meisten Kuriere behaupten, von dem heißen Frachtgut in ihrem Gepäck nicht gewußt zu haben, und bringen damit die Gerichte in Beweisnot, denn «be-

Nur selten erfährt die Öffentlichkeit, wie Fahndungserfolge auf diesem hohen Niveau zustande kommen. Auf der Flucht vor der ägyptischen Polizei mußten Beduinen Haschisch im Wert von einer Million Dollar zurücklassen, das sie auf Kamelen durch die Wüste zu schmuggeln versuchten. Zu einem Feuergefecht kam es nach Darstellung der Zeitung *Al Ahram*, weil die Polizei «schon lange vorher einen Tip bekommen (hatte), daß Beduinenreiter vom Stamm der Beli geschmuggeltes Haschisch aus dem Libanon durch die Wüste transportieren wollten».[8]

So informationsfreudig wie hier sind die Sprecher der Fahndungsbehörden gewöhnlich nicht, und zwar aus gutem Grund. Die Umstände solcher spektakulären sogenannten Fahndungserfolge sind meist mehr als jämmerlich. Fast immer werden nur Spediteure bzw. deren Kuriere gefaßt, nur selten die Exporteure oder die Importhändler, die die Ware übernehmen, indem sie sie bezahlen. Und der aufwendige technische und personelle Fahndungsapparat ist am Erfolg kaum beteiligt.

Beim Verpacken der Ware, dem Präparieren der Transportmittel, dem Anheuern von Boten, der Bestechung von Zöllnern entsteht eine Kette von Mitwissern. Solange ein Transport unterwegs ist, besitzt nicht nur die Ware einen von Handelsstufe zu Handelsstufe steigenden Wert, auch das Wissen um den Transport hat einen in Dollar ausdrückbaren Wert. Zur Ökonomie des Drogenhandels gehört auch die Ökonomie bezahlter Informationen. Fast alle spektakulären Fahndungserfolge sind das Ergebnis eines oder mehrerer Deals. Der Tipgeber informiert, die Fahndungsorgane zahlen. Kein schlechtes Geschäft. Vielleicht war auch der Fang im Italia-Expreß ein solcher Deal. Vielleicht sogar war es ein Doppeldeal, denn nicht nur die Information über das Versteck des geplanten Transports ist ihr Geld wert, auch die Information, daß das Versteck verraten wurde, findet interessierte, zahlungswillige Abnehmer.

Wo derartige Verhältnisse herrschen, kann nur die Mafia die Finger drin haben.

hauptet etwa der Angeklagte, er habe von dem Stoff in seinem Koffer nichts gewußt, muß das Gericht tief in die Beweisaufnahme einsteigen». Und das ist mit hohen Kosten verbunden: «Zeugen aus dem Ausland kommen, Richter reisen zu Vernehmungen in aller Herren Länder. Monate, manchmal ein Jahr und noch länger dauern die Verfahren. Und sie kosten ein immenses Geld.»[7]

Der Mafia-Mythos

Ist die Mafia erst im Spiel, scheinen sich alle weiteren Versuche, die den unaufhaltsamen Aufstieg des Drogenkapitals erklären wollen, zu erübrigen. Bereits die Erwähnung der Mafia wird als Erklärung akzeptiert und ist zugleich die Ausrede für das Scheitern des Kampfes gegen den Drogenhandel.

Mafia ist überall und immer da, wo Geschäftsvorgänge an die Grenzen des herrschenden Rechtssystems stoßen. Werden die Grenzen zur Illegalität überschritten, dann verschieben sich die Zuständigkeiten. Von nun an zeichnet das herrschende Wirtschaftssystem nicht mehr verantwortlich. Die Mafia wird ins Spiel gebracht. Doch sie ist nichts als eine Organisationsform des Kapitals. Auch für den sizilianischen Geheimbund mit dem verblassenden Robin-Hood-Image bestimmt der Profit die Gesetze des Handels, ohne daß er sich an die jeweils herrschenden Handelsgesetze gebunden fühlte. Es gibt kein Ober- oder Untergrundkapital, es gibt nur ein Kapital, das sich bei seiner Vermehrung zu verschiedenen Zeiten unterschiedlicher Methoden bedient, ständig zwischen Legalität und Illegalität schwankend. Illegalität ist nur ein anderer Ausdruck für erhöhtes Risiko. Die Bereitschaft, Risiken einzugehen, hängt von der Höhe des erwarteten Profits ab. Die Organisationsformen von Mafia, Camorra und Cosa Nostra unterscheiden sich von denen einer Aktiengesellschaft, einer GmbH oder einer Kommanditgesellschaft nur durch das Einzugsverfahren. Die einen schicken ein Rollkommando, die anderen einen Vollstreckungsbefehl.

Historisch ist die Mafia Ausdruck von inneren Widersprüchen des kapitalistischen Systems, ein Symptom unterschiedlicher Entwicklung. Mafia ist eine Organisationsform kapitalistischer Unterentwicklung. Ihre Methoden – Korruption, Clan- und Cliquenwirtschaft sowie nackte Gewalt – werden bezeichnenderweise auch von den Oligarchien der in Unterentwicklung gehaltenen Länder der Dritten Welt angewandt.

Die Mafia wird vor allem in arbeitsintensiven Branchen tätig. Auf umgerechnet 30 Milliarden D-Mark schätzen italienische Wirtschaftsfachleute den Jahresumsatz der Mafia. Davon entfällt die Hälfte auf den Rauschgifthandel, der Rest auf die Geschäftszweige Glücksspiel, Prostitution, Erpressung und Menschenraub. Die «Industrie des Verbrechens», bei gelegentlichen Überschneidungen unter Mafia, Camorra und Großstadtgangstertum aufgeteilt, ist der größte Arbeitgeber Italiens. Sollte, wie in Mafia-Prozessen vermutet wurde, die sizilianische Bauindustrie tatsächlich zu 80 Prozent in den Händen der Mafia sein, dann stünden von den 218 000 Bauarbeitern der Mittelmeerinsel 165 000 im Dienste dieser Organisation.[9]

Das italienische Nachrichtenmagazin L'Espresso schätzt, daß von den 700 000 Einwohnern der sizilianischen Hauptstadt Palermo rund 200 000 direkt oder indirekt «von der Mafia und ihren weitverzweigten Ablegern leben».[10]

Das Mafiakapital ist ständig in Bewegung. Seine «Tätigkeit» in der Bauindustrie bzw. anderen «weitverzweigten Ablegern» ist ein Beispiel der Grenzüberschreitung von Illegalität zur Legalität. Aus dem Mafiosi wird ein Unternehmer, der Übergang vom Supergangster zum Topmanager vollzieht sich über einen Buchungsvorgang. Als Schaltstelle dient das internationale Bankensystem, das die Geldwäsche übernimmt. Und manchmal bedarf es nicht einmal mehr aufwendiger Finanztransaktionen, um die Mitglieder eines Gangstersyndikats in einen Unternehmensvorstand umzuwandeln. Das schaffen auch vom Kapital erzwungene, das Kapital begünstigende Gesetzesänderungen, die im Handumdrehen illegale Waren in legale Konsumgüter umdefinieren. Einer der heute bedeutendsten Whisky-Hersteller in den USA war zur Zeit der Prohibition einer der raffiniertesten Schnapsbrenner.

Wer in der Drogendiskussion an Gangs und Syndikaten, an Mafia und Camorra festhält, verkennt die Wandlung bzw. Entwicklung des organisierten Kapitalverbrechens. Tatsächlich überschneiden sich die verschiedenen Organisationsformen kapitalistischer Interessen in Mischformen von Legalität und Illegalität. Oft werden die Geschäfte, legaler Handel mit zugelassenen Waren wie illegaler Handel mit gerade verbotenen Waren, in Personalunion unter dem Schutz ein und derselben juristischen Person betrieben. «Beamte der US-Behörde zur Drogenbekämpfung haben am Freitag in einem Unternehmen mit der Bezeichnung ‹Operation Schwertfisch› einen Rauschgiftschmugglerring auffliegen lassen... Bis Freitagnachmittag seien 31 Leute festgenommen worden, darunter drei Rechtsanwälte, der Vizepräsident einer Bank in Miami und ein früherer Vizepräsident.»[11]

Da plötzlich werden aus Hintermännern Vordermänner, wird für einen Augenblick der Unter- zum Obergrund. Für einen Augenblick nur, dann übernehmen die Mafiageschichten wieder die Schlagzeilen – und nicht nur, weil das gewalttätige Agieren eines autoritär geführten Familienclans sich besser darstellen läßt als das leise Funktionieren einer anonymen Kapitalgesellschaft. Es soll auch die Illusion aufrechterhalten werden, die eine Organisationsform des Kapitals habe mit der anderen nichts zu tun.

Geht einer, der Drogen dealt und Schiffe unterhält, den Drogenfahndern ins Netz, dann wird aus ihm wie im Zürcher *Tages-Anzeiger* «ein als Reeder getarnter Heroinhändler». Warum nicht ein als Heroinhändler getarnter Reeder?

Ist John Z. De Lorean, ehemals Spitzenmanager von General Motors, mit der Aussicht, deren Präsident zu werden, ein als Unternehmer getarnter Koksdealer oder ein als Koksdealer «getarnter» Firmenchef? Seine Bereitschaft, erhöhte Risiken einzugehen, nämlich vorübergehend auf Illegalität umzuschalten, muß schon «vor einiger Zeit» eingesetzt haben, wie die *Neue Zürcher Zeitung* im Oktober 1982 vermutet.[12]

Seine erste Liquiditätsklemme als Eigentümer einer eigenen Automobilfabrik, die der «Aussteiger» im strukturschwachen Nordirland aufmachte, konnte er noch mit Hilfe der britischen Regierung überwinden. Doch die Absatzflaute hielt an, neues Kapital mußte her. Heute hält es das FBI für erwiesen, daß De Lorean sich diesmal anderer Kreditgeber bediente. Er orderte 100 Kilo Heroin und Kokain im Wert von 24 Millionen Dollar und sicherte seinen Lieferanten ein, wie die *NZZ* schreibt, «substanzielles Aktienpaket» der Firma De Lorean Motor Car Ld. zu. Mafia-Methoden eines Unternehmers oder unternehmerische Methoden der Mafia?

Auf Dauer läßt sich die ungeheure weltweite Expansion des Drogenkapitals unter Berufung auf die Mafia nicht mehr erklären. Für die italienische Polizei jedenfalls «handelt es sich nicht nur darum, den Einfluß der sizilianischen Mafia, der neapolitanischen Camorra und der calabresischen Ndrangheta zurückzudrängen. Lange schon haben Gangster aus Südamerika, aus Marseille und aus den arabischen Ländern die Finger im schmutzigen Spiel.»[13]

Eine neue Spur: Andere, mächtigere, weltweit organisierte Kräfte müssen in den Drogenhandel verwickelt sein.

Die Connection-Spur

Für Heroinlabors in Pakistan und Kokaplantagen in Bolivien kann man schlecht die sizilianische Mafia verantwortlich machen. Das sieht jeder ein. Doch wie gesagt: nicht für einen Augenblick darf der Eindruck aufkommen, der Staat habe keine Mittel und wisse keine Wege, die Drogenflut einzudämmen.

Spätestens seitdem die «French Connection» gleich zweimal verfilmt wurde, «weiß» jeder interessierte Zeitgenosse, daß der Drogenhandel über *Connections* verbunden und organisiert ist.

Als *Connection* bezeichnet man die Kette von Handels-, Verarbeitungs- und Finanzierungswegen einer Droge vom Ursprungsland bis zum Endverbrauchermarkt. Versucht man aber eine Spur – rückwärts oder vorwärts – zu verfolgen, so verliert man sich schnell in einem Wust fragwürdiger Informationen und Mutmaßungen.

Will man beispielsweise etwas über Händlerorganisationen erfahren, dann ist man auf Verlautbarungen von Polizei- und Zollbehörden angewiesen, die sich wiederum auf die Auswertung ihrer Beschlagnahmestatistiken und Festnahmelisten sowie lückenhafte Erkenntnisse über Konten- und Kapitalbewegungen stützen.

Noch ungenauer und spekulativer sind Polizeiangaben über Transportrouten. Hier werden die einzelnen geographischen Punkte, an denen Drogenlieferungen abgefangen und beschlagnahmt wurden, durch gedachte Linien miteinander verbunden und zu einer Connection hochstilisiert.[*]

Kein Ereignis im Zusammenhang mit Drogen und Drogenhandel, bei dem nicht die Fragwürdigkeit von Presseberichten offenbar würde.

In ihren Wochenendausgaben vom 7. / 8. Mai 1983 berichten sowohl die *Neue Zürcher Zeitung* wie der *Tages-Anzeiger* über den Heroinkönig Scheich Juamir, den die pakistanischen Behörden laut *Tages-Anzeiger* *gefaßt*, laut *Neue Zürcher Zeitung* gefaßt und *verurteilt* haben. Zum monarchistischen Vokabular greifen Redakteure bürgerlicher Zeitungen gerne, wenn sie in der Gangsterhierarchie eine hochrangige Persön-

---

[*] Vgl.: «Kokain», S. 201 f.

lichkeit beschreiben wollen. Die *Neue Zürcher Zeitung* deutet unaufgeklärte Hintergründe des Falles an und nennt kommentarlos das Strafmaß. Drei Jahre für den Heroinkönig Nordwestpakistans, der laut *Tages-Anzeiger* «als Chef einer weltweit operierenden Drogenschmugglerbande» galt.

Noch im Januar 1983 hatte die *Neue Zürcher Zeitung* verschärfte Strafen für Drogendelikte in Pakistan gemeldet. Die Höchststrafe sei von fünf Jahren auf lebenslänglich heraufgesetzt worden: «Die neuen Strafen betreffen den Anbau, die Herstellung, den Verkauf und den Schmuggel von Opium, Heroin und Kokain.» [14]

Und nun «drei Jahre» – ohne Kommentar, wo sonst nichts unkommentiert bleibt, und ausgerechnet in Zürich, wo der Besitz und Handel von Kleinstmengen Heroin mit jahrelangen Strafen geahndet wird.

In ihren Montagsausgaben vom 9. 5. 1983 bringen beide Blätter unter Berufung auf Agenturmeldungen einen Bericht über Beschlagnahmeerfolge der französischen Polizei. Laut *Neue Zürcher Zeitung*, die sich auf AP beruft, fingen die Fahnder die größte Menge ab, «die je außerhalb des amerikanischen Kontinents beschlagnahmt worden» ist. Einhellig sprechen beide Zeitungen von 53 Kilo, während sie sich über den Wert des Fangs nicht einig sind. Der *Neuen Zürcher Zeitung* ist der Fund «knapp 40 Millionen Franken», dem *Tages-Anzeiger* dagegen, auf DPA gestützt, nur «30 Millionen Franken» wert. Woher das Zeug kommt, wird nicht deutlich. Der *Tages-Anzeiger* mutmaßt: aus «Bolivien oder Kolumbien», während die *NZZ* zu wissen scheint: «Aus Bolivien und Kolumbien.» Ganz nebenbei aber gelingt der *Neuen Zürcher Zeitung* die Entdeckung einer bis dahin völlig unbekannten Connection.

Jeder einigermaßen informierte Leser glaubt natürlich, es handele sich bei der beschlagnahmten Droge um Kokain, und wer den *Tages-Anzeiger* gelesen hat, wird in diesem Glauben auch bestärkt. Die *NZZ* aber überschreibt ihren kurzen Bericht: «Großer Heroinfang in Frankreich» und berichtet dann detailliert über das in drei Handkoffer gepackte Heroin. Zwei Meldungen zu einem Ereignis, deren Informationsgehalt auf einen einzigen Satz zusammenschrumpft: 53 Kilo einer Droge in Frankreich beschlagnahmt. Ob es sich wirklich um Drogen (Heroin oder Kokain) handelt oder um ein Placebo-Pulver, wäre erst durch Laboranalysen herauszufinden.

Grundsätzlich gilt: Alle Statistiken über das Ausmaß des illegalen Drogenhandels (wie auch der Drogenabhängigkeit) sind mit Vorsicht zu zitieren. Der Warenstrom in der Illegalität läßt sich statistisch nicht

Beschlagnahmte Schiffsladungen

MIAMI

JAMAIKA

PANAMA

KOLUMBIEN

Ungefähre Ortsangaben

1 pound (lb) = 453,59 g
1 US-ton = 907,185 kg

1. 20 tons; 19.12.1979 EL COBRE
2. 18 tons; 4. 2.1981 LADY STARLA
3. 15 tons; 19. 4.1981 SIR JOHN & MISS JEANETTE
4. 75 tons; 20.11.1980 POLARIS
5. 10 tons; 4. 1.1981 TINY SMITH
6. 11 tons; 27. 7.1980 1 lb. Kokain SILVANO
7. 20 tons; 28. 5.1980 SANSON
8. 41 tons; 11. 2.1981 DON PACHO
9. 30 tons; 7.11.1980 LA LIEBRE
10. 13 tons; 25. 6.1980 ALEX LUZ
11. 2,5 tons; 25.11.1979 133 lbs. „Quaalude" DANIELLE
12. 826 lbs. Kokain 20.2.1981
13. 20 tons; 19.12.1980 LUCKY DUCHESS
14. 16 tons; 27.10.1978 SANTA MAGDALENA
15. 20 tons; 17. 1.1979 DELFIN & SEA NYMPH
16. 8 tons; 25. 2.1980 FENICIO
17. 52 tons; 26.12.1977 MISS CONNIE & ECOPESCA IV
18. 15 tons; 31.12.1977 DONNA PETRA
19. 15 tons; 27.12.1979 FIVE STAR
20. 3 Millionen „Methaqualone" Tabletten 25.12.1979
21. 27 tons; 1. 3.1979 PATRICIA
22. 3,5 tons; 19. 2.1981 MISS DAPARY & DAVINCI
23. 20 tons; 7. 3.1979 DEL MAR
24. 6 tons von 15 tons geborgen; 25.1.1979 16,5 m-Yacht gesunken
25. 50 tons; 10. 1.1979 MINI I
26. 13 tons; 6. 2.1980 ANNA MARIE CLARK
27. 38 tons; 31. 5.1979 KAREN DANICA

Quelle: Hightimes 81

erfassen. So wie sich Statistiken über die Verbreitung der Drogenabhängigkeit innerhalb einer Bevölkerung nur indirekt auf Angaben über Verschreibungen, ärztliche Konsultationen, Notfalleinsätze, Hospitalisierungen, Todesfälle etc. stützen können, so läßt sich der Warenfluß nur dort messen und zählen, wo er zum Stillstand kommt und unterbrochen wird. Das der Öffentlichkeit präsentierte Beweismaterial besteht aus Beschlagnahme-Statistiken, Polizeiprotokollen und Unterwelttips. Zu mehr als Mutmaßungen, die man gerne wie gesicherte Erkenntnisse behandelt, reicht es nicht.

Unter der Überschrift «Dem Heroin auf der Spur» verbreitete das Bundeskriminalamt (BKA) im August 1982 die Meldung, man habe ein «naturwissenschaftliches Verfahren» entwickelt, das «bei sichergestelltem Heroin u. a. geographische Herkunftsbestimmungen» ermögliche: «Die auf Untersuchungsergebnissen in den USA und in Schweden aufbauenden Verfahren gestatten mit Hilfe spezieller Anwendungen des chemischen Analyseverfahrens der Chromatographie die äußerst präzise Bestimmung der Bestandteile und der Beschaffenheit von Heroinproben... Hierbei werden Übereinstimmungen oder Unterschiede in der Zusammensetzung festgestellt, und es lassen sich Hinweise auf die Herkunft des Rauschgifts aus bestimmten geographischen Großregionen gewinnen.» [15]

Das klingt nach Fortschritten bei der Entwicklung neuer Fahndungsmethoden und beschreibt doch nur den Stillstand der Entwicklung. Denn die Zuordnung von Heroinproben zu Opium-Großregionen ist labortechnisch schon lange möglich; sie ist politisch nur völlig unergiebig. Bereits 1963 wurde im Bericht der UN-Drogenkommission die Notwendigkeit betont, verfeinerte Methoden zu entwickeln, um auch Kleinregionen eingrenzen zu können.[16] Gleiche oder sehr ähnliche Bedingungen für den Opiumanbau – Bodenbeschaffenheit, Wasserverhältnisse, Klima und Anbautechniken – finden sich beispielsweise in der Großregion Türkei, Iran und Afghanistan. Doch werden Präventivmaßnahmen von Staaten und Sanktionen gegen Staaten und nicht in oder gegen Großregionen ergriffen. Die neuen Labortechniken des BKA sind also politisch folgenlos, selbst wenn die Bundesrepublik oder die USA die Absicht haben sollten, gegen den illegalen Mohnanbau in der betreffenden Region vorzugehen. Die Aussagekraft der neuen Methode übertrifft die der alten UN-Studien, auf die ich mich bei der Beschreibung der jeweils aktuellen Regionen stütze, nicht.

In welchen illegalen Labors schließlich Opium bzw. Morphin-Base in Heroin umgewandelt wird, läßt sich nach Auskunft des BKA auf labortechnischem Weg überhaupt nicht feststellen. Doch gänzlich unbeeindruckt vom Erkenntnisstand der Fahnder werden ständig – oft unter Berufung auf Polizeiquellen – neue Connections öffentlich lanciert.

Die «French Connection»

Solange der Heroinrohstoff vorwiegend aus der Großregion Türkei/ Iran über Beirut oder Istanbul geliefert wurde, also in den Anfängen der Heroinwelle, lagen die Zentren der Heroinverarbeitung und die Knotenpunkte des US-amerikanischen und westeuropäischen Verbrauchermarktes in Spanien, Frankreich, Italien und Griechenland. Besonders Italien verfügt über eine hervorragende Infrastruktur für fast alle Arten von illegalen Geschäften, eine gut organisierte «illegale» Kapitalfraktion und eine verkehrstechnisch ideale Lage. Doch wurde das Ausmaß des Mittelmeerhandels jahrelang verschleiert, indem man die Aufmerksamkeit auf einen Punkt lenkte: Marseille.

Presseberichte lauteten in ihrem Tenor etwa so: Alles Opium kommt aus der Türkei, wird in der näheren Umgebung von Marseille in Geheimlabors zu reinem Heroin verarbeitet und dann auf den hungrigen US-amerikanischen Markt geworfen. Damals wurde erstmals konsequent das Prinzip angewandt: Wenn man schon nicht an die Informationen kommt, muß man wenigstens so tun, als wisse man, wo es langgeht. Die Mystifikation des Rauschgifthandels erlebte ihren ersten Höhepunkt. Den Massenmedien zufolge wurde der Opium- und Heroinhandel weltweit von ein paar korsischen Bossen beherrscht, die das Geschäft von Marseille aus dirigierten. Angeblich wußten Polizei und Geheimdienst genau, wer die entscheidenden Figuren sind, doch – wie immer in billigen Krimis – niemand kommt an die Bosse ran, niemand kann ihnen was nachweisen.

Eingeleitet und angeführt wurde die Marseille-Kampagne von der Regierung in Washington. Man wollte der Weltöffentlichkeit vorgaukeln, die Administration habe das Problem unter Kontrolle, und außerdem wollte man das Drogenproblem dazu benutzen, die antifranzösische Politik der US-Regierung zu verstärken. Diese antifranzösische Politik war die Antwort der US-Regierung auf Frankreichs

Bestrebungen, nicht nur militärisch (Teilrückzug aus der NATO), sondern auch ökonomisch und währungspolitisch einen eigenen nationalen Kurs zu steuern. Vor allem aber wollte man mit der Behauptung, 80 Prozent des in den USA verdealten Heroins käme über Marseille aus der Türkei, von den Hauptquellen des US-amerikanischen Handels ablenken. Die sprudelten längst in Südostasien.

Marseille war bis zum Ende der sechziger Jahre tatsächlich ein Hauptumschlagplatz für Drogen. In der Stadt ist mehr als irgendwo sonst in Frankreich imperialistisches Handelskapital konzentriert, das aus dem Alkoholschmuggel der zwanziger Jahre und aus dem Tabakschmuggel der fünfziger Jahre über reiche Erfahrung im Handel mit illegalen Drogen verfügt. Solange die Türkei als Erzeugerland von Bedeutung war, war auch Marseille ein wichtiges Glied in der Handelskette. Ausgerechnet aber als die türkischen Lieferungen an Bedeutung verloren, geriet die Marseille-Propaganda unter dem Stichwort «French Connection» erst richtig in Fahrt. In den Massenmedien kam es zu einer Art Spaltung. US-amerikanische Presseberichte, in ihrem Schlepptau die Schweizer und die BRD-Presse, bevorzugten die «French Connection», wenn sie «Hintergründe» zu schildern versuchten. Die französische Presse, besonders die regierungsnahe, hob dagegen die Pazifik-Route hervor. Zu Beginn der siebziger Jahre tauchte in den US-Medien immer häufiger auch die Lateinamerika-Route auf, allerdings als Transportvariante der «French Connection». Welche Handelswege die Presse gerade hochspielt, hängt davon ab, welcher Eindruck von der Gesamtlage bewirkt werden soll und welche politischen Nebenziele mit dem Drogenproblem zusätzlich verfolgt werden sollen.

Die «China–Connection»

Schon einmal in den 50er Jahren wurde die Volksrepublik China in den westlichen Medien beschuldigt, Hauptlieferant von illegalem Opium zu sein. Als mit der Eskalation des Vietnamkrieges Südostasien mehr und mehr zur Rohstoffquelle des internationalen Heroinkapitals wurde, feierte die antikommunistische Propaganda des Kalten Krieges Auferstehung.

Mit dem Hinweis auf Devisenprobleme der chinesischen Regierung wurde behauptet, das Rohopium der Region käme aus der chinesischen Provinz Yunan, während das Dreiländereck Burma-Thailand-Laos nur Transitgebiet sei. Aus Hongkong, einem Zentrum des Drogenkapitals, gingen aufsehenerregende Meldungen über große Opiummengen um die Welt. Wissenschaftliche Analysen sollen ergeben haben, daß die VR China Ursprungsland der analysierten und beschlagnahmten Opiumlieferungen sei. In einigen Berichten wurde sogar behauptet, daß fertiges Heroin direkt aus der VR China nach Hongkong eingeführt werde. Tatsache ist nur, daß in der VR China Opium legal als Exportprodukt angebaut wird. Das Land verfügt schließlich über eine lange und leidvolle Opiumtradition, zu der auch die Fertigkeit gehört, Opium zu kultivieren.

Als im April 1953 Vertreter der USA und Taiwans die VR China vor der UN-Suchtmittelkommission beschuldigten, gemeinsam mit Nordkorea Ausgangspunkt für ungesetzlichen Rauschmittelhandel zu sein, wurde ihnen von den Delegierten der UdSSR und der VR Polen widersprochen. Die neuerlichen Vorwürfe Ende der 60er, Anfang der 70er Jahre wurden erst gar nicht vor der UN verhandelt. Sie waren zu durchsichtig.

Als sich die wahre Quelle des illegalen Handels, das «Goldene Dreieck», nicht länger verheimlichen ließ – die UN-Berichte waren zu eindeutig –, kam man in den USA auf die Idee, die kommunistischen Befreiungsarmeen Burmas, Thailands und Vietnams in Verbindung mit dem illegalen Handel zu bringen. Zu solchen Vorwürfen kann man, je nach Standpunkt, eine politisch motivierte Meinung haben – belegen oder widerlegen lassen sie sich schwer. Deshalb werden sie ja erhoben, weil allein das Gerücht genügt, wenigstens vorübergehend von den wirklichen Quellen und tatsächlichen Handelsverbindungen abzulenken.

Auffallend ist nur, daß die «China-Connection» schlagartig aus der Berichterstattung der Medien verschwand, als die Nixon-Administration sich entschloß, die Beziehungen der USA zur VR China zu normalisieren.

Die «Italian Connection»

Die «Italian Connection», auch «Sicilian Connection» oder «Mafia Connection» genannt, ist, je nach Sicht, eine der ältesten oder der jüngsten Connections des internationalen Drogenhandels. Sie war, wie bereits erwähnt, Teil der «Mittelmeer-Connection», über die in der Phase der Erschließung des Heroinmarktes die wichtigsten Handelsverbindungen und Finanzierungswege liefen. Zu ihrem Namen «Italian Connection» kam sie aber erst zwanzig Jahre später, und bis heute gilt sie, jedenfalls in der Berichterstattung westlicher Medien, als eine wichtige oder sogar die wichtigste Basis des Heroinhandels, und dies obwohl UN-Experten längst die Region des «Goldenen Halbmonds» als aktuelle Hauptquelle ausgemacht haben. Bereits die Übernahme eines englischen bzw. amerikanischen Begriffs in den allgemeinen Sprachgebrauch deutet an, wo die jeweils aktuellste Connection zusammengebastelt und öffentlich lanciert wird. Die «French Connection» war die «French Connection», weil die US-Regierung sie zur «French Connection» gemacht hatte. Die «Italian Connection» ist die «Italian Connection», weil...

Agenten der US-Drogenbehörde DEA (Drug Enforcement Administration) arbeiten mehr oder weniger unbehindert in Ländern, die durch Verträge mit den USA militärisch verbunden sind – vor allem dort, wo die USA Soldaten stationiert haben. DEA-Agenten arbeiten auch anderswo. Dort meist hart an der Grenze der Legalität und nicht selten jenseits von ihr. Obwohl die Drogenbehörde den Status einer Geheimpolizei hat, macht sie um ihre Arbeit viel Getrommel und Getöse. Das gehört zu ihren Aufgaben, denn, wie gesagt: Nicht für einen Augenblick darf der Eindruck entstehen, der Staat habe keine Mittel und wisse keine Wege, die Drogenflut einzudämmen.

Die DEA steht aber auch unter Erfolgszwang, zumal verschiedene Skandale sie auch in den USA ins Zwielicht gebracht haben.[*]

Wenn also von einer bestimmten Connection andauernd die Rede ist, dann muß man davon ausgehen, daß die US-Fahndungsbehörde diese Connection zum Schwerpunkt ihrer Arbeit gemacht und beträchtliche Mittel investiert hat, um zu Erfolgen zu kommen. Der verstärkte Aufwand führt dann auch manchmal zu größeren Fahndungserfolgen, die wiederum die Existenz der Connection zu bestätigen scheinen und den verstärkten Einsatz rechtfertigen. Alle anderen Connections werden damit zumindest vorübergehend zu Rand- und Nebenmärkten; jedenfalls werden sie so in der Öffentlichkeit dargestellt.

Als noch die «French Connection» öffentlich diskutiert wurde, war

[*] Vgl.: «PCP», S. 120f.

längst die «Südostasien-Connection» Branchenführer. Nicht anders erging es der «Italian Connection». Als die *NZZ* im März 1982 meldete, «Italien neue Drehscheibe im Drogenhandel» [17], hatte sich das Hauptgeschäft längst an die afghanisch-pakistanische Grenze verlagert.

Das bedeutet nicht, daß nicht auch Italien ein wichtiger Umschlag- und Verarbeitungsplatz ist. Die «Italian Connection» ist darüber hinaus eng mit der «Pakistan Connection» verbunden, denn ein Teil der in Sizilien verarbeiteten Morphin-Base stammt aus pakistanischen Beständen.

Die Connection-Spur erweist sich einmal mehr als reines Phantasieprodukt der Fahndungsbehörden – insbesondere der DEA. Denn anstatt von «Italian Connection» oder gar «Pakistan Connection» könnte man auch und immer noch von der «French connection» sprechen.

Beispielsweise wurde das «Know-how» der Heroinherstellung in der Person des französischen «Heroinkochs» André Bousquet von Marseille nach Palermo verlagert. Drogenfahnder schätzen, daß in der sizilianischen Küche des französischen Kochs zwischen 1976 und 1980 vier bis fünf Tonnen reinen Heroins hergestellt wurden. Eine beachtliche Menge, die, wiederum nach Schätzungen der DEA, ausreichen würde, um den US-Bedarf zu einem Viertel abzudecken.

Erhebliche Mengen des auf Sizilien produzierten Heroins gehen auf den italienischen Inlandmarkt selbst. Darin liegt sowohl ökonomisch wie sozialpolitisch ein gravierender Unterschied zur alten «Mittelmeer-Connection» der sechziger Jahre. Nun gibt es auch in Italien eine ständig steigende Binnennachfrage. Auf dem Umweg über Schweizer Geheimkonten – auch das eine Erkenntnis der Drogenfahnder – fließt der Reinerlös in Milliardenhöhe nach Sizilien zurück, wo «sich die Zahl der Banken in den letzten zwanzig Jahren versiebenfacht hat» [18], während sie sich, auf ganz Italien bezogen, im selben Zeitraum nicht einmal verdoppelte.

Aber nur ein Teil des auf Sizilien verarbeiteten Morphins kommt aus Pakistan. Auch die Türkei und der Libanon, bzw. die Türkei über den Libanon, beliefern die «Italian Connection». Teilweise gelangt das türkische Rohprodukt auch auf dem Landweg über die Balkan-Route nach Italien, wo es entweder auf Sizilien oder in kleinen mittel- und norditalienischen Labors verarbeitet werden soll. Nicht auszuschließen ist, daß diese Connection, die man auch die «Türkei-Connection» nennen könnte, in Wirklichkeit eine «Iran-Connection» ist. Noch immer ist ungeklärt, ob im Iran der Mohnanbau wirklich unter Kontrolle

Die Süd-O

Bangkok

 Anbau
 Raffinerie
$ Handel

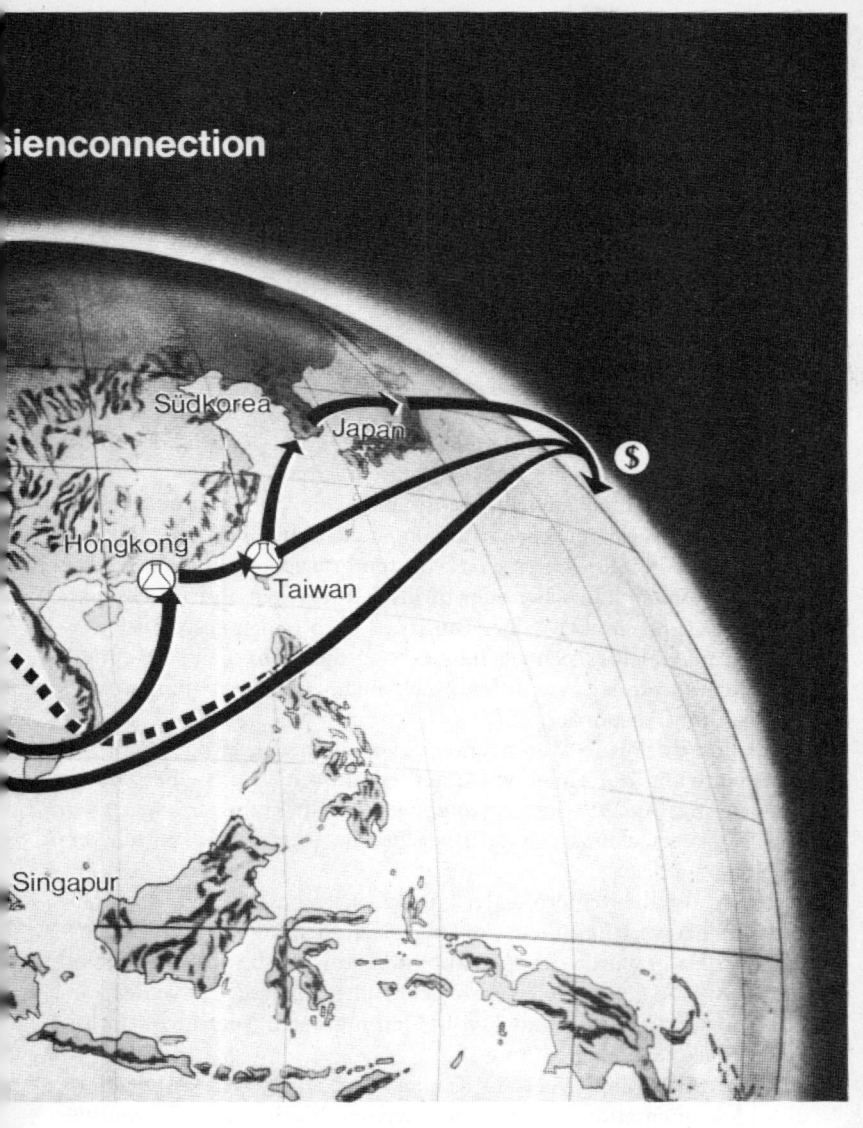

ist, wie die Regierung der Mullahs behauptet. Für den privaten Inland-verbrauch wird weiterhin angebaut, wie ich aus sicherer Quelle weiß. Erfahrungsgemäß wird aber dort, wo man für den privaten Gebrauch anbaut, auch für den illegalen Exporthandel produziert. Ob die Mor-phin-Base nun türkischen oder iranischen Ursprungs ist – die Balkan-Route zur Belieferung der «Italian Connection» bringt jedenfalls die «Bulgarien-Connection» ins Spiel.

Die «Bulgarien-Connection»

Sie ist eine Schwester der «Italian Connection» – eher wohl eine Stief-schwester, denn Drogenhandel wird über sie, glaubt man der CIA und westeuropäischen Geheimdiensten, nur nebenbei abgewickelt. Hier geht es um den internationalen Waffenhandel. Drogen sind da nur ein Zahlungsmittel bzw. eine Verrechnungseinheit.

Bulgarien ist mehr als ein Transitland. Der Warenstrom aus dem Nahen und Mittleren Osten in die kapitalistischen Industrienationen Westeuropas berührt hier auch die Systemgrenzen. Sollten tatsächlich größere Mengen iranischer oder türkischer oder gar afghanisch-paki-stanischer Morphin-Base über Bulgarien nach Italien geschleust wer-den, dann handelt es sich aus bulgarischer Sicht um nichts als ein ge-wöhnliches Gut, das, wie andere Güter auch, täglich über bulgarisches Territorium transportiert wird.

Der internationale Warenverkehr, von dem der Drogentransport volumenmäßig nur einen Minianteil einnimmt, ist auf eine schnelle und reibungslose Abwicklung angewiesen. Mit Transportkapazitäten und Transportzeiten lassen sich beachtliche Wettbewerbsvorteile er-zielen.

Würde also die Regierung der VR Bulgarien beschließen, den Tran-sitverkehr zu verlangsamen, um Drogen aus den Transitwaren heraus-zufiltern, dann würde sie sehr bald internationalen Protest ernten und als Transitland gemieden. Warum aber sollte ein Land, das weder vom Drogenhandel profitiert noch vom Heroinkonsum sozial bedroht ist, dieses Risiko eingehen?

Selbstverständlich werden «Kenner» der «Bulgarien-Connection» diese Argumentation als naiv zurückweisen. Nach ihren «Erkenntnis-sen» ist der bulgarische Geheimdienst am Waffentransfer in die Türkei, den Iran und den Irak beteiligt. Aber selbst das wäre nicht weiter von

Bedeutung und reichte kaum aus für die öffentliche Zuteilung einer eigenen Connection, wenn nicht die bulgarische Spur nach Moskau führen und beim Generalsekretär der KPdSU enden würde. Der Wahl Juri Andropows, ehemals Chef des sowjetischen Geheimdienstes, verdankt die «Bulgarien-Connection» ihre Aufwertung und heutige Bedeutung. Und wie schon einmal die «China-Connection», die von westlichen Geheimdiensten Mitte der fünfziger Jahre und erneut in den sechziger Jahren in die Welt gesetzt wurde, ist auch die «Bulgarien-Connection» ein Produkt des Kalten Krieges.

Die «Swiss Connection»

Auch das Fürstentum Liechtenstein hat ein Drogenproblem. Lange wollte man dort nicht wahrhaben, daß der Drogenkonsum und die Beschaffungskriminalität ansteigen. Erst im März 1983 haben die Behörden «eine härtere Gangart im Kampf gegen den Drogenmißbrauch»[19] angekündigt. Und vorsorglich wurde bei dieser Gelegenheit auch die Bezugsquelle genannt, die dafür verantwortlich sein soll, daß Bürger des kleinen Alpenstaates mit den Drogen der Großstadt in Berührung kommen. Liechtenstein hat seine «Zürich-Connection». Das behaupten die Ermittlungsbehörden. Allerdings ist auch ihnen nicht entgangen, daß sich einige Konsumenten und Kleindealer, wie ihre Schweizer Kollegen auch, direkt in Mailand versorgen, wo der Stoff unter anderem wegen des Währungsgefälles billiger zu haben ist. Und so ist auch Liechtenstein an die «Italian Connection» angeschlossen. Es sei denn, man gelangte via Zürich an einen Stoff, der über die «Amsterdam-Connection» in die Stadt gekommen ist, denn Zürich wird nach den Erkenntnissen seiner Drogenpolizei aus beiden Himmelsrichtungen beliefert. Die Connection-Spur läßt sich an jedem Glied der Handelskette beliebig, je nach Bedarf und Interesse, aufnehmen und kreuz und quer verfolgen.

Auch der Discothekenbesitzer in einem Hamburger Vorort, dessen Laden wegen Drogenkonsums von den Behörden geschlossen werden soll, wird, um sich rauszureden, auf die «St. Pauli-Connection» verweisen, die ihre Finger überall in der Stadt drin habe. Und der Sprecher der Hamburger Polizei wird nicht nur auf Hamburgs Lage als Hafenstadt, sondern auch auf die Nähe der «Amsterdam-Connection» hinweisen, wenn er nach einer Begründung für den florierenden Drogenhandel in der Hansestadt gefragt werden sollte. Daß der Amsterdamer Flughafen Schiphol ein internationaler Verkehrsknotenpunkt und der Hafen von Rotterdam ein stark frequentierter Warenumschlagplatz ist, weiß jedes Kind, so daß sich die niederländischen Polizeibehörden darauf beschränken können, den hohen asiatischen Bevölkerungsanteil zu erwähnen, um die «Südostasien-Connection» ins Spiel zu bringen.

Das alles klingt so konkret und anschaulich und ist doch nur Fahndungstheater mit folkloristischem Einschlag, ein Stück Freiheit und Abenteuer des internationalen Kapitalverkehrs.

Eine einzige Spur taucht immer und überall auf, gleichgültig an welchem Fleck des Erdballs man nachforscht. Ich nenne sie die «Swiss Connection» und meine das internationale Bankensystem, das von den Schweizer Kreditinstituten angeführt wird. Von den Banken kommt es, über die Banken läuft es, und von den Banken wird es wieder genommen.

Es sind Zufälle, aus der Sicht der Banken Pannen, wenn die Kapitalbewegungen des Drogenhandels einmal öffentlich werden.

Hätte Isaac Kattan-Kassin, von Agenten der DEA als Finanzexperte der «Miami-Connection» eingestuft, bei seiner Festnahme neben Bargeld und Schecks nicht auch einen Brief bei sich gehabt, der Geldverschiebungen von 1,2 Millionen Dollar in die Schweiz bestätigte – die Geldwäsche der Koka-Dollars wäre, wie üblich, leise, unauffällig und anonym über Schweizer Konten abgewickelt worden. Nun aber lagen neun Schweizer Konten da wie offene Wunden: vier bei der Guyerzeller Zurmont Bank in Zürich, zwei bei der Trade Development Bank in Genf und der Rest bei der Schweizerischen Bankgesellschaft ebenfalls in Genf. Obwohl Kontenbewegungen in Millionenhöhe registriert wurden, war vom Zürcher Konto nicht mehr viel zu holen – per Saldo 200 000 Franken. Die Ausschlachtung der Genfer Konten war lohnender. Rund 7,5 Millionen Franken wurden in Genf sichergestellt.

Schweizer Kritiker des schweizerischen Banksystems beschuldigen die Banken ihres Landes, die Schweiz zur Hehlernation für Flucht- und Schmutzgelder zu machen. Dem schweizerischen Bankensystem dürfte die Drogengeldaffaire aber kaum geschadet haben. Wer, wie Herr Kattan-Kassin, mit Beweismaterial in der Tasche herumläuft, programmiert den Reinfall und darf sich nicht wundern, wenn sein Nummernkonto auffliegt. Für derartigen Leichtsinn kann man das Bankensystem kaum verantwortlich machen. Dem Schweizer Staat bzw. den Kantonen Genf und Zürich hat die Affaire genutzt. Denn das

Rechtshilfeabkommen zwischen der Schweiz und den USA wurde einst so ausgedealt, daß die beschlagnahmten Kontenbestände – insgesamt fast 8 Millionen Franken – den jeweiligen Kantonen zufließen konnten.[20]

Wie auf Sizilien, so wurde auch in Florida ein Bankensystem eigener Art aufgebaut, «in dem die Schweiz für Dreiecksgeschäfte eine wichtige Rolle spielt».[21] Bevorzugte Anlage- und Waschanstalten der «Italian Connection» sind die Filialen der Schweizer Banken im südlichen Kanton Tessin: «Die Ermittlungen im Tessin ergeben Beweise für umfangreiche Geldtransfers zwischen Italien, der Schweiz und Südamerika.»[22] Mit Sicherheit spielen bei all diesen Transfers Banken mit Sitz in der Schweiz eine herausragende und tragende Rolle, aber es sind das internationale Bankensystem und der Schutz des Bankgeheimnisses mit seinen spezifisch schweizerischen, längst aber von den Banken anderer Nationen übernommenen Varianten, die diese Transfers erst möglich machen.

Die «Pakistan-Connection»

Das Aufdecken von Transportrouten und die Enthüllung von Transportmethoden ist also von nur geringem Erkenntniswert. Der hohe Organisationsgrad des Drogenkapitals erlaubt es den Händlern, auf jede neue Situation flexibel zu reagieren. Wird auf der einen Seite die Fahndung konzentriert und intensiviert, dann müssen auf der anderen die Bestechungssummen erhöht, die Verpackungsmethoden perfektioniert, die Geldströme umgebucht und notfalls die Transportrouten geändert werden.

Drogenhändler bedienen sich teilweise öffentlicher Transportmittel. Drogen fließen also im allgemeinen Warenstrom mit. Wenn die Risiken des öffentlichen Verkehrs es erfordern, steigen die Händler auf ein eigens geschaffenes Transportsystem um. Die Infrastruktur steht ihnen zur Verfügung. Im lateinamerikanisch-nordamerikanischen Kokainhandel beispielsweise sind ganze zentral gesteuerte Schiffs- und Luftflotten im Einsatz. Aber auch der sogenannte Ameisenverkehr, der sich die Touristen- und Arbeitsemigrantenströme nutzbar macht, gehört zu den Transportvarianten der Händlerorganisationen. Immer wieder hört man von türkischen Fremdarbeitern, die bei der Rückkehr vom Heimaturlaub Heroin geschmuggelt haben sollen. Sie dürften sich die Ware kaum auf eigene Rechnung beschafft haben. Schließlich kann man sich auch in der Türkei nicht eben mal im Basar von Istanbul, Bursa oder Ankara mit Heroin versorgen, das man dann gewinnbringend am Endverbrauchermarkt von München, Amsterdam oder Stockholm verscherbelt.

Es hat lange gedauert, bis die «Pakistan-Connection» in der westlichen Medienöffentlichkeit die Aufmerksamkeit fand, die ihr nach Auffassung von UN-Experten gebührt. Das hat politische Gründe. Wie ehedem die «Mittelmeer-Connection» aus politischen Gründen in «French Connection» umgetauft wurde, um Frankreich bloßzustellen, so wurde die gegenwärtig wichtigste Versorgungsquelle des Heroinhandels «Pakistan-Connection» genannt, um Afghanistan zu schonen, denn die «Pakistan-Connection» ist in Wirklichkeit eine «Afghanistan-Connection», wenn man sich auf den Connection-Wirrwarr schon einläßt.

Afghanistan beliefert nicht nur seit Jahren den Haschischmarkt mit hochwertigem Stoff, im Volksmund «schwarzer Afghane» genannt – das Land mit seinem ebenso hochwertigen Opium ist nach Erkenntnissen der UN-Suchtmittelstelle auch einer der Hauptlieferanten für den illegalen Opiummarkt. Weil aber die politisch-strategischen Ziele des US-Imperialismus allemal wichtiger sind als kurzfristige Erfolge im Kampf gegen den Drogenhandel, wurde in den westlichen Medien lange verschwiegen, daß die afghanischen Lieferanten identisch sind mit den Führern der sogenannten afghanischen Freiheitskämpfer.

Da mußten selbst die amtlich beauftragten DEA-Fahnder zurückstecken. Das Interesse der US-Regierung (Carter), konterrevolutionäre Banden gegen die Regierung der Aprilrevolution von 1978 zu mobilisieren und mit Waffen auszustatten, war mächtiger als der Fahndungsauftrag der DEA.

Auch muß man die Kürzung des Anti-Drogenprogramms der Carter-Administration als eine Art indirekter Subventionierung der afghanischen Drogenhändler betrachten, die nun, von DEA-Agenten ungestört, Anbau und Handel ausdehnten und im Gegenzug die Kampfhandlungen gegen die afghanische Regierung ausweiteten.

Erst als die UN-Suchtmittelstelle erneut Alarm schlug, begann man auch in den westlichen Medien, das Ausmaß der «Pakistan-Connection» darzustellen und ihre afghanischen Querverbindungen einzugestehen.

Wie man aus einem alten Hut eine aktuelle Schlagzeile zaubert und dabei gleichzeitig hinter der Aktualität zurückbleibt, führte der in Zürich erscheinende *Tages-Anzeiger* im April 1983 vor: «Die europäische Drogenszene wird seit kurzem mit Heroin aus Pakistan überschwemmt, während der Nachschub aus dem berühmten Goldenen Dreieck, dem Grenzgebiet von Burma, Thailand und Laos, an Bedeutung verloren hat.»

Der Keller ist nicht erst «seit kurzem» überschwemmt, sondern seit mindestens drei Jahren, und die «Südostasien-Connection» verliert nicht, sondern gewinnt wieder an Bedeutung.

Bleiben wir bei der «Pakistan-Connection», die, wie auch der *Tages-Anzeiger* zugibt, «von afghanischen Flüchtlingen betrieben» wird: «Den von Pakistan aus operierenden afghanischen Widerstandsbewegungen dient der Ertrag aus dem Schmuggelgeschäft zum Kauf von Waffen, mit denen die Freischärler die Sowjetsoldaten und die Regierungstruppen bekämpfen.»[23] Um Mißverständnisse zu vermeiden und den Bericht des *Tages-Anzeiger* zu ergänzen: Hier handelt es sich nicht um Sozialrevolutionäre, die in ihrer Verzweiflung jedes Mittel benutzen, um an Waffen heranzukommen. Was sich da in der westlichen Öffentlichkeit als Freiheitskämpfer gibt, waren schon immer Drogendealer, denen durch die revolutionären Ereignisse das Geschäft vorübergehend versaut wurde, die aber jetzt in geschickter Tarnung den Anschluß wiedergefunden haben. Waffenhandel ist ein lukratives Geschäft, Drogenhandel auch. Wo aber beide zusammentreffen, kommt es zu einer Profitexplosion. Die Nachfrage wird potenziert. Nicht nur das weltweite Heer der Süchtigen sorgt für eine ständige Nachfrage, auch der Waffenschmuggel sorgt über den aktuellen Bedarf der Süchtigen hinaus für eine kontinuierliche Nachfrage nach neuem Stoff. Da die afghanischen Banden als Tauschobjekt nichts anderes als Drogen zu bieten haben, sind sie gezwungen, um ihren Waffenbedarf zu decken, immer mehr Opium anzubauen und auf den Markt zu bringen. So wird ein Überangebot entstehen, das sich in Europa, den USA und zunehmend auch in den Anbau- und Veredlungsländern selbst seine Abnehmer suchen wird. Die Suchtspirale wird weiter nach oben gedreht.

Historisch wiederholt sich in der Region des «Goldenen Halbmonds» ein Vorgang, der in der Ablösung der «Mittelmeer-Connection» durch die «Südostasien-Connection» sein Vorbild hat. Das Importhandelskapital hat eine Handelsstufe übersprungen und fragt direkt auf dem Niveau der Satelliten nach. Aus den traditionellen Anbauländern selbst kommt nicht mehr nur Opium oder Morphin-Base, vielmehr wird das Rohprodukt im Anbauland bereits zu Heroin umgewandelt. Für die «Pakistan-Connection» heißt das: In Afghanistan, hauptsächlich längs der Grenze zu Pakistan von Jalalabad bis Kandahar, wird Opium kultiviert und dann nach Pakistan transferiert. Kuriere sind Schmugglerbanden, die, als Freiheitskämpfer verkleidet, im Auftrag von Feudalfürsten das Rohprodukt in die Laboratorien schaffen.

Zumindest in den Statistiken der UN-Suchtmittelstelle wurde Pakistan bis 1980 als ein Land ausgewiesen, in dem die illegale Heroinproduktion gänzlich unbekannt war. Zu ersten Beschlagnahmungen kam es 1980, als 9 Kilo Heroin sichergestellt wurden. 1981 waren es bereits 432 und 1982 schon 2393 Kilo reinen Heroins. Im gleichen Jahr wurden in Pakistan 27 Geheimlabors ausgehoben.

Und eine weitere historische Parallele: Die Verlagerung der Herstellung hat, ähnlich wie zuvor in Vietnam, eine Heroinsucht unter pakistanischen Jugendlichen ausgelöst, die «Proportionen einer Epidemie» erreicht. Die UNO schätzt die Zahl der Süchtigen auf 25 000, andere Schätzungen gehen sogar noch höher.

Welche Wege das Endprodukt von den pakistanischen Labors zu den Verbrauchermärkten in Europa und den USA nimmt, läßt sich nur schwer rekonstruieren. So viel ist sicher: Es findet seinen Weg, und Europa scheint der Hauptabnehmer zu sein.

Anfänglich, heißt es in Presseberichten, sei die Ware über den Landweg durch den Iran und die Türkei auf der Balkan-Route nach Italien gebracht worden. Doch verschärfte Gesetze im Iran und der Türkei, wo außerdem ein dichtes Fahndungsnetz ausgelegt wurde, hätten diese Route verstopft. Dagegen stehen Berichte der englischsprachigen Teheraner Presse, die regelmäßig die Beschlagnahmung von Drogen und die Festnahme von Kurieren meldet. Auch ist überhaupt noch nicht ausgemacht, ob nicht der Iran selbst weiterhin die «Italian Connection» beliefert. Letzteres gilt auch für die Türkei.

Ein Teil des pakistanischen Heroins soll über den Hafen von Karatschi umgeschlagen werden und dann den Seeweg ins Mittelmeer bzw. über das Kap nach Holland nehmen. Auch soll es Transportpfade geben, die sich durch den Nahen Osten winden und über Syrien in den Libanon führen, von wo die Ware dann übers Mittelmeer nach Griechenland und Italien gebracht wird. Jede dieser Routen kann als eine Transportvariante angesehen werden, manche andere ist denkbar.

Es wäre im übrigen falsch, sich in diesem Zusammenhang ausschließlich auf die afghanisch-pakistanische Connection zu fixieren. Praktisch kommt die gesamte Region des «Goldenen Halbmonds», der sich vom Anatolischen Hochland über den Iran, Afghanistan und Nordpakistan bis nach Kaschmir erstreckt, als Lieferquelle in Frage. So gibt es Hinweise, daß auch in Nordpakistan verstärkt Opium angebaut wird. Warum sollte man auch, wo die Nachfrage so unersättlich ist, den Afghanen allein die Heroin-Dollars und die teilweise fabrikneuen Waffen überlassen?

Selbst Indien, ebenfalls ein Land mit Opiumtradition, aber bislang als Lieferant für den illegalen Markt nicht aufgefallen, scheint für die Aufkäufer von Opiumernten und Morphin interessant zu werden.

Folgt man der *Times of India*, dann gibt es in Nordindien nahe der pakistanischen Grenze Hunderte von Labors, die Opium zu Morphin-Base verarbeiten. Auch werde Indien zunehmend als Transitland für thailändisches und laotisches Heroin benutzt. Das kann alles so sein, es kann aber auch eine Finte der indischen Regierung sein.

Indien sieht seine legalen Absatzmöglichkeiten am Weltmarkt durch Billigangebote aus Australien, Polen und Ungarn gefährdet. Da könnte es ratsam erscheinen, drohend die «Indien-Connection» ins Spiel zu bringen, um die von steigender Heroinabhängigkeit bedrohten Industrienationen, die zugleich Hauptabnehmer legaler Ernten sind, zu veranlassen, bei ihren Einkäufen Indien zu berücksichtigen, auch wenn sie Opium anderswo billiger bekommen können.

Alle Versuche von UN-Organisationen, den Opiumanbau im «Goldenen Dreieck» durch weltmarktgängige Agrarprodukte zu ersetzen, sind gescheitert. Und so bleibt neben dem «Goldenen Halbmond» auch das «Goldene Dreieck» eine der ertragreichsten Anbauregionen. Nur vorübergehend waren die Händler, als die US-Armee aus Vietnam vertrieben wurde, ihrer Infrastruktur beraubt. Doch die Lebensbedingungen für die Menschen in der Region des «Goldenen Dreiecks» haben sich seit dem Ende des Krieges in Vietnam eher verschlechtert. Der Opiumanbau ist lebensnotwendig geblieben. Auch wäre es naiv zu glauben, daß mit dem Ende des Vietnam-Krieges die Agenten des Drogenkapitals, die kleinen und die großen Händler, das Opiumballungsgebiet einfach aufgegeben hätten. Ihre Chance ist eine erneute militärische Zuspitzung in Südostasien. Die Chancen stehen nicht schlecht. Die Region wird aufgerüstet, denn noch haben die USA den Versuch nicht aufgegeben, ihre Niederlage rückgängig zu machen. In eine neue, vernichtende Niederlage sind sie dabei schon jetzt gestolpert. Die «Südostasien-Connection» ist wieder aufgeblüht und funktioniert bestens. Die Junkies in New York und San Francisco wissen es zu schätzen, solange sie noch leben.

Drogen und Staat

Die Drogenpolitik des Staates ist widersprüchlich. So wie massenhafter Drogenkonsum für das Kapital und seine Interessen je nach Konjunkturlage und Arbeitskräftebedarf widersprüchlich ist, so muß auch die Drogenpolitik des kapitalistischen Staates widersprüchlich sein. Diese Widersprüche sind die realen Widersprüche der kapitalistischen Wirklichkeit. Deswegen muß man sich davor hüten, es einfach als Schizophrenie der Nixon-Administration abzutun, wenn CIA-Flugzeuge in Laos Opium abholen und gleichzeitig die türkische Regierung sich dem Druck der US-Regierung beugen und den Anbau von Opium einstellen muß. Ebensowenig ist es schizophren, wenn Präsident Carter und sein Nachfolger Reagan einerseits DEA-Agenten in alle Himmelsrichtungen ausschicken und andererseits gleichzeitig hinter deren Rücken die «Afghanistan-Connection» fördern.

Staatliche Drogenpolitik umfaßt nicht nur den «Kampf gegen den Drogenmißbrauch», sondern auch den Gebrauch von Drogen als Kampfmittel in der Innen- und Außenpolitik.

Der entscheidende Schlag gegen den Marihuanakonsum in den USA sollte im Herbst 1969 geführt werden. Taktisches Ziel der «operation intercept» war die totale Kontrolle der mexikanischen Grenze. Die Aktion rollte auf beiden Seiten der Grenze ab. Erst nach massivem Druck ließ sich die mexikanische Regierung auf dieses Unternehmen ein und mobilisierte ihre Polizei- und Armee-Einheiten, um die mexikanischen Marihuana- und Opiumfelder zu zerstören. Als die Felder der Kleinbauern reihenweise niedergebrannt und ganze Ernten vernichtet worden waren, standen zahllose Bauernfamilien vor dem Nichts. Mehrere Soldaten und Polizisten der Amapola-Brigade wurden von Bauern ermordet, und mehrere Bauern kamen bei Schießereien mit der Armee bzw. der Polizei ums Leben. Der mexikanische

Bundesstaat Sonora, Haupttransitgebiet für den Marihuanaexport, wurde vorübergehend unter Kriegsrecht gestellt.

Die Gründe, warum die mexikanische Regierung zögerte, sich dem Programm des nördlichen Nachbarn anzuschließen, sind leicht zu verstehen. Genau jene Gewalttätigkeiten wollte sie in der labilen innenpolitischen Situation vermeiden. Auch konnte sie aus dem gleichen Grund die Gefährdung landwirtschaftlicher Einkommen nicht widerspruchslos hinnehmen. Schließlich befürchtete sie, daß gewalttätige Unruhen den Touristenstrom aus dem Norden abklemmen würden. Doch all diese Einwände und Bedenken halfen der mexikanischen Bourgeoisie wenig. Ihre politische und ökonomische Abhängigkeit von den USA ließ ihr keine andere Wahl.

So drohte die US-Regierung unter anderem damit, Tijuana und andere mexikanische Provinzmetropolen nahe der Grenze, bevorzugtes Reiseziel nicht nur junger US-Touristen, *off limits*, zum Sperrgebiet für US-Bürger zu erklären. Dieses Verbot mußte katastrophale Folgen für die Geschäftswelt haben und die Arbeitslosigkeit weiter steigern. Schließlich drohte die US-Regierung sogar damit, den Handel zwischen beiden Ländern zu beschränken. Das machte Eindruck und veranlaßte die mexikanische Regierung, 10000 Soldaten in den Kampf zu schicken. Auf der Nordseite der Grenze wurde parallel dazu die ausgedehnteste Grenzsicherungsaktion durchgeführt, die je in Friedenszeiten stattgefunden hatte.

Den Sekundäreffekt dieser Aktion sollte man ebenfalls ins Kalkül ziehen, denn die Ankurbelung der Rüstungsindustrie war ein erwünschter «Nebeneffekt» bei der Großmobilmachung gegen Drogen. Es wäre interessant, die Anzahl aller Patrouillenboote, Flugzeuge, PKWs, Mannschaftstransportwagen, Hubschrauber und sonstiger militärischer und polizeilicher Ausrüstungen festzuhalten, die ausschließlich zur Bekämpfung des Drogenhandels angeschafft wurden und auch heute noch angeschafft werden. Zu dieser Rechnung würden auch die Kosten für personelle Aufstockung des Polizeiapparates gehören. Der Kampf gegen den Drogenhandel hat in allen Industrienationen, die darin verwickelt sind, den staatlichen Repressionsapparat gestärkt.

Auch das keine unbeabsichtigte Nebenwirkung, sondern gezielte Politik. Die Anfang 1983 von US-Senatoren erhobene Forderung, ein Rauschgiftministerium zu schaffen, liegt auf der gleichen Linie. Mit der Begründung, der Drogenhandel habe in den USA ein Volumen von insgesamt 80 Milliarden Dollar angenommen, und gestützt auf

Schätzungen von Drogenfahndern, wonach 1981 zwischen 40 und 60 Prozent aller in den USA begangenen Verbrechen im Zusammenhang mit Drogen verübt wurden, unterstrichen sie ihre Forderung nach einem «starken Mann», der die Bekämpfung des Drogenhandels in einer Hand vereinen würde.[24]

Nutznießer staatlicher Aufträge im Kampf gegen den Drogenhandel war auch die NASA, die ein System der Luftüberwachung entwickelte, mit dem Cannabis- und Mohnfelder ausfindig gemacht werden sollten. Auch der Luftüberwachung durch die NASA stimmte die mexikanische Regierung zu. In diesem Fall wohl weniger zögernd, denn in der Presse, zunächst der US-amerikanischen, später auch der mexikanischen, wurde der Verdacht geäußert, daß die NASA-Späher sich mindestens ebenso für die Bewegungen von Guerilleros im schwer zugänglichen Gelände wie für die Tätigkeit von Kleinbauern auf ihren Marihuanafeldern interessierten. Das NASA-System, das Pflanzenschwingungen mißt und in farbige Computergrafiken umsetzt, ist auch heute noch im Einsatz. Merkwürdigerweise scheint es aber bei der Erfassung von Marihuanafeldern in den USA selbst zu versagen. Vielleicht nur, weil es sich die USA nicht leisten wollen, die Flugbahn kostspieliger Spionagesatelliten über das eigene Staatsgebiet zu lenken.

Bereits all diese «Nebenwirkungen» rechtfertigten den staatlichen Aufwand, auch wenn dabei das ursprüngliche Ziel der Operation verfehlt wurde.

Der mexikanisch-nordamerikanische Marihuanahandel befand sich seit Anfang 1969 im offenen Zerfall. Es war kein großes Risiko, in dieser Situation ein *law-and-order*-Manöver zu starten. Der Erfolg war garantiert, auch wenn seine Ursachen anderswo zu suchen sind. Die Fahndungserfolge waren bescheiden. Getroffen und gestellt wurden hauptsächlich Kleindealer und Selbstversorger, die der «großen Verknappung» *(big scarcity)* zu entgehen versuchten.

Besonders in den USA führte der Kampf gegen die «Rauschgiftseuche», die als nationaler Notstand verkauft wurde, zu einer Umstrukturierung öffentlicher Ausgaben, genauer gesagt zu einer Zentralisierung der Haushaltsmittel. Nachdem einige Städte, vor allem New York City, Washington D. C. und San Francisco an die Grenzen ihrer finanziellen Möglichkeiten gestoßen waren, zog die Bundesregierung die Angelegenheit an sich. Angesichts der «knappen Kassen», die immer nur knapp aufgrund falscher Prioritäten sind, dürften, so die Begründung, Haushaltsmittel nicht in ineffektiver Aufsplitterung vergeudet werden. Alle Ausgaben müßten, um den künstlichen Mangel der sogenannten öffentlichen Armut effektiv zu verwalten, zentral geplant und koordiniert werden. «Die Ausmaße des Problems, die nationalen und internationalen Auswirkungen und die begrenzten Möglichkeiten der Bundesstaaten und Städte, das Problem zu bewältigen, zwingen zu der Schlußfolgerung, daß die Koordination dieser Anstrengungen auf den höchsten Ebenen der Bundesregierung geleistet werden muß.»[25]

So begründete die Nixon-Administration ihren Anspruch auf Zuständigkeit.

Städte und Bundesstaaten mögen ihre Probleme haben, hieß es weiter, doch lasse sich schwer gegen die Einsicht angehen, daß die umfangreichen finanziellen Mittel, so wenig ausreichend sie insgesamt auch sein mögen, unter gesamtwirtschaftlichen nationalen Gesichtspunkten eingesetzt werden müssen. So wurde den Städten und Bundesstaaten die finanzpolitische Zuständigkeit in der Drogenfrage weitgehend genommen. Das aber heißt konkret, daß die Mittel vor allem der pharmazeutischen Industrie zugute kommen, denn hier macht sich der konsumorientierte Ansatz staatlicher Drogenpolitik bezahlt. Mit der konsumfixierten Anti-Drogenpropaganda, die so tut, als gäbe es nur Drogenkonsumenten und nicht auch Anbieter, schafft sich der Staat die Legitimation, «medizinisch» vorzugehen und die Rauschgiftbekämpfung in die traditionelle kapitalistische Gesundheitspolitik einzugliedern. Und das heißt Aufträge, Produktion, Beschäftigung und Profit für die pharmazeutische Industrie. Sie, das ist selbstverständlich, wird nicht zu den kriminellen Anbietern von Drogen gerechnet. (Da allerdings dürfte sich im Laufe der letzten Jahre im öffentlichen Bewußtsein einiges verändert haben, zu provozierend hat die Pharmaindustrie ihre kriminellen Energien offengelegt. Aktuellstes Beispiel: Das Dioxin-Versteckspiel des Valium-Herstellers Hoffmann-LaRoche.) Um die Rehabilitierung von Süchtigen zu ermöglichen, ersuchte der Präsident den Kongreß «um eine Summe von 105 Millionen Dollar zusätzlich zu den bereits in meinem Haushalt enthaltenen Mitteln, die ausschließlich für die Behandlung und Rehabilitierung drogensüchtiger Individuen verwendet werden sollen».[26]

Wer weiß, was Behandlung heißt, nämlich Pillen, Pillen und nochmals Pillen, der weiß auch, daß diese Programme geradezu zwangsläufig in die Kassen der Pharmaindustrie fließen müssen. Immer mehr macht die «menschenintensive» Psychotherapie von Drogenabhängigen ambulanten Pharmakotherapien und psychopharmakologischen Stillstelltherapien in staatlichen Verwahranstalten Platz. Die Methadonprogramme sind hierfür ein Beispiel.*

Auch die Entwicklung von Chemikalien zur Vernichtung von Ernten und die Grundlagenforschung auf dem Sektor der chemischen Ersatzstoffe für Opiate wird, wie in der Branche üblich, aus staatlichen Mitteln finanziert. Dazu der damalige Präsident Nixon: «Es ist klar, daß es der einzige wirklich wirkungsvolle Weg, die Heroinherstellung zu beenden, ist, die Opiumherstellung und den Mohnanbau zu beenden. Ich möchte das als internationales Ziel fordern. Es ist entscheidend, zu erkennen, daß gegenwärtig Opium eine legitime Einkommensquelle für viele Nationen, die es produzieren, darstellt. Sowohl Morphin als auch Kodein finden legitime medizinische Anwendungen. Es ist die Produktion von Morphium und Kodein, die die Aufrechterhaltung der Opiumerzeugung rechtfertigt, und es ist diese Erzeugung, die wiederum zu dem weltweiten Heroinangebot beiträgt. Die Entwicklung wirksamer Substitute für diese Derivate würde jegliche Notwendigkeit zur Opiumerzeugung beseitigen. Die moderne Medizin hat wirkungsvolle und weitverbreitete Substitute für Kodein entwickelt. Deswegen ordne ich an, daß die Forschungsarbeiten des Bundes in den Vereinigten Staaten mit dem Ziel intensiviert werden, zu dem frühestmöglichen Zeitpunkt synthetische Substitute für alle Opium-Derivate zu entwickeln.» [27]

So war, ist und bleibt die Pharmaindustrie Motor staatlicher «Rauschgiftbekämpfung». Das Großkapital der chemisch-pharmazeutischen Industrie in den imperialistischen Metropolen ist Nutznießer dieser Politik.

* Vgl.: «Methadon», S. 97 ff.

Drogen und Außenpolitik

In allen imperialistischen Metropolen ist staatliche Drogenbekämpfung nichts anderes als der Kampf des Industriekapitals gegen die landwirtschaftlichen Drogen der Dritten Welt und das dazugehörige Handelskapital. Insofern sich diese Kapitalfraktionen oft in Gestalt zweier Nationen gegenüberstehen, nimmt die Rauschgiftbekämpfung sogar Formen internationaler Spannungen an.

USA – Mexiko

Die US-Regierung wendete, wie bereits erwähnt, massiven Druck gegen Mexiko an, um ihre «operation intercept» durchzudrücken. Die politische Taktik wurde auf höchster Ebene konzipiert. Ein Gipfeltreffen zwischen dem mexikanischen Präsidenten Diaz und Nixon brachte allerdings keine Einigung. Und so wurden Tatsachen geschaffen. Es gelang den US-Truppen, die Grenze zu Mexiko dichtzumachen. Das Geschäftsleben in den mexikanischen wie in den US-amerikanischen Grenzstädten brach zusammen. Der Umsatz des Einzelhandels schrumpfte auf beiden Seiten um mehr als die Hälfte. Da Mexiko als Satellit des Imperialismus das «billigere» Land ist, kaufen hier mehr US-Amerikaner ein als umgekehrt Mexikaner in den USA. Die von der mexikanischen Regierung befürchtete Behinderung des Tourismus trat ein. Vor der Aktion dauerte die Abfertigung eines Fahrzeugs an der Grenze durchschnittlich eine Minute; ungefähr jedes zwanzigste Auto wurde einer stichprobenartigen Untersuchung von durchschnittlich drei Minuten unterzogen. Jetzt mußten Touristen sechsstündige Wartezeiten in Kauf nehmen. Die Folgen beschreibt ein Vertreter der Handelskammer von Nagales, einer Grenzstadt in Arizona: «Das Geschäft steht nicht schlecht – es ist tot und weg.» (*Business isn't bad – it's dead and gone.*) Unentwegt protestierte die mexikanische Regierung gegen den «bürokratischen Irrtum», wie sie die Kontrollorgien nannte. Doch kann man von einem irrationalen Aktionismus weltfremder Beamter nicht sprechen. Die US-Regierung hatte sich vielmehr ein Arsenal von Druckmitteln geschaffen und setzte sie konsequent ein.

USA – Türkei

Die Regierungen der USA behandeln Mexiko nicht selten wie einen US-Bundesstaat. Die geographische Distanz zur Türkei dagegen verlangt andere Formen des politischen Umgangs, um zum Ziel zu kommen. So sah sich die US-Regierung zunächst einmal gezwungen, ein Klima zu schaffen, das die westliche Öffentlichkeit gegen die dubiose Rolle der Türkei im Opiumhandel einnehmen sollte. Diese Aufgabe übernahmen die Massenmedien, die beharrlich die Türkei als Wurzel allen Heroinübels nicht nur in den USA, sondern in allen betroffenen und bedrohten Ländern darstellte.

Auch war der Konflikt zwischen den USA und der Türkei brisanter als der zwischen Mexiko und den USA, weil beide Seiten direkt und offen Interessen vertraten, die unvereinbar schienen.

Opiumanbau wird in der Türkei legal betrieben. Den staatlichen Agenten des türkischen Agrarkapitals hätte die Beschränkung des Anbaus auf die offiziellen Kontingente genügen müssen, sollte man doch davon ausgehen, daß sie nur an legal produziertem Opium interessiert sind. Doch waren die Interessen des Staates und seiner Bürokratie eng mit den Interessen der damals herrschenden «Gerechtigkeitspartei» verknüpft. Die hatte ihre politische Basis bei den Grundbesitzern und den von ihnen abhängigen Kleinbauern und Landarbeitern. Die Existenzgefährdung der im Opiumanbau tätigen Bauern und ihrer Familien konnte daher von der türkischen Regierung nicht ohne weiteres akzeptiert werden. Auch das Angebot, die gesamte Ernte aufzukaufen, mußte die türkische Regierung abschlagen. Damit wäre die Abkehr vom Opiumanbau viel zu schnell gegangen und politisch wie auch wirtschaftlich nicht verkraftbar gewesen.

Andererseits hatten die Klassenauseinandersetzungen in der Türkei ein Niveau erreicht, das immer mehr zu militärischen Lösungen tendierte. Die herrschende Klasse war also auf die militärtechnische Unterstützung durch die USA angewiesen, um in diesen Auseinandersetzungen eine Überlebenschance zu haben. So fiel es den USA nicht schwer, mit der zunächst verdeckten Drohung, die Militärhilfe einzustellen, die türkische Führung gefügig zu machen. Einen Zeitaufschub vermochte sie noch herauszuschinden, dann gab sie das völlige Verbot des Mohnanbaus ab 1972 bekannt. Das geschah unmittelbar, nachdem die amerikanische «Kommission für auswärtige Angelegenheiten» mit der Streichung der Militärausgaben gedroht hatte. Diesmal offen. Als aber die zugesagte Entwicklungshilfe ausblieb und damit das Startkapital für den Anbau alternativer Agrarprodukte, begann man ab 1975 erneut mit dem Anbau von Mohn.

USA – Frankreich

Die USA hatten und haben nicht nur ein politisches Interesse, die überdimensionalen Einfuhren von Opium bzw. Heroin unter Kontrolle zu bringen. Die Illegalität des Handels im Umfang von mehreren Milliarden Dollar hat, abgesehen von den entgangenen Steuereinnahmen, auch ökonomische und währungspolitische Folgen, die eine US-Regierung bei all ihren Entscheidungen in der Drogenfrage berücksichtigen muß. Es ist Aufgabe des kapitalistischen Staates, die Rahmenbedingungen für Handel und Wandel des Monopolkapitals zu schaffen. Dabei unterscheidet der Staat nicht zwischen legalem und illegalem Kapital. Anders ausgedrückt: Wenn der illegale Drogenhandel schon nicht zu unterbinden ist und wenn US-Bürger zu den wichtigsten Nachfragern am illegalen Markt zählen, dann muß der Staat dafür sorgen, daß das eigene Kapital wenigstens die Schaltstellen des Handels besetzt. Diese Einschätzung wird verständlich, wenn man sich die Dimensionen der Wirtschaftskriminalität vor Augen führt. «In den USA, deren Entwicklung von keinem Staat sorgfältiger nachvollzogen wird als dem unseren [gemeint ist die BRD, G. A.], hat das organisierte Gangstertum längst die Automobilindustrie hinter sich gelassen und ist nach der Mineralölwirtschaft die umsatzstärkste Branche. Sein Gesamtumsatz erreichte 1979 mit ca. 150 Milliarden Dollar etwa 27 Prozent des in der verarbeitenden Industrie erzeugten Inlandproduktes.» [28]

Das heißt, die Erträge des organisierten Gangstertums erreichten 1979 etwa die Hälfte der Verteidigungsausgaben. Und für 1981 wurde der Einzelhandelsumsatz der Sparte Rauschgift bereits auf allein 100 Milliarden Dollar geschätzt.

Die Aufgabe des Staates als Interessenvertreter des Kapitals war also auch in den Auseinandersetzungen mit Frankreich klar abgesteckt.

An anderer Stelle habe ich bereits gezeigt, worum es dem US-Drogenkapital ging. Es wollte andere imperialistische Metropolen, das heißt «fremde» kapitalkräftige Handelsstufen ausschalten. Der Weg aus der Türkei über Beirut durch Südeuropa in die USA wurde aber von fremden imperialistischen Metropolen, vor allem von Frankreich, beherrscht. Das zwang das US-amerikanische Importhandelskapital, auf einem Preisniveau einzukaufen, das bereits dem der hochindustrialisierten Nationen und nicht dem der in Unterentwicklung gehaltenen Länder entsprach. Die zentrale Schaltstelle zwischen unterentwickeltem und hochentwickeltem Markt, zwischen Morphin und Heroin, wurde vom französischen und italienischen Importhandelskapital eingenommen, das seine Marktstellung bis in den Großhandelsmarkt der amerikanischen Ostküste hinein ausnützte. Das Interesse der US-amerikanischen Regierung gegenüber ihrer türkischen Kolonie bestand also objektiv nicht etwa darin, den Opiumhandel vom Anbau bis zum Konsum zu zerschlagen, sondern darin, die Konkurrenz auszuschalten.

Die Auseinandersetzungen zwischen Frankreich und den USA sind lediglich Ausdruck der Verschärfung innerer Widersprüche in den imperialistischen Metropolen selbst. Während sich heute dieser Widerspruch auf die gesamte EG ausgedehnt hat, konzentrierte er sich Ende der sechziger, Anfang der siebziger Jahre vor allem auf Frankreich. Der Zusammenhang zwischen der US-amerikanischen Marseille-Kampagne und der Absicht, die französische Position in den handels- und währungspolitischen Auseinandersetzungen zu schwächen, wurde damals sowohl in der nordamerikanischen wie der französischen Presse offen angesprochen. Über die US-Presse wurden sogar Enthüllungen in die Öffentlichkeit gepumpt, der französische Geheimdienst SDECE sei in den Heroinhandel verwickelt. Der noch weitgehend von Nazikollaborateuren getragene französische Geheimdienst mag schon im Heroingeschäft gesteckt haben, merkwürdig ist nur, daß ihm das ausgerechnet die Chefdealer der CIA vorhalten. Doch auf dem Höhepunkt dieses Fahndungsspektakels, als die «French Connection» in aller Munde war, hatte sich, wie UN-Analysen belegen, die Bezugsquelle für Rohopium von der türkisch-iranischen Großregion längst in die südostasiatische verlagert. Die nachlassende Bedeutung der «French Connection» wurde besonders in der US-amerikanischen Öffentlichkeit als Fahndungserfolg gefeiert – und war doch nichts als Propaganda ohne Auswirkungen auf die Verbraucherszene. Weltweit stieg die Zahl der Drogenabhängigen.

Wie wenig von einer erfolgreichen und systematischen Bekämpfung des Drogenhandels gesprochen werden kann, belegen zahllose UN-Papiere.

Alljährlich wird in den Veröffentlichungen der UNO mit den immer gleichen Formulierungen von «entschlossenem Vorgehen» einiger Regierungen in den Anbauländern gesprochen. Doch dem obligatorischen Beifall, den die UN-Berichterstatter den betroffenen Regierungen vorweg immer geben müssen, folgen im Ton diplomatischer Höflichkeit resignierende Hinweise darauf, daß immer noch nicht genug getan werde, daß der illegale Handel nach wie vor floriere. Über die *drug situation* in Afghanistan ist man in einem Jahr «besorgt», im nächsten «beunruhigt»; und trotz der «begrüßenswerten Anstrengungen» der Regierungen fließe von Jahr zu Jahr der Großteil des in Peru und Bolivien produzierten Koka «leider immer noch in illegale Kanäle». Ähnliches wird aus Burma, Thailand, Laos, Libanon, der Türkei, Pakistan, Nepal und dem Iran berichtet. Jahr für Jahr, Land für Land – alles bleibt unverändert. Dort, in den Satellitenstaaten des Imperialismus, wo die ökonomischen Bedingungen für den weltweiten Opium- und Heroinhandel ständig aufs neue geschaffen und politisch erhalten werden, liegen die Ursachen für die ganze Sinnlosigkeit und die Heuchelei polizeilicher Großrazzien in Frankfurt, Marseille, New York oder Zürich. Solange sich dort nichts ändert, wird sich auch hier nichts ändern. Nur das Erscheinungsbild massenhaften Drogenkonsums ändert sich von Zeit zu Zeit. Welches Bild gerade geboten wird, hängt ab von den Kapitaloffensiven und den Kräften, die sie in Gang setzen – vom imperialistischen Handelskapital oder dem Monopolkapital der Pharmaindustrie.

5

DROGE ALKOHOL: DIE AKTUELLE SITUATION

Spätestens mit dem Beginn der Industrialisierung wurde die Geschichte des Alkohols zur Geschichte eines Fortschritts zu immer größerem Alkoholismus in allen Bevölkerungsschichten und allen Altersgruppen, von Kleinkindern einmal abgesehen, bei steigendem Anteil von Frauen.

Zwar sprechen Fachleute in «gebührendem Ernst» über die Alkoholsucht, die Konsumenten dagegen nehmen sich meist augenzwinkernd des Themas an. Es hat lange gedauert, bis wenigstens Teile der Öffentlichkeit bereit waren zu akzeptieren, daß Alkohol eine Droge ist wie alle anderen auch, die augenblicklich unter dem Stichwort «Drogenproblem» in der Diskussion sind.

Tatsächlich ist der Alkoholismus weltweit das Drogenproblem Nummer eins, soweit sich Drogenabhängigkeit überhaupt statistisch erfassen läßt.

Jährlich sterben in der Bundesrepublik 17000 Menschen an den Folgen von Alkoholkonsum, eine Zahl, in der alkoholbedingte Verkehrsunfälle mit tödlichem Ausgang nicht enthalten sind. Bei knapp einem Viertel aller tödlichen Verkehrsunfälle ist Alkohol im Spiel. Die sozialen Folgekosten des Alkoholismus werden auf 15 Milliarden D-Mark jährlich geschätzt. Insgesamt sind eine Million Männer, 400000 Frauen und über 100000 Jugendliche unter 25 Jahren alkoholabhängig. Diese Statistik läßt in allen Rubriken jede Fixerstatistik lächerlich erscheinen.

Die Zahl der Alkoholiker wächst. Die «Bundesarbeitsgemeinschaft für Suchtkrankenhilfe» befürchtet, daß mit steigender Arbeitslosigkeit sich der Elendsalkoholismus auch in der Bundesrepublik ausbreiten werde. Dessen Verlaufsform ist besonders gefährlich, weil soziale Entwurzelung und giftige Billiggetränke die Verelendung beschleunigen und alkoholbedingte Gewaltdelikte begünstigen.

Die Interessenlage aber ist schnapsklar: So sehr auch diese Gesellschaft die Folgen des Alkoholismus beklagen mag, mächtiger ist die Alkoholindustrie im Schutze staatlicher Steuererwartungen. So kann das Jahr 1980 mit 12,7 Liter Alkohol pro Kopf der Bevölkerung einen nationalen BRD-Rekord verzeichnen. Nichts behindert die Ausbreitung des Alkoholmarktes. Auch Prohibition – das Verbot der Herstellung von Alkoholika – bewirkt kein Austrocknen des Marktes, wie die geschichtlichen Erfahrungen vor allem in den USA zeigen. Produktionsverbote und Vertriebsbehinderungen verlagern lediglich Produktion und Vertrieb in die Illegalität und verändern die Trinkgewohnheiten meist zu Lasten «harmloser», bekömmlicher Alkoholika und zugunsten von *heavy drinks*. Auch die private Schwarzbrennerei und Panscherei wird durch derartige staatliche Maßnahmen gefördert. Die skandinavischen Trinksitten sind berüchtigt, was zu einem guten Teil allerdings auf Vorurteilen beruht. Im Pro-Kopf-Verbrauch von reinem Alkohol liegen die Schweden mit 7 Litern weit hinter Frankreich mit 16 Litern und der Bundesrepublik mit 12,7 Litern. Soziologen führen die Heftigkeit der schwedischen Trunkenheit auf die traditionelle Bevormundung des Konsumverhaltens durch den Staat und fanatische Abstinenzler-Organisationen zurück. Insofern sagen solche Pro-Kopf-Statistiken wenig über den Grad der Trunkenheit des einzelnen aus. Die Schweden, die trinken, tun das gründlich, wobei sie billige und minderwertige Getränke bevorzugen. Dafür sorgt der Staat mit den über Alkoholika verhängten Steuern, mit denen er 7 Prozent seines Haushaltes bestreitet. In seinem Aufsatz «Mäßigkeitsbewegung und Prohibition in den USA»[1] widerspricht Harry G. Levine der allgemeinen Auffassung, das Ende der Prohibition sei von einer Art Massenbewegung empörter Alkoholtrinker erzwungen worden. Hinter der «Association Against the Prohibition Amendment» (AAPA), die sich unter Führung von General Motors und Dupont Chemicals für eine Aufhebung der Prohibition einsetzte, standen u. a.: ATT, Southern Pacific Railroad, Goodrich Rubber, Anaconda Copper, United States Steel, General Electric und Boeing. Die Initiatoren dieser Alkohol-Lobby hofften bei der Wiederzulassung der Alkoholproduktion auf eine Einkommenssteuersenkung. Die Einführung der Bundeseinkommensteuer war Voraussetzung, den zu erwartenden Steuerverlust, zwangsläufige Folge der Prohibition, auszugleichen. In den Staatshaushalten fast aller kapitalistischen Länder sind Alkohol- (und Tabak-) Steuern ein gewichtiger Haushaltsposten, dessen Streichung erhebliche Haushaltsprobleme schaffen würde.

Wie alle Drogenhändler pushen auch die Alkoholhersteller ihre Produkte mit allen Mitteln, gegebenenfalls mit Hilfe von Preisnachlässen in der Einführungsphase. Unter allen kaufmännischen Berufen hat wohl der des Heroindealers den schlechtesten Ruf. Nur ein Dealer, der Jugendliche anfixt und die ersten Schüsse in Erwartung einer späteren Sucht billiger abgibt, ist verhaßter. Dagegen kann ein Wirt oder Diskothekenbesitzer, der auf späteren Alkoholismus spekuliert, den Preis von Bier *unter* den von Limonade ansetzen und kommt doch ungeschoren davon.

Gegen das vom Kanton Bern (Schweiz) verabschiedete Gastgewerbegesetz sind die Brauereien auf die Barrikaden gegangen. Die kantonale Bestimmung sieht vor, daß das preisgünstigste alkoholfreie Getränk nicht teurer sein darf als das billigste alkoholhaltige Getränk. Das sei, so die Brauerei-Lobby, ein Verstoß gegen die Handels- und Gewerbefreiheit. Mit dieser Auffassung sind sie vor dem Bundesgericht gescheitert. Die Richter bejahten ein öffentliches Interesse an einer staatlichen Beschränkung des Alkoholhandels und hoben vor allem den sozialmedizinischen Zweck der Berner Gaststättenbestimmung hervor.[2]

Wer heute auf der Straße Heroin kauft oder Kokain, weiß, daß er betrogen wird, und unterstellt, daß die Ware gestreckt ist. Nicht anders verfährt ein Großteil der Weindealer, nur mit dem Unterschied, daß der Kunde, der seinen Wein im Laden kauft, das nicht weiß oder nicht wahrhaben will. Wie schon zu Friedrich Engels' Zeiten werden auch heute billige ausländische Weine unter traditionsreichen Qualitätsnamen vermarktet. Milliarden Liter ausländischer Weine wurden auf diese Weise in den zurückliegenden Jahren «germanisiert». Sie wurden in Tanklastzügen als italienischer Tafelwein in die Bundesrepublik verfrachtet und als deutscher «*Müller-Thurgau*» oder «*Liebfrauenmilch*» an die Kunden gebracht. Während das Mischen bzw. Verschneiden qualitätsarmer Weine zu Qualitätsweinen einen einfachen Beschiß darstellt, der außer Übelkeit, Magenübersäuerung und Kopfschmerzen keine gesundheitlichen Folgen hinterläßt, grenzt die Panscherei oft an schwere Körperverletzung. In einem italienischen Weinfälscherskandal ging es vor Jahren bereits um ein als Wein vermarktetes alkoholisches Kaltgetränk, das buchstäblich nie eine Traube gesehen hatte. Wasser – teilweise schmutziges neapolitanisches Flußwasser –, gegorener Früchteschlamm und Weinaromen wurden als Rohprodukte für einen «Wein» verwandt, der unter anderem als «*Frascati*» verkauft wurde. Aufgeflogen war der Skandal um den «Mafia-Wein», weil die Lieferanten trotz einer schweren Mißernte ihre Verträge in vollem Umfang «erfüllen» konnten.

Auch in der Bundesrepublik werden seit Jahren Weine nicht nur verschnitten, sondern auch chemisch «veredelt». Zwischen 1977 und 1979 wurden beispielsweise in Rheinland-Pfalz 5,7 Millionen Liter Flüssigzucker in den Wein gegossen. Damit lassen sich mindestens 2 Millionen Hektoliter Landwein zu Qualitätswein veredeln. Ein Viertel der westdeutschen Jahresproduktion ist mit dieser Menge abgedeckt, und dabei handelte es sich doch nur um die Spitze eines Eisbergs, wie der ermittelnde Staatsanwalt erklärte.

Die bisher aufgedeckten Weinfälscherskandale scheinen die Weinhersteller nicht abzuschrecken. Sie haben in der Tat wenig Grund, sich zu fürchten. Denn Schritt für Schritt wurden in der «Europäischen Gemeinschaft» die Qualitätsbestimmungen für Weine verwässert und an die Bedürfnisse der Weindealer angepaßt. Weil das Weinfälschen politisch abgedeckt ist, kann die Öffentlichkeit nur resignierend zur Kenntnis nehmen, daß «Deutschlands Winzer... die einheimischen Rübenbauern vor einem Zuckerberg bewahrt» haben. «Während Schokoladenhersteller und Zuckerbäcker im vergangenen Herbst ein Viertel weniger Süßstoff als im Herbst 1981 benötigten, verbrauchten die Weinbauern in diesem Jahr mehr als doppelt soviel wie 1981. Um die wäßrigen Moste der 82er Rekordernte (mit 15,4 Millionen Hektoliter doppelt so groß wie im Durchschnittsherbst 1981) als Land- und Qualitätsweine genießbar zu machen, kauften sie alleine von September bis November 80000 Tonnen Zucker. 122 Prozent mehr als im Jahr davor.»[3]

Was auf dem Weinmarkt schon lange erlaubt ist, soll nun mit Hilfe von EG-Richtlinien auch auf dem Biermarkt möglich gemacht werden. Die Chemie ist auch auf dem Alkoholsektor im Vormarsch. Würden westeuropäische – vor allem französische – Maßstäbe auf die BRD angewandt, dann dürften zukünftig westdeutschen Bieren folgende Zugaben beigemischt werden: «Konservierungsmittel: Schwefeldioxid, Schwefelsäure, Bisulfit, Benzoesäure und deren Salze, p-Hydroxybenzoesäureheptylester u. a. Schaumstabilisatoren: Alginate, Eisensalze, Gummiarabikum, Carragen und Furcellaran (Extrakte aus Rotalgen), Cellulosederivate, Tragan. Trübungsstabilisatoren: Formaldehyd, Tannin. Enzyme: Bromelin, Papain, Pepsin, Trypsin. Sauerstoffbremse: Antioxidanzien: Milchsäure, Natronlauge, Glucoseoxidase. Wasserzusätze: Zur Enthärtung des Brauwassers: Essigsäure, Salzsäure, Milchsäure, Phosphorsäure, schweflige Säure, Ethylendiamintetraessigsäure (EDTA). Maischesäure: Zitronensäure, Milchsäure, Essigsäure, Phosphorsäure, Salzsäure, Schwefelsäure.»[4]

Das ist nur eine Auswahl der Möglichkeiten. Um die Bierhefe anzureichern, dürfen Nährlösungen zugesetzt werden und Vitamine. Mit

Gibberellinsäure, die der Braugerste zugesetzt wird, soll die Enzym-
bildung beschleunigt und die Keimzeit von sieben auf vier bis fünf
Tage verkürzt werden. Und selbstverständlich werden auch Süßstoffe
zugesetzt. Die Idylle von fachkundigen Brauereien und gepflegten
Weingütern existiert oft nur noch auf Flaschenetiketten.

Aggressive Großkonzerne drängen auf den Wein- und Biermarkt.
Die USA gelten als einer der Zukunftsmärkte für die Massenproduk-
tion von Weinen. Der Kampf um die Marktanteile wird erbittert von
großen Industriekonzernen geführt. Qualitätsweine – den Reichen
vorbehalten – sind von diesen Konkurrenzkämpfen kaum betroffen.
Am spektakulärsten ist das Engagement des branchenfremden Geträn-
kegiganten Coca-Cola, der voll in den Weinmarkt eingestiegen ist.

Die Marktchancen der Alkoholindustrie scheinen grenzenlos. In den
letzten 20 Jahren hat sich der Weltkonsum alkoholischer Getränke
verdoppelt, wobei die Steigerungsrate für Asien, Afrika und Lateinamerika bei 400 Prozent liegt.

In einem bisher nicht veröffentlichten Bericht der Weltgesundheitsorganisation (WHO) wird der jährliche Alkoholumsatz auf 170 Milliarden Dollar geschätzt. 27 multinationale Konzerne dominieren den
Markt, davon haben neun Unternehmen ihren Sitz in Großbritannien,
fünf in den USA, vier in Kanada, je zwei in Frankreich, Japan, Süd-
afrika und der Bundesrepublik und eines in Holland.

Der Werbeaufwand beträgt 2 Milliarden Dollar. Mit ihm soll nicht
nur der Konsum alkoholhaltiger Getränke gefördert, es sollen gleichzeitig auch nationale Trinksitten in der Dritten Welt verdrängt werden.
Dabei wiederholen sich ökonomische Entwicklungen, die bereits im
frühindustriellen Europa die Grundlage für den späteren massenhaften
Alkoholismus schufen.

Ähnlich wie im Deutschland von damals ist beispielsweise im heutigen Mexiko die industrielle Produktion von Alkoholika bzw. die
Einfuhr industriell hergestellter Alkoholika der allgemeinen Industrialisierung voraus. Man muß nicht erst ethnologische Berichte, die den
Alkoholismus als erstrangiges sozial- und gesundheitspolitisches Problem darstellen, heranziehen, um in Mexiko auf die Trunksucht eines
großen Teiles der Bevölkerung zu stoßen. Wer sich auch nur etwas
außerhalb der eingefahrenen Touristenrouten bewegt, wird unentwegt auf Trinker und Betrunkene, Männer wie Frauen, stoßen, und
das nicht nur im Umkreis von *bailes*, an Fest- und Feiertagen, bei Fami-
lienereignissen und an Markttagen.

Die Trinkgewohnheiten variieren jedoch stark, oft schon von Region zu Region, je nachdem ob Agave (Pulque, Tequila und Mescal) oder Zuckerrohr (Aguardiente) angebaut wird.

Pulque, ein berauschendes Getränk «indianischen» Ursprungs, wird auch heute noch von vielen Menschen in weiten Teilen des Landes getrunken. Das Gebräu wird aus den fermentierten Säften der Mague-Agave hergestellt und soll bereits – so die Überlieferung – von den Azteken genossen worden sein. «Pulque wurde als göttliches Geschenk der Göttin Mayahuel angesehen. Pulque zu trinken galt als Ehrung der Götter. Da Pulque als heilig und gesegnet galt, durfte es auch nicht mißbraucht werden. Man erwartete, daß sich die Menschen an bestimmten heiligen Tagen berauschten, sonst aber war der öffentliche Rausch verboten und wurde bestraft. Die Strafe reichte von einer öffentlichen moralischen Verurteilung bis zum Tod durch Steinigen oder Erschlagen.»[5]

Religiöse Gebote mit all ihren Strafandrohungen sind heute so ohnmächtig, daß sie von vielen Mexikanern, auch vielen der unmittelbaren Nachfolger der Eingeborenen (indígena-)Völker, ständig übertreten werden, und zwar in einem Ausmaß, das sie zu Alkoholikern werden läßt.

Mit der Eroberung des Landes durch die Spanier, aufgrund materieller Ausbeutung und religiöser Unterdrückung veränderten religiöse Gebote ihren Sinn, verloren soziale Kontrollen ihre Wirkung. Die Ursache des Alkoholproblems Mexikos und besonders seiner Indio-Völker reicht zurück in die Zeiten der Kolonisation. Fast alle Forscher weisen darauf hin: «Die Zivilisation nahm in vielerlei Hinsicht spanische Züge an, wenn auch ein wesentlich indianischer Charakter beibehalten wurde, und zwar teilweise wegen der Überzeugungen der Indianer, teilweise aber auch, weil die indianische Gemeinschaft auf einen so niedrigen sozialen Status gedrückt wurde, daß sich keine Chance bot, diesen Zustand zu ändern. Eine der ersten Reaktionen war das Trinken. Wenn wir unseren Forschungsergebnissen glauben dürfen, dann waren in der ganzen Geschichte nur wenige Völker mehr anfällig für die Trunksucht als die Indianer der spanischen Kolonie.»[6]

Der Verlust der Gemeinschaft, die Bedrohung der «indianischen» Identität und nicht selten deren Zerstörung machten Pulque zur Alltagsdroge und nicht selten zum Arbeitsstimulans: «... eine bestimmte Menge Pulque macht sie fähig, sich der harten Feldarbeit zu stellen.»[7]

Kein Wunder also, daß die Erntezeit zu einer Periode ausschweifenden Pulquekonsums wird, daß Ausbeuter «die Trunkenheit der Indianer in Chichicastenango ausnutzten, um Kontrolle über sie zu gewinnen und ihre Arbeitskraft auf den Plantagen ausbeuten zu können.» [8]

Ganz ähnlich wie Bier im europäischen Mittelalter erhält Pulque die Arbeitskraft, weil der Alkoholgehalt des Getränks so niedrig und der Kaloriengehalt so hoch ist, daß das Getränk gleichzeitig auch als Nahrungsmittel dient. Eine Einheit im Gegenwert von einem Peso enthält 385 Kalorien und das für einen Menschen täglich nötige Vitamin C. Diese Berechnung hat der Ethnologe B. R. Dewalt 1973 für das von ihm erforschte *ejido** Puerto de las Pietras im Hochland von Mexiko nahe der Hauptstadt Mexiko D. F. angestellt. Dort benötigte eine Bauernfamilie wöchentlich durchschnittlich 53,75 Pesos für Nahrungsmittel, was damals einem Wert von 4,30 Dollar entsprach. Wenn eine Familie täglich zwei Liter Pulque konsumiert, dann macht das wöchentlich 16,80 Pesos; immerhin fast ein Viertel der Gesamtausgaben für Nahrungsmittel. Wirklich zum Problem wurde in Mexiko, ähnlich wie in Europa, der Alkoholkonsum, als Rauschgetränke ganz anderer Art auf den Markt kamen.

Die Produktion alkoholhaltiger Getränke ist mit all ihren Zulieferindustrien ein wichtiger Faktor der mexikanischen Wirtschaft. Besonders die Bierindustrie ist in den letzten Jahren rapide gewachsen.

In seiner Arbeit «Individuelle und gesellschaftliche Aspekte im Umgang mit Alkohol in Mexiko» stellt E. Zoppelli die Produktionsstatistiken von 1941 und 1968 gegenüber, wobei deutlich wird, daß die Bierproduktion nicht nur alle Mitkonkurrenten überholt hat, sondern daß die Produktion auch insgesamt enorm gestiegen ist.

1941	Tequila, Mezcal:	7 781 933 Liter
	Pulque:	208 910 118 Liter
	Cerveza:	182 334 148 Liter
(Bei 19,7 Millionen Einwohnern 1940)		

1968	Tequila, Mezcal:	44 668 000 Liter
	Pulque:	48 452 000 Liter
	Cerveza:	1 238 000 000 Liter
(Bei 45,8 Millionen Einwohnern 1968)		

---

* *ejido* – im Zuge der Agrarreform geschaffenes Kommunalland, das den Bauern zur Nutzung freisteht. Es bleibt aber im Besitz des Staates und darf nicht verpachtet oder veräußert werden.

Ihr Expansionsstreben hat die alkoholherstellende Industrie an die Spitze aller Investoren in Werbung und Publicity gebracht. An zweiter Stelle steht schon die Mineralwasserindustrie. Bei ihren Produktoffensiven schreckt die Getränkeindustrie auch nicht vor illegalen Machenschaften zurück. Viele Produkte sind mit billigen Zusätzen gestreckt und gepanscht, was E. Zoppelli in eine Beziehung «zu den vielen Magenleiden und zu dem hohen Anteil der Bevölkerung, der unter Mangel und Unterernährung leidet», stellt. Wenn man dann noch «die niedrigen Verdienste der Bauern und Arbeiter und die hohe Zahl der Unterbeschäftigten und Arbeitslosen berücksichtigt, kann man die Probleme erahnen, die sich aus einem solchermaßen sozial konfigurierten Umgang mit Alkohol ergeben».[9]

Neben Bier, dessen Qualität mit europäischen Spitzenmarken konkurrieren kann, waren es in Mexiko vor allem Brandy, Tequila und Aguardiente (Zuckerrohrschnaps), die das «Band mit der Natur» zerschnitten, wie es Schivelbusch in anderem Zusammenhang ausdrückt. «Der Branntwein macht der traditionellen Trinkkultur den Garaus. Diese basiert auf Wein und Bier, die man als organische Alkoholika bezeichnen kann, indem ihr Alkoholgehalt identisch ist mit dem Zuckergehalt der Pflanzen, aus denen sie bereitet werden. Der Branntwein zerschneidet dieses Band mit der Natur. Er steigert den Alkoholgehalt durch die Destillation weit über die natürliche Grenze hinaus.»[10]
In welche Kultur man auch schaut, hier ist die immer wieder anzutreffende Bruchstelle zwischen Alkoholgenuß und Alkoholismus.

6
DIE DROGEN-SITUATION IN DER DRITTEN WELT

Presseberichte und Fernsehreportagen lassen den Eindruck entstehen, Drogenprobleme existierten nur in den Metropolen der kapitalistischen Welt und dort wiederum nur, weil sich die Regierungen der Länder der Dritten Welt weigern, den Mohn-, Koka- und Hanfanbau einzustellen oder wenigstens doch die Ausfuhr zu unterbinden.

Vom Drogenelend in den Anbauländern selbst ist in den Medien wenig zu lesen, zu sehen oder zu hören. Da herrscht Einigkeit in der Einseitigkeit.

Diese Medienpolitik verfehlt nicht ihre beabsichtigte oder unbeabsichtigte Nebenwirkung. So nämlich lassen sich auch Ressentiments gegen Arbeitsimmigranten und politische Flüchtlinge aus den betreffenden Ländern schüren. In der Bundesrepublik richten sich solche Vorurteile vorwiegend gegen türkische Arbeiter, in Frankreich gegen Angehörige nordafrikanischer Staaten und in den USA gegen mexikanische Einwanderer und Saisonarbeiter. Sie alle werden oft schlichtweg als potentielle oder überführte Drogenhändler denunziert.

Einigermaßen die Wirklichkeit treffende Berichte aus der Dritten Welt und über sie zu erhalten, ist kaum möglich, weil die kapitalistischen Nachrichtenagenturen nur die Sicht der Interessen des Kapitals zulassen. Wenn man nicht die Chance hat, sich selbst vor Ort zu informieren – wie ich beispielsweise in Mexiko –, ist man auf UN-Quellen und ethnologische Studien angewiesen.

Auf den ersten Blick erscheinen besonders UN-Quellen wenig ergiebig und unter dem Gesichtspunkt ihrer Medienwirksamkeit geradezu langweilig. Mit den oft dramatisch aufgemachten sogenannten Hintergrundgeschichten westlicher Agenturen können UN-Berichte nicht konkurrieren.

Um UN-Quellen würdigen zu können, muß man wissen, daß keine UN-Veröffentlichung über ein Mitgliedsland ohne die Zustimmung der dortigen Regierung erfolgen darf. Es liegt also in der Natur der Sache, daß man über politisch-ökonomische Zusammenhänge wenig erfährt und über die Verquickung der herrschenden Oligarchie mit dem internationalen Drogenkapital nichts.

Aber auch ethnologische und kulturhistorische Studien sind mit Vorsicht zu behandeln: In welchem Zusammenhang wurden sie erstellt, wer ist der Auftraggeber und in welcher Absicht werden sie veröffentlicht?

Daß bei uns umstrittene und verbotene Drogen in anderen Kulturen zum Alltag gehören, ist zunächst einmal nichts als eine interessante Information und ein Beleg für die Vielfalt von Sitten und Gebräuchen. Wer damit nahelegen will, was dort erlaubt sei, müsse auch hier möglich sein, betreibt eine Art von umgekehrtem Kulturimperialismus. Die Bedeutung einer Sitte oder eines Brauchtums läßt sich nur aus dem kulturellen Umfeld verstehen. Man kann durchaus der Meinung sein, Hanfdrogen, die in Südostasien und Nordafrika beispielsweise Bestandteil uralter Riten sind, seien auch im europäischen Kulturkreis harmlose Rauschmittel. Der Beweis aber läßt sich nur unter Bezug auf die hiesigen Bedingungen führen und nicht mit dem Hinweis, in Indien oder Nordafrika werde auch gekifft.

Von solchen falschen Analogien ging auch jene erste Generation europäischer und US-amerikanischer Aussteiger und Abfahrer aus, die das Glück einer gesicherten Versorgung in den traditionellen Anbauländern Südostasiens suchten. In dem Mediengejammere um die verlorenen Kinder europäischer und nordamerikanischer Mittelschichtfamilien wurde kaum beachtet, welche sozialen und kulturellen Verheerungen diese «Flüchtlingskinder» in ihren Zielländern anrichteten.

Sie suchten die Idylle einer unberührten Natur und die Sicherheit gewachsener sozialer Strukturen, träumten von archaischen Riten und dunklen Mythen, aber sie fanden das Elend der Unterentwicklung.

Gleichgültig, ob sie nun versuchten, sich den Lebensgewohnheiten, die sie vorfanden, anzupassen, oder ob sie an ihren alten, in der neuen Umgebung fremden Gewohnheiten festhielten – sie waren und sind, wie alle Touristen, Kolonisatoren und tragen zur Zerstörung der ihnen fremden Kulturen bei.

Doch hinterlassen sie nur leichte Fußabdrücke, verglichen mit den sozialen, politischen und kulturellen Umwälzungen, die der Imperialismus in seiner militärisch aggressiven oder seiner ökonomisch offensiven Variante auch auf dem Drogensektor bewirkt.

Für eine Laienöffentlichkeit bestimmt, schildert der *UNESCO-Kurier*[1] in «Berichten aus neun Ländern» die Lage an der Drogenfront. Ebensogut ließen sich Beispiele aus einer Vielzahl vergleichbarer in Unterentwicklung gehaltener Länder anführen. «Von allen Verfassern wird unterstrichen, daß man die Drogenfrage nur in einem kulturellen und gesellschaftlichen Zusammenhang verstehen kann. Für die heutige Lage ist besonders das klare Bewußtsein der Umweltveränderung kennzeichnend. Die Bevölkerung kann mit eigenen Augen diese Veränderungen verfolgen. Alles Herkömmliche verschwindet, die bisherigen Lebensregeln lassen sich auf das Neue nicht mehr anwenden. Dieser Wandel wirkt sich unmittelbar auf den Gebrauch von Drogen aus.»[2]

«Das klare Bewußtsein der Umweltveränderung», aus der UN-Sprache ins Deutsche übertragen, soll heißen: Die Bevölkerung der betroffenen Länder erlebt die Durchdringung aller Lebensverhältnisse durch das Kapital als einen drastischen Eingriff in traditionelle Lebensweisen. Auf den Drogenkonsum angewandt heißt das: Nicht länger ist der Konsum von Drogen Bestandteil gewachsener Regeln und sozialer Kontrollen. Das heißt aber auch: Neue, kulturfremde Drogen werden mit den Produktoffensiven des imperialistischen Kapitals ins Land geschwemmt. Was der Kolonialismus begann, steigert der Imperialismus zum Exzeß.

Um die Bedeutung dieser Eingriffe zu verstehen, ist es ratsam, statt von Drogen allgemeiner von *Genußmitteln* zu sprechen. Die Zielplanung: Ein Genußmittel soll bereitgestellt werden, das seine Nachfrage nicht über marktschreierische Anpreisung oder ausgeklügelte Werbung, sondern aus sich selbst heraus schafft.

«Schuhe und Zahnprothesen. Dafür arbeiten die Kinder der Campesinos. Sie kaufen Schuhe und lassen sich Zahnprothesen anpassen von dem, was ihnen vom Lohn bleibt. Schuhe sind hier mehr als ein schutzbietendes Kleidungsstück. Sie sind ein sichtbares Konsumsymbol. Sie zu besitzen, nicht länger zu den Barfüßigen zu gehören, gilt als erster Schritt aus der Armut, ist Beleg für die Konsumfähigkeit, die oft eine Voraussetzung für die Heiratsfähigkeit ist. Deshalb so viele Schuhläden in engster Nachbarschaft überall in Mexiko. Zahnprothesen: Auch als medizinischer Laie erkennt man schnell, warum der Beruf des Zahnarztes zu den begehrtesten Medizinberufen des Landes gehört. Man muß nur, besonders in ländlichen Regionen und in den Slumquartieren der Städte, den Menschen in den Mund schauen. Da tun sich große schwarze Lücken auf, und ich frage mich immer wieder, was Erwin Egon Kisch in seinen *Entdeckungen in Mexiko* (1942) dazu gebracht haben kann, so von den Gebissen der Mexikaner zu schwärmen. («. . . selbst die ältesten Mexikaner fletschen ein lückenlos weißes Gebiß mitsamt rosarotem Zahnfleisch, wie es bei Brotfressern nur dann erstrahlt, wenn es vom Dentisten stammt.») Kisch, Emigrant in Me-

xiko, hat eine einfache Erklärung für den gesunden Zahnbestand der Mexikaner: die Ernährung. Mit jeder Mahlzeit nimmt der Mexikaner Kalk zu sich. Er ist dem gemahlenen Maisteig der Tortillas, Bestandteil jeder Mahlzeit, beigemischt. An der Zubereitung der Tortilla masa hat sich nichts geändert. Geändert hat sich der Anteil dieses traditionellen Grundnahrungsmittels an der Gesamternährung. Brot, hergestellt auf Weizenbasis, ist dabei, die Tortillas, hergestellt auf Mais- und Kalkbasis, zu verdrängen. Vorläufig gilt das nur für die mexikanische Mittel- und Oberschicht. Gleichzeitig, und das gilt für die gesamte Bevölkerung, haben sich die mexikanischen Trinkgewohnheiten radikal geändert. Die Getränkeindustrie – allen voran Coca-Cola, *el aqua negra del imperialismo*, wie es N. nennt – ist mit ihren Produkten bis in das entfernteste Sierradorf vorgedrungen.»
(*Mexiko-Tagebuch 1981*)

Von allen in Unterentwicklung gehaltenen Ländern ist Mexiko der größte Konsument zuckerhaltiger Limonaden (*refrescos*). Und überall in der Dritten Welt ist mit dem Vordringen der Getränkeindustrie der Zuckerbedarf dramatisch gestiegen. Viele Länder sind gezwungen, zusätzlich Zucker zu importieren bzw. im Falle eigenen Zuckeranbaus die Exportraten zu senken. Weltweit ist eine Zuckersucht ausgebrochen.

Coca-Cola, dem wichtigsten Produkt des gleichnamigen Getränkemultis, ist heute der Kokaanteil entzogen. Zucker tut's auch. Doch die Zeit der Drogenabstinenz ist vorbei. Coca-Cola Co. steigt wieder ins Suchtgeschäft ein. Vorläufig nur in den USA.

«Aggressive Großkonzerne» sichern sich mit «hemdsärmliger Werbung» ihren Anteil am steigenden Weinkonsum der US-amerikanischen Bevölkerung. «Mit neuen Verpackungen wie kompakten Aluminiumdosen, Tetrapackungen, Wegwerfplastikflaschen und 18-Liter-Kartoncontainern, wird versucht, den Weinabsatz auf eine breitere Basis zu stellen.

... Coca-Colas Ziel ist es, die Coca-Cola trinkende Nation in eine (auch) weintrinkende Nation umzuwandeln, unter anderem durch den Verkauf von Wein in Fast-Food-Ketten, die bis jetzt nur alkoholfreie Getränke ausschenken dürfen.» [4]

Bereits der britische Kolonialismus hat mit ähnlich aggressivem Marketing die Produkte seiner Brauerei- und Spirituosenindustrie nicht nur auf den einheimischen, sondern auch auf den indischen Markt gedrückt. [5]

Alkoholismus zählt heute zu einem der gravierendsten gesundheitspolitischen Probleme der Dritten Welt.

So nimmt beispielsweise der Alkoholgebrauch in Kenia in «erschreckendem Maße» zu, wie W. Acuda[6], Psychiater an der Universität von Nairobi, unter Bezug auf eine empirische Untersuchung berichtet, derzufolge in einem Elendsviertel Nairobis 46 Prozent der Männer und 24 Prozent der Frauen als Alkoholiker zu bezeichnen sind. Eine entsprechende, in Landwirtschaftsgebieten durchgeführte Untersuchung ergab bei den Männern einen Anteil von 37 Prozent und bei Frauen von 34 Prozent Alkoholiker.

Überall im Lande haben sich die Trinkgewohnheiten geändert. Folge des kulturellen Umbruchs: «Die Familienbande bestehen nicht mehr, die erweiterte Familie, die so viel Schutz gewährte, erscheint als unwirtschaftlich. Heiraten außerhalb des Stammes sind häufig geworden, vor allem bei den Gebildeten, und hier stellen sich oft große Schwierigkeiten ein.»

Den Rest besorgt der den Kenianern ungewohnte, kulturfremde Rhythmus der Industriearbeit.

In den ländlichen Gebieten des indischen Fünfstromlandes (Punjab) registriert der Psychiater D. Mohan[7] eine Veränderung der Konsumgewohnheiten. Die Beliebtheit des Haschisch nehme ab, «ebenso jene des Opiums, obwohl diese Rauschgifte immer noch stärker benützt werden, als die amtlichen Zahlen angeben. Dagegen hat der Alkoholgenuß entschieden zugenommen».

Schon vor der Verschärfung der Gesetze, welche die Beschaffung von Cannabis und Opium erschweren sollten, war ein Rückgang dieser in Indien traditionsreichen Drogen zu beobachten, «was sich nur aus gesellschaftlichen Gründen erklären läßt».

Mohan warnt vor einer überzogenen Bekämpfung traditioneller Drogen. Damit kritisiert er, ohne es auszusprechen – denn er veröffentlicht seinen Bericht im Rahmen einer UN-Publikation –, jene imperialistische Drogenpolitik, die im Rahmen ihrer sogenannten Entwicklungshilfe massiv auf nationale Regierungen der Dritten Welt Einfluß zu nehmen versucht. «Die Drogensucht ist sehr eng mit den gesellschaftlich-wirtschaftlichen Formen der ländlichen Gemeinschaften verbunden. Eine strenge Untersagung würde nur der Zerstörung der herkömmlichen Gewohnheiten dienen und das Erscheinen von Ersatzdrogen fördern.»

Bereits im *Indischen Hanfdrogenreport* wurde Cannabis die positive

Eigenschaft zugeschrieben, das Leistungsvermögen von Schwerarbeitern zu steigern. Zum gleichen Ergebnis kommt auch der Psychiater an der Westindischen Universität in Port of Spain, Trinidad und Tobago, M. H. Beaubrun[8] in einem Bericht über «Deutung und Folgeerscheinungen des Haschischgenusses». (Hier dürfte es sich um einen Übersetzungsfehler des *UNESCO-Kurier* handeln. Auf Jamaika wird nicht Haschisch, sondern Marihuana, das dort Ganja genannt wird, konsumiert. G. A.)

Ersetzt man «Ganja» durch Kokablätter, dann werden Schlußfolgerungen des jamaikanischen Forschers und des *Indischen Hanfdrogenreports* mit denen von J. C. Negrete[9] über die Andengebiete Lateinamerikas deckungsgleich. «Vormittags neun Uhr dreißig in einem Hochtal der Anden. Dies ist der Zeitpunkt, an dem die Bauern eine Arbeitspause einschalten und sich am Rande der Felder versammeln. Aus kleinen Säcken, die sie am Gürtel tragen, nehmen sie Kokablätter heraus, befreien sie sorgfältig von Stengeln und legen eines nach dem anderen zwischen Wangen und Zahnfleisch in den Mund. Nach Beendigung der halbstündigen Pause gehen sie wieder an die Arbeit...

Der gleiche Vorgang hat sich schon im Morgengrauen abgespielt. Bis zum Abend wird sich das noch dreimal wiederholen. Dies läßt sich fast ohne Abweichungen in Tausenden ländlichen Gemeinden von einem bis zum anderen Ende des mittleren Andengebiets beobachten, auf den Zuckerpflanzungen in Nordargentinien ebenso wie auf der bolivianischen Hochebene.»

Weiter im Norden, eine andere Droge, die gleiche Wirkung. «Ganja wird in Jamaika seit mehr als hundert Jahren genossen... und obwohl sein Genuß gesetzlich verboten ist, ist er in der Arbeiterklasse, besonders bei den Landarbeitern, weit verbreitet. Ganja verleiht ihnen Energie zur Ausführung schwerer Arbeiten und zugleich Entspannung nach der Arbeit.»[10]

Beiden Drogen – Ganja wie Koka – werden von ihren Benutzern zudem Heilwirkungen und Zauberkräfte zugeschrieben.

Welche Interessen hinter der Aufforderung stehen, in solche Traditionen nur behutsam oder überhaupt nicht einzugreifen, um «herkömmliche Gewohnheiten nicht zu zerstören», läßt sich aus den Berichten des *UNESCO-Kurier* nicht ablesen. Man müßte wissen, für wen die hier zitierten Wissenschaftler in ihren Heimatländern arbeiten.

Angesichts der Unterernährung und der Aussichtslosigkeit, diesen Zustand kurzfristig zu ändern, können hinter solchen Ratschlägen humane Absichten stecken. Andererseits ist nicht zu übersehen, daß eine Industrie- und Landarbeiterklasse, die sich mit dem Zustand der Verelendung abfindet und ihn mit Hilfe von Rauschdrogen kompensiert, den herrschenden Oligarchien nur allzugut ins Konzept paßt.

Bemerkenswert ist die Unterscheidung zwischen den Konsumgewohnheiten der Arbeiterklasse und der Mittelschichtjugend, die der jamaikanische Experte so sehr betont. «Zwischen diesem Verhalten und jenem der Drogenabhängigen der Mittelklasse besteht ein gewaltiger Unterschied. Im Mittelstand wird der Ganjagenuß von den Erwachsenen meist verurteilt, aber ihre Kinder haben zu rauchen begonnen. Für die Heranwachsenden ist dies ein Zeichen der Auflehnung und ein Weg, die nordamerikanischen Moden nachzuahmen. Die Erscheinung nimmt aber immer ernstere Gestalt an. Die Halbwüchsigen rauchen nicht nur aus Neugier, sondern auch, um das sexuelle Vergnügen zu stärken, um Musik zu hören, um psychedelische Erlebnisse zu haben. Es gibt keine bestimmte Regel, die es zu befolgen hieße, kein Vorbild, das es nachzuahmen gälte.»

Ganz anders sieht der Berichterstatter die Drogengewohnheiten der Arbeiterklasse. Hier «lernt ein Arbeiterkind ganz allmählich, sich der Droge zu bedienen, wobei es nicht an Vorbildern mangelt. Vielleicht hat man ihm schon in der Saugflasche Tee aus Haschischkraut verabfolgt. Es kann mit sieben oder acht Jahren schon rauchen, meist aber wird es erst gegen zwölf von einer Gruppe von Kameraden in diese Kunst eingeführt, wobei es sich fast um den Vollzug eines Ritus handelt.»

Wahrlich eine Ethnologen-Idylle. Der gewaltige Unterschied, von dem Professor Beaubrun spricht, läßt sich in Dollar und Penny ausdrücken. Es ist der Unterschied zwischen arm und reich.

Ethnologisch belegen diese Beispiele erneut, wie sehr die Wirkung einer Droge abhängig ist vom sozialen Umfeld, dem Ort und dem Anlaß des Konsums.

Sicherlich entspricht die Beobachtung, daß der Konsum von Ganja Mittelschichtjugendliche zur Aufgabe ihres Studiums veranlaßt oder gar zu Nervenkrisen führt, der Wahrheit. Doch brauchen solche Vorbehalte nicht unbedingt psychiatrischen Motiven, sie können auch handfesten politischen Interessen entsprechen. Eine Mittelschichtjugend, die sich proletarischen Gewohnheiten hingibt, ohne proletarische Arbeit zu leisten, verweigert sich – meist unbewußt – ihrer vom Imperialismus zugedachten historischen Aufgabe. Von der Herausbildung einer konsumkräftigen und konsumwilligen Mittelschicht ist nicht nur die jeweilige nationale Bourgeoisie, sondern auch das imperialistische Kapital abhängig. Die Bourgeoisie, um zwischen sich und den Armen – den Landarbeitern, Kleinbauern, Handwerkern und Industriearbeitern – einen Puffer, das imperialistische Kapital, um seinen Produkten einen Markt zu schaffen.

Alle *UNESCO-Kurier*-Berichte, auf die ich mich hier beziehe, stellen einen Zusammenhang von Drogenkonsum und sozialer Lage bzw. ökonomischer Situation her. Wo Drogen eingebettet sind in stabile und intakte soziale Strukturen, erfüllen sie zwei Funktionen. Sie erleichtern die Arbeit und erhöhen außerhalb der Arbeit das Wohlbefinden. Als wirklich gefährlich werden sie von den Berichterstattern immer dann eingeschätzt, wenn sich als Folge der Kapitalpenetration die kulturellen Überlieferungen aufzulösen und mit ihnen die sozialen Kontrollen zu verschwinden beginnen. «Die Fischer nahmen früher das Rauschgift (Opium, G. A.), um die außerordentlich harten Lebensbedingungen zu ertragen. Heute rauchen die Jugendlichen in den Diskotheken Heroin, vielleicht, um neue Formen der Spannung zu erleben.» [11]

Früher begab man sich in eine Opiumhöhle oder rauchte bei Familienfeiern, heute finden sich Drogen überall. Heroingetränkte Zigaretten zu rauchen, ist nach V. Navratam «eine Art und Weise, die Enttäuschungen zu überwinden, die der Mangel an Lebensaussichten und die wirtschaftliche Lage hervorrufen».

Die gleichen Motive nennt auch V. Poschyachianda [12] in seinem Bericht über die Opiumkultur des nordthailändischen Bergstamms der Hmong: «Als häufigster Beweggrund für den Drogengenuß werden wirtschaftliche Schwierigkeiten genannt.»

Er fügt aber gleich hinzu: «Manche jedoch betonen die heilsame Wirkung und finden, es sei keineswegs schlimm, sich dieses Mittels zu bedienen.»

Denn: «Zugleich ist diese (Droge, G. A.) aber auch ein Werkzeug der Entspannung und Geselligkeit.»

Verschärft tritt das Drogenelend der Dritten Welt zutage, wenn zum Verlust kultureller Überlieferungen von außen gänzlich neue Drogen kommen und eine von Zerstörung bedrohte Kultur mit industriell produziertem Alkohol und den «Ersatzdrogen» der chemischen Industrie überflutet wird.

Auch indirekt beeinflußt das multinationale Kapital den Drogen-konsum der in Unterentwicklung gehaltenen Länder. Verdrängungs-wettbewerb, durch ausländische Produkte ausgelöst, hat ja nur Chan-cen, erfolgreich und profitabel zu sein, wenn sich die einheimischen Produkte als nicht wettbewerbsfähig erweisen.

Einmal angenommen, ein bestimmter Teil der mexikanischen Be-völkerung beanspruchte für sich – die Gründe sollen hier keine Rolle spielen – das Recht, Marihuana anstatt Alkohol zu konsumieren. Die Bodenverhältnisse und das für den Marihuana-Anbau ideale Klima er-laubten es jederzeit, diese Nachfrage zu befriedigen. Die Belieferung des Binnenmarktes mit mexikanischem Marihuana wäre zugleich ein Bollwerk gegen von außen einfließende Drogen, das durch Preissen-kungen und Produktionssteigerungen nach Bedarf gefestigt werden könnte.

Allein, der Preis für mexikanisches Marihuana ist am Binnenmarkt unverhältnismäßig hoch. Schon durch dieses Preisniveau wird der Konsumentenkreis beschränkt. Nicht die Nachfrage des nördlichen Nachbarn allein erklärt dieses hohe Preisniveau, sondern auch eine ri-gide Gesetzgebung, deren Einhaltung der nördliche Nachbar über vielerlei politische und ökonomische Hebel auch durchsetzt. Nir-gendwo sonst dürften die USA so massiv in die Drogengesetzgebung eines Nachbarlandes eingegriffen haben wie im Falle Mexikos. Die Eingriffe reichen bis in die Polizeiausbildung und die polizeilich-mili-tärische Ausrüstung, sie reichen bis zu der Drohung, die Marihuanafel-der des Nachbarn (und die anderer mittel- und südamerikanischer Län-der) mit Herbiziden zu verpesten. Eine gemeingefährliche Drohung. Sie soll Kunden abschrecken. Ganz nebenbei aber beeinflußt allein schon das Gerücht, lateinamerikanische Ernten seien vergiftet, die Ausgangsbedingungen des Wettbewerbs und benachteiligt damit die lateinamerikanischen Ernten gegenüber den US-amerikanischen. Bis-her jedenfalls zeigt sich die US-Regierung nicht nur unfähig, den zu-nehmenden Anbau im eigenen Lande zu bekämpfen, sie hat auch nichts von der Absicht verlauten lassen, US-amerikanische Ernten zu vergif-ten.

Sollte die US-Regierung tatsächlich systematisch so verfahren, wie angekündigt, dann begeht sie einen kriminellen Akt. Der durch-schnittliche Kunde am Endverbrauchermarkt ist kaum fähig zu erken-nen, welches das Ursprungsland der ihm angebotenen Droge ist. Selbst der Verkäufer dürfte das kaum wissen, und wüßte er es, er würde sein Wissen kaum auf den Markt tragen. Mexiko wäre in der Lage, eine vergleichsweise harmlose Droge für den inländischen Markt zu produzieren. Tatsache aber ist: Das hohe Preisniveau verbietet es einem Großteil, vor allem der städtischen Bevölkerung, diese Droge zu konsumieren. In Mexiko gibt es ein ehernes Gesetz, das auch für Marihuana gilt. Das Beste des Landes fließt gen Norden, wo ein gefräßiger Nachbar den Reichtum des Landes verschlingt.

Es wäre müßig darüber zu spekulieren, ob die Jugendlichen in Mexiko und anderen lateinamerikanischen Nationen auf ihre Gewohnheit, Leime und Lösungsmittel zu sniffen, verzichten würden, wenn sie sich Marihuana leisten könnten.

Diese Sucht grassiert unter den Kindern und Jugendlichen der Ärmsten der Armen. Es ist eine der gefährlichsten, gleichzeitig aber auch eine der billigsten Methoden, sich in einen Rauschzustand zu bringen.

In der Colonia Emiliano Zapata, einem Elendsviertel der Stadt Xalapa im Bundesstaat Vera Cruz, habe ich Jugendliche gesehen, die Benzin auf Wattebäusche träufelten, um dann ruckartig die Hand zur Nase zu führen. Sie sniffen die Benzindämpfe gewöhnlichen Vergaserkraftstoffs.

Charakteristisch für die Handelsbeziehungen zwischen den kapitalistischen Industrienationen und der Dritten Welt ist das Mißverhältnis von Legalität und Illegalität im Bereich des Drogenhandels. Während landwirtschaftliche Produkte mit Rauschwirkung in den Industrienationen nur illegal gehandelt werden können,* werden umgekehrt rauschverursachende Produkte der kapitalistischen Welt auf den legalen Bahnen gewöhnlicher Handelsbeziehungen in die Dritte Welt eingeführt. Statistisch werden diese Produkte unter «Nahrungs- und Genußmittel» bzw. chemisch-pharmazeutische Güter erfaßt.

Von legalem Handel kann man – wie bereits gesagt – im Falle der pharmazeutischen Industrie nur mit Einschränkungen sprechen. Oft werden auf dem Marktplatz Dritte-Welt-Produkte erprobt, die in ihren Ursprungsländern weder erprobt noch registriert sind und deren Erprobung und Registrierung auch gar nicht beabsichtigt ist, weil die nationale Gesetzgebung in den Ursprungsländern sie sowieso chan-

---

* Nur Produkte, die in der Pharmaindustrie verwendet werden, können legal ausgeführt werden. Sie unterliegen strengen Kontrollen.

cenlos macht. Das aber ist für die Hersteller kein Grund, diese Produkte, solange sich kein Widerspruch regt, nicht auszuprobieren. Das heißt praktisch: Medikamente, die in ihrem Ursprungsland längst wegen nicht vertretbarer Nebenwirkungen verboten sind, werden weiterhin in der Dritten Welt vertrieben. Der jeweilige Hersteller, der das Medikament mit «medizinischen Argumenten» bewirbt, zieht sich in dem Fall aufs Juristische zurück. Solange in der Dritten Welt die Arzneimittelgesetzgebung das betreffende Medikament nicht verbietet, fühlt sich der Hersteller zum Vertrieb berechtigt. [13]

Wo aber der Imperialismus seine Ziele statt mit handels- oder finanzkapitalistischen Mitteln militärisch durchsetzt, wo gewaltsam Gesetze aufgehoben, Traditionen zerstört und die politische Kultur umgekrempelt wird, kann das Drogenkapital auch in seiner düstersten Variante offen auftreten. Dafür ist Vietnam [14] ein besonders eindringliches Beispiel.

Auch Vietnam hatte, wie alle seine Nachbarländer in Südostasien, eine Tradition des Drogengebrauchs. Unter französischer Herrschaft waren ungefähr 20 000 Drogensüchtige, vor allem Opiumabhängige, registriert. Die Dunkelziffer war weitaus höher. Doch erst mit dem Auftreten des US-Imperialismus kam unter Mithilfe der CIA eine bis dahin in Ländern der Dritten Welt wenig bekannte Droge auf den Markt: Heroin.

Unter der Herrschaft der von den USA ausgehaltenen Marionettenregierung Südvietnams stieg die Zahl der Abhängigen auf schätzungsweise 500 000; nicht alle waren von Heroin abhängig. Auch Morphium und psychoaktive Medikamente zählten zu den weitverbreiteten Suchtstoffen.

Der Drogenhandel entwickelte sich nicht *neben* dem Kriegsgeschehen, er war vielmehr Teil desselben, Mittel der Kriegführung. Die US-Armee gewährte vietnamesischen Drogenhändlern in den Bergregionen des «Goldenen Dreiecks» nicht nur Schutz in der Hoffnung, sich dadurch militärstrategische Vorteile zu verschaffen; die US-Regierung stützte nicht nur eine Regierung, deren Angehörige nachweislich in den internationalen Drogenhandel verwickelt waren, der US-Geheimdienst stellte sogar die Infrastruktur des Handels, löste das Transportproblem bis zum Verteilermarkt in den USA selbst.

Vergleicht man das Sozialprodukt eines hochindustrialisierten Landes mit dem Vietnams und setzt es ins Verhältnis zur Zahl der Drogenabhängigen, dann läßt sich ermessen, welche enormen Folgekosten das Land nun, nach seinem Sieg über den US-Imperialismus, bei der Bekämpfung der Sucht und der Rehabilitierung der Süchtigen aufzubringen gezwungen ist. «Wir betrachten das Rauschgiftproblem wie eine Bombardierung durch den Feind»,[15] sagt der Direktor des Rehabilitationszentrums in Ho-Chi-Minh-Stadt, Tran Van Nhiem. Außergewöhnlich aber sind nicht nur die sozialen und ökonomischen Belastungen der vietnamesischen Volkswirtschaft, außergewöhnlich sind auch die Methoden, mit denen vietnamesische Experten versuchen, dieser Belastungen Herr zu werden.

Schon in der verwaltungsmäßigen Zuordnung des Drogenproblems zeigt sich die Grundhaltung, mit der man versucht, das Drogenproblem zu lösen. Zuständig für die Behandlung von Drogenabhängigen sind «Ministerium und Ämter für Sozialwesen und Kriegsversehrte». Abhängige werden als Opfer begriffen, ihre Rehabilitation als gesellschaftliche Aufgabe.

Woher diese Opfer kommen, wer und welche Umstände sie zu Opfern gemacht haben, verdeutlicht die soziale Zusammensetzung der Schüler der Jahrgänge von 1975 bis 1978 an der Schule für eine neue Jugend in Ho-Chi-Minh-Stadt. «... über 80 Prozent von ihnen waren unter 35 Jahre alt. Der Altersschwerpunkt lag bei 20 Jahren. Immerhin waren 80 Prozent Soldaten oder Söldner des alten Regimes. Von Räubereien und Diebstahl hatten 50 Prozent gelebt, 49 Prozent waren in Banden organisiert, 10 Prozent waren selbst Rauschgifthändler. Unter den Schülern waren 18 Mörder.»

Folgt man den Angaben der Schulleitung, dann sind die Behandlungserfolge der Schule ungewöhnlich und im Vergleich zu europäischen und nordamerikanischen Therapieeinrichtungen geradezu sensationell. 1980 betrug die Rückfallquote 15 bis 20 Prozent, ein Prozentsatz, der auch UN-Drogenexperten aufmerksam gemacht hat. Das vietnamesische Konzept stützt sich zuallererst auf die Medizintradition des Landes und verzichtet damit zwangsläufig auf pharmatherapeutische Behandlung, wie sie in vielen westlichen Therapiekonzepten üblich ist. Bei akuten Entzugserscheinungen wird an Stelle von Beruhigungsmitteln Akupunktur angewandt. Sie ist die vorherrschende Methode der ersten Behandlungstage. Auch Heilkräuter werden in dieser Phase zur Schmerzlinderung eingesetzt. Vor allem aber wird Behandlungswilligen nach dem körperlichen Entzug eine mehrjährige Berufsausbildung angeboten. An hiesigen Ausbildungsrichtlinien gemessen, mag die den vietnamesischen Drogenabhängigen angebotene Ausbildung als wenig qualifizierend erscheinen. Und doch spiegelt sich in ihr nur die allgemeine Ausbildungssituation eines Landes, das gerade erst beginnt, sich nach jahrzehntelanger Unterdrückung aufzurichten, und den Versuch unternimmt, die Verwüstungen eines imperialistischen Krieges zu beseitigen.

7
MEXIKO-
TAGEBUCH
1981

Ein Jagdausflug ist geplant. Ein Jagdausflug ohne Jäger, wenn es nach mir ginge. Heute soll ich die Schrotflinte tragen, so haben es Alfredo und Juan beschlossen. Heute soll ich Jagd machen auf Hasen und auf Vögel, deren Namen ich nicht einmal nennen könnte. Die Flinte will ich tragen, das habe ich mir vorgenommen, schießen werde ich nicht.

Alfredo ist ein hervorragender Schütze, er ist, obwohl erst siebzehn Jahre alt, der erfolgreichste Jäger unter den Männern seiner Familie. Er wird denken, ich habe Angst, den Vergleich mit ihm aufzunehmen. Soll er denken, was er will.

Ich sitze auf einer Bank unter hohen Bäumen und warte auf Andres und die beiden Jungen. Wir haben uns am *zócalo*, jenem typischen mexikanischen Dorfplatz, verabredet. Noch in seiner kümmerlichsten Ausführung erinnert er in fast jedem Dorf an die prächtige Hinterlassenschaft spanischer Stadtarchitektur. Ich bin zu früh. Ich schaffe es einfach nicht, zu spät zu kommen, auch wenn ich es mir immer wieder vornehme. Kaum jemand ist in der sengenden Mittagshitze unterwegs. Die Kinder sind von der Schule, die Männer von den Feldern zurück, über den Dächern der Hütten flimmert der dünne Rauch von Tortillafeuern. Die Bäume um mich herum sind älter als der von kniehohen Betonsockeln umgebene und von Betonwegen kreuzförmig und diagonal durchzogene Platz. Auch die Bank, auf der ich sitze, ist aus Betonteilen gefertigt.

Vor mir und zwischen meinen Beinen würgen eifrige Hühner in den Schlund, was sie zwischen den Steinen finden können. Etwas abseits steht einer der Hähne, deren Schreie einen bis in die Nacht verfolgen. Ich werfe einen kleinen Stein in seine Richtung, doch er bewegt sich nur zwei Hahnenfüße seitwärts und fällt dann in die alte Machopose zurück.

Ich habe ihn im Verdacht, Anführer und Auslöser der nächtlichen Hahnenschreie zu sein. Denn auch in der dunkelsten Nacht kann der mexikanische Hahn den Schnabel nicht halten, auch in tiefster Dunkelheit muß er kundtun, daß er alles unter Kontrolle und seine Hennen um sich versammelt hat. Da will kein Hahn zurückstehen. Ein schriller, ohrenbetäubender Lärm, meist vom Holzverschlag neben unserer

Hütte ausgehend, läuft quer durch das ganze Dorf, schwillt langsam ab und kommt noch einmal in voller Lautstärke zurück.

Ich bücke mich gerade nach einem zweiten Stein, als Juan, Andres und Alfredo den Weg zwischen Schule und *tienda* (Lebensmittel-Laden) entlang kommen. Wortlos hängt mir Alfredo die Flinte über die Schulter, dann machen wir uns auf den Weg zur *barranca*.

Gleich hinter der Hütte von Chico beginnen die Felder. Wir bewegen uns auf einem Plateau, an dessen äußerem Ende sich vor einem Felshügel der Kirchturm von El Grande abzeichnet. Daß die Ebene von einem tiefen Taleinschnitt gespalten ist, kann man von hier aus nicht erkennen.

Wir nehmen eine Abkürzung und laufen quer über ein Feld, das eng mit Zitronenbäumen bepflanzt ist. Unter unseren Füßen zerquetschen wir die faulen, gelbbraunen Früchte. Wo wir hintreten – Zitronen. Die gesamte Ernte liegt auf der Erde oder verfault an den Bäumen.

Vor einigen Jahren war ein Regierungsbeamter mit dem Vorschlag im Dorf aufgetaucht, Zitronen anzubauen. Kein schlechter Vorschlag, war hier doch eine Chance, sich von den Preisschwankungen des Kaffees etwas unabhängiger zu machen. Einige Bauern nahmen den Vorschlag sofort auf, andere zögerten, bis auch sie die nötigen Kredite bekamen, um die jungen Zitronenbäume setzen zu können. Kaum ein Bauer, der heute nicht wenigstens ein paar Zitronenbäume gepflanzt hätte. Dieses Jahr nun sollte die erste große Ernte bringen. Die Erwartungen der Bauern wurden nicht enttäuscht. Die Ernte ist gut. Die Ernte ist sehr gut, aber es gibt keinen Markt, auf dem sie abzusetzen wäre.

Und wieder ist ein Regierungsvertreter ins Dorf gekommen. Diesmal mit dem Vorschlag, gemeinsam den Bau einer Zitronenfabrik zu organisieren. «Ein ganz einfacher Trick», sagt ein Bauer auf einer Versammlung der Männer, die den neuen Vorschlag diskutieren, «aber nicht einfach genug, um ihn nicht zu durchschauen.» Hätte die Regierung erst mit dem Bau der Fabrik begonnen und dann den Anbau der Zitronenbäume angeregt und gefördert, hätten die Bauern Einfluß auf die Preise für ihr Produkt nehmen können. Jetzt müssen sie froh sein, ihre Ernte überhaupt irgendwo absetzen zu können. Das macht die Preise, und es sind nicht die Bauern, die sie machen.

Nach etwa einer halben Stunde stehen wir plötzlich am Rande der *barranca*. Es ist jedesmal die gleiche Überraschung, wenn das Feld plötzlich abbricht und sich unter einem die steil abfallende Schlucht auftut. Die *barranca* zieht sich fast vom Meer her wie ein Riß in der Landschaft bis tief ins Landesinnere. An einigen Stellen ist der Spalt so schmal, daß man fast hinüberspringen kann, an anderen klafft er zwei-, dreihundert Meter auseinander. Kilometerweit verläuft die *barranca* wie eine Mulde, die man mühelos durchqueren kann, dann fällt sie, wie hier, tief an Felshängen ab oder bildet kleine Terrassen, auf denen die Campesinos Mais anbauen oder Bananenstauden und Kaffeesträucher setzen. Wir beginnen den Abstieg.

Je tiefer man hinabsteigt, desto drückender wird die dumpfe Feuchtigkeit. Ein kleiner Bach windet sich träge durch das Tal. Weiter oben hatte er sich hundert Meter tief in die Schlucht gestürzt. Vom Rande bietet dieser Wasserfall einen beeindruckenden, von unten einen deprimierenden Anblick. Denn dort, wo das Wasser auf einen gestauten See – mehr einen Teich – aufschlägt, türmen sich weiße Schaumberge. Kein Chemiewerk flußaufwärts, sondern der Wascheifer der Bauernfrauen und die Verkaufserfolge der Waschmittelindustrie, die ihre Produkte bis in die armseligsten *tiendas* der Indianerdörfer pumpt, macht den winzigen See am Fuße der *cascada* zu einem Bottich hochkomprimierter Lauge.

Ich bin schneller unten als die anderen und sitze bereits an den Stamm eines Mangobaumes gelehnt, als endlich Alfredo, Juan und Andres hinter dem Felsen hervorkommen, von dem aus sich der Pfad zum Dorf hochwindet. Während sie sich setzen, ist mein einziger Gedanke, raus aus dem Treibhaus, raus, und zwar so schnell wie möglich. Doch in aller Ruhe untersucht Andres die Schrotflinte. Er simuliert Zielschießen. Die Bauernjungen begutachten Kaffeesträucher und das Wachstum der Setzlinge. Der Abstieg vom Dorf war umständlich und anstrengend, der Aufstieg würde noch anstrengender werden, so daß eine beiläufige Inspektion des Kaffees die Mühen unseres Spazierganges rechtfertigen muß.

Ich entferne mich von den dreien und versuche, über glitschige Bananenstauden kletternd, herauszufinden, wohin der Weg führt, der sich auf der anderen Seite der Schlucht nach oben zieht.

«Wohin?» ruft Alfredo hinter mir her. Ich antworte, indem ich ihn nach dem Ziel des Weges frage. Er führe ins Leere, antwortet Alfredo. Diese unsinnige Behauptung hätte mich warnen sollen, aber ich steige unbeirrt und gedankenlos weiter, störrisch wie ein Maulesel. Vielleicht war es auch die feuchte Hitze in diesem Talkessel, die mich nach oben trieb.

Ich höre Juan mir etwas Unverständliches nachrufen. «Du bist einfach zu faul», schreie ich zurück, «Mexikaner laufen nicht gerne, ich weiß.» Dann sehe ich, wie Andres aufsteht und mit den beiden redet. Er kommt zögernd hinter mir her, zögernd, weil er besser verstanden hat, was Alfredo und Juan sagten, und weil er spürt, daß es einen Grund geben muß, der die beiden, die sonst keine Mühe scheuen, uns jede Ecke ihres Dorfes und jeden Winkel seiner Umgebung zu zeigen, plötzlich so halsstarrig werden läßt.

Unterdessen habe ich mich einige Höhenmeter von den dreien abgesetzt, kann aber beobachten, daß sie langsam hinter mir herkommen.

Anders als der Pfad, der von unserem Dorf in die Schlucht führt, ist dieser schmal, von Pflanzen überwuchert und stellenweise kaum noch zu erkennen. Sollte Alfredo recht haben? Ist das wirklich ein Pfad ins Leere? Andererseits: er liebt es, kleine, wenn auch harmlose Scherze mit mir zu veranstalten, und ich bin immer auf der Hut, ihm nicht allzuoft auf den Leim zu gehen. Also beschleunige ich das Tempo und gerate ziemlich außer Atem. Ich beginne mich ernsthaft zu fragen, ob ich meinen Ausflug nicht abbrechen und umkehren soll. Meine Neugierde und meine Ungeduld siegen.

Drüben auf der anderen Seite der Schlucht ist bereits wieder das Dorf zu erkennen, von dem wir kommen, also kann ich auch auf meiner Seite nicht allzu weit vom Rande des Plateaus entfernt sein. Die ersten Felder und Hütten El Grandes und sein klobiger Kirchturm müßten bald zu sehen sein. Es ist schon merkwürdig, denke ich, daß der direkte Weg zwischen den beiden Dörfern so wenig begangen ist. Doch die Erklärung, die ich mir zurechtlege, scheint schlüssig. Lieber nehmen die Bauern Umwege in Kauf als das beschwerliche Auf und Ab durch die tiefe Schlucht.

Andres hat mich eingeholt. «Irgendwas stimmt hier nicht, laß uns umkehren», sagt er, vom raschen Aufstieg erschöpft.

«Was soll nicht stimmen?» frage ich, «Alfredo und Juan sind doch bei uns.»

«Eben nicht. Ich weiß nicht, was sie haben, aber sie weigern sich, nach El Grande zu gehen. Wir sollten das respektieren. Vielleicht eine Dorfrivalität, von der wir nichts wissen. Denk an die nicht aufgeklärte Geschichte von der Vergewaltigung. Da war doch einer aus El Grande verwickelt. Wir sollten umkehren.» Ich frage, ob die beiden verärgert seien. «Das kann man wohl sagen», antwortet Andres.

Wir sind weitergegangen während dieses kurzen Gesprächs und stehen plötzlich vor einem Maisfeld. Hier endet der Pfad. Er endet tatsächlich urplötzlich am Rande eines Maisfeldes. Merkwürdig.

Und es passiert, was so oft passierte während unserer Reise. Angesichts eines Hindernisses bin ich plötzlich erschöpft, meine Neugierde ist verflogen, ich will umkehren, Unsicherheit, auch Angst lähmen mich. Und wie immer in solchen Situationen nimmt Andres das Heft in die Hand.

Während ich mich nach den beiden anderen umschaue, ist Andres zwischen den trocknen Maisstengeln verschwunden. Wo er geht, steigt eine leichte Staubwolke auf. Ich fordere ihn auf, stehenzubleiben. Er antwortet nicht. Das Knacken im Gestrüpp entfernt sich, und dann ist es plötzlich still.

Ich höre meinen Namen. «Mach schon, komm schon!» Auch auf die Entfernung spüre ich seine Ungeduld. Juan und Alfredo machen keine Anstalten, uns zu folgen. Sie sitzen etwa fünfzig Meter abwärts auf einem Felsen und starren zu uns hinauf. Ich beginne die dicht gepflanzten Maisstengel, die etwa einen Meter über mir aufragen, zur Seite zu schieben. Dabei folge ich Andres' Stimme, die mich wie der Ruf eines Lockvogels durch das Maisfeld schleust.

Ich mache mich darauf gefaßt, durch ein ausgedehntes Feld stapfen zu müssen. Deshalb bin ich überrascht, als sich der Maisvorhang bereits nach wenigen Metern wieder öffnet. Vor mir in der weißen Sonne ein gelb-grünes Meer. Marihuanastauden, so weit ich sehen kann.

Das also war es.

Andres steht da und sagt nichts. Ich sage: «Scheiße.» Natürlich hatte ich gehofft, irgendwann einmal vor einem Hanffeld zu stehen. Aber ein Feld von derartigem Ausmaß konnte ich mir nicht vorstellen. Drei Kilometer Luftlinie vom Dorf entfernt nur durch eine Schlucht getrennt.

Ich hatte von Bauern gelesen, die auf kleinsten tischgroßen Flächen Marihuana ziehen und die alles taten, um der Luftüberwachung keine Anhaltspunkte zu liefern. Hier ist nicht einmal der Versuch einer Tarnung zu sehen. Prall und üppig stehen Marihuanastauden zu Tausenden auf einem Feld, umgeben nur von einem Rundhorizont schützender Maispflanzen.

Andres nickt kurz in Richtung des Dorfes, und wir machen uns auf den Rückweg. Ohne es ausdrücklich verabredet zu haben, spricht keines von uns über das, was wir gerade gesehen haben. Auch Juan und

Alfredo haben keine Fragen. Wir gehen schweigend zum Fluß und beginnen erneut den Aufstieg, diesmal auf der anderen Seite der Schlucht.

Was wissen die beiden, frage ich mich? Was wissen die Leute im Dorf? Sie müssen etwas wissen, anders ist das betretene Schweigen, das beide auch auf dem Heimweg bewahren, nicht zu erklären.

Seit zwei Wochen leben wir nun hier. Juans Onkel hatte uns eingeladen. Zweimal kamen die Jungen, um uns zu besuchen. Nicht nur hier, auch in Juans und Alfredos Heimatdorf wird uns jede Frage beantwortet. Wir sind zu «Experten» des Kaffeeanbaus und der Kaffeeverarbeitung geworden. Wir haben das Zitronenproblem studiert und sind in die Geheimnisse der Tortillaherstellung vorgedrungen. Wir kennen die Transportmisere und die Probleme der Lagerhaltung. Selbst über Alkoholismus im Dorf haben wir mit Bauern sprechen können. Nur einmal ist das Wort Marihuana gefallen. Das war, als ich für eine Spanisch-Lektion Farbbegriffe zu lernen hatte. Was die verbreitetsten Augenfarben bei den Mexikanern seien, frage ich Juan, der mich abfragt.

Negro, maron und *marihuano*, bekomme ich zur Antwort. Er sagt das so beiläufig und selbstverständlich, daß ich einfach über die Antwort hinweggehe. Ich will weder naiv noch fachmännisch erscheinen. Ich habe gleich verstanden, was das Wort bedeutet. Gemeint sind die albinorot unterlaufenen Augen, die den Marihuanaraucher verraten. Dieses Intermezzo fällt mir ein auf dem Weg nach Hause.

«Scheiße», denke ich und noch mal «Scheiße». Ich weiß, daß Andres die gleichen Flüche und die gleichen Gedanken im Kopf hat.

Das Vertrauen, das uns die Bauern entgegenbringen, und die Freundschaft der beiden Jungen sind uns wichtig. Von anderen Europäern wissen wir, daß Vertrauen und Freundschaft nicht selbstverständlich sind.

Viele Geschichten sind uns erzählt worden über Fremde, die unter Vorwänden ins Dorf kommen und die Campesinos mißtrauisch machen. Da kommen Sektenprediger, die herausfinden wollen, ob der Boden fruchtbar ist für ihre Verführungen. Da kommen Landwirtschaftsexperten, die untersuchen, ob die Erde für den Zitronenanbau taugt. Da kommen Regierungsbeamte, als Anthropologen getarnt, die das politische Klima auskundschaften. Da kommen nordamerikanische Handelsvertreter, die nutzlose Produkte anbieten, die in der *tienta* um die Hälfte billiger zu haben sind. Da kommen Ethnologen, die nichts als Ethnologen sind. Alle holen sie Informationen aus den Dörfern, ohne etwas zurückzulassen, womit die Bauern etwas anfangen könnten.

Daß wir mehr als andere Fremde erfuhren, wußten wir. Daß wir nicht alles erfahren, wurde uns klar, als wir herausfinden wollten, wer damals vergewaltigt wurde und wer die Täter waren. Wir sind uns nicht einmal sicher, ob es überhaupt eine Vergewaltigung war, was drei Burschen für 72 Stunden in den kleinen vergitterten Steinbau am Ausgang des Dorfes brachte. Unsere direkten Fragen wurden unterschiedlich beantwortet. Alle Antworten waren gleichermaßen unbestimmt und verwaschen.

«Wegen Mangels an Respekt», war die Antwort eines Bauern. Eines Tages werden wir die ganze Geschichte hören. Oder auch nicht. Geduld ist die Voraussetzung für Vertrauen, das ist die nie ausgesprochene Vereinbarung.

Und nun: Nicht einmal eine falsche Frage oder eine voreilige Bemerkung. Wir sind einfach nur zu weit gegangen.

Nie wurden wir von einem Dorfbewohner auf unsere Entdeckung angesprochen. In den folgenden Tagen nicht, nicht in den folgenden Wochen. Auch dann nicht, als uns eine Zeitungsmeldung noch einmal drastisch an jenen Streifzug durch die *barranca* erinnerte.

Andres war in die Stadt gefahren, um einzukaufen und Behördengänge zu erledigen. Wie immer brachte er Zeitungen mit. Wortlos legt er mir eine Seite aus *uno mas uno* auf den Tisch. Ich lese: «2 160 000 Marihuanastauden im Staat Veracruz entdeckt.» Die Menge kommt mir so unwahrscheinlich vor, daß ich zunächst gar nicht an unseren Fund denke. Schon zwei Zeilen später werde ich aufgeklärt. Auf einer Fläche von 270 000 m², heißt es da, wurden von Agenten der Bundespolizei Marihuanastauden gefunden. Und dann der Name jenes Dorfes, in dem wir wochenlang zu Gast waren. Offenbar hatten wir nur einen Zipfel des Feldes gesehen. Drogenhändler, die in Veracruz festgenommen wurden, sollen den Tip gegeben haben, heißt es in der Meldung. Angeblich sollen sie nur ausgesagt haben, in der Gegend werde Marihuana angebaut. Agenten der Polizei sollen die Felder dann lokalisiert haben. Als die Polizei kam, schreibt *uno mas uno*, sei sie mit Schüssen empfangen worden. Bei der Schießerei seien zwei Händler getötet worden. In einem Auto ohne Nummernschilder flüchteten drei der Täter. In der Nähe eines Dorfes sei der Wagen später verlassen aufgefunden worden. Ein blutverschmierter Mantel deutete darauf hin, daß mindestens einer der flüchtenden Täter verletzt worden sei. Die Polizei habe eine Pistole Kaliber 38 und eine Kaliber 45 sichergestellt. Schließlich, so *uno mas uno*, habe der Polizeichef mitgeteilt, daß Angehörige der Armee damit beauftragt seien, die Droge zu vernichten.

Niemand im Dorf spricht über den Vorfall in der Nachbarschaft. Schweigen ist der Preis für Vertrauen, auch das ist Teil der Vereinbarung. Ohne die Erinnerung an unseren Ausflug in die *barranca* hätten wir den Zeitungsartikel weniger aufgeregt gelesen, denn außer der Größe des Anbaufeldes und der Menge der Stauden ist nichts ungewöhnlich, nichts sensationell an der Meldung.

Entgegen allen Behauptungen ist der Drogenhandel in Mexiko nicht unterbunden. In den letzten vier Jahren wurden mehr als 3000 Campesinos von ihren *ejidos* vertrieben, eingesperrt oder angeklagt wegen Anbaus von Marihuana.

Nicht nur in den Nordstaaten der Vereinigten Staaten von Mexiko in Grenznähe zu den USA wird weiterhin Marihuana angebaut, wenn auch weniger als vor der konzertierten Aktion und dem Anti-Drogen-Programm der Regierungen Mexikos und der USA, auch entlang der Pazifikküste und in den Staaten Oaxaca und Veracruz wie in anderen Südstaaten wird Marihuana angebaut und gehandelt.

Es mag Staaten in Zentral- und Südamerika geben, deren Gesetze lockerer und deren Polizisten lascher sind als die mexikanischen, Länder, in denen der Markt offener ist als in den Städten und Dörfern Mexikos, Länder, in denen der Handel und Konsum von Marihuana weniger riskant sind. Das alles ändert nichts daran, daß man in Mexiko jederzeit und überall Marihuana auftreiben kann. Allerdings haben die scharfen, sagen wir lieber: die schärferen Kontrollen der mexikanischen Polizei einen Preisanstieg bewirkt, der ein für Ursprungsländer von Marihuana ungewöhnlich hohes Niveau erreicht hat. Pro Kilo Marihuana zahlt der Kunde zwischen 3000 und 9000 Pesos (ca. 300,– bis 900,–DM/1981).

Neuntausend Pesos, ein Batzen Geld, für den der Kunde allerdings einen Klumpen harzgetränkten Stoffs von erlesener Qualität einhandelt.

Möglich, daß Polizei- und Militäroperationen die Drogenrouten zum nördlichen Nachbarn zeitweise verstopft haben; die täglichen Lufteinsätze der Polizei, die Erkundungs- und Vernichtungsaktionen zeigen ein anderes wirklichkeitsnäheres Bild. Bis zu 70 Flugzeuge und Helikopter sind unterwegs, um Marihuanafelder aufzuspüren. Sie sind

Teil jener Luftflotte, mit der die Regierung der Vereinigten Staaten von Amerika die mexikanische Polizei ausgestattet hat, um den nordamerikanischen Markt von Lieferungen abzuschneiden und auszutrocknen. Auf diese Weise ist der Staat Mexiko zu einer der größten Luftflotten Lateinamerikas gekommen. Instrukteure, Berater und Drogenagenten gehören ebenfalls zur Ausstattung. Offiziell wird eine Zahl von 36 Agenten genannt, aber diese Zahl ist so zuverlässig wie die Angaben über Militärberater in Zentralamerika.

Die Vernichtungsaktionen laufen in drei Stufen ab. Haben Aufklärungsflieger ein Feld geortet, folgt ein mit Chemikalien beladenes Flugzeug, das die Felder besprüht. Daß der Streueffekt auch umliegende Felder mit Chemikalien – möglicherweise Herbiziden – vergiftet, läßt sich nicht vermeiden. In Helikoptern eingeflogene Kontrolleure überzeugen sich schließlich von der Wirksamkeit der Operation und sorgen gegebenenfalls für die endgültige Vernichtung der Pflanzen.

Neuerdings werden zur Überwachung des Landes, selbstverständlich mit Billigung der mexikanischen Zentralregierung, NASA-Satelliten eingesetzt. So soll jedes Opium- und jedes Marihuanafeld ausmachbar sein, tarnender Mischanbau von Mais, Sonnenblumen und anderen langstieligen Pflanzen mit Marihuana oder Opium soll sinnlos gemacht werden.

Sprecher der mexikanischen Regierung und Vertreter der US-Drogenbehörde rühmen die Erfolge ihrer Grenzsicherungsaktionen und vorbeugenden Vernichtungsfeldzüge. Nicht einmal eine Tonne Heroin habe den Weg über die gemeinsame Grenze geschafft, und was durchkam, sei von geringer Qualität.

Es könnte aber auch gut sein, daß die mexikanische Ware auf dem US-Markt einfach nicht konkurrenzfähig ist. Hochwertiges Heroin überschwemmt den Weltmarkt.

Erst wenn man die Armut der Campesinos und das Elend der Indios erlebt hat, beginnt man den Zusammenhang zu verstehen, der zwischen Unterentwicklung und dem illegalen Anbau von Opium und Marihuana besteht. Das Risiko, entdeckt, verfolgt und bestraft zu werden, ist nur eines der vielen Risiken im Alltag der Campesinos. Nachfrage ist vorhanden, Abnehmer leicht zu finden, das ist das einzig Sichere.

Gleich zweimal wurde der Bus angehalten und kontrolliert, mit dem Andres über Accapulco die Pazifikküste entlang Richtung Juchitan im Süden des mexikanischen Bundesstaates fuhr. Andres war über die oberflächliche Kontrolle der Uniformierten erstaunt, glaubte er doch, sie suchten im Gepäck der Businsassen nach Drogen. Wonach sie suchten, erfuhr er erst später, als er einem landeskundigen Mitreisenden sein Reiseziel Juchitan nannte. Andres erntete ein ungläubiges Kopfschütteln, dann ein warnendes Stirnrunzeln und schließlich den Ratschlag, einen Bogen um diesen Staat zu machen. Denn dort unten im ewig staubigen Juchitan, wo über den Isthmus wie durch einen Windkanal unentwegt Nordstürme vom Golf zum Pazifik fegen, ist nicht nur einer der Hauptumschlagplätze des mexikanischen Drogenhandels, hier werden Drogen unmittelbar gegen heißere Waren getauscht, eine Ware, nach der in Zentralamerika eine nie versiegende Nachfrage besteht: Waffen.

8
ZÜRICH – EINE STADT ALS DEPRESSIONS-LANDSCHAFT

Leichte Krawallerie

Mir ist mulmig. Vor allem habe ich die falschen Schuhe an. Ich wäre nicht schnell genug, wenn sich einer der Greifer auf mich stürzen sollte. Und so bin ich erleichtert, als die Horde losgelassener Ziviler, die plötzlich vor mir auftaucht, vorbeihetzt. Sie hatten es auf einen Typen hinter mir abgesehen. Das ist die Polizeitaktik dieser Nacht: rausgreifen, einsammeln und abliefern im Präsidium. Von dort, wenn nötig, weiter zum Kantonsspital. Für den Transport dorthin muß man allerdings selbst sorgen.

Man sollte Presseausweise in roter Leuchtfarbe für nächtliche Einsätze ausgeben. Das kleine, lindgrüne Ding, das ich hochhalte, ist kaum zu erkennen. Ich bin ununterbrochen damit beschäftigt, Greiftrupps zu identifizieren, um ihnen auszuweichen. Am besten noch erkennt man Zivile, wenn man anstatt in ihre Augen auf ihre Füße schaut. Bei Leuten um die dreißig in Freizeitlook mit Adidas-Schuhen ist äußerste Vorsicht geboten. Die sind ebenso schnell wie wahllos.

Es ist der dritte Abend nach den «Opernhaus-Krawallen». Ich schleiche über die Quai-Brücke zum Bellevue. Ich will beobachten und berichten über das, was sich in dieser Nacht rund um das Opernhaus abspielen wird. Beobachten und berichten, nicht teilnehmen! Aus prinzipiellen Gründen nicht, aber auch, weil ich weiß, wie empfindlich die Schweizer Öffentlichkeit in derartigen Situationen auf Ausländer reagiert. Das war schon bei den sogenannten Globus-Krawallen vor zwölf Jahren so. Damals konnte ich zum erstenmal die Brutalität der Zürcher Polizei studieren, aber auch den Mechanismus, Ausländer für Unruhen verantwortlich zu machen.

Diesmal gelten bereits Jugendliche, die aus Dörfern und Kleinstädten im Umkreis Zürichs angefahren sind, als Fremde, Ausländer und Aufwiegler. Ihre Arbeitskraft dürfen sie in der Stadt abliefern, auch das kommerzielle Freizeitangebot – vom Disco-Club zum Stützli-Sex – dürfen sie beanspruchen, ansonsten sollen sie sich in ihre Schlafstädte verziehen und dem Zürcher Stadtbürger seine Ruhe lassen. Doch die Ruh ist hin. Die brutale Machtpolitik, die von Stadt- und Kantonsbehörden seit Jahren gegen die Jugend betrieben wurde, hat zu einem Ausbruch aufgestauter Wut geführt, wie ihn die Metropole des Finanzkapitals in ihrer jüngeren Geschichte noch nicht erlebt hat. Daß es ausgerechnet an jenem Freitagabend zur ersten gewalttätigen Auseinandersetzung kam, ist Zufall, auch wenn an diesem Abend alles zusammenkam, was an explosivem Gemisch nötig ist, um einen Aufstand zu entzünden.

Hundert, vielleicht zweihundert Jugendliche waren zu einer Demonstration vor das Opernhaus gezogen. «Wir sind die Kulturleichen der Stadt», hieß es auf einem Transparent. Ein Happening war vorgesehen, der eine oder andere Farbbeutel eingeplant. «Dreißig Jahre warten wir nun auf ein eigenes Jugendhaus, jetzt sollen die Opernhausbesucher mal dreißig Minuten zuhören, bis sie in ihr Haus reinkönnen», so beschrieb ein Sprecher der «Arbeitsgruppe Rote Fabrik» (ARF) das Ziel der Demonstration. Seit Jahren fordern Zürcher Jugendliche – organisierte und nichtorganisierte – ein Jugendzentrum, seit Jahren werden sie hingehalten oder mit kurzfristigen Ersatzlösungen abgespeist.

Die ARF, in der Jusos ebenso mitarbeiten wie die Gruppe «Rock als Revolte», die «Freaks am Friitig» und der Kommunistische Jugendverband (KJV), setzten sich für nichts anderes ein als das, was in einer Volksabstimmung bereits vor Jahren entschieden wurde: Die «Rote Fabrik» – so genannt wegen der roten Backsteinfassade – soll zu einem Kulturzentrum umgewandelt und ausgebaut werden.

Nichts ist geschehen seitdem. Wohl aber ist die Goldküsten- und Zürichbergbourgeoisie dabei, sich eine Million Franken Kredit zur Renovierung des Opernhauses bewilligen zu lassen. Doch nicht nur das: Würde der Kredit in der bevorstehenden Abstimmung bewilligt, wäre – so sah es wenigstens zum Zeitpunkt der ersten Demonstration aus – die «Rote Fabrik» auf Jahre blockiert. Denn für die Dauer des Opernhaus-Umbaus beanspruchen Teile des Ensembles die Räume der «Roten Fabrik».

Das war einfach zuviel.

Man kann sich nun darüber streiten, ob es der Polizeiprovokation an jenem Freitagabend noch bedurft hätte. Es waren keine Statisten, die plötzlich, in Kampfanzügen vermummt und behelmt, mit geflochtenen Schilden in der linken und Schlagstöcken in der rechten Hand aus dem Foyer der Oper strömten. Es waren Polizisten. Und sie legten gleich los.

Von der anderen Seite flogen Farbbeutel und Eier. Dann Steine. Innerhalb kürzester Zeit vermehren sich die Demonstranten wie durch ein Wunder. Pech für die Polizeikräfte. Ein Bob-Marley-Konzert ist gerade zu Ende, und der Besucherstrom wälzt sich zurück in die Innenstadt. Die erste Barrikade steht plötzlich quer über dem Limmat-Quai. Sie brennt. Die Polizei setzt Tränengas ein, knüppelt, feuert mit Gummigeschossen in die Menge. Später wird auch das Nervengas CB eingesetzt. Der Verkehr bricht zusammen. Autos werden demoliert. Trams beschmiert. Die Sprayer von Zürich sind am Werk. Und dann klirren die ersten Scheiben. Es ist kein Zufall, daß das «Odeon» dran glauben muß. Hier war einmal ein Treffpunkt, wo Typen, die jetzt die Scheiben zerdeppern, ihren Kaffee trinken konnten. Hier war eines der intellektuellen Zentren der 68er Bewegung. Heute ist das «Odeon» ein Schickeria-Puff, ganz nach dem Geschmack der Nichtstuer vom Zürichberg.

Weiter geht's, den Limmat-Quai runter in Richtung Stadthaus. Aus dem Niederdorf strömt Verstärkung zu. «Die Straße» ist auf der Straße. Die Scheiben eines Pelzhauses werden eingeschlagen. Dann geht die Auslage eines Musikalienhändlers zu Bruch. Es kommt zu Plünderungen. Die Scheiben des Spirituosen-Händlers «Kurz» werden kleingehauen. Selbstbedienung. Auch die Wache der Kantonspolizei am Stadthaus, wo man die Verhafteten vermutet, wird demoliert.

Was sich in dieser Nacht auf Zürichs Straßen abspielt, hat europäisches Niveau. Und das macht die Zürcher Bourgeoisie so fassungslos. So was in *ihrer* Stadt? Aber sie haben erst den Anfang erlebt. Die Demonstrationen werden sich wiederholen. Es wird zu neuen heftigen Straßenschlachten kommen. Eine Protestbewegung ist entstanden. Die Jungen nennen sie schlicht: «d' Bewegig»!

In den messerscharfen Analysen Zürcher Kommunalpolitiker und in der Schweizer Presse spielt das Argument vom Nachahmungseffekt eine herausragende Rolle. Man lebt zwar in den Bergen, aber nicht dahinter. Amsterdam, Frankfurt, Bremen und Kopenhagen sind auch den Schweizer Meinungsmachern mehr als Namen aus einem Fremdenverkehrskatalog. Und schließlich wird man gerade Zeuge eines landesweiten Funkenflugs, denn die Zürcher Bewegung hat längst ihre «Nachahmer» in Basel, Lausanne und Bern, in Genf und Luzern gefunden. Zu begreifen, daß ein Funkenflug nur dort einen Flächenbrand auszulösen vermag, wo Dürre ist und entzündbares Material bereitliegt, das würde die meisten Kommentatoren überfordern. In der

Krisensituation verstellt so jahrelange politische Verdrängung den Durchblick. Am griffigsten ist noch die Formel vom Kulturkampf, vom Aufeinanderprallen unterschiedlicher Kulturkonzeptionen. Erste Kultur gegen zweite Kultur. Mozarts Figaro gegen Django Edwards Road-Show, Tonhallen- gegen Panikorchester, abendländisches Kulturerbe gegen afrikanische Buschtrommeln. Das scheint der Schlüssel zur Lösung der Widersprüche. Doch zu diesem Schlüssel gibt es kein Schloß.

Es käme jetzt darauf an, die Augen zu öffnen für die politischen Widersprüche in dieser Stadt und diesem Land und die sozialen Probleme, die sie hervorbringen. Das hieße zugleich, das System der Einmütigkeit und Pseudogleichheit in Frage zu stellen, auf dem das Schweizer Demokratieverständnis aufbaut. Von allen Demokratien Westeuropas dürfte auf die Schweizer am ehesten noch das Attribut «bürgerlich» zutreffen, während ringsherum in den Nachbarländern sozialdemokratische Ideologien und Konfliktlösungsstrategien das bürgerliche Demokratieverständnis aufgeweicht haben.

Politische Apathie ist schwer zu messen. Soweit Wahlverhalten ein Indikator von Apathie ist, bricht die Schweiz alle europäischen Rekorde. Diagnose: Politischer Tiefschlaf. Schon deshalb muß die herrschende Oligarchie geschockt sein angesichts des wachen Anspruchs der rebellierenden Jungen.

Auf diesem Hintergrund ist die rigide Machtpolitik der Zürcher Bourgeoisie gegenüber der Jugend zu verstehen. Ein ungetrübter Harmoniehimmel ist wichtiger als das Austragen sozialer Konflikte. Dieses Sauberkeitsbedürfnis, dieser zwanghafte Drang nach hygienischer Politik und politischer Hygiene leugnet rundweg die Existenz politischer und sozialer Interessengegensätze. Welcher bürgerliche Politiker hätte eingestanden, daß es auch in der Schweiz Jugendarbeitslosigkeit gibt? Jetzt erfährt man, daß der im November 1976 ernannte Delegierte für Jugendfragen, der sich eigentlich um eine Jugendfreizeitkonzeption der Stadt Zürich kümmern sollte, sich «zuerst der Jugendarbeitslosigkeit widmen» mußte.

Alle Probleme, alle, die typisch sind für vergleichbare westeuropäische Städte, gibt es auch in Zürich. Und einige davon im Übermaß. Zürich als Umschlagplatz für harte Drogen braucht keinen Vergleich zu scheuen. Entsprechend hoch ist die Zahl der Drogenabhängigen. An Ausbildungsplätzen für eine qualifizierte Berufsausbildung ist hier ebenso Mangel wie anderswo. Ein autoritäres Schulsystem mit entsprechendem Leistungsdruck, ein insgesamt armseliges und phantasieloses Freizeitangebot, das alles würde ausreichen, um den kollektiven Wutausbruch zu erklären. Dazu dann Versprechungen, Vertröstungen, Ausreden und Taktieren über Jahre hinweg.

Zu allem Überfluß (und inmitten des größten Überflusses) aber herrscht in Zürich extremer Wohnungsmangel. Den vielfältigen Erscheinungsformen dieser Wohnungsnot nachzugehen, liefert schlüssigere Erklärungen für die gegenwärtige Unruhe als alle Spekulationen über alternative Freizeitkultur und die Qualität von Rock-Konzerten. Kein Zweifel: Die Jugendlichen meinen es ernst mit ihrer Forderung nach einem autonomen Jugend- und einem Kulturzentrum, in dem sie das entwickeln und treiben können, was ihren Vorstellungen von Kultur entspricht. Was sinnvolle Freizeit ist, wollen sie selbst bestimmen. Aber die Militanz, mit der sie für ihre Rechte kämpfen, entspringt einer tieferliegenden Verbitterung und Verzweiflung, die sich nur um die Forderung nach einem zentralen Versammlungsort, an dem man weniger unter sich als bei sich sein will, kristallisiert. Es gehörte schon immer zur Strategie der Mächtigen, aus Massenbewegungen den harten Kern herauszuschälen, ihn zu isolieren und schließlich zu zerschlagen. Den harten Kern der Zürcher Jugendbewegung auszusondern dürfte nicht schwerfallen. Es sind die Jugendlichen, die mehr oder weniger auf der Straße sitzen. Das sind offiziell Hunderte, bei genauer Betrachtung Tausende. Hier auch wird ein Problem deutlich, das weit über Zürich hinausgeht, das typisch ist für alle westeuropäischen Großstädte. In jeder Stadt treiben sich Hunderte von Jugendlichen herum, die auf der Suche nach einem Schlafplatz sind. Jede Nacht neu. In Köln allein wird ihre Zahl auf 5000 geschätzt. In West-Berlin sind 2000 Jugendliche «auf Trebe», viele Sozialarbeiter wissen sich nicht mehr anders zu helfen, als ihre Klienten bei Hausbesetzern unterzubringen.

Wohnen heißt mehr, als unter ein paar Kubikmetern umbauten Raums ein Schlupfloch zu finden. Und doch müssen sich auch in Zürich Jugendliche mit Löchern zufriedengeben, die jeder Wohnvorstellung und allen Hygienevorschriften hohnsprechen. Von Komfort ist erst gar nicht die Rede. Wohnungsnot herrscht auch dort, wo Jugendliche gezwungenermaßen zu Hause leben, obwohl sie oder ihre Eltern oder beide längst die Trennung wünschen.

Als Jugendlicher auf Wohnungssuche, das heißt: Diskriminierung, Erniedrigung und Ausbeutung. Als Jugendlicher eine Wohnung zu bewohnen, das heißt: Angst vor Schikanen, Zwang zum Wohlverhalten und die ständige Kündigungsdrohung im Nacken.

Als nach einer weiteren heißen Nacht Stadtpräsident Widmer («Warum lächeln Sie immer so blöd, Herr Widmer?») in stadtväterlicher Weise sich auf ein Gespräch mit den Jugendlichen einließ und unter dem Druck der Öffentlichkeit gemeinsam mit der SP-Stadträtin Lieberherr auf einer Vollversammlung erschien, begann zumindest bei diesem Herrn ein Lernprozeß. Durch die Ereignisse der letzten Nacht hätten sich die Dimensionen ausgeweitet, erklärte er, und es werde deutlich, daß es nicht so sehr um ein Lokal für Rock-Musik gehe, sondern daß ganz andere Kräfte dahintersteckten.

Der Bürger wohnt nicht einfach, er richtet sich ein und nennt das Wohnkultur. Alternative Jugendkultur will das gleiche; nur anders. Auch das ist kein Zürcher Spezifikum. Aber jugend- und kinderfeindliche Hausherren, Wuchermieten und Wohnraumsanierung verhindern das Zusammenleben von Jugendlichen in Wohngemeinschaften. Für viele Jugendliche ist das Zusammenleben in WGs mehr als eine vom Wohnungsmangel bestimmte Notgemeinschaft. Das ist *ihre* Vorstellung von Wohnkultur. Doch immer geringer wird die Chance, solche Wohnvorstellungen zu verwirklichen. Und bestehende Wohngemeinschaften werden wegsaniert.

Der Ablauf der Ereignisse ist fast überall gleich. Fristgemäße Kündigung. Vielleicht eine Terminverlängerung. Unterdessen hektische Wohnungssuche. Anfangs in der Hoffnung, eine Wohnung für alle zu finden. Dann beginnt jeder für sich zu suchen. Die Ansprüche sinken. Schließlich ist man froh, wenn man irgendwo in der Stadt oder der näheren Umgebung eine Bleibe findet. Jeder für sich. Das Einwohnermeldeamt registriert die Auflösung einer Wohngemeinschaft. Ein Verwaltungsakt für die Behörden, ein Geschäft für den Hausbesitzer, eine Katastrophe oft für die ehemaligen Bewohner. Wen interessiert, daß da familienähnliche Bindungen, geschwisterliche Beziehungen zerstört worden sind? Wen interessiert die Einsamkeit und Isolation, in die viele junge Leute so getrieben werden? Warum sollten *die* nun Fassaden schonen, hinter denen sie niemals wohnen werden? Warum sollten *sie* Schaufenster heil lassen, hinter denen Auslagen blenden, die sie nicht interessieren oder die sie nie werden kaufen können? Das ist nicht ihre Stadt. Das ist die Stadt der anderen.

Im Kampf zweier Linien Zürcher Jugendpolitik scheint sich im Augenblick der Integrations- gegen den Konfrontationskurs durchzusetzen. Verzweifelt versuchen sozialdemokratische Politiker einen Deckel auf den brodelnden Topf zu drücken, während gleichzeitig die *Neue Zürcher Zeitung* (*NZZ*) – das Sprachrohr der Zürichbergbourgeoisie – gegen jedes Nachgeben und jeden Kompromiß hetzt.

Die Bereitstellung eines «autonomen» Jugendzentrums in der Zürcher Innenstadt und die Bereitschaftserklärung, die «Rote Fabrik» in ein Kulturzentrum umzuwandeln, mögen zur vorübergehenden Beruhigung führen. Doch die Zugeständnisse sind keine. Im Falle der «Roten Fabrik» wird nur bestätigt, was eine Volksabstimmung bereits 1977 festgelegt hat. Und das «autonome» Jugendzentrum an der Limmatstraße steht mit einem Stein bereits in der Baugrube. So setzt sich fort, was typisch ist für Zürcher Jugendpolitik. Das Dach über den Köpfen der Bewegung ist löchrig. Das Schicksal des neuen Jugendzentrums läßt sich schon heute absehen. Es wird abgerissen oder geschlossen oder in eine Einrichtung traditioneller Jugendpflege umgewandelt wie der Bunker, das Drahtschmiedli, das Schindlergut, das Polyfoyer und Jugendhäuser im Umkreis von Zürich: in Schlieren, Affoltern, Bülach und anderswo. Kontinuität, die Voraussetzung wäre für eine sich ruhig durch alle Widersprüche und Rückschläge entwickelnde Jugendkultur, ist auch jetzt nicht garantiert.

Im ersten Anlauf mag die Bereitstellung von freien Räumen genügen. Vor allem ist sie polizeitaktisch angezeigt. Damit sind aber nicht einmal jene Freiräume geschaffen, nach denen die Jugendlichen verlangen. Nichts deutet darauf hin, daß sich an der defensiven und reaktiven Machtpolitik gegenüber der Jugend etwas ändern wird. Was den Herren vorschwebt, wird in der Äußerung des Leiters eines Schweizer Ost-Instituts deutlich. Jener Herr findet «das zunehmende Versagen von Behörden in psychopolitischen Fragen» besorgniserregend.

Psychopolitik anstelle von Jugendpolitik. Ein Schweizer Lernprozeß. Auch aus den Stellungnahmen des Stadtrats quillt jene borniert Selbstgefälligkeit und abgrundtiefe Verständnislosigkeit, die charakteristisch ist nicht nur für Zürcher Jugendpolitik: «Abschließend stellt der Stadtrat fest, daß die überwältigende Mehrheit der Jugendlichen unserer Stadt ihre Freizeit in verschiedenen Vereinen und Organisationen oder auch ihren Familien sowie städtischen Einrichtungen sinnvoll verbringt.»

Eine Politikerkaste definiert, was *sinnvolle* Freizeit in *ihrer* Stadt ist. Das beschreibt die Machtverhältnisse. Es fällt nicht schwer, sich vorzustellen, wie unter diesen Umständen das «autonome» Jugendzentrum an der Limmatstraße «gemanagt» werden wird. Einige Planstellen werden umgewidmet werden. Anstelle von drei Sozialarbeitern werden vier Polizeispitzel tätig: Dein Jugendpolizist läßt grüßen.

Zürich hat seine traditionellen Juni-Festwochen gehabt. Anders als geplant und mit einem Programm, das in den Juli verlängert worden ist. Seit Jahren waren es die ersten Festwochen von unten. Und es war Festtagsstimmung auf den Plätzen und in den Straßen der Stadt. Die Stadt als Erlebnisraum und nicht als Leichenschauhaus am Zürichberg. Ein Ausnahmezustand.

Vielen dürfte der Sturmlauf der «Nackten Gewalt» mehr Eindruck gemacht haben als die Demonstration der Zehntausend, die trotz, nein wegen des totalen Demonstrationsverbots auf die Straße gingen und so die Machtprobe mit der Staatsgewalt erzwangen. Für einen Augenblick hatte «d' Bewegig» ihre Isolation durchbrochen. Die «Demonstration der Unzufriedenen» brachte Sozialdemokraten und Frauenbewegung, Kommunisten und Schwule, Behinderte und Gewerkschafter, Punker und Motorrad-Freaks auf die Straße. Und alle, die sich der Bewegung zurechnen. Es sind viele Bewegungen, die da zusammengeflossen sind. Druck von außen macht sie erst zu einer Bewegung. Hier wäre der Ansatzpunkt für klassisches sozialdemokratisches Krisenmanagement. Mit wohldosierten Konzessionen könnte man versuchen, die Bewegung zu spalten, man könnte die Motive der Jugendlichen analysieren und die Sozialrebellen von den Freizeitrebellen trennen, den einen Freiräume der Kreativität zur Verfügung stellen und die anderen schonungslos verfolgen.

Schon lange vor den Unruhen hat der Kommunistische Jugendverband (KJV – Zürich) diese Gefahr analysiert: «Der Jugendliche wird... aufgespalten in eine Person, die tagsüber arbeitet, um abends in anderen Hosen ‹Freizeit› betreiben zu können. Der größte Teil seiner Aktivität (Arbeit) wird so tabuisiert, wird in einen undiskutablen Bereich verdrängt.» Die Forderung nach Möglichkeiten kultureller Selbstverwirklichung allein liegt noch ganz auf der Linie bürgerlicher Jugendpolitik. Nur wenn auch die Wohn-, die Arbeits- und Ausbildungssituation einbezogen und in Frage gestellt und in Zusammenhang mit der sinnentleerten Freizeit gebracht werden, hat die Bewegung die Chance, den gemeinsamen Nenner zu finden, der sie auch ohne äußeren Druck zusammenhält. Der Versuch militanter Gruppen, durch gewalttätige Aktionen an den Ausgangspunkt der Bewegung anzuknüpfen, wird den Zerfallsprozeß nur beschleunigen. Das zeigen alle

Erfahrungen in anderen Städten. Die meisten Jugendlichen lehnen solche Aktionen ab, auch wenn sie als Initialzündung erst durch sie in Bewegung gebracht wurden. Die Spontaneität der ersten Stunde ist nicht beliebig prolongierbar. Dann kommt die Stunde des Staatsapparates. Und der wird zuschlagen.

Es wäre schade, wenn auch in dieser Stadt eine Generation von Jugendlichen aufwächst, zu deren Lieblingsworten – je älter sie wird – die Vokabel «damals» gehört.

Zins und Zunder

Nun waren es bereits die «schwersten» Unruhen in der jüngeren Schweizer Geschichte. Das Klima sei derartig «gefährlich vergiftet», daß ohne eine «harte behördliche Hand» die Bildung von «Bürgerwehren» befürchtet werden müsse. Das will die Schweizerische Volkspartei (SVP) als Mahnung verstanden wissen. Doch als Drohung gegen die Zürcher Jugendbewegung ist es gedacht.

Nach einer neuerlichen Großdemonstration, nach Hausbesetzungen und Räumung durch die Polizei hat die Zürcher Polizei im Auftrag der etablierten Rathausparteien zugeschlagen. Das «Autonome Jugendzentrum» wurde geschlossen. Verrammelt und verriegelt – wie nicht anders zu erwarten war. Die Antwort der Jugendbewegung kann man in der Tagespresse nachlesen: das Ausmaß der Antwort in den Auftragsbüchern der Zürcher Glasereien.

Das Jugendzentrum ist geschlossen. Zwar war die Polizei nur mit einer Kontrolle beauftragt, aber dann blieb sie gleich im Jugendhaus. Man war fündig geworden. Eine perfekte Inszenierung. Nicht so, wie ein Sechzehnjähriger meint: «Die haben wie die Osterhasen Drogendepots im AJZ angelegt, die sie dann von ihren Hundertschaften aufspüren ließen.» Das war gar nicht nötig. Die Gesetzhüter kennen schließlich die Gesetze des «freien» Marktes, die Mechanismen von Angebot und Nachfrage. Der Warenfluß reguliert sich von selbst, wenn man ihn in die richtigen Bahnen lenkt: Zugleich mit der von der Jugend-Bewegung erzwungenen Öffnung des Jugendhauses an der Limmatstraße wurde das «Top-Spot» an der Rämistraße, einer der

Hauptumschlagplätze für Drogen aller Art, geschlossen. Kein Wunder also, daß die Jungdealer ihre Stände dort aufschlugen, wo sie Nachfrage vermuten konnten.

Daß die Aktion gegen das Jugendhaus nötig war, meint die *Neue Zürcher Zeitung*, beweise der Erfolg: 29 zur Verhaftung ausgeschriebene Personen und 26 *mittellose Ausländer* waren im Zentrum.

In den ersten Berichten über die Razzia im Jugendhaus war auch noch die Rede von Waffenfunden. Doch das war wohl eher ein Griff in die Küchenschublade. In einem Land, dessen Rüstungsindustrie auf die Produktion von Bürgerkriegswaffen spezialisiert ist, dessen wendige «Pilatus-Porter»-Flugzeuge in Vietnam verheerende Zerstörungen anrichteten, dessen «Mowag»-Panzerfahrzeuge der Bolivianischen Junta gerade wieder gute Dienste leisten, in einem Land, wo jeder echte Junge ein Schweizer Offiziersmesser im Säckel und jeder Wehrpflichtige seine Knarre zu Hause im Schrank hat, waren zwei Schreckschußpistolen und allerlei spitze und scharfe Gegenstände wohl doch zu lächerlich, um weiter von Bürgerkriegswaffen zu reden.

«Das Schicksal des neuen Jugendzentrums läßt sich schon heute absehen. Es wird abgerissen oder geschlossen: Kontinuität, die Voraussetzung wäre für eine sich durch alle Widersprüche und Rückschläge entwickelnde Jugendkultur, ist auch jetzt nicht garantiert.» Die Prognose hat sich vollauf bestätigt. Und niemand kann überrascht sein. Denn Kontinuität war nie vorgesehen, die Zeit, sich autonom zu entwickeln, mit Drogenhandel, Drogenabhängigkeit und auch mit Kriminalität selbst fertig zu werden, wollte keine der etablierten Parteien den Jugendlichen zugestehen. Und wieviel Zeit hätten sie erst gebraucht, um mit Provokateuren fertig zu werden, die Sprengstoff ins Jugendhaus schleppen; egal, ob sich solche Provokateure nun Anarchisten oder Faschisten nennen.

Der Zürcher Kantonsrat Fünfschilling, Vorsitzender der Zürcher SP und gemeinsam mit Vertretern der Partei der Arbeit (PdA) und der Progressiven Organisation (POCH) einer der sozialdemokratischen Politiker, die unbeirrt für die Rechte der Jugendlichen eintreten, relativiert die kriminellen Delikte, die man den Festgenommenen vorhält. Das alles war im Umkreis eines solchen Experiments zu erwarten: Mofa-Diebstähle, Besitz von Rauschdrogen, nicht bezahlte Geldbußen etc.

Und doch ist Kriminalität das richtige Stichwort, um die Vorgänge in Zürich und anderen Schweizer Städten zu verstehen. Es geht um die

Vertuschung krimineller Handlungen und die Aufrechterhaltung eines kriminellen Klimas. «Die Liste der durch das Bankgeheimnis gedeckten kriminellen Handlungen ist praktisch endlos», schreibt der Schweizer Soziologie-Professor Jean Ziegler, Mitglied der sozialdemokratischen Fraktion des Nationalrats in seinem Buch *Eine Schweiz über jeden Verdacht erhaben*. So haben die Vertreter der Schweizerischen Volkspartei (SVP) schon recht, wenn sie von einem «gefährlich vergifteten Klima» sprechen. Sie liefern – wohl unbeabsichtigt – eine Erklärung für die konsequente und rücksichtslose Machtpolitik von Stadtbehörde und Polizei.

Was sich in Zürich abspielt, gefährdet in der Tat das Investitionsklima und den Fluß des Fluchtkapitals, von dem die Schweizer Volkswirtschaft lebt wie kein anderes Land der Welt. «Im weltweiten kapitalistischen System spielt die schweizerische Oligarchie eine zentrale Rolle: die des Hehlers», schreibt Ziegler. Fluchtkapital von Diktatoren und Killern, Latifundienbesitzern und Dealern, Steuerbetrügern und Mafiosi fließt auf die Konten der Schweizer Großbanken. Die Schweizer wurden zu «Komplizen einer Politik, die die Welt verwüstet».

Jede Unruhe, jede Auflehnung, jeder Streik, ja bereits jede Kritik gefährdet diese Komplizenschaft des Schweizer Volkes mit seiner Oligarchie, zerstört die Fiktion von einem einig Volk von Brüdern.

Die auf Schweizer Konten fließenden Fluchtgelder, ihre Kontrolle und Reinvestition durch die Oligarchie bringen das Land in eine Abhängigkeit vom internationalen Finanzkapital, die eines Tages die arbeitende Bevölkerung der Schweiz und den gewöhnlichen Sparer selbst zu Betrogenen des Hehlerimperiums macht. Das Gütesiegel «Swiss Made», hinter dem sich der hohe Entwicklungsstand der Landwirtschaft und die produktiven Fähigkeiten der Schweizer Arbeiterklasse, der Sinn für Qualitätsarbeit, das technische Talent, die schöpferische Kraft, die Sorgfalt gegenüber dem Handwerkszeug ebenso wie präzise Ingenieurleistungen verbergen, droht zur Bedeutungslosigkeit zu verkommen. In großem Umfang vernichtet Kapitalexport bereits seit Jahren Arbeitsplätze, die nur deshalb in der Statistik nicht als Arbeitslosigkeit erscheinen, weil auch die Arbeitslosigkeit rücksichtslos exportiert wird: nach Spanien und in die Türkei, nach Italien und Jugoslawien.

«Ausländer raus!» Rechtsradikale, ausländerfeindliche Kampagnen schaffen das Klima, um die arbeitende Bevölkerung zu spalten und ausländische Arbeitskräfte nach Bedarf hin und her zu schieben. Was man von «mittellosen Ausländern» zu halten hat, die bei der Razzia im AJZ aufgegriffen wurden, ist so bei Teilen der Bevölkerung psychologisch vorbereitet. Die Kollegen des Fernsehens (DRS) und die Redakteure des *Tagesanzeigers*, einem der letzten bürgerlich-liberalen Blätter, bekommen den Druck der Oligarchie zu spüren, wenn sie das tun, was ihre journalistische Pflicht ist: über die Ereignisse zu berichten, Analysen zu versuchen und in diesem Rahmen auch Jugendliche zu Wort kommen zu lassen. Vom Kaufhauskonzern «Globus» angestiftet und dem Organ der Arbeitgeber unterstützt, läuft ein Inseratenboykott gegen den *Tagesanzeiger*, weil der den Ereignissen in Zürich zu großen Raum gewidmet hat und Verständnis für die Motive der Jugendlichen durchschimmern ließ.

Die Interessen des Finanzkapitals und der Oligarchie sind ernsthaft gefährdet. Denn ihre Macht und ihr Einfluß beruhen auf einem labilen Gleichgewicht. Sie haben im Grunde nichts zu bieten, als den Unruhen draußen in der Welt Ruhe, law and order drinnen, in der idyllischen Schweiz, entgegenzusetzen.

Je größer die Verbrechen sind, denen die jeweiligen Konteninhaber ihr in der Schweiz deponiertes Kapital verdanken, desto stärker ist die Nachfrage nach absoluter Sicherheitsgarantie im Anlegerland. Wobei man von einer Kapital*anlage* schlechterdings nicht sprechen kann. Das Schweizer Bankensystem funktioniert nach archaischen Prinzipien, die mit Naturalientausch mehr zu tun haben als den Gesetzen von Zins- und Zinseszins. Denn die Konten sind in Wirklichkeit nur noch Verstecke. Und die Eigentümer des Fluchtkapitals sind bereit, für diese Verstecke Lagergebühren zu zahlen, die sie «Negativzins» nennen. Sie legen drauf und erwarten als einzige Gegenleistung, daß ihr Versteck nicht verraten noch durch innere Unruhen bedroht wird.

Die Polizeiknüppel, die auf Zürichs Jugend niederprasseln, die Nervengasgranaten und Gummigeschosse, die auf sie abgefeuert werden, sind Teil des «internationalen Finanzausgleichs», von dem die Schweizer Oligarchie so profitabel lebt: Grüße aus Santiago de Chile, Guatemala City, Soveto und Beirut. Und Frankfurt am Main.

Ein Schuß im Zentrum

Es ist der Gipfel, höher als das Matterhorn. Zürich hat nicht nur sein «Autonomes Jugend-Zentrum» wieder, das AJZ hat nun auch seinen Fixerraum.

Vier Minuten zu Fuß vom Hauptbahnhof am Landesmuseum vorbei zur Limmatstraße, und schon steht man vorm AJZ. Jetzt noch quer über den Hof des vergammelten Fabrikgeländes, den florierenden Haschischmarkt links liegen lassend, und man steht vor der Tür des «Tschönki-Rooms».

Ich habe die junge Stimme eines Haschischhändlers noch im Ohr: «Roter Libanese?», da umsäuselt mich die Stimme einer Frau: «Wotsch öppis guets?» Für eine Sekunde bin ich verwirrt von der Intensität ihrer Anmache. Dieser St.-Pauli-Ton auf Züridütsch.

Als ich mit knappem Kopfnicken verneine, fällt die Spannung zusammen. Zwei weitere Angebote schlage ich aus, bis ich schließlich durch die weit geöffnete Eisentür den Junky-Raum betrete. Gleich hinterm Eingang fangen mich junge Leute ab, packen mich am Arm, bauen sich vor mir auf oder halten mir wortlos ein Briefchen entgegen. Junkies beim Dealen, Fixer auf der Suche nach Kundschaft: «Hast du was?» – «Suchst du was?» Unter 450 Franken pro Gramm Heroin läuft hier nichts, und da muß ein Kleindealer schon eine gute Connection haben, um selbst auf seine Kosten zu kommen. Pro Gramm Heroin werden in Zürich gewöhnlich 500 Franken bezahlt, auch 600 Franken werden verlangt und bezahlt.

Mühsam bahne ich mir einen Weg durch den Händlerring. Es ist Freitag, im Junky-Room herrscht Hochbetrieb. Ich sehe die beiden Spülbecken an der Rückwand des renovierten Fabrikraums. Sie wurden installiert, damit die Junkies die Heroinkristalle in sauberem Wasser auflösen können. Entlang den Seitenwänden stehen lange Bänke und grobe Holztische. In der Mitte des Raums allerlei Hydrokultur, eingefaßt von einer kreisförmigen kniehohen Mauer. Zwei von den Eisenträgern der Deckenkonstruktion baumelnde Strahler beleuchten das grüne Arrangement.

Es ist nicht leicht, sich in diesem Gewühl eine Schneise zu öffnen. Ich versuche es vorsichtig, immer darauf bedacht, nicht einen der Jugendlichen, die sich im Stehen die Nadel in die Vene drücken, anzurempeln.

Nur undeutlich nehme ich wahr, wie fünf, sechs Jungen an ihren nackten ausgestreckten Armen hantieren. Ich nehme es wahr, ohne genau hinzusehen, denn im Augenblick bin ich mit mir selbst beschäftigt. Ein Schock. Ich habe einen Schock.

Mir wird kalt und schwindlig. Übel ist mir nicht, obwohl die Szene übel ist. Aber das Herumstochern in verknorpelten Venen, das Spritzen von Blut, wenn ein Schuß danebengeht – das kenne ich, das habe ich oft gesehen.

Doch nie habe ich es so erlebt: so selbstverständlich und in aller Öffentlichkeit. Den Augen bietet sich kein Fluchtweg – überall stehen, sitzen, knien und hocken Mädchen und Jungen an der Nadel. «This is the end», die Zeile eines Songs von Jim Morrison schießt mir durch den Kopf. Das Ende wovon? Das Ende der aberwitzigen Legende, man kenne Mittel und Wege, das Drogenproblem in den Griff zu bekommen. Die Wirklichkeit der Drogenszene, hier im Junky-Room des Autonomen Jugend-Zentrums (AJZ) von Zürich, macht alle therapeutischen Bemühungen zur Farce. So kraß wie nie zuvor wird mir demonstriert, warum auch meine kräftezehrende Arbeit im Hamburger «Therapie-Zentrum Altona» scheitern mußte.

Weiter hinten, bei den Spülbecken, scheint es weniger hektisch zuzugehen. Ich steuere einen Platz an der Backstein-Bar an. Dabei stolpere ich über einen Junky im Rollstuhl. Neben mir, den entblößten Arm auf den Mauersims gelegt, lehnt ein Junge in einer Holzfällerjacke, das Gesicht gelb wie eine Zitrone. Geschminkt? Als ich in das Gelb seiner Augen blicke, weiß ich, daß es Zeit ist, auf Distanz zu gehen.

Der Schock ist abgeklungen, jetzt sehe ich genauer hin. Überall, im hellen Schein der Strahler wie im schummrigen Licht an den Wänden sind Mädchen und Jungen dabei, Spritzen zu reinigen, Heroin zu zerkleinern, Arme abzubinden oder Einstichstellen zu suchen. Dazwischen immer wieder die nervösen oder gehetzten Fragen «Häsch öppis? Suchsch öppis?»

An einem der langen Holztische steht eine Clique junger Italo-Schweizer, zweite Generation. Der Älteste ist vielleicht 23, der Jüngste… ich kann es nicht sagen, er hat sich gerade einen Schuß gesetzt: Jetzt sieht er alt aus. Ein Mädchen ist auch dabei. Sie ist sehr jung.

Ein blonder Mann, er spricht Italienisch mit Akzent, hat vor sich einen Pappbecher und eine Alufolie, auf der er mit einem Schweizer Offiziersmesser Heroin zerkleinert und portioniert. In einem Löffel mischt er das Pulver mit Wasser aus dem Pappbecher, zieht die Mischung in die Spritze. Zweien der Italiener gibt er die Fixe in die Hand, dem Mädchen setzt er den Schuß, und dem, den ich für den Jüngsten halte, führt er die Nadel. So erhält jeder sein Quantum, alle mit derselben Spritze, alle mit derselben Nadel.

Einer, der bis dahin abseits stand, löst sich von der Wand und streckt dem Anfixer seinen nackten Arm entgegen. Seine Armbeuge ist weiß, zart und glatt. Die Szene hat etwas unglaublich Obszönes. Es ist, als würde man Zeuge einer Orgie. Mir reicht's. Ich habe eine Stunde der Wahrheit erlebt.

Der Fixerraum ist die nackte Wahrheit, so nackt wie die Armbeugen der Jungen und Mädchen, die da drinnen ihr Leben ruinieren. Es ist die schreckliche und zugleich konsequente Reaktion der «Bewegung» auf die Drogenszene und auf das, was die Gesellschaft mit den Drogenabhängigen treibt.

Zum Beispiel in Zürich. Innerhalb eines Jahres hat sich die Zahl der Drogentoten in der Stadt verdoppelt. Die gerade veröffentlichte landesweite Statistik der Drogenopfer – worunter man bezeichnenderweise «nur» die Toten versteht – gibt für das vergangene Jahr 107 Todesopfer an. Das sind, im Verhältnis zur Gesamtbevölkerung, doppelt so viele Tote wie in der Bundesrepublik, die in Europa bisher Spitzenreiter dieser Horrorstatistik war.

Die Staatsorgane schritten zur Tat. Die Zürcher Stadtverwaltung ließ die Polizei alle Fixertreffpunkte der Stadt auf einen Schlag schließen, auf dem Hirschenplatz, dem open air-Treffpunkt der Junkies, wurden regelmäßige Razzien veranstaltet. Fürwahr eine Doppelstrategie: Erstens schaffte man die Fixer von den öffentlichen Plätzen und zweitens hetzte man sie auf das Autonome Jugend-Zentrum, das sich die «Bewegung» kurz zuvor erkämpft hatte. Dort mußte sich nun die ganze Szene konzentrieren, von den Dealern über die dealenden Junkies bis zu den Usern. Dort hatte man sie nun beieinander und konnte zugleich nach Belieben das ganze Jugendzentrum als Drogenlager denunzieren.

Die «Bewegung», vertreten durch die Drogengruppe des Jugendzentrums und die «Drogengruppe Zürich», eine Vereinigung von Psychiatern, Ärzten und Sozialarbeitern, griff zu drastischer Notwehr. Am 24. Dezember letzten Jahres wurde im AJZ ein Drogenraum eröffnet. Er sollte zugleich eine Demonstration des Drogenelends, ein Akt der Solidarität mit den Abhängigen und der Versuch sein, die Drogenszene im Jugendzentrum zu entmischen, das Angebot auf einen Ort zu begrenzen und so weit als möglich zu kontrollieren. Außerdem wollte man durch die Einrichtung des Drogenraums das Anfixen noch nicht Abhängiger verhindern, die Hygiene verbessern und den Junkies einen repressionsfreien Rahmen zur Kommunikation und Selbstorganisation geben.

Doch was als Ganzes so konsequent, radikal und sinnvoll erschien, hat sich in seinen Einzelheiten als illusionär erwiesen. Weder wurde der Drogenhandel unterbunden noch das «Ankicken» verhindert, weder wurde die Hygiene verbessert, noch gab es nennenswerte Ansätze zur Selbstorganisation der Abhängigen. Daß solche Erwartungen überhaupt mit dem Fixerraum verbunden werden konnten, haben sich die Initiatoren selbst zuzuschreiben: Unter starkem Rechtfertigungsdruck von seiten der Stadtöffentlichkeit und der Massenmedien hatten einige Ärzte und andere Mitarbeiter der Drogengruppe zu Hilfsargumenten gegriffen, die sich gegen sie kehren mußten.

Schon der Hinweis, seit Eröffnung des «Tschönki-Rooms» habe es in Zürich keinen Drogentoten mehr gegeben, ist eine Falle. Es wird Tote geben im Fixerraum des Jugendzentrums. Wer etwas anderes erwartet, ist ein Narr. Man kann sich auch einreden, es sei ein Sieg der Hygiene, wenn der Junky das Wasser aus dem Wasserhahn statt aus der Kloschüssel zapft. Denn von der Gewohnheit, gemeinsam eine Nadel zu benutzen, lassen viele auch dann nicht ab, wenn – wie im Fixerraum – ausreichend sterile Nadeln zur Verfügung stehen. Das jedenfalls habe ich beobachtet. Und daß junge Leute angefixt werden. Und daß die Dealer auf Kundenfang so allgegenwärtig sind wie früher an den Fixertreffs oder auf dem Hirschenplatz.

Auch von der Chance zur repressionsfreien Kommunikation ist nicht viel geblieben: Die Polizei, die eigentlich nur die Möglichkeit zu haben schien, den Fixerraum entweder zu ignorieren oder zu schließen, gibt sich halbstark. Sie veranstaltet gelegentliche Razzien, überprüft Personalien und nimmt einige Junkies vorübergehend fest. Das Konzept ist durchsichtig: dafür sorgen, daß die Paranoia nicht aus der Szene entweicht. Im übrigen wird das Ganze erst mal schön hochgekocht. Schließen kann man immer noch.

Eine «Drogenwoche» lang wurde im Jugendzentrum diskutiert. Ich nehme an den Sitzungen teil, in denen das Ergebnis ausgewertet und eine Erklärung für die Öffentlichkeit vorbereitet wird. Der Fixerraum bleibt geöffnet. Das ist das wichtigste Ergebnis. Nicht weil sich durch ihn Wesentliches geändert hätte, sondern weil es einfach keinen anderen Ausweg gibt.

Die beteiligten Ärzte sehen sich allerdings außerstande, weiterhin ihre Präsenz im Fixerraum zu garantieren. Sie fühlen sich überfordert und geben es zu. Auch zeigt sich, daß einige der Beteiligten Illusionen hatten. Sie sind enttäuscht über die Apathie der Abhängigen. Dabei ist es eher erstaunlich, daß sich zehn der Benutzer des Fixerraums (wochentags hundert bis zweihundert, am Wochenende dreihundert bis fünfhundert) der Drogengruppe des Jugendzentrums angeschlossen haben und sich an politischen Diskussionen ebenso beteiligen wie an der Planung einer Entzugsgruppe.

Noch freilich sehen die meisten Fixer im «Tschönki-Room» nichts als einen vor Wind, Wetter und «der Schmier» halbwegs schutzbietenden Aufenthaltsraum. Selbst durch Razzien lassen sie sich nicht aus der Ruhe bringen. Kaum hat die Polizei das Jugendzentrum verlassen, ist der Fixerraum wieder gerammelt voll.

Ob die Zürcher Drogengruppen auf dem richtigen Weg sind, steht nicht zur Diskussion. Es gibt niemanden, der sagen könnte, was der richtige Weg ist. Alle bisherigen Wege waren Sackgassen. Ich habe die unterschiedlichsten persönlichen und politischen Motive der Mitarbeiter kennengelernt. Einiges habe ich nicht verstanden, anderes erscheint mir fragwürdig, und in politischen Fragen würde ich mich gern mit dem einen oder anderen streiten. Aber das sind keine Scharlatane. Bevor einer das Maul aufreißt, um sie zu isolieren, zu denunzieren oder zu kriminalisieren, sollte er gefragt werden, für wen er arbeitet: für welche Staatspartei, für welchen Pharmadrogen-Konzern oder für welches Therapiebusiness.

So viel jedenfalls ist sicher nach zwei Monaten «Tschönki-Room» in Zürich: Das AJZ war nie drogenfrei, und es wird niemals drogenfrei sein. Aber die Scene ist entmischt. Das Jugendzentrum gleicht einem Kaufhaus, das seine Regale neu geordnet hat. Schon am Eingang kann sich der Kunde orientieren und zielstrebig die Abteilung ansteuern, die das Gewünschte feilbietet. Kommissionshändler und Kleindealer scheinen sich an die Spielregeln zu halten, wohl auch, weil sie weniger Aufwand erfordern.

Daß diese Entwicklung den einzelnen Junky eher benachteiligt als begünstigt, macht einmal mehr die Machtlosigkeit all derer deutlich, die glauben, sich dem Drogenhandel an seinem Endverbrauchermarkt entgegenstemmen zu können. Wie nicht anders zu erwarten war: der

Heroinpreis ist gefallen. Das klingt wie eine frohe Botschaft für alle Junkies. Doch die meisten Fixer sind auch Kleindealer, und als Kleindealer werden sie von der Preisentwicklung überrollt. Dealer mittlerer Größenordnung wagen sich nun selbst auf den Endverbrauchermarkt. Ihr Geschäftsrisiko ist gesunken. Und so versuchen sie wenigstens Teile der Vermittlungsprovision selbst zu kassieren. Sie verdrängen den Kleindealer vom Markt und berauben ihn der Möglichkeit, zur eigenen Bedarfsdeckung zu dealen.

Dealer dieser Kaliber sind leicht an ihrem Äußeren zu erkennen. Die meisten sind selbst nicht abhängig. Sind sie es, dann versuchen sie sich durch betont saubere und modische Kleidung zu tarnen. Im Säckel haben sie zwischen fünf und zehn Gramm, weitere zehn Gramm draußen im Auto.

Fällt aber der Zwischen- und Kommissionshandel aus, bleiben Kleindealer auf ihrem Stoff sitzen oder kommen erst gar nicht ran; fallen Kunden aus, die sie Händlern zuführen könnten.

Der Ausschluß vom Markt erfolgt offen nach der Art einer Getreidebörse. Kleinhändler suchen im AJZ verzweifelt nach Kunden, während ein Zwischenhändler seelenruhig seine neuen Endpreise nennt. Als ich komme, ist er bei 450 Franken, als ich gehe bei 400. Da kann man nur kaufen. An Weiterverkaufen ist nicht mehr zu denken.

Die Stimmung im Jugendzentrum ist gedrückt. Ein Brand hat einen Teil des AJZ vernichtet. Ein Obdachloser – knapp zwanzig Jahre alt – wurde in letzter Minute von der Feuerwehr aus den Flammen gezogen. Die Besucher sprechen von Brandstiftung. Die Räume, in die die Jugendlichen die meiste Arbeit gesteckt haben, sind vernichtet.

Auch der Sozialarbeiter, mit dem ich noch einmal über die Drogenwoche sprechen will, hat resigniert. Man müßte etwas gegen die Mittel- und Großdealer tun. Und wie, fragt er sich, ist die Zunahme der Notfälle am vergangenen Wochenende zu erklären. In fünf Fällen rückte der diensttuende Arzt mit der «Narcan»-Spritze raus, um kollabierende Junkies zu retten. Liegt es am Preisverfall? Nutzen die Käufer die Chance, für das gleiche Geld mehr Ware zu bekommen, um sich höher zu dosieren? Oder ist ein neuer Stoff von höherer Qualität auf dem Markt, ein Stoff, dessen Dosierung sich erst durch Erfahrung einpendelt? Stimmt die Beobachtung, daß immer mehr ausländische Dealer auftauchen?

Das Gespräch wird von einem grölenden Jungen unterbrochen: Es brennt! Auf dem an das AJZ-Gelände anschließenden Parkplatz steht ein Wagen in hellen Flammen. An den beiden rechts und links von ihm geparkten Fahrzeugen beginnen sich die Flammen hochzufressen. Von dem BMW in Silbermetallic bleibt nichts über als ein verbogener Schrotthaufen. Die Flammen an den beiden anderen Fahrzeugen kann die Feuerwehr, die unter bewaffnetem Polizeischutz eintrifft, ersticken. Als ich am nächsten Morgen am Parkplatz vorbeifahre, werde ich von einer gaffenden Menschenmenge aufgehalten. Das Wrack ist verschwunden. Die Scheiben aller verbliebenen Fahrzeuge sind demoliert, die Reifen zerschnitten.

Harte Währung, harte Drogen, harte Zeiten.

«Hau ab, du Fixer!»

Zürich zweiundachtzig/dreiundachtzig: Längst ist Gras über das Jugendzentrum an der Limmatstraße gewachsen. Einen Baum haben sie einsam stehen gelassen, alles andere wurde in einer Generalstabsaktion von Schaufelbaggern niedergerissen und Planierraupen plattgewalzt. Über Nacht war das «Autonome Jugendzentrum» verschwunden. Weg, einfach weg.

Drei Buchstaben, die sich wie eine Bauchbinde um den Stamm der Roßkastanie winden, erinnern an die wüsten Tage von Zürich: AJZ.

In der bürgerlichen Presse sind bereits Retrospektiven angesagt, wird in der Gewißheit, der Spuk sei vorüber, mit heuchlerischer Anteilnahme gefragt, was aus «d' Bewegig» geworden sei. Anders gefragt: Wohin hat man sie getrieben, wohin gejagt?

«In die Resignation», meint ein Sozialarbeiter in städtischen Diensten und gibt zu verstehen, daß das seine Arbeit nicht leichter mache.

«In ihre Löcher», höhnt ein Popperjüngelchen, mit dem ich vor einer Diskothek gegenüber dem AJZ-Gelände spreche. Der Rechtsruck bei den Gemeinderatswahlen vor fast einem Jahr belegt, wessen Stimme da spricht.

Daß Unmut und Haß nicht verjagt wurden, bezeugen die unzähligen Inschriften überall in der Stadt. Als Bewegung aber sind sie verschwunden. Nur die Fixer-Scene hat sich unübersehbar einen neuen Markt- und Versammlungsplatz geschaffen. Zwischen Quai- und

Münsterbrücke stehen sie an der «Rivi» herum, einsam und verlassen oder in Gruppen, um ihre keinen Geschäfte mit hohem Einsatz abzuwickeln. Die «Riviera» ist ein sonniges Plätzchen, eine Promenade, die schon früher die «Freaks» anzog, an der sich aber auch der Bürger gerne erging. Jetzt pflegt der einen weiten Bogen um den fremdartigen Menschenauflauf zu schlagen, der an manchen Tagen so dicht ist, daß man kaum durchkommt. Nur aus der Ferne werfen viele Passanten einen gaffenden Blick auf die Fixer-Scene, im Vertrauen darauf, daß auch dieser Spuk bald ein Ende haben wird.

Unterdessen hat die Polizeiführung ein Erziehungsprogramm aufgelegt und die Lehraufträge an uniformierte Patrouillen und zivile Streifen vergeben. Die nehmen ihren Job ernst und treiben Verkehrserziehung bis zum Tode. An Dani und Michi zum Beispiel, zwei Jungen in gemäßigtem Punker-outfit, sechzehn Jahre der eine, siebzehn der andere, beide Lehrlinge. Sie hatten ein Motorrad entwendet und gerieten in eine Routinekontrolle. Daß das Töff geklaut war, konnte die Polizeipatrouille nicht wissen. Sie sah nur zwei junge Typen ohne Schutzhelme die Ausfallstraße hochdonnern. Mit «übersetzter Geschwindigkeit», wie es später im Polizeiprotokoll heißt, doch da stand manches drin, worauf man besser nicht schwört. Gang rein, Blaulicht an und mit hundert Sachen hinterher. Als der Beifahrer vergeblich Haltezeichen gab, hätte er Gelegenheit gehabt zu erkennen, daß er und seine Kollegen zwei Milchgesichtern nachjagten. Oder hat er sich von dem Anarcho-A auf dem Rücken von Michis Jacke ablenken lassen?

Was die Buben sahen und was sie dachten, wird niemand je beantworten können. Da sie Erfahrungen mit der «Schmier» hatten, könnte es sein, daß sie in Panik gerieten. Jedenfalls verhielten sie sich so. Eine Spitzkehre und schon sind sie ihren Verfolgern entwischt. Stadteinwärts, –abwärts geht die Jagd. In einer langgestreckten Kurve bei einer Geschwindigkeit von neunzig Stundenkilometern, laut Fahrtenschreiber, und in einem Abstand zwischen einem und eineinhalb Metern, laut Polizeiprotokoll, schließt der Streifenwagen erneut auf. Jetzt ist auch die Cis-Gis-Sirene in Betrieb. Der Fluchtweg wird schmal, eng, zu eng. Eine Bordsteinkante bremst die Fahrt, ein Steinquader beendet sie. Dani und Michi sind gestellt. Sie liegen tot am Straßenrand.

Noch am Unfallort bescheinigt eine Staatsanwältin der Fahrzeugbesatzung, «pflichtgemäß und unter Wahrung» und so weiter gehandelt zu haben. Es hilft nichts, daß eine aufgeschreckte Öffentlichkeit – die Lokalpresse allerdings erst nach einigem Zögern –, vor allem aber die

Eltern der beiden zu Tode Gejagten die Polizeidarstellung des «Unfall»-Geschehens so zerlegt und widerlegt, daß sich der Bezirksrichter gezwungen sieht, wegen fahrlässiger Tötung das Verfahren gegen die Polizisten zu eröffnen.

Die Gegenermittlungen hatten zutage gebracht, was die Polizeipressestelle hartnäckig verschwieg. Der Beifahrer des Streifenwagens hatte im Geheul der Sirene und dem hektischen Flackern des Blaulichts bei rasender Geschwindigkeit in einer abfallenden Kurve den Motorradlenker mit einer aus dem Wagenfenster gehaltenen Pistole zum Halten aufgefordert.

Der Richter spürt ein menschliches Rühren – für die Polizisten. Freispruch wegen Dienstes nach Vorschrift und, was jetzt kommt, kann sich so wohl nur in Zürich ereignen: eine Entschädigung obendrauf – für die Polizisten.

Ganz im Rahmen der Vorschriften können die Ordnungshüter nicht gehandelt haben. Die der Öffentlichkeit vorenthaltene, nur durch Indiskretion bekannt gewordene polizeiinterne Dienstvorschrift 6915 liest sich wie eine Urteilsschelte. Es sei unsinnig, «wegen eines Geschehens von untergeordneter Bedeutung sein Leben und das anderer aufs Spiel zu setzen». Das gelte auch «bei der Verfolgung eines bloßen Verkehrssünders, dessen Identität sich unter Umständen auch auf andere weniger gefährdende Weise feststellen läßt». (Und nichts anderes als Verkehrssünder waren die beiden Jungen.) Was bei den Überlegungen des polizeilichen Einsatzes auf keinen Fall eine Rolle spielen sollte, wird auch gesagt: sportlicher Ehrgeiz, Jagdtrieb und Prestigedenken.

Einige Monate später wird sich zeigen, wie diese Rahmenrichtlinien in der Zürcher Verkehrserziehungspraxis umgesetzt werden.

Im Berichtsjahr 82/83 sind die Blutspenden der schweizerischen Bevölkerung von sechshundertdreitausendsiebenundzwanzig auf sechshundertsechzehntausendfünfhundertvierunddreißig um zwei Prozent gestiegen; hat der Basler Chemiekonzern Ciba-Geigy markante Ertragssteigerungen erzielt und eine abermalige Erhöhung der Dividenden verkündet; wurde von der Schweizer Industriegesellschaft (SIG) ein Sturmgewehr vorgestellt, das nach Einschätzung der Unternehmensleitung «allen ausländischen Modellen überlegen ist» und nach Aussagen von Waffentestern «leise und ohne Rückschlag», «robust wie eine Kalaschnikow», «schnell, leicht und präzise» und «vorteilhaft beim Häuserkampf».

Verkehrserziehung bis zum Tode: Zweiter Teil.

Was der zweiundzwanzigjährige Renato vorhatte, als er aus einer Garage in der Nachbarschaft einen Mazda 626 entwendete, auch das wird kaum noch zu erfahren sein. Renato liegt mit einem Kopfdurchschuß in Spitalpflege. Auch gegen die Veröffentlichung seines Strafregisters, von der Polizei zur Stimmungsmache unter Verletzung des Amtsgeheimnisses sofort herausgegeben, wird er sich wohl nicht mehr zur Wehr setzen können. Brust- und Kopfdurchschuß – seine Lage ist, wie seine Freunde erklären, hoffnungslos. Der «vorbestrafte Amokfahrer», so formuliert es die Polizei, wurde nach einer rasenden Jagd bei zeitweise einhundertvierzig Stundenkilometern von der Stadtgrenze an quer durch die Straßen unterhalb des Zürichbergs verfolgt, und als er das merkte, gejagt. In einer Einbahnstraße wird er gestellt. «Nach zwei Warnschüssen des Beifahrers entschlossen sich die Beamten, das Fluchtfahrzeug mit gezielten Schüssen auf die Pneus zu stoppen», heißt es in der *Neuen Zürcher Zeitung*, die erfahrungsgemäß in solchen Fällen die Polizeiversion zuverlässig wiedergibt. Dabei fällt auf, daß die Polizei in ihrem Zeugenaufruf sich nur für solche Personen interessiert, die «die Verfolgungsjagd beobachtet hatten und / oder vom Fluchtwagen gefährdet worden waren». Zeugenaussagen zum Finale sind nicht gefragt. Renato sei durch unbeabsichtigte Querschläger getroffen worden, lautete die Polizeiversion, bei der es, ginge es nach der Polizei, auch bleiben sollte.

«Querschläger, Warnschüsse, Pneuschüsse... alles Lüge», schreibt die *Wochenzeitung* (WoZ) in einem Extrablatt: «Renato mit gezieltem Kopfschuß umgelegt.» Tatsächlich sind die bei der Lokalpresse eingegangenen Zeugenaussagen von Anwohnern so erdrückend und die polizeilichen Manipulationsversuche am «Unfall»-Ort so entlarvend, daß eines sicher sein dürfte: So wie die Polizei das Finale darstellt, kann es nicht gewesen sein. Die Schüsse sind erst nach dem Stillstand des Fluchtfahrzeuges gefallen, sagen, von einer Ausnahme abgesehen, alle Ohrenzeugen.

Vergleicht man Polizeiverlautbarung, in der Presse veröffentlichte Zeugenaussagen und das Pressekommuniqué des «Teams Auffangstation Zürich», wo Renato, der Drogenprobleme hatte, bekannt war, dann könnte sich die Schlußphase der Verfolgung so abgespielt haben, wie sie die *WoZ* darstellt. Nachdem das Fahrzeug zum Stehen kam, zertrümmerte eine Kugel die Heckscheibe und drang in Renatos Schulter ein. «Diese Kugel wurde anschließend in seinen Kleidern gefunden.» Die zweite Kugel durchschlug dann, durch kein Hindernis abgelenkt, Renatos Hinterkopf, drang oberhalb des Auges wieder aus und prallte an der Windschutzscheibe ab. Beinahe gleichzeitig muß der ebenfalls bewaffnete Fahrer des Polizeifahrzeuges von der Seite in die Vordertür des Mazda auf der Fahrerseite geschossen haben. Ein Zeuge sah den Polizisten in Hockstellung, die Waffe im Anschlag: «Er liegt... er bewegt sich immer noch», soll er dabei gesagt haben. Auch eine Antwort, eine makabre und unbeabsichtigte auf die Frage, was aus einem, der zur Bewegung gehörte, geworden ist: «Er bewegt sich immer noch.» *

Den Bürger verlangt es nach «order and law»; Ordnung geht hier vor Gesetz, und zwar an allen Fronten. Die Polizeiführung kommt dem nur nach. Anders kann man das Wahlergebnis nach den Jugendunruhen nicht verstehen.

In der Drogenfrage beschließt die Polizeiführung deshalb ein Konzept, das die *Neue Zürcher Zeitung* ihren Lesern in einer Deutlichkeit, wie man sie selten zu lesen bekommt, als «Maßnahme zur Bekämpfung der Drogen*szene*» vorstellt.

Der Versuch, dieses Konzept irgendwie therapeutisch zu begründen, wird erst gar nicht unternommen. Wo «soziale Windstille» herrscht, ist «operative Hektik» verlangt. Dem kommt die Polizeiführung widerwillig, wie sie erklären läßt, nach. Sie läßt einen orangegelben umgebauten Linienbus, ausgerüstet mit teilweise blinden Fensterscheiben und allem, was zu einer Personenüberprüfung mit Körperkontrolle gehört, an der «Riviera» auffahren. Zivile schwärmen aus, und im Nu ist die Uferpromenade leergefegt. Wer sich zufällig, oder weil er sich einer Mutprobe unterziehen will, über dieses Stück Niemandsland im Zentrum des Centrums wagt, wird nach den Regeln polizeilicher Vulgärpsychologie ausgemustert oder vorbeigeschleust.

Während noch die erste Stufe der Totalsanierung läuft, stellt der Sprecher der Polizei an das Sozialamt der Stadt die rhetorische Frage, ob man überhaupt je über das Drogenproblem nachgedacht habe. Es genüge nicht, Notschlafstellen und Therapieplätze zu schaffen.

Was denn noch?

In Verkennung der Lage melden sich wie üblich die wie üblich machtlosen Gegenstimmen, die zwar die Vernunft auf ihrer Seite, aber

---

* Am 1. Juni 1983, dem Tag seines 22. Geburtstages, wurde Renato im Krankenzimmer EO 35 des Universitätsspitals Zürich mit einem Messer erstochen. Die 23jährige Täterin gab als Tatmotiv «Erlösung» an.

den Volkszorn im Rücken haben. Das Polizeikonzept sei «Symptombekämpfung» und sonst nichts. Das weiß und sagt auch die Polizeiführung.

Komme da keiner mit dem Vorwurf der Schikane. Das Ganze hat einen Sinn, den das Gutachten erhellt, das die Gesundheitsdirektion bei einem Oberrichter in Auftrag gegeben hat. Er solle sich zu der Frage «fürsorglicher Freiheitsentziehung und Zwangsinternierung von Drogensüchtigen» äußern. Das tut er gründlich und wohl im Sinne seiner Auftraggeber. Der Oberrichter aus Winterthur bejaht nämlich die Frage, ob Freiheitsentzug und Zwangsinternierung rechtens seien. Sie sind es, wenn die Betroffenen unmündig oder entmündigt sind.

Alles Weitere ist eigentlich nur noch eine Frage der Polizeitaktik. Operativ empfiehlt es sich, die Scene zu atomisieren, so daß keiner mehr vom andern weiß. Dann kann man nach und nach die «Drögler» abgreifen und im Internierungslager – wie anders soll man diese Einrichtung nennen? – verschwinden lassen. Schuld an der bislang mangelnden Ausschöpfung dieser nach Auffassung des Gutachters rechtlich abgesicherten Möglichkeit waren «vor allem die allgemein negativen Tendenzen jüngerer Ärzte, Psychologen und Sozialarbeiter, Einweisungen vorzunehmen».

Noch ist der Vorwurf der Humanitätsduselei nicht gefallen, aber der Geist, der solche Begriffe prägt, ist längst wirksam. Er findet Gehilfen überall, da will jeder seinen Beitrag leisten.

Apotheker in der Unigegend, wo sich Fixer bevorzugt herumdrücken, haben in einer Art konzertierter Aktion den Verkauf von Fixen an verdächtige Personen eingestellt. Der Gilb läßt grüßen.

Der Vorstand der Krankenkassen im Kanton Zürich empfiehlt seinen Mitgliedern, Methadonbehandlungen nicht weiter zu finanzieren.

Selbst die hysterische Trine hinterm Tresen des «Karussell», einem Schwulenladen im Niederdorf, will da nicht abseits stehen. Als ich in Begleitung von Freunden bestellen will, mustert er mich von oben bis unten. Den Musterungsbescheid bekomme ich mündlich und auf der Stelle. «Hau ab, du Fixer. Du bist doch ein Fixer, geh zur Rivi!»

Ein Schwuler taxiert einen Schwulen als Fixer und schickt ihn auf die Rampe. Die «pigs» sind hier nicht alleine, es gibt noch ganz andere Schweine.

9
LEGALIZE IT!
LEGALIZE IT?

Nicht nur in der Bundesrepublik, in fast allen westeuropäischen Ländern, in den USA und in einigen Anbauländern spitzt sich die aktuelle Drogendiskussion auf eine Frage zu, die geeignet ist, vom wahren Ausmaß des Drogenkapital-Verbrechens abzulenken: «Legalize it.» «It», das meint Haschisch und Marihuana, das meint nicht selten auch Heroin und Kokain.

Ist man dafür, ist man dagegen? Wer immer in der Drogendiskussion sich äußert, kommt um eine Stellungnahme nicht herum.

Befürworter und Gegner der Hanfdrogen-Legalisierung berufen sich gerne auf den «Stand der wissenschaftlichen Forschung». Häufig zitieren sie die gleichen Untersuchungen und statistischen Erhebungen, deren Ergebnisse sie dann jeweils in ihrem Sinne interpretieren.

Die neue Drogen-Scene

Den vielen Auslegungsversuchen und Behauptungen über die psychischen und körperlichen Folgen des Drogengebrauchs, den tatsächlichen und vermeintlichen Wirkungen aller denkbaren und aller handelsüblichen Drogen, den Spekulationen über angeblich gesicherte Erkenntnisse, will ich hier keine neue Interpretation hinzufügen. Ich will vielmehr versuchen, die Pro- und Kontra-Argumente darzustellen. Trotzdem: Auf *eine* Veränderung der Drogen-Scene muß hingewiesen werden, eine Veränderung, die in der aktuellen Diskussion zuwenig beachtet wird. Der Konsumentenkreis von «harten» und «weichen» Drogen – eine Unterscheidung, die in sich bereits fragwürdig ist – hat sich nicht nur klassenmäßig im Verlaufe der letzten zwanzig Jahre gewandelt, auch die Altersstruktur der Scene hat sich drastisch verändert.

Der «Einstieg» erfolgt immer früher. Die «User» sind jünger als noch vor einigen Jahren. Das ist mehr als eine statistische Aussage über den erweiterten Abnehmerkreis des Drogenhandels.

Wenn man in den 60er Jahren und den frühen 70er Jahren über die Folgen von Drogen sprach, war die Rede von einem Konsumentenkreis, dessen Persönlichkeitsentwicklung, wenn auch nicht abgeschlossen, so doch jenseits traditioneller Pubertätskonflikte und altersspezifischer Identitätsprobleme lag. Oberschüler und Studenten, Künstler und Freischaffende bildeten das Hauptkontingent dieser Konsumavantgarde «neuer» Rauschmittel. Den Einstieg ins Erwachsenenleben hatten die meisten hinter sich, sie befanden sich bereits im Produktionsprozeß oder einer qualifizierenden Ausbildung. Vor ihnen lag eine, wenn auch alles andere als rosige Perspektive der Teilnahme am gesellschaftlichen Leben. Ausschluß vom Erwachsenenleben – tatsächliche oder drohende Arbeitslosigkeit – war dieser Generation als massenhafte Erfahrung noch unbekannt.

Der «Trip» – die Reise – hatte einen Ausgangspunkt, einen *point of return* und einen Heimathafen. Selbst Ausstiegs- und Fluchtbewegungen aufs Land und in alternative Zusammenhänge waren von mehr oder weniger deutlichen Vorstellungen und Ideologien begleitet, waren keine Reisen ins Nichts.

Das Streben nach Bewußtseinserweiterung und gänzlich neuen Erfahrungen, mit denen der Hanfdrogenkonsum begründet wurde, wenn er begründet wurde, setzen ja ein bereits vorhandenes Selbstbewußtsein von Erfahrungen, wie immer geartet, voraus. Erst die Konfrontation mit der frustrierenden gesellschaftlichen Wirklichkeit, die Enttäuschungen über die Bedingungen des Arbeitsprozesses, die als sinn- und aussichtslos empfundene Situation in der Ausbildung weckte in vielen jungen Leuten den Wunsch nach ungewöhnlichen, sensationellen Erlebnissen. So wurden Drogen zum Ticket der angestrebten Traumreisen.

Heute lebt eine in der Krise groß gewordene und unter sich verschärfenden Bedingungen groß werdende Generation, die nie etwas anderes gekannt hat als die Krise. Je jünger also Erst-User sind, desto mehr fallen Drogenerfahrungen mit sogenannten Pubertätsproblemen zusammen, desto größer ist die Gefahr, vom Arbeitsleben und der Welt der Erwachsenen ausgeschlossen zu werden. Kommen in diesem Alter Drogen ins Spiel – das gilt für Marihuana und Haschisch ebenso wie für Alkohol, Psychopharmaka und Opiatdrogen –, wird die Persönlichkeitsentwicklung der Heranwachsenden in ihrer labilsten Phase fremdbestimmt. Hier wird nicht einfach eine Entfremdungsform durch eine andere abgelöst oder ersetzt. Denn wie entfremdet der Arbeitsprozeß auch ist, für proletarische Jugendliche ist die Teilnahme am Arbeitsprozeß als individuelle wie als kollektive Klassenerfahrung unverzichtbar auf dem Weg, einen anerkannten Erwachsenenstatus zu erlangen.

Werden sie an diesen Erfahrungen gehindert, weil man sie nicht arbeiten läßt, dann hält man sie in einem Zustand, den man als Zwangsinfantilität bezeichnen könnte. Sie verlieren den Anschluß an die Gruppe der Gleichaltrigen, die erwachsen werden, indem sie arbeiten. Auch wenn viele Jugendliche und junge Erwachsene sich mit Hilfe von Drogen später dem Erwachsensein völlig oder zeitweise zu entziehen versuchen, ist es ein Unterschied, ob man als Erwachsener mittels Drogen Regressionserfahrungen sucht oder ob man in künstlicher Kindlichkeit gehalten und dann zusätzlich mit Drogen konfrontiert wird. Unter diesem Gesichtspunkt ist auch eine Unterscheidung zwischen «harten» und «weichen» Drogen kaum noch vertretbar. Mit dieser Feststellung will ich mich weder für oder gegen die Legalisierung von Haschisch und Marihuana aussprechen, sondern nur daran erinnern, daß es sich bei beidem um Drogen handelt und nicht um Milch, Mineralwasser oder Kinderschokolade, deren Gefahren für die Gesundheit Nahrungsmittelexperten im übrigen auch nicht unterschätzt sehen wollen.

Ich habe die Literatur über Wirkungen und Folgen des Cannabiskonsums sorgfältig studiert und halte Haschisch und Marihuana für die unter den marktgängigen Rauschmitteln harmlosesten Drogen. Aber eben für Drogen. Verallgemeinerungen, zu denen viele Hasch-Befürworter neigen, halte ich jedoch für unzulässig und nicht selten gefährlich, vor allem wenn man Cannabis Eigenschaften andichtet, die es haben kann, aber nicht haben muß.*

Prohibition

Historisch könnte man die heutige Situation als eine Phase der Prohibition bezeichnen. Ein wichtiges Merkmal von Prohibition ist eine gefestigte Tradition des «know how», die es Konsumenten ermöglicht, die

---

* In einer Untersuchung zum «Sexualverhalten von Jugendlichen in der Drogensubkultur»[1] habe ich bereits vor Jahren nachweisen können, daß Haschisch und Marihuana beispielsweise keine Aphrodisiaka sind. Die psychosozialen Voraussetzungen der Konsumenten, Eigenschaften und Einstellungen beeinflussen wesentlich die Wirkung der Droge und können im Falle der Sexualität sowohl zur positiven Stimulation wie zur sexuellen Unlust führen.

Gesetze zu umgehen und Marihuana selbst anzubauen. Sogar in Mitteleuropa und den Nordstaaten der USA werden Hanfpflanzen gezogen, deren Marktwert zwar gering ist, weil sie einem Vergleich mit Sinsemilla, mittel- und südamerikanischen oder afrikanischen Ernten nicht standhalten können. Doch reicht der THC-Gehalt und die *turn*-Wirkung aus, um den Eigenanbau als eine Art Kaffee-Ersatz zu akzeptieren. Und ist schon der grenzüberschreitende Handel kaum kontrollierbar, so entzieht sich der Eigenanbau – sprich die Schwarzbrennerei – jeder nennenswerten Kontrolle.

Es dürfte nur noch eine Frage der Zeit sein, bis auch in Europa Marihuana zu einem Kalkulationsfaktor der Agrarwirtschaft wird. Was kalifornische Exhippies in den USA eingeleitet haben, sollte auch andalusischen Freaks und sizilianischen Jungbauern möglich sein. Bereits heute wird der spanische Marihuanabedarf vorwiegend aus zum Teil hochwertigem Eigenanbau bestritten. Spanien und Sizilien haben alle Voraussetzungen, zur Marihuanakammer Europas zu werden. Bereits heute gibt es in Europa Kleinbauern, die weit über den Eigenbedarf anbauen und von der Marktproduktion leben. Um welche Größenordnungen es auf dem europäischen Markt geht, zeigt eine Meldung aus dem sonnigen Tessin: «Bellinzona, 28. Sept. (sda) In der Magadinoebene hat die Tessiner Polizei vergangene Woche eine Haschischplantage entdeckt. Inmitten eines großen Maisfeldes hatte ein junger Tessiner Landwirt indischen Hanf angepflanzt. Die gesamte Ernte – rund 650 Kilo im Wert von gegen 800000 Franken – wurde von der Polizei verbrannt.» [2]

Ich bin der Meldung nicht nachgegangen und unterstelle nach allen Erfahrungen mit der Drogenberichterstattung der *Neuen Zürcher Zeitung*, daß es sich um ein Marihuanafeld und nicht um eine Haschischplantage handelte – ein eher belangloses Detail.

Enschede – Bewegung am Drogenmarkt

Stabile Preise, Qualitätsgarantien und Markttransparenz wären die ökonomischen Folgen des Beschlusses der Gemeindeverwaltung im niederländischen Enschede gewesen, den Haschischverkauf bei limitierter Höchstabgabe auf einem Minimarkt im Umkreis des Jugendzentrums freizugeben.

Gedacht war der Beschluß als sozialpolitische Maßnahme. Nicht beachtet wurde das nationale und internationale Marktgeschehen. Das Experiment mußte scheitern und ist gescheitert. Dafür gab es ökonomische, aber auch innen- und außenpolitische Gründe.

Die Enscheder Entscheidung hatte auch in der Bundesrepublik einiges in Bewegung gebracht. In der Region nahe der niederländischen Grenze herrschte Aufregung und helle Empörung, und in den Medien gab's wieder mal was Spektakuläres von der Drogenfront. Man forderte verschärfte Gesetze und politischen Druck auf den Nachbarn.

Die Aufregung war nicht unbegründet. Die Freigabe auf einem noch so kleinen Markt mußte sich auf den Gesamtmarkt zumindest der Region auswirken und würde auch vor Staatsgrenzen nicht haltmachen. Allein 80 Prozent der im ersten Halbjahr 1980 ermittelten Rauschgiftstraftäter «wurden beim Kleinschmuggel an der deutsch-niederländischen Grenze (‹Dutch Connection›) aufgegriffen».[3]

Begründet war auch der Vorwurf der Bundesregierung, das Experiment von Enschede verstoße gegen internationale Vereinbarungen. «Die Bundesregierung wird außerdem die niederländische Regierung bitten, diese Verletzungen internationalen Rechts in ihrem Land einzustellen.»[4]

Nicht weniger begründet war allerdings die Kritik an diesem formaljuristischen Umgang mit dem Drogenproblem – typisch für die Cannabis-Diskussion in der BRD. Also rief Enschede auch die Legalize-Befürworter auf den Plan. Sie forderten die Abschaffung einschlägiger Gesetze und die Legalisierung von Haschisch und Marihuana. Eine Diskussion zum falschen Zeitpunkt mit den falschen Argumenten. Auf beiden Seiten. Weder bestand und besteht eine Chance, die Gesetzgebung in Richtung Freigabe zu bewegen – selbst die Aussicht, das noch von der sozialliberalen Koalition verschärfte Betäubungsmittelgesetz (BTM) zu revidieren, ist mit der «Wende» auf Null gesunken –, noch hat sich auf seiten der Haschisch-Gegner die Erkenntnis durchgesetzt, daß der Drogenhandel durch Gesetze zwar vorübergehend zu beeinflussen, nicht aber zu verhindern ist. Von diesem Selbstbetrug will keiner ablassen. Alle Entgiftungsprogramme staatlicher und privater Therapieeinrichtungen bleiben sinnlos, solange nicht wenigstens die öffentliche Diskussion von Lügen und Fehlinformationen entgiftet ist. Das Enscheder Experiment hatte in der Bundesrepublik keine durchwegs «schlechte Presse». Besonders das verbraucherfreundliche Argument, eine kontrollierte Freigabe sorge für gleichbleibend hohe Qualität, frei von Zusätzen und Streckmitteln, machte Eindruck. Und so kam auch ein Dauerbrenner der ersten Stunde wieder zu Ehren, die Behauptung nämlich, skrupellose Händler mischten Haschisch mit Opium, um so ihre Kundschaft abhängig von der Droge und damit auch vom Lieferanten zu machen.

Opium-Verschnitt

Meist taucht dieses «Argument» auf, wenn Gegner des Hasch-Konsums einräumen müssen, daß Haschisch eine vergleichsweise harmlose Droge sei und körperlich nicht abhängig mache. Wenn aber das Suchtargument nicht länger wirkt, muß ein anderes her: das «Argument» vom Haschisch-Opium-Verschnitt.

Verfolgt man den Weg des Haschisch vom Hanfbauern bis zum Endverbrauchermarkt, findet man keine Handelsstufe, wo sich die Anreicherung mit Opium in Übereinstimmung mit den Interessen der Händler bringen ließe.

Nur selten liegen Opium- und Hanfanbau geographisch so dicht beieinander, daß man bereits am Herstellungsort, wo die Ware gepreßt und verpackt wird, mischen könnte. Warum auch? Wer sollte ein Interesse daran haben? Der Vorgang wäre mit Arbeit verbunden. Arbeit, das heißt Kosten, Kosten für ein Mischprodukt, nach dem auf den internationalen Märkten keine Nachfrage besteht.

Und warum sollten Großhändler an den Endverbrauchermärkten Interesse an einem Mischprodukt haben, wo sie doch kaum die Nachfrage nach reinem Haschisch befriedigen können?

Zudem fließt der Handel mit Rohopium bzw. Haschisch in getrennten Kanälen. Es bedürfte einigen Aufwands, um beide Produkte wieder zusammenzubringen.

Bleiben die Kleinhändler. Unterstellt, es gelänge ihnen, Rohopium zu beschaffen, was sollte ihr Interesse an einem Haschisch-Opium-Verschnitt sein?

Opium ist teurer als Haschisch. Der Kleinhändler mit der Verführungsabsicht müßte also ein höherwertiges Produkt mit einem geringerwertigen mischen und es zum Preis des geringerwertigen abgeben. Es sei denn, er bietet die Ware gleich als Verschnitt an, was ihm jedoch die Kunden vertreiben würde. Auch der Kleinhändler kann also an dem Mischprodukt kein wirtschaftliches Interesse haben.

Kleinhändler beliefern entweder regelmäßig einen ihnen bekannten Kundenstamm zum Wohle aller am Marktgeschehen Beteiligten, oder sie beliefern eine anonyme ständig wechselnde Laufkundschaft. Ein fester Kundenstamm mindert das Risiko des Händlers vor polizeilichem Zugriff, verpflichtet ihn aber gleichzeitig zu Qualitätsgarantien. Händler und Kunden kennen einander. Sie kontrollieren sich auch wechselseitig.

Dealer, die eine Laufkundschaft bedienen, sind von solchen Kontrollen frei. Sie bleiben so anonym wie ihre Kunden. Diese Art der Geschäftsabwicklung ist jedoch für den Händler mit hohen Risiken verbunden, weil der Handel meist an öffentlichen Plätzen und in leicht zugänglichen Gebäuden stattfindet. Der Kunde wiederum geht nicht nur das Risiko ein, wie der Dealer beim Handel gefaßt zu werden, er läuft auch Gefahr, vom Dealer betrogen zu werden. Kundenbetrug ist an der Tagesordnung. Betrogen wird jedoch nicht mit veredeltem, sondern mit gestrecktem Haschisch.

Kein Wunder also, daß mir schon vor Jahren das Frankfurter Rauschgiftdezernat mitteilte, was jetzt auch ein Beamter des Hamburger Dezernats bestätigt: In den Laboranalysen von abgefangenen Haschischlieferungen und in auf der Scene beschlagnahmten Kleinmengen wurden nicht einmal Spuren von Opium entdeckt.

Nichts anderes bekam ich im New Yorker Büro der DEA zu hören. Aber demnächst wird es wieder irgendwo heißen, Haschisch mag ja eine harmlose Droge sein, doch vergesse man nicht, daß es immer wieder skrupellose Händler gibt, die...

Cannabis ist eine am Verbrauchermarkt eingeführte und akzeptierte Ware. Alle juristischen Hindernisse und polizeilichen Hürden können daran nichts mehr ändern. Über Jahre schon ist das am europäischen Markt angebotene Haschisch bzw. Marihuana von gleichbleibender Qualität. Nur die Herkunftsländer ändern sich und mit ihnen der THC-Gehalt, die Wirkung und die Preise. Verfälschte Ware hat kaum eine Chance – allerhöchstens eine mit Füllmitteln gestreckte. Gift ist das Problem. Man stelle sich vor, Wein, Tabak oder andere verbreitete Genußmittel würden auf Geheiß der Regierung vergiftet, um die Verbraucher vom Konsum abzuhalten. Nichts anderes geschieht mit Marihuana. Die US-Regierung veranlaßt die Regierungen ihrer südlichen Nachbarländer, Marihuana-Ernten mit Herbiziden zu bespritzen. Neuerdings sind Versuche im Gange, diese Art der Verbraucher-«Aufklärung» etwas abzumildern. Wissenschaftler des State Departments

haben einen Wirkstoff entwickelt, der Marihuanaraucher vor Herbiziden warnen soll. Wenn das Zeug stinkt, ist es auch vergiftet, das ist die
message der US-Regierung an die Potraucher. [5]

Das Ende der Prohibition?

Wann eigentlich kann man davon sprechen, eine Droge sei etabliert?
Wann kann man sagen, ein bestimmtes Genußmittel habe sich gesellschaftlich durchgesetzt? Es könnte der Eindruck entstehen, die Antwort läge einzig in der Rechtmäßigkeit der Herstellung, des Vertriebs
und des Konsums einer Droge oder eines Genußmittels. Die Legalisierungsdiskussion von Cannabis wird von staatlicher Seite bevorzugt
mit juristischen Argumenten geführt.

Gesellschaftliche Bedeutung und Grad der Etabliertheit einer Droge
lassen sich jedoch an juristischen Maßstäben und Strafgesetzbuchpara-
graphen nicht messen. Das zeigt bereits die Erfahrung im Umgang mit
der Droge Alkohol. Niemand würde ernsthaft behaupten, Alkohol sei
in den Ländern, in denen Prohibition herrschte oder herrscht, diskri-
niert oder gesellschaftlich «out». Prohibition beeinflußt lediglich die
Konsumgewohnheiten. Sie schafft neue Formen eines klassenspezifischen Konsums mit der Folge, daß Konsumenten mit niedrigem Einkommen Produkte niederer Qualität konsumieren, weil sie sich die
teuren, ebenfalls am illegalen Markt erhältlichen Produkte nicht leisten
können. Nebenwirkung: Mit fallender Qualität steigt die gesundheitliche Gefährdung. Eine Droge kann also auch dann etabliert sein, wenn
Herstellung, Vertrieb und Konsum durch Gesetzesbestimmungen ille-
galisiert worden sind. Das trifft heute auf die THC-haltigen Drogen
Haschisch und Marihuana zu. Wenn eine illegale Droge von einer quan-
titativ bedeutenden Konsumentenschicht gewohnheitsmäßig konsumiert wird ohne Rücksicht auf Gesetzesbestimmungen, dann ist das ein
weiteres Merkmal ihrer Etabliertheit. «Gewohnheitsmäßig» soll heißen, daß der Konsument oder die Konsumentin nicht nur gelegentlich
und zufällig, sondern regelmäßig und absichtlich das betreffende Genußmittel konsumiert. Auch das trifft auf Haschisch und Marihuana
zu.

Regelmäßiger Konsum setzt wiederum voraus, daß der Konsument
(als Käufer) weiß, wo er das betreffende Genußmittel erwerben kann,
und er setzt die Bereitschaft des Käufers (als Konsument) voraus, einen

bestimmten Preis für das von ihm begehrte Produkt zu zahlen. Angesichts des hohen Preisniveaus für THC-Produkte schließt seine Kaufabsicht auch die Bereitschaft ein, an anderer Stelle Konsumverzicht zu leisten. Regelmäßiger Konsum setzt somit auch die Existenz eines Marktes voraus; legal, illegal, scheißegal.

Nun zeigt aber die Erfahrung, daß es in der Praxis nicht «scheißegal» ist, ob ein Markt offen, grau oder schwarz, legal oder illegal ist. Gesetzesbestimmungen können den Zugang zum Markt erschweren; sie können ihn aber nicht verhindern. Dafür sorgen auch Ausweichmöglichkeiten. Vom Eigenanbau habe ich bereits gesprochen. Es sei hinzugefügt: Die Herstellung bzw. Gewinnung von THC-Wirkstoffen aus Eigenanbauprodukten ist denkbar einfach. THC-Wirkstoffe sind fettlöslich. Es bedarf also lediglich einer Energiequelle (Herd), eines Gefäßes (Pfanne) und eines Fetts (Butter), um die Wirkstoffe herauszulösen, wenn man das selbstgezogene Kraut nicht rauchen will.

Kenntnisse des Eigenanbaus und der Verarbeitung bzw. Zubereitung erlauben es also dem Konsumenten, die Verknappung hochwertigerer Produkte zu überbrücken und den gewohnheitsmäßigen Konsum fortzusetzen.

Wirklich etabliert ist eine illegale Droge aber erst dann, wenn sie ohne Sanktionen in der Öffentlichkeit konsumiert werden kann. Der Genuß von Cannabis wird heute bereits in einer, wenn auch noch eingeschränkten Öffentlichkeit, die allerdings weit über die traditionelle Drogensubkultur hinausgeht, toleriert.

In seinem Buch *Das Paradies, der Geschmack und die Vernunft. Eine Geschichte der Genußmittel* entwickelt Wolfgang Schivelbusch am Beispiel des Kaffees einige sozialanthropologische Bestimmungsmerkmale für den Prozeß der Etablierung einer Droge, die auch auf Cannabis anwendbar sind: «Als der Kaffee nach Europa gelangt, trinkt das Bürgertum ihn zunächst nur im Kaffeehaus. (Die aristokratischen Formen des Kaffeetrinkens brauchen uns hier nicht zu interessieren.) Bis er in die häusliche Sphäre eindringt und Frühstücks- und Nachmittagsgetränk wird, vergeht noch ein halbes, in Deutschland fast ein ganzes Jahrhundert. Er beginnt also seinen Weg in der Öffentlichkeit als ein öffentliches Getränk, und erst später wandert er in die Privatsphäre ab und wird häusliches Getränk.»[6]

Zwar war der Kaffeekonsum bei seinem Aufkommen höchst umstritten, zwar führten Kaffeegegner Argumente ins Feld, die den Argumenten heutiger Haschischgegner verblüffend ähnlich sind, aber im

Unterschied zur Cannabis-Diskussion waren Kaffeeanbau, Verarbeitung, Vertrieb und Konsum damals nicht illegal, obwohl es auch Versuche gab, ein Verbot zu erwirken. Was heute Gesetze erledigen, erreichten damals ganz automatisch die Klassengrenzen. Die Mehrheit der proletarischen Klasse war am Kaffeekonsum nicht beteiligt, sie vollzog den «Umstieg» von Kalt- auf Heißgetränke, vom Alkohol auf Kaffee (und später dann auf Tee und Schokolade) erst sehr viel später, ohne dabei vom Alkoholkonsum abzulassen.

Untersuchen wir analog zu Schivelbuschs Kaffee-Beispiel den Weg des Haschischs von der Subkultur in die Öffentlichkeit und zurück ins Privatleben: Als Haschisch nach Europa kam (die bohemehaften Formen des Haschischkonsums brauchen uns hier nicht zu interessieren), wurde die Droge zunächst nur in öffentlichen und quasi-öffentlichen Situationen kollektiv konsumiert: öffentliche Plätze (Haschwiese), Gebäude (Konzerte, Diskotheken) und Wohnungen (Wohngemeinschaften und Kommunen). Der Konsum war rituell. Zu Beginn des Haschischkonsums wäre es undenkbar gewesen, anstatt eines kunstvoll «gebauten» Joints, einer exotischen Wasserpfeife oder eines geschnitzten Chillums eine Einmannzigarette aus der Hand oder gar mit Hilfe einer Maschine zu drehen. Dazu kam es erst, als Haschisch und Marihuana in die Privatsphäre abzuwandern begannen. «Einmann-Joints», ein Widerspruch in sich, sind Merkmale eines selbstverständlichen Konsums, der so alltäglich wie die Tasse Kaffee geworden ist, die eine Hausfrau konsumiert. In bestimmten Berufen wird bereits Haschisch (wie Alkohol auch) am Arbeitsplatz während der Arbeitszeit geraucht. «Das ist eine Bewegung, die man immer wieder in der Geschichte der Innovationen beobachten kann: Eine Neuerung vollbringt ihre historische Leistung – die Wirklichkeit entscheidend neu zu formen – in der Öffentlichkeit, d. h. in der Sphäre der kollektiven Konsumtion, um erst später in den Bereich der privaten häuslichen Konsumtion abzuwandern. Die öffentliche Phase einer Innovation kann man heroisch nennen, weil sie die Wirklichkeit verändert. Die darauffolgende muß man *konformistisch* nennen, indem sie selber keine verändernde Kraft zeigt, sondern nur affirmativ und stabilisierend wirkt.»[7]

Damals ging es um Kaffee, heute um Cannabis, das sich in einer Phase des Konformismus und der Stabilisierung befindet. Die Frage von Legalität und Illegalität berührt nur ein Element der Innovationsphase. Unter den Bedingungen der Illegalität bedarf es einer Ideologie, die den Konsum in seiner heroisch innovativen Phase stützt. Wie gehabt. Unter den Bedingungen der Legalität wird diese Ideologie ersetzt und ergänzt durch Werbung. Das haben wir noch vor uns.

Also: Eine Droge kann als gesellschaftlich etabliert gelten, wenn sie von einer gesellschaftlich relevanten Gruppe massenhaft und gewohnheitsmäßig ohne Rücksicht auf Gesetzesbestimmungen konsumiert wird. Das setzt einen Markt voraus, der jederzeit jedem zugänglich ist. Der Prozeß der Etablierung kann als unaufhaltsam gelten, wenn vorübergehende Verknappungen durch Ersatzstoffe bzw. Eigenanbau überbrückt werden können, er ist abgeschlossen, wenn der Konsum des Genußmittels ohne Sanktionen geduldet wird. *Here we are*, ob uns das paßt oder nicht.

Interessenkonflikte

Zwischen einer Entwicklungstendenz und ihrer Verwirklichung liegt die politische Durchsetzung bzw. Verhinderung dessen, was sich ökonomisch abzeichnet. Ökonomische Entwicklungen, selbst wenn sie sich eines Tages durchsetzen, sind politisch beeinflußbar, sind zu verlangsamen oder zu beschleunigen. Von einem Automatismus darf man nicht ausgehen. Genau das ist der Grund für die Legalisierungsdiskussion.

Unter denen, die sich auf die Legalisierungsdiskussion einlassen, gibt es eine Grundgemeinsamkeit und einen Grundwiderspruch. Weil beide Seiten zwischen harten und weichen Drogen unterscheiden, unterstellen sie, daß es Drogen gibt, deren Wirkung gefährlicher und folgenschwerer ist als der Gebrauch von Haschisch und Marihuana. Welche Drogen noch zu den weichen und welche schon zu den harten zu rechnen sind, ist bereits umstritten. Ist Alkohol beispielsweise eine harte Droge, wie die einen behaupten, oder ist Alkohol unter den Bedingungen des mäßigen und geselligen Konsums zu den weichen Drogen zu rechnen, wie andere sagen? Selbst von Medizinern wird Alkohol wegen der nachgewiesenen Langzeitwirkung mit Heroin und psychopharmakologischen Drogen verglichen.

Cannabisgegner allerdings sehen, egal, wie sie die Wirkung der «Droge an sich» auch einschätzen, in Haschisch und Marihuana die Eintrittskarte zur Welt der harten Opiatdrogen. Das wiederum bestreiten Cannabisbefürworter. Beide berufen sich auf wissenschaftliche Erkenntnisse. Auch wenn dieser Streit hier nicht nach der einen oder anderen Seite weiter interpretiert werden soll, sei doch so viel gesagt: Wer Alkohol nicht in die Diskussion einbezieht, macht sich unglaubwürdig, gleichgültig, mit welchen gesellschaftlichen Traditionen er seine Haltung zum Alkoholproblem auch begründet. Alkohol ist rein statistisch ebensohäufig «Einstiegsdroge» wie Cannabis.

Die Folgen eines exzessiven Alkoholkonsums sind nach dem bisherigen Forschungsstand verheerender als die des Genusses von Cannabis. Das spricht nicht für Hanfdrogen, sondern nur gegen Alkohol, zumal mögliche Langzeitwirkungen des Hanfdrogenkonsums wissenschaftlich kaum erforscht sind.

Und noch einmal: Die Wirkung von Cannabis und damit auch die Gefahr des Cannabis-Konsums hängt wie bei allen Drogen wesentlich von der Dosierung ab, und diese wiederum ist abhängig vom THC-Gehalt der jeweiligen Sorte. Man kann auch nicht wie der Rechtssoziologe Stephan Quensel, der im übrigen eine Argumentationskette zugunsten der Legalisierung entwickelt, die rational schwer zu entkräften sein dürfte, Marihuana als die *leichtere* und Haschisch als die *schwerere* Droge einordnen.[8] Beide Cannabis-Varianten werden in jeweils unterschiedlichen Stärke- und Wirkungsgraden angeboten.

Das hochgradigste Haschisch wird in Asien – Nepal, Afghanistan und Kaschmir – angebaut bzw. gewonnen. Leichtere Sorten werden vor allem in Nordafrika und im Libanon hergestellt.

Ähnliche Wirkungsunterschiede gibt es auch bei Marihuana. (Ich spreche von *Wirkungs*graden und nicht von *Qualitäts*unterschieden, weil die stärkere Wirkung einer Sorte vom Konsumenten nicht unbedingt als höhere Qualität angesehen wird.) Einige afrikanische und lateinamerikanische Marihuanasorten sind ausgesprochen «heavy», andere «light» und nicht weniger beliebt. Ein normal dosierter Joint, gefüllt mit kolumbianischem *grass* oder mexikanischem «Oaxaca Gold» ist ungleich wirkungsvoller als ein ebenfalls normal dosierter Joint, in dem marokkanisches Haschisch oder «Gelber Libanon» verarbeitet worden ist. Ein geübter Raucher erzielt die von ihm gewünschte Wirkung über die Dosierung und die Auswahl der Sorte, vorausgesetzt er hat eine Auswahl.

Interessengruppen

Es fällt schwer, die Legalisierungsdiskussion einfach zu referieren, weil man ständig Gefahr läuft, persönliche Erfahrungen, seien sie positiv oder negativ, zu verallgemeinern. Daher empfiehlt es sich, nach den Interessen zu fragen, die Gegner wie Befürworter leiten. Vier Interessengruppen sind zu nennen: Produzenten, Konsumenten, Händler und Staat. Die Produzenten, soweit es sich um Kleinbauern in der Dritten Welt handelt, nehmen auf die Entscheidung «Legalisierung, ja oder nein» keinen Einfluß.

Genaugenommen haben Konsumenten nur ein Interesse. Sie wollen eine Droge, deren Rauschwirkung sie schätzen und deren Folgen sie für ungefährlich halten, zu einem akzeptablen Preis bei hoher und gleichbleibender Qualität legal erwerben und gebrauchen können. Weil für die meisten Hanfdrogenkonsumenten der Gebrauch «ihrer» Droge bereits selbstverständlicher Bestandteil des Alltagslebens ist, sind sie auch bei Gefahr der Kriminalisierung nicht bereit, auf den Konsum zu verzichten. Um der Kriminalisierung zu entgehen, fordern sie eine Legalisierung von Cannabis. Das ist alles. Alles weitere sind Hilfsargumente, die die Legalisierungskampagne argumentativ abstützen sollen. Der Hanfdrogenkonsum ist längst nicht mehr an Flower-Power-Ideologien gebunden, und zwar gerade weil Hanfdrogen mittlerweile über alle Schichten- und Klassengrenzen hinweg verbreitet sind. Daß im übrigen die Gefahren der Kriminalisierung – wie schon zur Zeit der Alkohol-Prohibition – ungleich verteilt sind, daß die Gefahr, erwischt zu werden, sinkt, je höher die gesellschaftliche Stellung der Konsumenten ist, und entsprechend steigt, wenn sie der sogenannten Unterschicht angehören, daß im Falle einer Verurteilung die Klassenjustiz arbeitet wie eh und je, ist eine der Konsequenzen des schichten- und klassenüberschreitenden Konsums unter den Bedingungen der Illegalität.

Konsumentenbewußtsein

Wenn man einmal unterstellt, die statistische Feststellung, derzufolge die meisten Benutzer von harten Drogen über Erfahrungen mit der weichen Droge Cannabis verfügen, rechtfertige auch die Schlußfolgerung, Cannabis sei eine Ein- bzw. Umstiegsdroge, so wäre dem immer

noch die große Zahl der Haschisch- und Marihuanaraucher entgegen-
zuhalten, die nicht umgestiegen sind und niemals umsteigen werden.
Auch ohne Flower-Power-Ideologie sind die meisten Hanfdrogenkonsumenten, was ihre Konsumbedürfnisse betrifft, keineswegs
Haschdeppen. Im Jargon des marktwirtschaftlichen Systems könnte
man sie als bewußte und aufgeklärte Verbraucher bezeichnen. Sie wollen diese Droge und keine andere, weil sie deren Wirkung wollen und
keine andere.

Geht man nun ebenso realistisch wie resignierend von der Einschätzung aus, massenhafter Drogenkonsum sei weder zu verbieten noch
sonstwie zu verhindern und es komme nur darauf an, den Abwehr-
kampf auf das Schlimmste zu konzentrieren, dann könnte das aufgeklärte Verbraucherverhalten von Haschischrauchern einen Ansatz für
die staatliche Strategie im Kampf gegen harte Drogen liefern. Doch die
Interessen des Staates sind in sich widersprüchlich. Die prinzipielle juristische Gleichbehandlung von Cannabis und Opiatdrogen ist eine der
Hauptursachen für den Umstieg von weichen auf harte Drogen.

Die Entflechtung dieses gemeinsamen Marktes – wie im Enscheder
Experiment vorgesehen – böte eine Chance, die Scene aufzulösen und
den Gemischtwarenhandel der Drogendealer zu verhindern. Eine keineswegs umwerfende Vorstellung, würden doch lediglich die bereits
bestehenden Alkohol- und Psychopharmakamärkte um einen legalen
Markt erweitert. Um allerdings die gewünschte Kontrolle dieses
neuen Marktes zu garantieren, müßte der Staat einmal mehr die herrschende Marktwirtschaftsideologie unterlaufen und ein staatliches
Monopol in der Art des italienischen Tabakmonopols etablieren.

Solche Planspiele sind längst Bestandteil staatlicher Strategien im
Kampf gegen Drogen, auch wenn das kaum jemand öffentlich zugeben würde. So jedenfalls wäre die öffentliche Abwehrfront gegen harte
Drogen leichter zu organisieren, weil sie sich auf einen breiten gesellschaftlichen Konsens stützten könnte, der auch Cannabiskonsumenten
einschließt. Angesichts der steigenden Kosten für Prophylaxe, Therapie und Nachsorge, die längst die sozialstaatlich akzeptierte Grenze
überschritten haben, ein aus der Sicht des Staates wünschenswerter
Effekt.

Integration durch Legalisierung – dieses Ziel des Staates könnte
einen aber auch dazu verleiten, aus politischen Gründen gegen die Legalisierung zu sein, weil man die Marginalisierung möglichst vieler
Gruppen und Subjekte für politisch wünschenswert hält. Daß die herr-

schende Rechtspraxis bei vielen Konsumenten Zweifel an der «Gerechtigkeit» des Staates aufkommen läßt oder bestehende Zweifel bestärkt, ist unbestreitbar. Selbst gesetzestreuen Bürgern müssen angesichts der Todesstatistik – normalerweise eine wichtige staatliche Entscheidungshilfe – Zweifel an der Gewichtung von Aufwand und Ertrag kommen. Alkohol und Nikotin dominieren die Drogen-Scene, wie auch die jüngst in der Schweiz veröffentlichte Statistik des «Eidgenössischen Gesundheitsamtes» bestätigt. Sie gilt für alle vergleichbaren Länder. In der Schweiz liegt die Zahl der Opiatdrogenopfer bei durchschnittlich 100 in den letzten Jahren. Dagegen wird die Zahl der alkoholbedingten Todesfälle auf 1200 geschätzt, der wiederum 4800 geschätzte Todesfälle wegen Rauchens gegenüberstehen.[9]

Die juristische Flanke

Zwar behält sich der Staat vor, Herstellung und Vertrieb eines gesetzlich nicht zugelassenen Produkts unter Strafe zu stellen. Der Konsum des Produkts wird jedoch nicht unter Strafe gestellt, sieht man einmal von der Nötigung zum Konsum ab.

Auch zählt es zu den Rechtsprinzipien der Gesetzgebung in der Bundesrepublik Deutschland, die Selbstbeschädigung eines Individuums nicht unter Strafe zu stellen. Die Praxis des Betäubungsmittelgesetzes (BTM) bringt diese rechtsphilosophischen Grundsätze immer mehr ins Rutschen. Auch wenn man einräumt, daß das Prinzip der Straffreiheit bei Selbstbeschädigung in Kollision geraten kann mit dem Anspruch des Staates, gesellschaftliche Folgeschäden zu verhindern, so läßt sich das nicht auf den Cannabiskonsum übertragen. Im Gegensatz zur Opiatdrogenabhängigkeit, die hohe Folgekosten verursacht, entstehen solche Kosten beim Cannabiskonsum nicht. (Diese Fragen werden bei Quensel neben anderen ausführlich behandelt.) Auf Dauer muß die herrschende Rechtspraxis auch das allgemeine Rechtsbewußtsein erschüttern. Einerseits konsumiert ein erheblicher Teil der Bevölkerung ohne Unrechtsbewußtsein Cannabis, andererseits ist der Staat immer weniger in der Lage, seinen Gesetzen Geltung zu verschaffen. Als «außerordentlich beunruhigend» werten Sozialpolitiker die Ergebnisse einer Infratest-Befragung von 1982, die zugleich auch ein Beleg für die Wirkungslosigkeit der staatlichen Anti-Cannabis-Kampagnen sind: Fast die Hälfte aller Befragten im Alter zwischen 12 und

24 Jahren glaubten nicht an Gefahren von Cannabis. Ein CDU-Sozial-
minister fügt seiner «Beunruhigung» die Erkenntnis hinzu, daß alles
Gerede von der Ungefährlichkeit dieses Suchtstoffes als «Geschwätz»
und «kriminelle Verharmlosung» entlarvt worden sei.[10]

Auch der Vollzug von Strafen ist «gefährdet». Bereits heute ist in
Dealer-Ballungsgebieten die Justiz mit BTM-Bagatellfällen überhäuft
und der Strafvollzug aus dem gleichen Grund blockiert. In Hessen beispielsweise wird wegen der vielen BTM-Fälle geplant, den Vollzug
von Haftstrafen bis zu einem Jahr auszusetzen. Schließlich kann der
Staat auch langfristig aus Gründen der Kriminalitätsvorbeugung kein
Interesse daran haben, immer mehr Jugendliche für eine ohne Unrechtsbewußtsein begangene Tat zu bestrafen bzw. durch Vorstrafen
zu stigmatisieren, mit dem Risiko, diese Jugendlichen auf die erste
Stufe einer kriminellen Karriere zu drängen.

Dazu die Zürcher Bezirksanwältin Irma Weiss in der *Neuen Zürcher
Zeitung*: «Vielleicht hätte man sich jenes Wort des Strafrechtslehrers
Hans Huber vor Augen halten müssen, daß die Strafe denaturiert
werde, wenn der Staat mir ihr nicht mehr haushälterisch umgehe,
wenn sie für alle möglichen Ordnungswidrigkeiten eingesetzt werde,
die des Zusammenhangs mit der Ethik entbehrten oder bei denen dieser Zusammenhang doch nicht mehr erkennbar sei.»[11]

Aus der Zwickmühle kommt auch nicht heraus, wer «Zwischenlösungen» propagiert. In einigen Ländern sind Polizei und Justiz still-
schweigend dazu übergegangen, den Besitz und Konsum von Kleinstmengen nicht mehr zu verfolgen bzw. zu bestrafen. In Spanien, als
aktuellstem Beispiel, soll der Konsum von Drogen demnächst straffrei
sein. Ein entsprechender Gesetzentwurf wurde vom Parlament im
April 1983 gebilligt. Produzenten und Händler eines Genußmittels zu
bestrafen und die Konsumenten ungeschoren davonkommen zu lassen, ist zwar juristisch machbar (juristisch ist alles machbar), ökonomisch jedoch absurd und politisch ein Selbstbetrug.

Um den Konsumenten vom Dealer unterscheiden zu können, hat
man sich in der internationalen Diskussion betroffener Staaten auf eine
Grenzmenge geeinigt, die zwischen 20 und 30 Gramm liegt. Wer mehr
bei sich hat, gilt als Dealer, wer darunter liegt als Konsument bzw.
Selbstversorger. Mit einem juristischen Handgriff wird so der Markt
zweigeteilt. Die Illegalität des Handels bleibt erhalten und damit das
hohe Preisniveau. Geht man von einer Höchstmenge (30 Gramm) und
dem aktuellen Durchschnittspreis (10,– DM / gr) aus, dann wird dem

Konsumenten «das Recht» zugestanden, Cannabis (Haschisch) im Wert von 250,– bis 300,–DM, je nach Mengenrabatt, zu erwerben. Diese Summe kann sich ein durchschnittlicher Jugendlicher nicht rasch mal vom Taschengeld abzweigen. Er wird also zum Dealen verleitet, indem er entweder den Mengenrabatt einbehält oder indem er entsprechend aufschlägt. Auch den großen Dealern wird das Geschäft erleichtert. Wenn sie ihre Ware offen am Straßenmarkt anbieten, werden sie eben nie mehr als 30 Gramm bei sich haben. Werden sie erwischt, können sie mit einem Satz die Handelsware in eine Selbstversorgerration umdefinieren. «Zwischenlösungen» sind nicht praktikabel, wie ja auch das Enscheder Experiment gezeigt hat, das unter anderem abgebrochen wurde, weil auswärtige und ausländische Käufer von Besuchern des Jugendzentrums Haschisch kauften.[12]

Der politische Knüppel

«Wegen Drogenhandels und Drogenkonsums geschlossen». Kaum ein Argument ist öffentlichkeitswirksamer, wenn eine Behörde ein Jugendhaus schließen, ein Kommunikationszentrum kontrollieren, Jugendinitiativen abwürgen und einzelne Jugendliche diffamieren und kriminalisieren will.

Selbst in besetzte Häuser verschaffte sich die Berliner Polizei «wegen des Verdachts auf Anbau von Cannabis (Haschisch)-Pflanzen» Zugang.[13]

Die Zeichen stehen auf Unterdrückung und Disziplinierung. Auf dieses Droh- und Zugriffsinstrument wird der Staat in der gegenwärtigen politischen Situation nicht verzichten. Die Aufrechterhaltung des Cannabisverbots zielt auf die Scene der Nichtangepaßten und Normabweicher, das was sozialdemokratische Politiker gerne die «zweite Kultur» nennen. Auch ohne in elitäre Haschideologien zurückzufallen, kann man den typischen Cannabiskonsumenten als unangepaßt bezeichnen, was nicht unbedingt mit politisch unangepaßt zusammenfällt.

Auch die alternative Kultur im engeren Sinne ist gemeint, die veränderte Wahrnehmung, die verschobenen Prioritäten, die provokanten Relativierungen, die neue Ästhetik, die neue Musik von Dylan bis Zappa, von Janis Joplin bis Giana Nannini, die neuen Verkehrsformen und die veränderten Einstellungen zur Sexualität. Hier sollen nicht Ursache und Wirkung untersucht oder Wechselwirkungen dargestellt werden, es genügt festzustellen, daß in dieser Scene Cannabis als Genußmittel eine größere Rolle spielt als irgendwo sonst. Und weil die Repräsentanten der «ersten Kultur» diese Scene nicht wollen, wollen sie auch deren Droge nicht (zulassen).

Jedes Mittel, die Scene zu bekämpfen, wird genutzt – Ignoranz ist eine Kampfform: «Der Umgang mit Alkohol wird in unserer Gesellschaft gelernt, von den Eltern den Kindern im Erziehungsprozeß überliefert. Für den Umgang mit Haschisch gibt es keine gesellschaftliche Tradition, keine allgemeinverbindlichen Rituale und damit verbundene soziale Kontrollen, keine Integration in den Sozialisationsprozeß.»[14]

Ausgerechnet den Umgang mit Alkohol im Erziehungsprozeß als gelungenes Beispiel einer Sozialisation darzustellen grenzt ans Lächerliche. Eine Ministerin für Jugend und Familie bringt das im Vorwort zum Katalog der Ausstellung «Rausch und Realität» fertig. Geradezu absurd aber ist die Unterstellung, die Gruppe der Cannabiskonsumenten orientiere sich an der Fortführung gesellschaftlicher Traditionen und habe nichts anderes im Sinn, als nach allgemeinverbindlichen Ritualen zu leben, und sei scharf auf Integration und soziale Kontrolle durch diese «unsere Gesellschaft».

Handelskapital kontra Industriekapital – Wer bleibt Sieger?

Als Haschisch nach Europa und Marihuana in die USA kamen und über eine seit langem bestehende unauffällige Subkultur hinaus neue Verbraucherschichten eroberten, waren Händler noch Teil der Scene. Sie waren Kumpels, die eine glückversprechende Ware handelten und ebenso «drauf» waren wie die Konsumenten selbst. Der Handel hing von Zufällen und Einzelinitiativen ab. Er war auf Großstädte konzentriert. Die Handelswege verliefen vorwiegend entlang der Touristenströme und Einwanderungsrouten. Sie endeten, wo US-Truppen stationiert und ethnische Minderheiten gettoisiert waren. Auf der Basis dieses Abnehmerkreises konnte sich schnell ein kapitalkräftiger Handel entwickeln, der heute als entscheidende Antriebskraft der «Legalize it»-Bewegung fungiert.

Eine Fraktion des illegalen Drogenkapitals drängt also auf Legalisie-

rung, wenn man so will auf Gleichberechtigung mit jenem Drogenkapital, das legal seine Profite in der Genußmittelindustrie (Alkohol,
Tabak, Kaffee und Tee) und in der chemischen Industrie realisiert.
Diese Kapitalfraktion ist kräftig. Allein in den USA wurde der Umsatz des illegalen Drogenhandels, zu dem auch der Marihuanahandel
(noch) zählt, für 1980 auf 54 Milliarden Dollar geschätzt. Heute –
1983 – wird der Umsatz doppelt so hoch, bis auf 150 Milliarden veranschlagt.

Die Legalisierungs-Offensive setzt die offene oder unterschwellige
Bereitschaft großer Teile der Bevölkerung voraus, dem Legalisie-
rungsbestreben zuzustimmen oder zumindest keinen Widerstand entgegenzusetzen. Und warum? Weil die Interessen von Konsumenten
und Anbietern identisch zu sein scheinen. Jedenfalls gelingt es den
Händlern, bei bestehender Strafandrohung für Händler und Konsumenten diesen Eindruck zu erwecken. Im geschichtlichen Rückblick
wird die Kampagne der Haschisch- und Marihuanahändler einmal jenen gigantischen Werbe- und Promotionkampagnen gleichgesetzt
werden, mit denen die Industrie andere Produkte auf den Markt kata-
pultierte.

Im US-amerikanischen Drogenmagazin *Hightimes* wird unumwun-
den zugegeben, daß kalifornische Händlerorganisationen erhebliche
Summen in die «Legalize»-Kampagnen stecken. Fusionen mit anderen
bereits legalisierten Drogenhändlern deuten sich an, wenn man beispielsweise feststellen muß, daß praktisch alle bekannten Zigarettenpa-
pier-Hersteller das Drogenmagazin mittels Anzeigen finanzieren. Das
Gerücht, große Tabakkonzerne seien auf den Tag X bereits bis ins
letzte Detail vorbereitet, ist so alt wie die junge Drogen-Scene: Kaum
nur ein Gerücht, vielmehr Phantasie und Einsicht in das, was das System hergibt.

Und auch das ist absehbar: Vom Tag der Legalisierung an wird ein
gnadenloser Konkurrenzkampf um Marktanteile beginnen. Doch da
wird nicht marokkanischer Kiff gegen kolumbianisches *grass*, nicht
libanesisches Haschisch gegen Thai-Sticks antreten. Da wird die Drogenindustrie der hochindustrialisierten kapitalistischen Länder einsteigen, da wird das höher entwickelte Produktionsniveau der chemischen
Industrie gegen die Agrarprodukte aus den in Unterentwicklung gehaltenen Ländern antreten. Synthetisches Cannabis – das ist die Zukunft.

Die synthetische Herstellung gelang erstmals 1966 in den Labors des israelischen Geheimdienstes. Auch in den USA war man erfolgreich. Dazu der Kommentar eines Dr. Balter vom National Institute of Mental Health im Oktober 1967: «Die Schwierigkeit mit dem Stoff ist jetzt noch, daß es ziemlich teuer ist, ihn herzustellen. Aber mit guter, alter amerikanischer Zuversicht bin ich sicher, daß der Preis sehr stark gesenkt werden kann.»* Im März 1983 gab das US-Verteidigungsministerium bekannt: «Die US-Armee hat synthetisches Marihuana für die Verwendung in der chemischen Kriegsführung entwickelt.»

Es ist klar: Erst wenn die Schranke der Illegalität gefallen ist, wird sich die industrielle Produktion von synthetischem Cannabis ökonomisch vertreten lassen. Chemiekonzerne, möglicherweise im Verein mit Tabakherstellern und -verarbeitern, werden in einem rigorosen Vernichtungswettbewerb die Anbauländer von Haschisch und Marihuana ausschalten, bis auch auf diesem Markt die chemisch-pharmazeutische Industrie das Monopol besitzt und den Preis für das Endprodukt bestimmen kann.

Den Versuch werden sie auf keinen Fall unterlassen; auf den Erfolg sollten sie sich nicht verlassen. Vielleicht spielt ihnen das Verbraucherbewußtsein der Cannabiskonsumenten einen Streich. Der klassische Cannabiskonsument hat seine Vorbehalte gegen synthetische Nahrungs- und Genußmittel jeder Art. Warum sollte er also einen synthetischen Glimmstengel einer mit pflanzlichem Grünzeug gefüllten Papiertüte vorziehen?

Nachtrag

Die «Fixerlobby» und interessierte Kreise, die die Cannabisdiskussion auf eine absurde Spitze treiben wollen, fordern, auch die harten Drogen in die Legalisierungsdiskussion einzubeziehen. Vom Konsumentenstandpunkt entwickeln sie eine Argumentationskette von bestechender Logik und propagieren die radikalste «Theorie» des freien Marktes – und nicht umsonst finden sie in Kreisen Gehör, die auch da, wo es um den Handel mit Pharmaka und Waffen oder um den Export x-beliebiger Waren geht, den Marktmechanismen freien Lauf lassen

* Vgl.: S. 59 f.

wollen. Sie haben die Logik des Systems auf ihrer Seite. Wer Produktion um der Produktion willen befürwortet, ohne danach zu fragen, was produziert wird, und diese Frage als gesellschaftlich bedeutsam auch nicht zulassen will, kann ebensogut als Werbemanager des Drogenkapitals wie als Agent des Waffenhandels auftreten.

Sein Vorbild nimmt Drogen.

Vorbild wird, wer siegt. Sportler also, die ihrem Körper regelmässig Spitzenleistungen abfordern. Sportler, die vor lauter Leistungsdruck keine Zeit mehr haben, den Körper natürlich erholen zu lassen. Was liegt da näher, als der Natur nachzuhelfen: Die Kraft künstlich zu fördern, die Schnellkraft zu forcieren, das Ausdauervermögen zu steigern, aufzuputschen und zu pushen, damit man wieder siegen kann? Doch das ist nicht nur ungesund. Sondern auch Betrug. Betrug an den Mitkonkurrenten und an den Fans. Also auch an uns. Deshalb:

Wir wollen fairen Sport.

SLS-Initiative für Fairplay.

10

DROGEN UND MORAL

Wie auch sonst, wenn ich an einem Buch arbeite, habe ich bereits während des Entstehungsprozesses eine Rückkoppelung zu potentiellen Lesern gesucht; nicht um Meinungen zum Thema einzuholen, sondern um zu prüfen, ob es mir gelingt, zu vermitteln, was ich mir darzustellen vorgenommen hatte. Deshalb habe ich verschiedene Abschnitte dieses Buches in Gesprächen und Diskussionen vorgestellt, andere vorveröffentlicht, auch um Reaktionen von Lesern herauszufordern.

Das Interesse an der Drogenfrage ist unvermindert groß. Noch größer aber ist die Ratlosigkeit und die Resignation bei denen, die mit Drogen und Drogenabhängigen zu tun haben: bei Sozialarbeitern, Lehrern, Ärzten, bei Leuten, die im öffentlichen Gesundheitswesen und in der sogenannten Jugendarbeit und ihrer Verwaltung tätig sind, und bei Familienangehörigen von Süchtigen. Sie werden – nach meiner Einschätzung – den größten Teil der Leserschaft dieses Buches ausmachen. Andere Leser will ich mit dieser Einschätzung weder abschrecken noch ausschließen, doch möchte ich als Autor von Aufklärungsbüchern, die sich direkt an Jugendliche wenden, falschen Erwartungen entgegentreten. Ich habe hier, obwohl es doch scheinbar um ein Jugendthema geht, erst gar nicht versucht, ein kompliziertes Thema, das ich in einen historischen und theoretischen Zusammenhang stelle, den Lesegewohnheiten oder altersspezifischen Verstehensmöglichkeiten von Jugendlichen anzupassen. Das widerspricht nicht dem Bemühen, so verständlich wie möglich zu schreiben.

Nun gibt es Leser, die, bevor sie sich auf ein Buch einlassen, nach dessen Schlußfolgerungen suchen, die sie in einem Nachwort vorzufinden hoffen. Möglicherweise erwarten sie wie andere auch, mit denen ich mich bereits auseinandersetzen konnte, eine Antwort auf die zugespitzte Frage: Wo ist die Lösung des Drogenproblems?

Leser, die sich bis hierher durchgearbeitet haben, kennen die ebenso zugespitzte Antwort: Es gibt unter den gegebenen gesellschaftlichen Bedingungen keine Lösung des Drogenproblems.

Eine höchst unbefriedigende Antwort, die auf Widerspruch stoßen und so, wie ich hoffe, eine Diskussion auslösen, weiterführen oder vorantreiben wird, die ich selbst weder führen konnte noch führen wollte. Ich will aber die Position, von der aus ich urteile und werte, offenlegen. Man sollte jeden, der sich an der Drogendiskussion beteiligt, zwingen, sein Wertsystem darzustellen, um Mißverständnisse zu vermeiden und den Moralisten der Morallosigkeit das Handwerk zu legen. Wie soll man sich beispielsweise mit jemandem über Probleme des Alkoholgenusses und des Alkoholismus verständigen können, der nicht zu erkennen gibt, ob er möglicherweise vom Standpunkt eines Abstinenzlers argumentiert. Allerdings geben sich dogmatische Abstinenzler gewöhnlich zu erkennen. Es sind die verdeckten Abstinenzler, die es vorziehen, sich hinter Biergläsern und Schnapsflaschen zu verstecken, von wo aus sie beredt gegen jede Art von Rauschdroge eifern, ohne den Saft, der ihre Zunge so locker und ihre Rede so flüssig macht, als Rauschdroge verstehen zu wollen.

Schon einmal, vor rund hundert Jahren, tobte ein Streit um das Drogenproblem, damals unter dem Stichwort «die Alkoholfrage». Bier und Schnaps, Bier oder Schnaps, weder Bier noch Schnaps, um diese Alternativen entbrannte in der organisierten Arbeiterbewegung eine heftige Auseinandersetzung. Auf der einen Seite fochten die Totalabstinenzler, die in jedem Tropfen Alkohol eine Gefährdung der Arbeiterbewegung sahen, auf der anderen Seite vor allem Theoretiker der deutschen Arbeiterbewegung, die für einen mäßigen Alkoholkonsum eintraten. Karl Kautsky, einer der Wortführer, sah unter dem Eindruck der Schriften von Friedrich Engels in Bier und Wein nicht nur einfach unschädliche Genußmittel, er drehte den Spieß um und stellte fest: «Für den Proletarier bedeutet in Deutschland der Verzicht auf Alkohol den Verzicht auf jedes gesellige Beisammensein überhaupt; er hat keinen Salon zur Verfügung, er kann seine Freunde und Genossen nicht in einer Stube empfangen; will er mit ihnen zusammenkommen, will er mit ihnen Angelegenheiten besprechen, die sie gemeinsam berühren, dann muß er ins Wirtshaus. Die Politik der Bourgeoisie kann desselben entbehren, nicht aber die Politik des Proletariats.»

Noch heute kann die organisierte Arbeiterbewegung, auch wenn sie in Gewerkschaftshäusern unterdessen zentrale Versammlungsorte besitzt, bei Streiks auf regionale Streiklokale, oft mit Wirtshäusern identisch, nicht verzichten.

Wolfgang Schivelbusch geht noch weiter als Kautsky und sieht im mäßigen Alkoholgenuß eine geradezu politische Produktivkraft: «Alkohol und Kaffee stimulieren jeweils die Eigenschaften und Fähigkeiten, die die betreffende Klasse für entscheidend hält. So wie der Kaffee die Rationalität, Nüchternheit und den Individualismus anregt, stimuliert der Alkohol die proletarischen Tugenden der Kollektivität und Solidarität.»

Hätte die Arbeiterbewegung Einfluß auf die Qualität der in ihren Reihen konsumierten Alkoholika und hielte sie sich an die «weichen» Alkoholgetränke, ließe sich diese Schlußfolgerung sehr viel einfacher nachvollziehen. Um meine eigene Position in der Drogenfrage deutlich zu machen, genügt es auszusprechen, was schon in einzelnen Kapiteln des Buches deutlich wurde. Ich urteile und werte nicht vom Standpunkt des Abstinenzlers. Das Problem liegt nicht im Alkohol, sondern im Alkoholismus, nicht im Cannabis, sondern im Cannabilismus.

Meine Behauptung, das Drogenproblem sei «unter den gegebenen gesellschaftlichen Bedingungen» nicht lösbar, wird so relativiert. Fest steht: Das Drogenproblem als Ausdruck der Kapitalverhältnisse in ihrer imperialistischen Dimension ist nicht lösbar. Doch wissen wir vom Drogengebrauch und Drogenproblem auch unter anderen gesellschaftlichen Bedingungen.

Das Bedürfnis, sich unter sehr unterschiedlichen Voraussetzungen, in sehr unterschiedlichen Situationen, mit sehr unterschiedlichen Folgen zu berauschen, erscheint in der menschlichen Entwicklungsgeschichte wie eine universelle Konstante, die sich auch jenseits des Kapitalismus in sozialistischen Gesellschaften behauptet. Dort vielleicht «nur» ein Problem des Übergangs, denn die Utopie einer Gesellschaft ist denkbar, die Menschen Glückserfahrungen ohne Rauschdrogen möglich macht. Doch fragt sich, ob man sich diese Utopie überhaupt vorstellen will. Könnte die Suche nach rauschhaften Erfahrungen nicht Ausdruck eines menschlichen Lebensgefühls sein, das auch in Zukunft nach Befriedigung sucht und sich entsprechender Hilfsmittel bedient?

Eine mehr philosophische Frage, keine, die Antworten auf das Drogenproblem der Gegenwart oder der nahen Zukunft gibt. Schon deshalb nicht, weil heute der Rausch immer mehr in der Betäubung endet, weil Fluchtmotive stärker sind als die Möglichkeit, ein positives Lebensgefühl mittels Drogen zu steigern, weil unter den Bedingungen der Arbeitslosigkeit und der Kriegsgefahr neue Formen des Elendsalkoholismus und der Verzweiflungsmedikation das Drogenproblem dramatisch steigern werden.

Das universelle Bedürfnis nach Rauscherfahrungen, sollte es auch mit seinen Gefahren des Umkippens in Besinnungs- und Bewußtlosigkeit wirklich existieren, ist dennoch nicht gesellschaftsneutral.

Ganz ohne Zweifel sind die Probleme des Alkoholismus in der Sowjetunion und anderen sozialistischen Ländern, einschließlich der Probleme von Selbstmedikationen mit Suchtfolge, Ausdruck gesellschaftlicher Probleme. Sie sind Symptome des Mangels, Widerspiegelungen der Schwierigkeiten einer Gesellschaft, die unter harten Bedingungen, die ihr nicht zuletzt auch von außen aufgezwungen werden, sich erst herausbildet. So werden sie in der Medizin und den Sozialwissenschaften zunehmend auch verstanden und nicht länger als individuelles Versagen oder charakterliche Fehlentwicklungen. Die Lösung dieses Drogenproblems liegt in der Lösung der gesellschaftlichen Probleme, die es verursacht. Es geht um ein sozialpolitisches Problem. Aber die Erwähnung von Drogenproblemen in nicht kapitalistischen Industriegesellschaften in einem Atemzug mit denen, die Thema dieses Buches sind, verzerrt die Relationen und verharmlost das Ausmaß der Probleme, mit denen sich die westlichen Industrienationen und die in ihren Klauen hängenden Länder der Dritten Welt konfrontiert sehen.

Das Drogenproblem in kapitalistischen Gesellschaften ist ein Problem der Gesellschaftsordnung. Nur hier gibt es ein Interesse, die Ware Droge zum Zwecke der Profitmaximierung herzustellen und zu vertreiben. Deshalb ist das Drogenproblem «unter den gegebenen gesellschaftlichen Bedingungen» nicht lösbar.

Im Augenblick geht es gar nicht um *die* Lösung *des* Drogenproblems. Wer sich die vornimmt, setzt auf Illusionen. Es geht einzig darum, Entwicklungen zu erkennen und Gefahren abzuschätzen, um zu bremsen, wo Bremsmanöver Erfolg versprechen, aber auch darum, im Einzelfall Entwicklungen ihren Lauf nehmen zu lassen, wo es sinnlos ist, sich weiter gegen sie zu stemmen. Nicht aus Fatalismus oder Resignation, sondern aus der Einsicht in die Übermacht des Drogenkapitals und in die schwache Kraft der Verweigerung, die uns bleibt, um das Schlimmste zu verhindern.

Wo ist das Subjekt des Widerstandes, wer ist glaubwürdig genug, ihn anzuzetteln und zu organisieren? Auf staatliche Initiativen und Programme von oben zu warten ist sinnlos. So liefert man sich nur denen aus, die sich zwischen Kapitalinteressen, Ordnungsmaßnahmen und Helfersyndrom die Bälle zuspielen.

Soweit es um sogenannte Jugenddrogen geht, sind es die Jugendlichen selbst, die den Widerstand als politische Selbsthilfe organisieren müssen: In ihren politischen und gewerkschaftlichen Verbänden, ihren Vereinen, in ihren autonomen Initiativen und informellen Gruppen.

Das kostet Kraft und ist doch nichts als eine selbstbestimmte Zukunftsinvestition in sich selbst.

Die Drogendiskussion ist vorbelastet. Daran ist nicht nur die zur Abschreckung inszenierte staatliche Lügenpropaganda schuld.

Glaubwürdig ist nur, wer die gegebene Lage radikal zu analysieren bereit ist, ohne Verharmlosung und ohne Übertreibung, rücksichtslos gegen eigene Vorurteile, der Neigung zu Mystifikationen widerstehend und frei von einer gespaltenen Zunge, die noch vor die Analyse der Drogenrealität die Drohgebärde der moralischen Verurteilung setzt.

Eine Diskussion ohne Doppelmoral, darauf hoffe ich.

Nachwort zur Taschenbuchausgabe

The war goes on.

Auch US-Präsident George Bush hat, dem Beispiel seiner Amtsvorgänger folgend, zum Krieg gegen den internationalen Drogenhandel aufgerufen. An der Heimatfront – ich bleibe bei der Terminologie – machte diese Kriegserklärung jedoch nur wenig Eindruck. «Zu wenig innovativ», gemessen an Reagans Krieg, bemängelte die Kongreßopposition; Bush präsentiere «kein grundlegend neues Element der Drogenbekämpfung», kritisierte die *Neue Zürcher Zeitung*, die wie keine andere deutschsprachige Tageszeitung die polit-ökonomische Substanz des Drogenproblems erkannt hat.

Der in Wahlversprechungen völlig eingebundene Präsident mußte Steuererhöhungen zur Finanzierung seines Krieges von vornherein ausschließen. Er habe aber, erklärte Bush, erstmals die verschiedenen Fronten des Drogenkrieges zu einer wirksamen und konsequenten Strategie zusammengefaßt. Viel Rhetorik, wenig Faßbares, so redet einer, der mit leeren Händen vor das Publikum tritt.

Die skeptischen Reaktionen in der Medienöffentlichkeit sind prekär, hängt doch der Ausgang des Krieges auch vom psychologischen Faktor ab, schließlich sollen nicht nur die Verbraucher in den USA motiviert werden, ihre Konsumgewohnheiten zu ändern, auch die Öffentlichkeit in den Produzentenländern soll davon überzeugt werden, daß der US-amerikanische Krieg gegen Drogen ihr Krieg ist.

Und doch unterscheidet sich Bushs Krieg von dem seines Vorgängers – nicht nur wegen der Schauplatzverlagerung von Bolivien nach Kolumbien. Das politische Umfeld hat sich verändert. Weltweit ist das Bedrohungsbewußtsein gewachsen und mit ihm die Militarisierung des Bewußtseins. Die militärische Sprachregelung von vier US-amerikanischen Präsidenten hat den internationalen Sprachgebrauch beeinflußt und geprägt.

Heute spricht auch die sowjetische Presse vom «Krieg gegen Drogen», selbst die Direktorin des Wiener Büros der UN–Rauschmittelkommission bedient sich dieser gefährlichen Terminologie: «Keiner von uns wollte den Krieg. Nun haben wir ihn aber begonnen, und nun müssen wir ihn auch gewinnen.»

Das Gefährliche an dieser Kriegsmetapher ist, daß sie nicht als Metapher gemeint ist. Die Regierungen und die Öffentlichkeit von Peru und Kolumbien haben das schnell verstanden. Nur Panamas Ex-Präsident Noriega schien den Ernst der Lage nicht erkannt zu haben. Und in der Tat – lange sah es so aus, als seien die Machtmittel des US-Präsidenten, seine Hausordnung im panamesischen Hinterhof durchzusetzen, beschränkt. Zudem weiß heute alle Welt, was sie schon lange hätte wissen können: daß Ex-CIA-Chef Bush und Ex-CIA-Agent Noriega Geschäftsbeziehungen unterhielten, die auf beiden Seiten beachtliche kriminelle Energien freisetzten. Darüber war schon lange vor der Belagerung Panamas in US-amerikanischen Medien zu hören und zu lesen.

Das späte Losschlagen gegen einen «Narco-Terroristen» großen Kalibers illustriert einen spezifischen Aspekt der US-amerikanischen Drogenpolitik. Drogen waren immer mehr als nur Rauschmittel, die ein Land im Innern, die Gesundheit der Bevölkerung und die Sicherheit bedrohten; Drogen waren immer auch ein Mittel der US-Außenpolitik bis hin zur militärischen Intervention. Das hat Tradition und wurde zuletzt in Bolivien praktiziert, wo im Juli 1986 eine Brigade schwerbewaffneter US-Soldaten in Begleitung von 16 Agenten der US-Drogenbehörde DEA einfiel, um eine Einschüchterungs- und Imponiershow abzuziehen, die allerdings den Produktions- und Verteilungsablauf von Kokain kaum tangierte. Anschuldigungen gegen ein Land, in den Drogenhandel verwickelt zu sein – ob beweisbar oder nicht spielt dabei keine Rolle –, werden wohldosiert nach den jeweiligen außenpolitischen Erfordernissen vom State-Department in der Öffentlichkeit lanciert und mit Sanktionsdrohungen verbunden. Erst als eine wichtige Etappe bei der Verwirklichung des in den USA höchst umstrittenen Panama-Kanal-Vertrags auf der Tagesordnung stand, erst als die Kontrolle des Kanals von den USA auf Panama übergehen sollte, erst dann begann das Kesseltreiben gegen einen früheren Günstling der US-Herren. Hier wird nicht der Drogenhändler Noriega gejagt, das Halali gilt dem Repräsentanten Panamas.

Dennoch: wie weit Bush gehen würde, war nicht von Anfang an zu erkennen, auch wenn sich in Kolumbien, kaum war das US-amerikanische ‹Hilfsprogramm› angelaufen, das Interesse der Medien-Öffentlichkeit sofort auf den Charakter der Hilfeleistung konzentrierte. Was da angelandet wurde an militärischen Gütern, war erkennbar nicht geeignet für den Kampf gegen Kokainproduzenten und Kokabauern. Und wie bereits in Bolivien drei Jahre zuvor, artikulierte sich auch in Kolumbien bis hinein in die herrschende Oligarchie Protest gegen die Anwesenheit US-amerikanischer Militärberater: «Erzieherische Videos für die Vereinigten Staaten – Bombardements für Kolumbien, Überzeugungsgespräche in den Zentren des Konsums – bewaffnete Helikopter für Kolumbien», so charakterisierte ein führender kolumbianischer Politiker die Doppelstrategie der US-Regierung. Er sagte auch, man werde in Kolumbien nicht zulassen, daß das Land sich in ein «Vietnam im Kampf gegen Drogen» verwandle. Auch diese Metapher läßt einen zusammenzucken. Aber die Erwähnung des Vietnamkrieges hat einen realen Bezugspunkt, der den wesentlichen Unterschied zwischen Reagans Feldzug und dem seines Nachfolgers ausmacht. Sowohl in Kolumbien wie in Peru kämpft eine Guerilla, die als Machtfaktor ernst zu nehmen ist – und die von den USA auch ernst genommen wird.

Über die Rolle dieser Guerilla beziehungsweise der verschiedenen Guerillaorganisationen und deren Verwicklung in den Drogenhandel wird viel spekuliert. An diesen Spekulationen kann und will ich mich beim Stand meiner Informationen nicht beteiligen. Die Kreuz- und Querverbindungen zwischen Waffen- und Drogenhandel sowie die Omnipräsenz des US-Dollar und international tätiger Banken sind so undurchschaubar, daß eine Verwicklung einzelner Guerillaorganisationen zumindest nicht auszuschließen ist. Aus der Ferne scheint diese Verwicklung geradezu unvermeidbar. (Hier dürfte auch der Schlüssel zur ‹Cuban Connection› liegen. Der schnelle und kurze Prozeß gegen Divisions-General Arnaldo Ochoa Sánchez, die Verurteilung und umgehende Liquidierung der Hauptangeklagten haben dem Verdacht, daß mehr und anderes dahintersteckt, überhaupt erst Nahrung gegeben.)

Weniger Rätselraten herrscht dagegen bei der Einschätzung US-amerikanischer Interessen in der Anden-Region. Der Präsident, das Pentagon und alle Geheimdienste sehen in der kolumbianischen wie der peruanischen Guerilla eine Bedrohung nationaler – und das heißt US-amerikanischer – Sicherheitsinteressen. Ein Alarmsignal. Ist die ‹national security› bedroht, fühlt das Pentagon sich herausgefordert. Bereits unter Reagan begann der auch in den USA umstrittene Einsatz des Militärs gegen den internationalen Drogenhandel. Über die Rolle, die den US-Streitkräften in Bushs Strategie zugedacht ist, bestand nur in den ersten Kriegsmonaten Unklarheit. Nicht nur unterschiedliche Angaben über die Zahl der eingesetzten Militärberater irritierten die Öffentlichkeit in den Andenstaaten, auch über das Ausmaß der Mitwirkung dieser ‹Berater› an Fahndungs-, Vernichtungs- und Verhaftungsaktionen ließen Bushs verschiedene Sprecher Widersprüchliches verlauten.

Ende Oktober 1989 gab dann Richard Brown, ein Vertreter des Pentagon, zu, daß ein nicht näher bestimmter Teil der US-Militärhilfe zur Bekämpfung der Guerilla in Peru und Kolumbien vorgesehen sei. Ihre Zerschlagung sei das «zweite Ziel» des US-amerikanischen Drogen-Kriegs-Planes.

Damit erweist sich der von der internationalen Öffentlichkeit gebilligte «Krieg» gegen Drogen als idealer Hintergrund der ‹low-intensity›-Kriegführung gegen Widerstands- und Befreiungsbewegungen in Lateinamerika.

Weitere Klarheit über Bushs Strategie brachte ein ebenfalls im Oktober 1989 veröffentlichtes Gutachten des US-Justizministeriums. Die darin vertretene Rechtsauffassung erlaubt dem Bundeskriminalamt (FBI), gesuchte Personen im Ausland ohne Einverständnis des betreffenden Landes festzunehmen. Um auch die letzten Reste von Unklarheit zu beseitigen, forderte CIA-Direktor William Webster – ebenfalls im Oktober 1989 – in einem *New York Times*-Interview freie Hand für die Mitarbeiter seiner Organisation bei der Vorbereitung von Staatsstreichen inclusive der Ermordung führender Politiker. Im Ausland. Das klang ganz nach einer «Lex Noriega» und wurde in der Medienöffentlichkeit auch so genannt.

Bush hatte also alle Werkzeuge ausgebreitet, bevor er sich dranmachte, den Krieg gegen Drogen auf eine neue Stufe zu stellen. Ob sich die Rechtsauffassung des FBI – Festnahme und Entführung – oder die der CIA – Mord – durchsetzen würde, war im übrigen für den Fortgang der Ereignisse bedeutungslos. Ein Zwischenhändler wie Noriega ist leicht zu ersetzen. «Mit dem Sturz Noriegas wird», wie die *Neue Zürcher Zeitung* im Dezember '89 nüchtern feststellt, «Panamas Verwicklung in den Rauschgifthandel wohl fürs erste reduziert werden, aber keinesfalls verschwinden.»

Die unerbittliche und aufwendige Verfolgung eines ehemaligen Mitarbeiters hatte also mit dem eigentlichen Kriegsgeschehen nichts mehr zu tun. Über Bushs Motive darf weiterhin spekuliert werden. Mit der Invasion in Panama, der Bombardierung ganzer Teile der

Hauptstadt, der Ermordung von weit mehr als tausend Panamesen und der anhaltenden Besetzung des Landes durch US-Truppen wurde die Metapher vom «Krieg gegen Drogen» endgültig in die grausame Wirklichkeit eines blutigen Krieges überführt. Von nun an gilt: Kriegsrecht bricht Völkerrecht. Bush markierte mit der gewaltsamen Besetzung der Botschaft Nicaraguas in Panama die neue Gangart.

Tags zuvor machte sich sein Sprecher Fitzwater öffentlich Gedanken über den verstärkten Einsatz militärischer Mittel zur Unterbindung von Drogentransporten. Von einer Seeblockade Kolumbiens war die Rede, worauf die kolumbianische Regierung mit einer Stellungnahme reagierte, «in der Verwunderung und Irritation zum Ausdruck kommen» *(NZZ)*. Die Irritation ist verständlich, denn die kolumbianische Oligarchie hatte sich in Bushs Kampagne alles andere als widerstrebend einspannen lassen. Ihre Interessen waren mit denen des US-Präsidenten deckungsgleich; zumindest schienen sie es bei Ausbruch des «Krieges» gewesen zu sein. Dabei war in den Anfangsjahren der kolumbianischen Koka-Ökonomie der aus dem Drogenhandel erwirtschaftete Dollarzufluß durchaus willkommen. Die Regierung ließ eigens einen «ventanilla siniestra» – einen dunklen Schalter – in der Hauptstadt eröffnen, an dem Dollars in beliebiger Höhe ohne Herkunftsnachweis zu Pesos umgetauscht werden konnten.

Als dieses ‹neue Kapital› jedoch in Kolumbien tätig wurde und in den Kaffeeanbau, die Bauwirtschaft, die Viehzucht und damit bereits besetzte Sektoren der Volkswirtschaft vorzudringen begann, beschloß die alte Oligarchie ihr Terrain zu verteidigen. Sie eröffnete ihrerseits den Krieg gegen die einheimischen Koksbarone. Seitdem herrscht Terror. Allerdings ist der genaue Frontverlauf nur schwer auszumachen. Im Kampf gegen ‹linke Subversion› bilden Teile der alten Oligarchie und die ihr verbündete politische Elite, das Militär und die Drogen-‹Mafia›, eine Einheitsfront, in welcher der ‹Mafia› die Aufgabe zufällt, für alle Terroranschläge – auch die staatlich angeordneten – verantwortlich zu zeichnen.

Aber so sind alle großen Vermögen auf dem amerikanischen Kontinent entstanden. Völkermord, Terror und die konsequente Mißachtung des geschriebenen Gesetzes waren unverzichtbare Instrumente der Kapitalakkumulation. Sie sind es noch immer. Gestern auf der Fahndungsliste, morgen auf der Mitgliederliste des ‹Diners Club›; und schon übermorgen werden die Söhne der Escobars und Ochoas Präsidentschaftskandidaten sein. Sie haben ein großes Vorbild. Auch der alte Kennedy hatte sein Vermögen im Drogenhandel gemacht. Damals, zur Prohibitionszeit, ging es um Alkohol.

Zwar wurde das Auslieferungsabkommen zwischen Kolumbien und den USA lange vor Bushs Amtsantritt geschlossen, doch erst jetzt spielt es eine kriegsentscheidende Rolle. Dieses Abkommen erlaubt der kolumbianischen Regierung unter Umgehung des eigenen Justizwesens, Drogenhändler an die USA auszuliefern. Daß sich die Oligarchie auf ein derartiges Abkommen überhaupt einließ, zeigt, wie stark sie sich von der Macht des aufsteigenden Drogenkapitals bedroht fühlt. Die freiwillige Abtretung von Souveränitätsrechten, und ausgerechnet an eine Regierung der USA, muß in jedem lateinamerikanischen Land einen sensiblen Nerv treffen. Das Abkommen ist völkerrechtlich einmalig. Die von ihm ausgehende Provokation ist nur zu verstehen, wenn man sich vorstellt, die italienische Regierung trete freiwillig ihr Recht auf Strafverfolgung an die Regierung der BRD ab und liefere ihre Mafiosi an den Nachbarn im Norden aus, weil der über politische, ökonomische oder militärische Druckmittel verfügt.

Der Widerstand gegen dieses Abkommen ist in Kolumbien unterdessen so angewachsen, daß die Regierung seine Durchführung nicht mehr garantieren kann. Das Oberste Gericht «sieht keine ‹rechtliche Grundlage› für die von der Regierung Barco beschlossene Auslieferung ‹auf dem Verwaltungsweg› ohne Einschaltung der Justiz», berichtet die *NZZ* Ende Oktober '89 aus Bogota.

Die Angaben über die aktuelle Vollzugspraxis sind widersprüchlich. Ob es zu weiteren Überstellungen kommen wird, ist offen. Meinungsumfragen geben einer angestrebten Volksabstimmung Chancen, das Auslieferungsabkommen zu kippen. Aber was heißt schon Meinungsforschung in einem terrorisierten und manipulierten Land wie Kolumbien. Es gibt viele Ungereimtheiten im laufenden Krieg. Dazu gehört auch das überraschende Abkommen zwischen der kolumbianischen Regierung und der bedeutendsten Guerilla-Organisation M-19, dazu gehört auch die Vermittlerrolle, welche die Guerilla angeblich zwischen Kokahändlern und Regierung zu übernehmen bereit ist.

In den USA selbst wurde Bushs Krieg systematisch vorbereitet. Bereits in seiner Antrittsrede kündigte der Präsident verstärkte Aktivitäten gegen die «Geißel» der Drogensucht an. Auch die Anfang März '89 veröffentlichte Bilanz des vorangegangenen Krieges gehörte zu Bushs Kriegsvorbereitungen. Nach Abwägung aller Fakten und in Rückbesinnung auf Reagans großmäulig verkündetes Programm und dessen hochgestecktes Kriegsziel ließ Bush den Krieg seines Vorgängers einschließlich Nancy Reagans «Just-Say-No»-Kampagne in einer Niederlage enden. Das gehört ganz einfach zur Dramaturgie einer Nachfolgekampagne, wobei die Öffentlichkeitsarbeiter des Präsidenten unterschlagen, daß Bush als Vizepräsident für den Krieg seines Amtsvorgängers die Verantwortung trug. Am Ende von Reagans Krieg gab es jedenfalls mehr Tote und mehr Drogen als je zuvor.

Trotz unveränderter Gefahrenlage hatte Bush Mühe, die internationale Öffentlichkeit, insbesondere die in den am Krieg beteiligten bzw. vom Krieg betroffenen Anbauländer, von der Ernsthaftigkeit seiner Absichten zu überzeugen. In den frühen 70er Jahren war Kolumbien der weltweit wichtigste Hersteller von hochwertigem Marihuana. Unter dem Druck der US-Regierung und mit entsprechender logistischer Unterstützung ging die kolumbianische Regierung gegen die Marihuanabauern vor. Heute gelten die USA als Hauptproduzent von Marihuana, vor Mexico und vor Kolumbien. Unter Ausnützung aller verfügbaren agrarwissenschaftlichen Erkenntnisse ist es den US-amerikanischen Produzenten darüber hinaus gelungen, Marihuanasorten zu züchten, deren Qualität – sprich Wirkstoffgehalt – die Qualität kolumbianischer Freilandware bei weitem übertrifft. «Vielleicht geht es den Amerikanern gar nicht so sehr um das moralische Problem des Drogenkonsums», vermutet ein Vertreter der Handelskammer von Cali, «es schmerzt sie vielmehr, daß ihnen ein Geschäft entgeht. Warum war Marihuana nur von Übel, solange es außerhalb der USA angebaut wurde?»

Um der allgemeinen Skepsis zu begegnen und um die Ernsthaftigkeit seines Programms zu unterstreichen, stellte Bush die Aufstockung des Drogenetats um 2,2 Milliarden Dollar besonders heraus. Angesichts der kriegerischen Rhetorik eine lächerliche Summe, geht doch die Bedrohungsanalyse des Präsidenten davon aus, daß «die Lebenskraft unserer Nation vom Rauschgift bedroht» ist. Das Drogenproblem sei die härteste innenpolitische Herausforderung seit Jahrzehnten.

Setzt man den Drogenetat von 7,9 Milliarden Dollar auf drei Jahre verteilt in Beziehung zum Rüstungsetat von jährlich 300 Milliarden Dollar, so müssen Zweifel an der Ernsthaftigkeit von Bushs Anti-Drogen-Kampagne aufkommen. Noch weniger imposant nimmt sich die Zunahme des Drogenetats aus, wenn man weiß, daß von den 2,2 Milliarden bereits 1,5 Milliarden in anderen Budgetanträgen enthalten und der Großteil davon für den Bau von Gefängnissen und den Ausbau des Justizapparates bestimmt sind.

Für die Umstellung der Agrarproduktion in den Koka-Anbauländern bleibt in Bushs Haushaltsplanung ein Restposten von 250 Millionen Dollar, aufzuteilen zwischen Peru, Bolivien und Kolumbien, von wo neunzig Prozent des in den USA konsumierten Kokains kommen.

Wie weit die Erwartungen der Anbauländer auf Unterstützung und die Bereitschaft der USA zur Unterstützung auseinandergehen, läßt sich am Beispiel eines Entwicklungsprojektes für das Tal von Huallaga (Peru), wo Koka im großen Ausmaß angebaut wird, demonstrieren. Die peruanische Regierung veranschlagte für dieses Umstellungsprojekt 800 Millionen Dollar, in Bushs Plan sind gerade 3,8 Millionen vorgesehen.

Der US-amerikanische Präsident setzt auf Repression, das läßt die Verteilung der sowieso knapp gehaltenen Mittel erkennen. Dafür spricht auch die völlig unzureichende Aufstockung des Etats für Behandlung und Therapie. Die offizielle Statistik geht von vier Millionen Drogensüchtigen in den USA aus, von denen zwei Millionen als dringend behandlungsbedürftig eingestuft werden.

Anders als sein Amtsvorgänger Ronald Reagan, der es mit Rücksicht auf seine koksende und pillenschluckende Wählerschaft unterließ, die Konsumenten frontal anzugehen, wendet Bush sich offen der Verbrauchernachfrage in den USA zu. Nicht ganz freiwillig, denn ohne diese Wende der US-amerikanischen Drogenpolitik hätte Bush kaum noch die Unterstützung für seinen Krieg in beziehungsweise von den Anbauländern erhalten. Bushs Berater gehen im übrigen davon aus, daß der Appell zur Mäßigung und zum Konsumverzicht bei der republikanischen Wählerschaft ankommt. Zwischen 1985 und 1988, so die Statistik, sei die Zahl der gelegentlichen Drogenkonsumenten von 23 Millionen auf 14 Millionen zurückgegangen. Zugenommen und auf 8 Millionen verdoppelt habe sich dagegen im gleichen Zeitraum die Anzahl der häufigen und regelmäßigen Kokain-Konsumenten.

Und voreilig, wie schon so oft, wollen die unter Erfolgsdruck stehenden Präsidentenberater in dieser Statistik eine Tendenz zu ihren Gunsten erkennen. Auf eine Formel gebracht: Mittelschicht steigt aus – Unterschicht steigt ein. Da ist viel ‹wishfull thinking› im Spiel. Das Auf und Ab am Drogenmarkt, die Veränderung von Konsumgewohnheiten, das Aufkommen immer neuer Drogen lassen eine seriöse Entwicklungsprognose kaum zu, das lehren die Erfahrungen der letzten zwanzig Jahre. «Crack» jedenfalls, das bislang als typische Unterschichtdroge galt, beginnt nach neuesten Erkenntnissen in die Mittelschichten einzudringen. Gegenüber *Time* erklärte William Smith, Klinischer Direktor der kalifornischen Therapieeinrichtung ‹Phoenix House›, Anfang November '89: «Diese Seuche kennt keine Klassen- oder Rassengrenzen.»

Im übrigen kommt es auf den Wahrheits- bzw. Realitätsgehalt solcher Statistiken nicht weiter an, wichtig ist lediglich, daß statistisch «abgesicherte» Ergebnisse lanciert und im politischen Entscheidungsprozeß als wahr gehandelt werden. An diesem Punkt setzt die Kritik an Bushs Drogenpolitik in den USA ein. Drogenexperten, Sozialpolitiker und Medienleute befürchten ein Nachlassen der öffentlichen Aufmerksamkeit, wenn Drogenabhängigkeit und Drogenkonsum immer mehr nur mit ethnischen Minderheiten und den Gettobewohnern US-amerikanischer Städte in Verbindung gebracht werden. Dann nämlich läßt erfahrungsgemäß nicht nur das Interesse an therapeutischen Maßnahmen und flankierenden Sozialprogrammen nach, es wächst auch die Bereitschaft, repressive Lösungen zu akzeptieren. Therapiekonzepte, die der Maxime «Therapie als Strafe» folgen, finden Anklang bei immer mehr US-Bürgern. Die Akzeptanz gegenüber repressiven Maßnahmen wird um so größer sein, je besser es gelingt, das Problem in die Gettos abzuschieben, je weniger die Mittelschichten mit dem verbleibenden Problem konfrontiert werden: Aus dem Auge aus dem Sinn, auch das ist Drogenpolitik.

Die Konsumgewohnheiten der US-amerikanischen Mittelschichten mögen sich ändern oder auch nicht. Die Nachfrage nach harten Drogen konzentriert sich in den Gettos der Städte: «Diese Abhängigen, zerbrochen von der Freudlosigkeit des Gettolebens, haben jede Hoffnung verloren», schreibt ein US-amerikanischer Publizist. «Ihnen zu helfen, erfordert nicht nur die Lösung des Therapieproblems, sondern sich den fundamentalen Problemen zu stellen, die das Innere unserer Städte krank machen. Solange wir nichts gegen Arbeitslosigkeit, Unterernährung, zerfallende Schulen und zerbrochene Familien tun, wird die ‹Geißel Droge› uns weiterhin bedrohen.»

Doch nicht nur in den USA, auch in Europa, das als Zukunftsmarkt für lateinamerikanische Kokainlieferungen ausersehen ist, stieß Bushs Kriegskonzept auf Skepsis und offene Ablehnung in den Medien: «Wir erhalten hier eine ausgezeichnete Lektion über ‹el imperialismo postmoderno›», schreibt ein Kolumnist der spanischen Zeitung *El País:* «El Señor Bush lanciert eine demagogische Kampagne gegen die Drogen seuche, aber er erwähnt mit keinem Wort die Seuche des Hungers, die Erniedrigung und die ökonomische Ausweglosigkeit der sogenannten unterentwickelten Länder.» Dieser Kommentar erschien vor der Invasion in Panama. In der Tat, das Drogenproblem ist vor allem ein Problem der Unterentwicklung, in Bogota ebenso wie in Brooklyn, in Quito ebenso wie in Queens. Der Krieg gegen Drogen ist immer auch ein Krieg gegen die Armen.

Wie gering die Erfolgschancen Bushs sind, wird deutlich, wenn man die Kriegspropaganda der Administration einfach ignoriert und anstatt dessen die weltwirtschaftlichen Rahmenbedingungen näher betrachtet. Auf seinen ökonomischen Kern reduziert, handelt es sich bei Bushs «Krieg» gegen den Kokain-Handel (auch diesmal ist, wie schon bei Reagans Krieg, von Heroin kaum noch die Rede) um den Eingriff in einen florierenden Markt. Ziel dieses Eingriffs ist die Verknappung des Angebots, seine Folge die Erhöhung des Preises. Diese Art der Marktregulierung von oben kommt den Interessen des kolumbianischen Drogenkapitals durchaus entgegen, denn bereits im Juli 1988 registrierte die *Neue Zürcher Zeitung* eine «Strukturkrise» im kolumbianischen Drogengeschäft: «Die kolumbianische Drogenmafia hat sich erfolgreich vorwärts integriert. In bezug auf die Preispflege scheint sie aber eine unsichtbare Hand zu haben. Die zu Beginn der Dekade erfolgte Überversorgung wird in einschlägigen Kreisen als schwerer Managementfehler dargestellt, den es zu beheben gelte.»

Dem Anbieter stehen zwei Instrumente zur Behebung von Überproduktionskrisen zur Verfügung:

– Die Erschließung neuer Märkte. Das geschieht. Europa wird bereits erschlossen.

– Die Verknappung des Angebots. Das geschieht ebenfalls, wenn auch nicht durch freiwillige Kartellabsprachen in den Herstellerländern, sondern durch protektionistische Maßnahmen des Hauptkonsumentenlandes. Um nichts anderes handelt es sich – rein ökonomisch gesehen – bei Bushs Krieg.

Heute stellen nicht nur die Sprecher der Anbauländer, wie jüngst erst wieder der kolumbianische Präsident Barco vor der UN-Vollversammlung, sondern auch aufgeklärte Vertreter der kapitalistischen Verbraucherländer immer öfter den Zusammenhang von Unterentwicklung und Drogenhandel heraus. Nur die Entschuldung der Anbauländer, nur neue Kredite zu günstigen Konditionen sowie die Öffnung der Märkte in den hochentwickelten Ländern für Produkte aus den Drogenanbauländern könnten dort die Bereitschaft fördern, von Koka und Mohn auf andere marktgängige Agrarprodukte umzusteigen. Diese Konditionen setzen eine Neuordnung des internationalen Wirtschaftssystems voraus. Darauf wird man noch lange warten müssen.

Doch angenommen, eine Neuordnung hätte stattgefunden und Kolumbien, Peru, Bolivien und Brasilien stellten den Koka-Anbau auf den Anbau von Kaffee, Baumwolle, Bohnen, Tomaten oder Mais um, und vorausgesetzt, der Weltmarkt garantierte ihnen für diese Produkte einen Festpreis, so wäre damit das Drogenproblem nicht automatisch gelöst. Andere Anbauregionen könnten ermutigt werden, den Angebotsausfall zu kompensieren, denn die Nachfrage bzw. der Bedarf an Betäubungs- und Rauschmitteln steigt weiter an. Die Zuchterfolge der Agrarindustrie machen heute den Anbau von Marihuana, Mohn und Koka in Regionen möglich, an die im Augenblick noch kein Bauer, kein Händler und auch kein Fahnder denken mag.

Auch das hochkonzentrierte Kapital der chemisch-pharmazeutischen Industrie würde beim Ausfall von Kokainlieferungen ermuntert, neue synthetische Suchtstoffe zu entwickeln. Die Anbauregionen in den Andenstaaten wären jedoch fürs erste einmal ausgeschaltet. Das ist die Theorie.

Und das ist die Wirklichkeit: Unter dem Diktat des Internationalen Währungsfonds und der Weltbank hat der Druck auf die sogenannte Dritte Welt zugenommen, ist die Verschuldung der Staaten und die Verelendung der Menschen fortgeschritten.

Alle Versuche, den Kapitalfluß zu kontrollieren, um die Geldwäsche zu unterbinden, sind gescheitert. Die Vertreter der 15 führenden Bankennationen, die sich im Sommer '89 in Paris trafen, konnten bzw. wollten sich bei ihrer «Gradwanderung zwischen Bankgeheimnis und Strafverfolgung» *(Frankfurter Rundschau)* nicht auf ein Konzept einigen. Es ist, wie ein Schweizer Bankenvertreter gegenüber der *Neuen Zürcher Zeitung* erklärte, schwierig, «Drogengelder aus dem allgemeinen Geldstrom herauszulösen». Es ist auch schwierig, um auf eine weitere ‹Schwachstelle› der Drogenbekämpfung hinzuweisen, bestimmte Chemikalien, die zur Herstellung der Endprodukte Heroin und Kokain erforderlich sind, aus dem allgemeinen Strom von Chemikalien herauszulösen.

Und auch das gehört zu den Rahmenbedingungen von Bushs Krieg: Der von den USA provozierte Zusammenbruch des Exportquotensystems hat – mitten im laufenden Krieg – den Weltmarktpreis für Kaffee, eines der wichtigsten Exportprodukte Kolumbiens, um 50 Prozent gedrückt. Der Verlust an Exporteinnahmen wird von Präsident Barco auf 400 Millionen Dollar beziffert. Nur einen Bruchteil dieser Summe wollen die USA für den Umbau der Koka-Ökonomie auf andere Agrarprodukte zur Verfügung stellen.

Parallel zu seinem «Anti-Drogen-Krieg» führt auch George Bush eine «Pro-Drogen-Kampagne». Nachdem es seinem Vorgänger Ronald Reagan bereits gelungen war, Taiwan und die Philippinen zur Öffnung ihrer Märkte für US-amerikanische Zigaretten zu zwingen, hat Bush sich nun den thailändischen Markt vorgenommen. Zur Zeit «prüft» das Büro des Handelsbeauftragten, ob Thailand mit seiner Anti-Raucher-Kampagne US-Exporte behindere. Thailand wird wie schon Taiwan und die Philippinen seinen Markt für die Droge Nikotin öffnen müssen, andernfalls werden die USA ihren Markt für die Einfuhr thailändischer Produkte schließen.

Bushs Drogenkrieg muß scheitern – und das gilt für jeden, der zukünftig noch geführt werden wird –, wenn es nicht gelingt, zum Konsens über einen internationalen Interessenausgleich zwischen arm und reich, zwischen entwickelten und in Unterentwicklung gehaltenen Ländern zu gelangen. Von dieser Erkenntnis ist die internationale Drogendiskussion weit entfernt.

Die gesellschaftlichen Umwälzungen in den Ländern des Warschauer Vertrags und die Öffnung der Comecon-Märkte wird auch den internationalen Drogenmarkt enorm stimulieren, und zwar auf der Angebots- wie auf der Nachfrageseite. Der kollektive psychische Zustand der osteuropäischen Völker ist äußerst labil, viele Menschen befinden sich in einer psychisch extrem kritischen Situation. In solchen Zeiten wächst der Bedarf an Steuerungsmitteln. Drogen sind nichts anderes als das: chemische Steuerungsmittel.

Einen Teil der steigenden Nachfrage werden die Alkohol- und Psychopharmaka-Produzenten in den Comecon-Ländern selbst abdecken können. Heroin, Kokain und all die anderen Produkte einer breiten Angebotspalette werden erst dann auf die osteuropäischen Märkte drängen, wenn deren Währungen an den internationalen Finanzmärkten frei konvertierbar sind. Es ist also nur eine Frage der Zeit.

Das neu erwachte Interesse an den Märkten der osteuropäischen Reformstaaten und der verstärkte Kapitaltransfer nach Osteuropa hat über Nacht sozusagen das Interesse an der Entschuldung Lateinamerikas sinken lassen. Die Gesamtverbindlichkeiten der Dritten Welt werden 1990 – nach übereinstimmender Einschätzung westlicher Finanzexperten – um mindestens zwei Prozent steigen. Die meisten Entwicklungsländer sind dieser «Entwicklung» hilflos ausgeliefert. «Paradoxerweise», schreibt *El País*, «klingen die Jubelchöre der Berliner über die Öffnung der Mauer wie ein Requiem für Lateinamerika.» Nur die Länder, die Koka und Mohn anbauen, haben eine reelle Chance, den Kapitalausfall zu kompensieren, indem sie die Anbauflächen ausdehnen und die Produktion von Kokain und Heroin erhöhen. Der Angebotsdruck wird sich also weiter erhöhen; zunächst auf die bereits erschlossenen Märkte in den USA und Westeuropa, später dann – und das heißt bald – auf die osteuropäischen Märkte.

Eine einheitliche Lösungsstrategie des Drogenproblems ist nicht zu erkennen. Zwei sich widersprechende Tendenzen charakterisieren die internationale Diskussion. Auf zwischenstaatlicher Ebene, aber auch in UN-Gremien werden repressive Lösungsmodelle favorisiert. Diese Repressionslinie macht keinen Unterschied zwischen Herstellern, Händlern und Konsumenten. Gleichzeitig verstärkt sich eine Tendenz, die auf die totale Legalisierung und Liberalisierung des Drogenhandels hinausläuft. Die Legalisierungsdiskussion hat sich also ihrer inneren Logik folgend von Haschisch und Marihuana auf Heroin und Kokain ausgeweitet. Heute wird nicht mehr nur die Liberalisierung und Entkriminalisierung des Konsums, sondern auch die des Anbaus und logischerweise auch die des Handels gefordert. Der Zeitgeist – alles ist möglich, alles ist erlaubt – begünstigt diese Tendenz, die im übrigen dem Credo neoliberaler Wirtschaftspolitik – der Markt wird's regeln – entspricht. So erklärt sich das seltsame Bündnis von Linkslibertären und Rechtsreaktionären in der Legalisierungsfrage.

Die Vertreter einer «ökonomisch fundierten Drogenpolitik» sehen im Verbot von Drogen drei Kardinalfehler:
- Handel und Konsum eines Gutes können nie völlig unterbunden werden. Das Verbot ist also nicht durchsetzbar.
- Wer süchtig ist, braucht den Stoff um fast jeden Preis.
- Staatliche Drogenbekämpfung wirkt, weil sie über die Illegalisierung des Produkts in die Preisgestaltung eingreift, als Motor des Marktes.

Diese Argumente verfügen über einen hohen Grad an ökonomischer

Plausibilität, sie finden in der internationalen Diskussion immer mehr Beachtung.

Es wird viel versprochen von den Propagandisten der Liberalisierung. Doch noch hat niemand ein Konzept vorgelegt, das wirklich alle Risiken gegeneinander abgewogen hätte. Schon die leichtfertigen Prognosen über die angeblich positiven Folgen einer Freigabe in der User-Szene verraten eine profunde Unkenntnis der Motive von Heroinfixern, Crackrauchern, Kokssniffern und Pillenschluckern. Solange die Liberalisierungsvorschläge in ihrer ökonomischen Borniertheit stecken bleiben, sind sie völlig indiskutabel. Das Risiko ist einfach zu groß. Auch die Befürworter einer völligen Liberalisierung des Drogenmarktes müssen zugeben, daß dann der Marktmechanismus erst richtig entfesselt und der Einstieg in die Sucht gefördert würde.

Wie wenig die überall propagierten Liberalisierungsvorschläge durchdacht sind, zeigt der ständige Hinweis auf die angeblich so positiven Folgen, die das Ende der Prohibition in den USA gebracht habe. Dabei bestreitet kein Suchtexperte, daß die Liberalisierung des Handels mit Suchtstoffen immer das Risiko einer unkontrollierten Ausweitung der Sucht, einer unkontrollierten Ausdehnung von Anbauflächen und einer unkontrollierten Erweiterung der Produktionskapazitäten beinhaltet. Das Beispiel der Prohibition bzw. deren Aufhebung steht für das Eintreten dieses Risikofalles.

Alkoholabhängigkeit ist weltweit unter allen Süchten das größte gesundheitspolitische Problem. Der Alkoholkonsum steigt, eine Produktoffensive löst die andere ab, aggressive Werbekampagnen stimulieren den Alkoholkonsum. Warum sollte die Entwicklung im Falle einer Freigabe von Heroin und Kokain anders verlaufen? Wer kann darauf eine ökonomisch begründete Antwort geben? Und auch darauf: Wer will die Produzenten von Coca-Cola daran hindern, ihrem Süßgetränk wie ehedem eine Prise Koks beizumischen?

Der Liberalisierungsvorschlag ist tatsächlich einleuchtend nur unter dem Gesichtspunkt von Gesetz und Ordnung. Die Beschaffungskriminalität würde zurückgehen, damit Raub, Diebstahls- und Einbruchsdelikte, die gesamte Kriminalstatistik würde um Drogendelikte bereinigt. Doch zu welchem Preis. Der Staat wäre bereit, eine Suchtausweitung in Kauf zu nehmen, um seine sozial- und kriminalpolitischen Probleme zu «lösen». Von da bis zur staatlich verordneten Glücksspille ist der Weg nicht mehr weit.

Jedoch: von Drogen-«Krieg» zu Drogenkrieg steigt auch der Preis für die Beibehaltung des Verbots. Auch die repressive Lösung birgt unkalkulierbare Risiken. Die wiederholten US-amerikanischen Einsätze in lateinamerikanischen und asiatischen Anbauregionen sind oft genug an militärischen Konflikten nur knapp vorbeigeschlittert. Und nun – seit Panama – herrscht Krieg. Auch in den Konsumentenländern steigt das Repressionspotential: die militärische Aufrüstung der Polizei, die Ausdehnung militärischer Einsatzmöglichkeiten im Innern, die Ausweitung der Terrorismus-Gesetzgebung auf Drogendelikte, die Einführung einer Kronzeugenjustiz, mit anderen Worten, die Vervielfältigung staatlicher Repressionsmittel, führt mitten in die Horrorvision eines Polizeistaates. Zwischen ‹brave new world› und Polizeistaat eine vernünftige und humane Lösungsvariante zu entwickeln wird immer schwieriger.

Auch was von unten versucht und als Abwehrstrategie vorgeschlagen wird – «Dealer verpißt Euch» – ist alles andere als unproblematisch.

Das Leben ganzer Stadtviertel in den großen Städten der kapitalistischen Welt wird beherrscht von den Gesetzen der Gewaltkriminalität. Die Einwohner dieser Quartiere fühlen sich bedroht, ihre Angst ist real. Der Gedanke, zur Selbsthilfe überzugehen, wo der Polizeischutz versagt, liegt nahe. Noch näher liegt er da, wo die Bewohner eines Gettos zwischen die Fronten geraten, weil sie sich weder dem «Schutz» der Polizei aussetzen noch dem Terror der Dealer ausliefern wollen. Solange sich der Selbstschutz auf Selbsthilfe im Stadtteil, eine Art ‹people's power› zur Vertreibung von Händlern beschränkt, hat er nur wenig Bedrohliches. Wenn aber erst einmal die Straße zum Schlachtfeld wird, Molotowcocktails fliegen, Häuser zerstört und Verkehrsmittel kaputtgeschlagen werden, wie im niederländischen Arnheim, wo die Bewohner eines Viertels ihren Haß gegen Dealer und süchtige Prostituierte in einer Straßenschlacht austobten, verwandelt Selbstschutz sich unversehens in Selbstjustiz und diese allzuleicht in Lynchjustiz.

Das Drogenthema ist emotional enorm aufgeheizt, es rückt immer mehr in die Rolle des Übels aller Übel. Ob nun Bürgerinitiativen ihr Viertel gegen Raub, Diebstahl und Einbruch von bewaffneten Privatarmeen schützen lassen, wie in den USA üblich, oder ob Stadtteilinitiativen die Vertreibung von Dealern auf eigene Faust organisieren, die Bereitschaft «etwas zu tun» ist gewachsen, auch die Bereitschaft irrationale und gewalttätige Lösungen zu akzeptieren. Wenn die Repressionsbereitschaft von oben sich mit Selbstschutz-Initiativen von unten trifft und auf den Terror von Händlerorganisationen stößt, könnte sich daraus eine Art Narco-Faschismus entwickeln. Es gibt Städte und Stadtteile, Dörfer und Regionen in den Anbau- wie in den Verbraucherländern, wo dieser Zustand längst herrscht.

Sollten die politischen und ökonomischen Rahmenbedingungen so bleiben wie sie sind, dann kann man ohne große wahrsagerische Fähigkeit eine Prognose über die kurz-, mittel- und langfristige Entwicklung wagen.

Kurzfristig: Die kolumbianische Regierung wird das Verhandlungsangebot der einheimischen «Mafia» akzeptieren. Das Kartell wird aus dem Geschäft aussteigen unter der Bedingung einer Amnestie – auch einer Vermögensamnestie – und der Streichung des Auslieferungsabkommens mit den USA. Die Entwicklung des Kokain-Handels wird vom Rückzug Kolumbiens kaum berührt werden, weil längst andere Regionen für die Verarbeitung der Kokapaste bzw. die Installierung von Labors erschlossen sind.

Mittelfristig: Die Repressionstendenz wird sich zunächst durchsetzen. Auf Europa bezogen heißt das: die Vereinheitlichung der europäischen Drogenpolitik wird sich zu Lasten liberaler Lösungsmodelle vollziehen. Frankreich und Italien sind bereits auf die Repressionslinie gegen Händler *und* Konsumenten eingeschwenkt.

Langfristig: Es wird zur Freigabe aller Drogen vom Anbau über die Veredlung bis zum Handel und Konsum kommen. In Abwägung sozial- und gesundheitspolitischer mit sicherheitspolitischen Risiken werden die sicherheitspolitischen Argumente sich durchsetzen. Der Entkriminalisierung als Hebel der Preisgestaltung wird absolute Priorität eingeräumt werden. Der Staat zieht sich aus dem Drogensektor zurück und überläßt die Lösung des Problems den Gesetzen des Marktes in der Hoffnung auf einen Preisverfall. Staatliche Drogenpolitik beschränkt sich ausschließlich auf gesundheitspolitische Maßnahmen. Besonders in Lateinamerika hat dieses Lösungsmodell Aussicht auf breite Zustimmung, sind die politischen Eliten dort doch schon längst auf den rigiden Kurs des Wirtschaftsliberalismus eingeschwenkt.

Auch die *Neue Zürcher Zeitung* denkt bereits, unter Berufung auf «realistische Strategien im Kokainkrieg», an eine «permissive Prophylaxe». Wenn es bis zum Jahr 2000 nicht gelingen sollte, «die vielköpfige Hydra» zu bezwingen, so könne bis dahin wenigstens die Legalisierung gründlich vorbereitet statt waghalsig improvisiert werden.

Prognosen, die ausschließlich der Logik der Kapitalverwertung folgen, haftet etwas perspektivlos Fatalistisches an. Wo bleiben die handelnden Subjekte, deren Widerstand die Entwicklung verhindern oder wenigstens doch die Folgen abmildern könnte? Wer eigentlich ist verantwortlich für diesen bedrohlichen Zustand? Schließlich ist ein Markt nicht nur durch die Angebotsseite, sondern auch durch die Nachfrageseite definiert.

Es wäre aussichtslos, in der Absicht einer Schuldzuweisung klären zu wollen, ob nun der Angebots- oder der Nachfragedruck verantwortlich ist für den weltweit exzessiven Drogenkonsum. Das Marktgeschehen kennt keine Moral, also auch keine Schuld. Aber so wie das sogenannte Drogenproblem nicht zu verstehen ist, wenn die Angebotsseite ignoriert oder auf «den Dealer» reduziert wird, so wenig ist es zu verstehen, wenn der psychische Zustand der Subjekte, die nach Rausch- und Betäubungsmitteln verlangen, ausgeblendet wird. Was bringt Menschen dazu, immer mehr nach Betäubungs- und Rauschzuständen zu suchen, mit dem Risiko einer Suchtabhängigkeit? Keiner tut das freiwillig, alle glauben – mit Ausnahme vielleicht von Junkies –, sie haben ihren Konsum unter Kontrolle. Doch die Übergänge von Kontrolle zu Kontrollverlust sind fließend und keiner weiß, wann bzw. wo die Suchtschraube überdreht ist.

Das Drogenproblem ist zuallerletzt ein moralisches. In den USA ist das Problembewußtsein und damit die Einsicht in diese Tatsache am höchsten entwickelt. Die Lösung des Problems hat höchste sicherheitspolitische Priorität. Auf der Verlautbarungsebene herrscht ein erstaunliches Realitätsbewußtsein vor. Die von Drogen beeinflußte Wirklichkeit ist einfach nicht länger zu ignorieren. In einem Zeitraum von drei Jahren zwischen 1983 und 1985 sahen sich die Streitkräfte gezwungen, über 60000 Armeeangehörige wegen Drogengebrauchs zu entlassen: Kokser, Kiffer, selbst Fixer. Die Armee als bewaffneter Arm der Drogen-Scene. Zwölf Prozent aller weltweit stationierten US-Soldaten gelten als «schwere» und knapp dreißig Prozent als «mäßige» Trinker. Landesweit ist im Zeitraum von fünf Jahren die Zahl der Alkoholiker auf 12 Millionen gestiegen. In den Atomkraftwerken schaukeln sich Restrisiko und Restalkohol gegenseitig hoch. Drogenprobleme gibt es in allen kerntechnischen Anlagen der USA, wie eine Anfang 1987 veröffentlichte Sicherheitsstudie belegt. Der US-Sport entwickelt sich immer mehr zur Drogen-Scene, die Olympischen Spiele von Seoul fütterten die Massenmedien rund um den Globus mit der gigantischsten Drogenkampagne, die jemals ausgestrahlt wurde.

Das sowieso marode US-amerikanische Verkehrssystem ist zusätzlich gefährdet, weil immer häufiger aufgespeedete LKW- und Busfahrer ihre Fahrzeuge in den Abgrund steuern. Längst werden Drogentests zwangsweise bei Lokführern und Flugzeugpiloten durchgeführt. Sicherlich wären die Autopsieberichte von abgestürzten Tieffliegern unter diesem Gesichtspunkt aufschlußreich.

Würde man, wozu im Augenblick noch die empirische Grundlage fehlt, eine vergleichende Drogenbestandsaufnahme zwischen der UdSSR und den USA erstellen, dann ergäben sich mit großer Wahrscheinlichkeit katastrophale Übereinstimmungen. Das gilt für die Zustände in der «Roten Armee» wie für den Sicherheitsstandard in Atomkraftwerken und Hightechbetrieben.

Alles deutet darauf hin, daß die Anpassungsfähigkeit der menschlichen Subjekte an den von Menschen geschaffenen technischen und gesellschaftlichen Überbau sich erschöpft hat. Weil die menscheneigene Körperchemie als Anpassungs- und Steuerungsmechanismus versagt, ist die Arbeit nur noch zu ertragen und das Leben nur noch zu bewältigen durch chemische Fremdsteuerung.

Das sind die unausweichlichen Folgen der kapitalistischen Umgestaltung, das ist die Antwort der Subjekte auf Flexibilisierung, Modernisierung, Deregulierung, Mobilisierung, die Auflösung kollektiver Strukturen nicht nur im Arbeitsprozeß, sondern auch im Familienleben und in der Freizeit. Und das alles nur, um die Menschen an den Rhythmus der Produktion und die Laufzeit der Maschinen anzupassen. Wer soll das aushalten?

Eine Lösung des Problems kenne ich nicht, aber ich kann Bedingungen nennen, ohne deren Abschaffung oder Veränderung jeder Gedanke an eine Lösung absurd ist.

Der Anbau agrarischer Ausgangsprodukte wird so lange fortgesetzt werden, wie diese Produkte, zu Heroin oder Kokain veredelt, am internationalen Markt nachgefragt werden. Die chemische Vernichtung von Feldern, die Aushebung von Labors und Eingriffe in das Finanzierungsproblem können, wie die Erfahrung zeigt, zur vorübergehenden, aber eben auch *nur* zur vorübergehenden Angebotsverknappung und zu entsprechenden Preiserhöhungen führen; die Erschließung neuer Felder, den Aufbau neuer Verarbeitungsstätten, die Eröffnung neuer Konten und Finanzierungswege und die Beschaffung von Chemikalien für den Verarbeitungsprozeß kann keine Polizei und keine Armee der Welt – erst recht keine Okkupationsarmee – verhindern. Zudem sind die nationalen Sicherheitskräfte in den Anbauländern – sprich Polizei, Geheimdienste und Armee – meist nur ein Instrument der herrschenden Oligarchie, die ihrerseits am Drogenhandel partizipiert. Vertreter dieser Oligarchie erklären offen, daß sie aus volkswirtschaftlichen Gründen auf marktgängige und dollarträchtige Produkte wie Koka und Mohn nicht verzichten können. Und in der Tat: das Produkt Droge unterscheidet sich von anderen Ausfuhrprodukten der sogenannten Dritten Welt erheblich. Seitdem Anbau und Veredlung in die Anbauländer selbst verlegt wurden – das war nicht immer so und muß auch nicht immer so bleiben –, verfügen diese Länder über eines der seltenen hochwertigen Produkte, die gewöhnlich nur in hochindustrialisierten Gesellschaften hergestellt und vertrieben werden.

Weiter: Nur eine weltweite Kontrolle der chemischen Industrie und die Verhinderung von Chemikalienzulieferungen für die Kokain- und Heroinverarbeitung vermag die Labortätigkeit zu unterbinden. Kontrolle der chemischen Industrie heißt aber zuallererst Produktionskontrollen in den Industrieländern selbst. Das hätte nicht nur eine radikale Verringerung der Produktpalette von psychoaktiven Stoffen zur Folge, sondern auch die völlige Umstellung der chemischen Industrie, verbunden mit erheblichen Produktionseinschränkungen.

Nur eine Kontrolle der Getränke- und Alkoholindustrie, Eingriffe in die Produktion, die Verknappung hochprozentiger Alkoholika und das völlige Verbot von Alkoholwerbung vermag das Suchtpotential von Alkoholika wirksam zu verringern.

Solche Eingriffe sind nur getragen von einem gesellschaftlichen Konsens möglich, der die Einsicht voraussetzt, daß nicht alles, was produziert werden kann, auch produziert werden muß.

Es wird heute viel über den «Charakter der Epoche» gerätselt. Man spricht von einer neuen industriellen Revolution. Erstaunlich ist, daß die hemmungslose Produktivkraftentfaltung und der massenhafte Drogenkonsum so behandelt und angesehen werden, als habe das eine mit dem anderen nichts zu tun. Der «Charakter der Epoche» ist geprägt vom Charakter der herrschenden Produktionsweise mit ihrer kaum noch kontrollierbaren Freisetzung von Produktivkräften. Wo eine Güterproduktion zur Bedarfsdeckung genügte, um das Elend und den Hunger zu beseitigen, wird die Leistung um der Leistung willen und als Entschädigung der Konsum um des Konsums willen propagiert.

Die Struktur einer Konsumgesellschaft, deren einziger Sinn die Durchsetzung des Leistungsprinzips ist, um Güter ohne Rücksicht auf deren gesellschaftlichen Nutzen herstellen zu können, ist identisch mit der Struktur einer Sucht. Konsumismus ist ein Kreislauf von nicht stillbaren Bedürfnissen, die nach einer ständigen Dosissteigerung verlangen. Ständige Dosissteigerung, ohne je befriedigt zu sein, das ist Sucht.

Überproduktion und psychische Verelendung, Unterversorgung und Krankheit, es gibt viele Gründe, in den Rausch oder in die Betäubung zu flüchten. Nicht nur die von den neuen Technologien abverlangte Roboterdisziplin und Leistungsbereitschaft hat den Bedarf nach chemischer Anpassung an die Maschine gesteigert, die diesen Technologien innewohnende Zerstörungskraft hat den kollektiven Angstpegel so dramatisch erhöht, daß der Bedarf nach Stillhalte- und Wegtauchdrogen nicht verwundern kann. Deshalb ist jede militärische Abrüstungsinitiative, jede Stillegung eines Atomkraftwerkes, jeder ökologisch sinnvolle Umbau einer Produktionsstätte wirksamer, als jede Antidrogenkampagne es jemals sein kann.

Hamburg, Januar 1990

Anmerkungen

1 Drogen im Kapitalismus

1 Gregory Austin, «Die europäische Drogenkrise des 16. und 17. Jahrhunderts», in: Gisela Völger (Hrsg.), *Rausch und Realität – Drogen im Kulturvergleich*, Köln 1981, S. 66.
2 Ebenda.
3 Alfred W. McCoy, «Heroin aus Südostasien – Zur Wirtschaftsgeschichte eines ungewöhnlichen Handelsartikels», in: Gisela Völger (Hrsg.), *Rausch und Realität*, a. a. O., S. 620.
4 *Marxistisch-Leninistisches Wörterbuch der Philosophie*, Georg Klaus u. Manfred Buhr (Hrsg.), 710.
5 Jean-Louis Braun, *Vom Haschisch zum LSD*, Frankfurt a. M. 1969, S. 28 ff. (Vgl. auch Bruce Johnson, «Die englische und amerikanische Opiumpolitik im 19. und 20. Jahrhundert: Konflikte, Unterschiede und Gemeinsamkeiten», in: Gisela Völger (Hrsg.), *Rausch und Realität*, a. a. O., S. 656. Nach Johnson betrug der Steuersatz nicht 5, sondern 8 Prozent.)
6 Ebenda, S. 28.
7 Bruce D. Johnson, «Die englische und amerikanische Opiumpolitik im 19. und 20. Jahrhundert: Konflikte, Unterschiede und Gemeinsamkeiten», in: Gisela Völger (Hrsg.), *Rausch und Realität*, a. a. O., S. 658.
8 Ebenda.
9 Ebenda, S. 659.
10 Jean-Louis Braun, a. a. O., S. 30 f.
11 Ebenda, S. 30.
12 Friedrich Engels zitiert nach Otto Rühle, *Illustrierte Kultur- und Sittengeschichte des Proletariats*, Frankfurt 1971, S. 410.
13 Der Indische Hanfdrogen-Report 1893 / 94 zitiert nach Rudolf Walter Leonhardt, *Haschisch-Report*, München 1970, S. 183.
14 Ebenda, S. 132.
15 Ebenda, S. 81.
16 Ebenda, S. 205.
17 Karl Marx, *MEW*, Bd. 23, Berlin (DDR) 1968, S. 849 f.
18 Ebenda, S. 780.
19 Rudolf Walter Leonhardt, a. a. O., S. 85.
20 Ebenda, S. 197.
21 Ebenda.

22 Ebenda, S. 123.

23 Ebenda, S. 115.

24 Ebenda, S. 180.

25 Ebenda.

26 Ebenda.

27 Ebenda, S. 194.

28 Karl Marx, a. a. O., S. 421.

29 Friedrich Engels, a. a. O., S. 408 f.

30 Irmgard Vogt, «Alkoholismus, Industrialisierung und Klassenkonflikte», in: Gisela Völger (Hrsg.), *Rausch und Realität*, a. a. O., S. 113.

31 Wolfgang Schivelbusch, *Das Paradies, der Geschmack und die Vernunft – Eine Geschichte der Genußmittel*, München, Wien 1980, S. 168.

32 Friedrich Engels, *MEW*, Bd. 29, Berlin (DDR) 1969, S. 38.

33 Ebenda, S. 40.

34 Ebenda, S. 41.

35 Ebenda, S. 42.

36 Irmgard Vogt, a. a. O., S. 112.

37 A. H. Stehr zitiert nach Irmgard Vogt, a. a. O., S. 113.

38 Friedrich Engels, a. a. O., S. 44.

39 Ebenda.

40 Ebenda, S. 48.

41 Jean-Louis Braun, a. a. O., S. 85.

42 Ebenda, S. 88.

43 Der Britische Cannabis-Report 1968 zitiert nach Rudolf Walter Leonhardt, a. a. O., S. 275.

44 Ebenda, S. 277.

45 Ebenda, S. 303.

46 Ebenda, S. 303 f.

47 Ebenda, S. 279.

48 Ebenda, S. 279 f.

49 Ebenda, S. 280.

50 Ebenda.

2 Die Drogenindustrie

1 Archivbericht Pervetin, Interpress, Hamburg, 1. 11. 1949.

2 Ebenda.

3 Alle Angaben beruhen auf Umsatzstatistiken und Bilanzen der Pharmaindustrie bzw. Veröffentlichungen des Bundesministers für Jugend, Familie und Gesundheit.

4 *dpa-Brief, Inland*, Hamburg, 14. 9. 1954.

5 *Die Welt*, 2. 3. 1954.

6 *dpa-Brief*, a. a. O.

7 Bulletin der Bundesregierung, Nr. 223, S. 2058, Bonn, 27. 11. 1954.

8 Ebenda.
9 Ebenda.
10 *New York Times*, 29. 6. 1967.
11 Ebenda.
12 *New York Times*, 3. 8. 1967.
13 Ebenda.
14 *Business Week*, 28. 10. 1967.
15 Ebenda.
16 *New York Times*, 27. 10. 1967.
17 *Washington Post*, 4. 5. 1969.
18 Ebenda.
19 Ebenda.
20 Ebenda.
21 Ebenda.
22 J. L. Goddart, «The Drug Establishment», in: *Esquire*, März 1969.
23 *Arzneimittelbrief*, 7/69, Berlin.
24 Peter Stafford, *Enzyklopädie der psychedelischen Drogen*, Linden 1977, S. 47.
25 Ebenda.
26 Ebenda.
27 Ebenda, S. 51.
28 Tonband-Interview des Autors.
29 Marktrecherche des Autors.
30 *Der Spiegel*, Nr. 27/1983.
31 *Frankfurter Allgemeine Zeitung (FAZ)*, 13. 2. 81.
32 *Der Spiegel*, Nr. 27/1983.
33 Ebenda.
34 Ebenda.
35 Kurt Langbein et al., *Gesunde Geschäfte – Die Praktiken der Pharma-Industrie*, Köln 1981.
36 *Frankfurter Rundschau (FR)*, 6. 3. 1983.
37 *AIB, Antiimperialistisches Informationsbulletin*, 5/1983, 14. Jg., S. 42.
38 *Der Spiegel*, Nr. 13/1983.
39 Ebenda.
40 *Tagesanzeiger (TA)*, Zürich, 3. 12. 1981.

3 Drogen im Imperialismus *(Kokain)*

1 *Neue Zürcher Zeitung (NZZ)*, Zürich, 4. 2. 1983.
2 Wolfgang Schivelbusch, a. a. O., S. 30.
3 Richard Ashley, *Cocaine. Its History, Uses and Effects*, New York 1975, S. 63.
4 Ebenda.
5 *Time*, Nr. 27, 1981.
6 Richard Ashley, a. a. O., S. 145.
7 *Time*, a. a. O.

8 *NZZ*, 7. 2. 83.
9 *Konkret*, Hamburg, 3 / 81.
10 *NZZ*, a. a. O.
11 *TA*, a. a. O.
12 Ebenda.
13 Karl Georg Scheffer, «Coca in Südamerika», in: Gisela Völger (Hrsg.), *Rausch und Realität*, a. a. O., S. 433.
14 Richard Ashley, a. a. O., S. 125 ff.

4 Handel und Wandel

1 *TA*, 30. 3. 83.
2 *TA*, 26. 8. 81.
3 *International Herald Tribune*, Zürich, 24. 8. 82.
4 *NZZ*, 5. 4. 83.
5 *Sonntagsblick*, Zürich, 3. 4. 83.
6 *NZZ*, 21. / 22. 5. 83.
7 *FR*, 20. 6. 83.
8 *TA*, 31. 3. 83.
9 *Der Spiegel*, Nr. 36 / 82.
10 *TA*, 18. 8. 82.
11 *FR*, 18. 10. 82.
12 *NZZ*, 23. / 24. 10. 82.
13 *FR*, 5. 4. 82.
14 *NZZ*, 17. 3. 83.
15 BKA, Pressemeldung vom 17. 8. 1982.
16 UN-Commission on Narcotic Drugs, Report of the Eighteenth Session (29. April–17. May 1963) N. Y.
17 *NZZ*, 17. 3. 83.
18 *Die Zeit*, Hamburg, 25. 6. 82.
19 *NZZ*, 8. 3. 83.
20 *TA*, 3. 9. 81.
21 *TA*, 3. 9. 81.
22 *Die Woche*, Zürich, 24 / 82.
23 *TA*, 8. 4. 83.
24 *TA*, 5. 2. 83.
25 *New York Times*, 18. 6. 72.
26 Ebenda.
27 Ebenda.
28 *Transatlantik*, 10 / 82.

5 Droge Alkohol: Die aktuelle Situation

1 Harry G. Levine, «Mäßigkeitsbewegung und Prohibition in den USA», in: Gisela Völger (Hrsg.), *Rausch und Realität*, a. a. O., S. 126f.
2 *TA*, 23. / 24. 4. 83.
3 *Der Spiegel*, Nr. 6/83.
4 *Unsere Zeitung (UZ)*, Düsseldorf, 22. 10. 82.
5 Claudia and William Madsen, «The Cultural Structure of Mexican Drinking Behavior», in: *Contemporary Cultures and Societies of Latin America*, ed. Dwight B. Heath, New York 1974, S. 439.
6 C. Gibson, *The Aztecs under Spanish Rule*, Stanford University Press 1964, S. 409.
7 Billie R. Dewalt, *Modernization in a Mexican Ejido. Study in Economic Adaption*, Cambridge University Press 1979, S. 172.
8 Ruth Bunzel, *Chichicastenango: A Guatemalan Village*, Seattle, University of Washington Press, S. 258f.
9 Enrico Zoppelli, Individuelle und gesellschaftliche Aspekte im Umgang mit Alkohol in Mexiko. Ethnologische Seminararbeit SS 82, Universität Zürich.
10 Wolfgang Schivelbusch, a. a. O., S. 164.

6 Die Drogensituation in der Dritten Welt

1 *UNESCO Kurier*, Nr. 1/82, 23. Jg., S. 13f.
2 Ebenda, S. 13.
3 Joseph Collins et al., *Vom Mythos des Hungers*, Frankfurt a. M. 1980.
4 *NZZ*, 23/24. Okt. 1982.
5 Rudolf Walter Leonhardt, a. a. O., vgl. «Der indische Hanfdrogenreport».
6 *UNESCO Kurier*, Dr. W. Acuda: Kenia, a. a. O., S. 18f.
7 Ebenda, Dr. D. Mohan: Indien, S. 15.
8 Ebenda, Dr. M. Beaubrun: Jamaika, S. 17.
9 Ebenda, Dr. J. C. Negrete: Andengebiet in Südamerika, S. 17.
10 Ebenda, Dr. M. Beaubrun: Jamaika, S. 17.
11 Ebenda, Dr. V. Navaratnam: Malaysia, S. 13.
12 Ebenda, Dr. V. Poschyachinda: Thailand, S. 13.
13 Marcel Bühler, *Geschäfte mit der Armut – Pharma-Konzerne in der Dritten Welt*, Frankfurt a. M. 1982.
14 Kalle Fabig, «Rauschgiftsüchtige voller Chancen», in: *Vietnam-Kurier*, Nr. 3/1981, 5. Jg., S. 12.
15 Ebenda.
16 Ebenda.

9 Legalize it! Legalize it?

1 Günter Amendt, *Haschisch und Sexualität – Eine empirische Untersuchung über die Sexualität Jugendlicher in der Drogensubkultur*, Stuttgart 1974.
2 *NZZ*, 29. Sept. 1982.
3 *FR*, 29. 12. 1980.
4 *FR*, 30. 10. 82.
5 *Newsweek*, Juni 1 / 1981.
6 Wolfgang Schivelbusch, a. a. O., S. 73.
7 Ebenda.
8 Stephan Quensel, *Drogenelend Cannabis, Heroin, Methadon: Für eine neue Drogenpolitik*, Frankfurt a. M. 1982.
9 *TA*, 6. 4. 83.
10 *FR*, 23. 7. 82.
11 Irma Weis, «Bekämpfung der Drogensucht – Das Gesetz als Hindernis», in: *NZZ*, 22 / 23. Januar 1983.
12 *FR*, 18. 11. 82.
13 *FR*, 31. 7. 82.
14 Antje Huber, «Zum Geleit», in: Gisela Völger (Hrsg.), *Rausch und Realität*, a. a. O., S. 9. Hervorhebung von mir, G. A.

10 Drogen und Moral

1 Karl Kautsky, «Der Alkoholismus und seine Bekämpfung», in: *Neue Zeit*, 9. Jg., 2. Bd. 1891, zitiert nach Wolfgang Schivelbusch, a. a. O., S. 177.
2 Wolfgang Schivelbusch, a. a. O., S. 178.

Literatur

Die hier über den Anmerkungskatalog hinaus genannten Veröffentlichungen sollen nicht mehr als Hinweise sein auf Bücher, die als Informationsquellen wichtig waren beziehungsweise meine Sicht des Drogenproblems beeinflußt haben. Ich nenne dabei ausdrücklich auch solche Veröffentlichungen, deren drogenpolitische Schlußfolgerungen ich nicht oder nur zum Teil nachvollziehen kann, wie beispielsweise Stephan Quensels Plädoyer für eine neue Drogenpolitik oder Berndt Georg Thamms Argumente für eine Freigabe von Drogen.

Behr, Hans–Georg, *Von Hanf ist die Rede, Kultur und Politik einer Droge,* Reinbek 1985.

Behr, Hans–Georg, *Weltmacht Droge. Das Geschäft mit der Sucht,* Wien und Düsseldorf 1980.

Bühler, Marcel, *Geschäfte mit der Armut. Pharmakonzerne in der Dritten Welt,* Frankfurt 1982.

Eddy, Paul et al., *Der Kokain Krieg. Die Kolumbien-Miami-Connection,* Wien 1989.

Langbein, Kurt et al., *Gesunde Geschäfte. Die Praktiken der Pharmaindustrie,* Köln 1981.

Quensel, Stephan, *Drogenelend. Cannabis, Heroin, Methadon: Für eine neue Drogenpolitik,* Frankfurt, New York 1982.

Rausch und Realität. Drogen im Kulturvergleich, Reinbek 1982.

Schivelbusch, Wolfgang, *Das Paradies, der Geschmack und die Vernunft. Eine Geschichte der Genußmittel,* München, Wien 1980.

Sahihi, Arman, *Designer-Drogen. Die neue Gefahr,* Weinheim, Basel 1989.

Shapiro, Harry, *Drugs & Rock 'n' Roll, Rauschgift und Popmusik,* Wien 1989.

Thamm, Berndt Georg, *Drogenfreigabe – Kapitulation oder Ausweg?,* Hilden 1989.

Mit der neuen «Monsterdroge» Crack und der US-amerikanischen Drogenpolitik der Reagan-Zeit befaßt sich meine 1987 in Hamburg veröffentlichte Reportage *Der große weiße Bluff.*